Die Haftung der Muttergesellschaft im grenzüberschreitenden Konzern: Deutschland, England, Frankreich im Rechtsvergleich

Saarbrücker Studien

zum Privat- und Wirtschaftsrecht

Herausgegeben von Hannes Ludyga,
Michael Martinek (geschäftsführender Herausgeber),
Helmut Rüßmann und Markus Würdinger

Band 102

PETER LANG

Christopher Salm

Die Haftung der Muttergesellschaft im grenzüberschreitenden Konzern: Deutschland, England, Frankreich im Rechtsvergleich

PETER LANG

Bibliografische Information der Deutschen Nationalbibliothek
Die Deutsche Nationalbibliothek verzeichnet diese Publikation in der Deutschen Nationalbibliografie; detaillierte bibliografische Daten sind im Internet über http://dnb.d-nb.de abrufbar.

Zugl.: Saarbrücken, Univ., Diss., 2020

D 291
ISSN 1433-8866
ISBN 978-3-631-85046-6 (Print)
E-ISBN 978-3-631-85692-5 (E-PDF)
E-ISBN 978-3-631-85693-2 (EPUB)
E-ISBN 978-3-631-85694-9 (MOBI)
DOI 10.3726/b18549

Peter Lang – Berlin · Bern · Bruxelles · New York · Oxford · Warszawa · Wien

Diese Publikation wurde begutachtet.

www.peterlang.com

Meinen Großeltern

Vorwort

Die vorliegende Arbeit wurde im Wintersemester 2020/2021 von der Rechtswissenschaftlichen Fakultät der Universität des Saarlandes als Dissertation angenommen. Die Disputation fand am 17. Dezember 2020 statt. Literatur und Rechtsprechung wurden bis November 2020 berücksichtigt.

Meinem Doktorvater Herrn Prof. Dr. Dr. Dr. h.c. mult. Michael Martinek danke ich sehr herzlich für die Betreuung meiner Promotion und für meine Zeit als Mitarbeiter am Lehrstuhl für Bürgerliches Recht, Handels- und Wirtschaftsrecht, Internationales Privatrecht und Rechtsvergleichung. Mit Problemen und Fragestellungen konnte ich mich stets an ihn wenden. Ebenfalls danken möchte ich Herrn Prof. Dr. Günther Hönn für die Erstellung des Zweitgutachtens. Den Herausgebern danke ich für die Aufnahme in die Schriftenreihe.

Darüber hinaus danke ich Frau Charlotte Warken, Frau Nadine Schönecker und Herrn Dr. Christoph Brück für die Unterstützung sowie meinem Freund Herrn Johannes Schäfer für die aufbauenden Worte und die gemeinsame Zeit abseits des Schreibtisches.

Ein besonderer Dank gilt auch meinen Kolleginnen und Kollegen am Lehrstuhl für den stetigen Austausch und die gegenseitige freundschaftliche Motivation.

Besonderer Dank gebührt meiner Familie und meinen Freunden, die mich während des gesamten Promotionsverfahrens unterstützt haben und diese Arbeit erst ermöglicht haben.

Sotzweiler, im Januar 2021
Christopher Salm

Inhaltsübersicht

Inhaltsverzeichnis

Abkürzungsverzeichnis

a.A.	anderer Ansicht
Abs.	Absatz
AC	Law Reports, Appeal Cases, House of Lords and Privy Council
ACLC	Australian Company Law Cases
AcP	Archiv für die civilistische Praxis
ACSR	Australian Corporation & Securities Reports
AEUV	Vertrag über die Arbeitsweise der europäischen Union
a.F.	alte Fassung
AG	Aktiengesellschaft, Amtsgericht, Die Aktiengesellschaft (Zeitschrift)
AktG	Aktiengesetz
al.	alinéa
All ER	All England Law Reports
Anh	Anhang
App Cas	Law Reports Appeal Cases
Art.	Artikel
Artt.	Artikel (Plural)
Aufl.	Auflage
BayObLG	Bayerisches Oberstes Landesgericht
BB	Der Betriebs-Berater
BCC	British company cases
BCLC	Butterworths Company law cases
Bd.	Band
BeckRS	Beck-Rechtsprechung
BegrRegE.	Begründung Regierungsentwurf
Beschl.	Beschluss
BGB	Bürgerliches Gesetzbuch
BGH	Bundesgerichtshof
BGHSt	Amtliche Sammlung der Entscheidungen des Bundesgerichtshofes in Strafsachen
BGHZ	Amtliche Sammlung der Entscheidungen des Bundesgerichtshofes in Zivilsachen
BODACC	Bulletin officiel des annonces civiles et commerciales
BRDA	Bulletin rapide de droit des affaires
BSG	Bundessozialgericht

BT-Drucks.	Bundestagsdrucksache
Bull. civ.	Bulletin civil
Bull d'Aix	Bulletin des arrêts de la Cour d'appel d'Aix-en-Provence
Bull. Joly	Bulletin mensuel Joly d`information des sociétés
bzw.	beziehungsweise
CA	Companies Act, Cour d`appel
Cass com	Cour de cassation, chambre commerciale
Cass crim	Cour de cassation, chambre criminelle
CCom	Code de commernce
CFE	Centre de Formalités des Entreprises
Ch	Law Reports, Chancery Division; Chapter
ChD	High Court, Chancery Division
c.i.c.	culpa in contrahendo
CCiv	Code civil
Crim LR	Criminal Law Reports
D.	Décret, Recueil Dalloz
D. affaires	Dalloz Affaires
DB	Der Betrieb
ders.	derselbe
DH	Recueil hebdomadaire de jurisprudence Dalloz
d.h.	das heißt
dies.	dieselbe
Dr. sociétés	Droit des sociétés
DStR	Deutsches Steuerrecht
DZWir	Deutsche Zeitschrift für Wirtschafts- und Insolvenzrecht
ECFR	European Company and Financial Law Review
ECR	Extraordinary Contractuel Relief Reporter
ed.	edition
éd.	édition
EL	Ergänzungslieferung
EMCA	European Model Companies Act
engl.	Englisch
et al	und andere
etc.	et cetera
EU	Europäische Union
EuGH	Gerichtshof der Europäischen Union
EUR	Euro
EURL	entreprise unipersonnelle à responsabilité limitée
EUV	Vertrag über die Europäische Union

EuZW	Europäische Zeitschrift für Wirtschaftsrecht
EWCA Civ	England and Wales Court of Appeal (Civil Division)
EWHC	High Court of England and Wales
EWIV	Europäische Wirtschaftliche Interessengemeinschaft
f.	folgende
FamFG	Gesetz über das Verfahren in Familiensachen und in den Angelegenheiten der freiwilligen Gerichtsbarkeit
ff.	folgenden
FHZivR	Fundheft für Zivilrecht
Fn.	Fußnote
fr.	französisch
FS	Festschrift
FSMA	Financial Services and Markets Act 2000
GBP	Great Britain Pound
GbR	Gesellschaft bürgerlichen Rechts
gem.	gemäß
GesR	Gesellschaftsrecht
GmbH	Gesellschaft mit beschränkter Haftung
GmbHG	Gesetz betreffend die Gesellschaften mit beschränkter Haftung
GmbHR	GmbH-Rundschau
GPR	Zeitschrift für das Privatrecht der Europäischen Union
FSR	Fleet Street Reports
Hare	Hare Law Reports
Hdb.	Handbuch
HGB	Handelsgesetzbuch
HK	Handkommentar
HL	House of Lords
Hrsg.	Herausgeber
HS	Halbsatz
IA	Insolvency Act
i.S.(d., v.)	im Sinne (des/der, von)
IILR	International Insolvency Law Review
InsO	Insolvenzordnung
IntGesR	internationales Gesellschaftsrecht
IPR	Internationales Privatrecht
IPRax	Praxis des Internationalen Privat- und Verfahrensrechts
i.V.m.	in Verbindung mit
JZ	Juristenzeitung
Kap	Kapitel

KapGesR	Kapitalgesellschaftsrecht
KB	Law Reports, King`s Bench
KGaA	Kommanditgesellschaft auf Aktien
KMU	kleinere und mittlere Unternehmen
KOM	Kommissionsdokument
Komm	Kommentar
KSzW	Kölner Schrift zum Wirtschaftsrecht
L.	Loi
LAG Frankfurt a.M.	Hessisches Landesarbeitsgericht Frankfurt am Main
Law Rev	Law Revue
LG	Landgericht
Lit.	Literatur
lit.	littera, Buchstabe
LR Ch App	Law Reports, Chancery Appeals
LPF	Livre des procédures fiscales
LT	Law Times Reports
Ltd.	Limited
MHdB	Münchener Handbuch
M.L.R.	Modern Law Review
MoMiG	Gesetz zur Modernisierung des GmbH-Rechts und zur Bekämpfung von Missbräuchen
m. Anm.	mit Anmerkungen
MüKo	Münchener Kommentar
m.w.N.	mit weiteren Nachweisen
NJOZ	Neue Juristische Online-Zeitschrift
NJW	Neue Juristische Wochenschrift
NotBZ	Zeitschrift für die notarielle Beratungs- und Beurkundungspraxis
Nr./n°	Nummer
NZA	Neue Zeitschrift für Arbeitsrecht
NZG	Neue Zeitschrift für Gesellschaftsrecht
NZI	Neue Zeitschrift für das Recht der Insolvenz und Sanierung
NZLR	New Zealand Law Reports
R.	Réglement (Conseil d`Etat)
RabelsZ	Rabels Zeitschrift für ausländisches und internationales Privatrecht
RegE	Regierungsentwurf
Rev. soc.	Revue des sociétés

Rev. proc. coll.	Revue des procédures collectives
RG	Reichsgericht
RGZ	Amtliche Sammlung der Entscheidungen des Reichsgerichts in Zivilsachen
RIW	Recht der internationalen Wirtschaft
RJDA	Revue de jurisprudence de droit des affaires
Rn.	Randnummer
Rs.	Rechtssache
RSC	Registre du commerce et des sociétés
Rspr.	Rechtsprechung
RTD com.	Revue trimestrielle de droit commercial
OLG	Oberlandesgericht
p.	page
para.	paragraph
paras	paragraphs
PfandBG	Pfandbriefgesetz
pp.	pages
QB	Queen`s Bench
S.	Satz
SARL	Société à responsabilité limitée
SAS	Société par action simplifiée
SCE	Societas Cooperativa Europaea
SE	Societas Europaea
sec.	section
SES	Société Européenne Simplifiée
ssec.	sections
SC	Session Cases
sog.	so genannte(r)
SPE	Societas Privata Europaea
StGB	Strafgesetzbuch
str.	strittig
SUP	Societas Unius Personae
SUP-RL-E	SUP-Richtlinienentwurf
Syst. Dars.	Systematische Darstellung
TLR	Times Law Reports
u.a.	unter anderem
UG	Unternehmergesellschaft
UK	United Kingdom
UKSC	Supreme Court of the United Kingdom

UNICITRAL	United Nations Commission on International Trade Law
Urt.	Urteil
usw.	und so weiter
v.	versus, von, vom
vgl.	vergleiche
VO	Verordnung
Vol.	Volume
Vorb	Vorbemerkung(en)
WAR	Western Australian Reports
WL	Westlaw
WLR	Weekly Law Reports
WM	Wertpapier-Mitteilungen
z.B.	zum Beispiel
ZEuP	Zeitschrift für Europäisches Privatrecht
ZGR	Zeitschrift für Unternehmens- und Gesellschaftsrecht
ZHR	Zeitschrift für das gesamte Handelsrecht und Wirtschaftsrecht
Zif.	Ziffer
ZIP	Zeitschrift für Wirtschaftsrecht
ZInsO	Zeitschrift für das gesamte Insolvenzrecht
ZPO	Zivilprozessordnung
ZRP	Zeitschrift für Rechtspolitik
zul.	zuletzt
ZVglRWiss	Zeitschrift für vergleichende Rechtswissenschaft

Einleitung

Der Warenverkehr, die Wechselwirkungen der Wirtschaft und des Wettbewerbes, die Vernetzung der Wirtschaftszweige - alles rückt näher aneinander und erfordert von den Unternehmen, den eigenen Blick zu weiten. Die Unternehmen befinden sich sowohl auf dem eigenen nationalen Markt als auch im internationalen Markt im Konkurrenzkampf gegenüber anderen Unternehmen als Mitbewerber. Um sich in diesem grenzüberschreitenden Wettbewerb und Konkurrenzkampf behaupten zu können, kann das Expandieren, das Weiten des eigenen Wirkungskreises, ein wichtiger und auch notwendiger Schritt sein.

Der Eintritt in einen ausländischen Markt erfolgt regelmäßig durch die Gründung einer ausländischen Tochtergesellschaft oder einer Zweigniederlassung. Mit den Chancen und Vorteilen korrespondieren jedoch auch Beschränkungen und mögliche Haftungsrisiken durch die fremde Rechtsordnung.[1] Das Auseinandersetzen mit der ausländischen Rechtsordnung ist ein notwendiges Übel, um zu vermeiden, dass die von der Markterschließung des Ziellandes erhofften Vorteile von den haftungsrechtlichen Nachteilen überwogen werden.

Die Durchgriffshaftung als Ausnahme vom Grundsatz der beschränkten Haftung mit dem Gesellschaftsvermögen (sog. Trennungsprinzip) resultiert aus unterschiedlichen Erwägungen der jeweiligen nationalen Gesetzgeber.[2] Auch das Trennungsprinzip ist seinerseits Ausdruck einer gesetzgeberischen Entscheidung, indem das Stammkapital bzw. Gesellschaftsvermögen an die Stelle der persönlichen Gesellschafterhaftung tritt.[3] Nichtsdestotrotz kennen die jeweiligen Rechtsordnungen auch Ausnahmen als Durchbrechungen dieses Prinzips für eine Vielzahl von Fallgestaltungen und Sachverhalten.[4]

Der dieser Dissertation zugrunde gelegte Sachverhalt ist ein Konzernverhältnis von einer Muttergesellschaft zu ihrer ausländischen Tochtergesellschaft. Das Problem der Haftung der Muttergesellschaft als Gesellschafterin der ausländischen Tochtergesellschaft soll Kernfrage der Untersuchung sein. Hierbei werden

---

1 *Kuckertz*, Der Haftungsdurchgriff auf ausländische Unternehmen und Geschäftsleiter nach französischem Recht, S. 19.

2 *Saenger*, in: Saenger/Inhester, HK-GmbHG, 4. Aufl., § 13 Rn. 3.

3 *Raiser*, in: Ulmer/Habersack/Löbbe, GmbHG, Bd. I, 2. Aufl., § 13 Rn. 47.

4 *Mülhens*, Der sogenannte Haftungsdurchgriff im deutschen und englischen Recht, S. 3; *Raiser*, in: Ulmer/Habersack/Löbbe, GmbHG, Bd. I, 2. Aufl., § 13 Rn. 51.

die deutsche, englische und französische Rechtsordnung nach dieser spezifischen Frage untersucht.

Wenngleich die nationalen Wirtschaftsordnungen immer näher aneinanderrücken, fehlt bisweilen ein vereinheitlichtes Konzernrecht oder eine Vereinheitlichung der jeweiligen Haftungsregime der Durchgriffshaftung aus allgemeinem Gesellschaftsrecht oder Insolvenzrecht. Das Fehlen vereinheitlichter Regeln steht im Gegensatz zur gelebten Wirtschaftspraxis. Allein in Deutschland sind drei Viertel der Aktiengesellschaften und mindestens die Hälfte der Gesellschaften mit beschränkter Haftung in einen Konzern eingebunden.[5]

Die Konzentration von Unternehmen in einem Verbund spiegelt sich auch im Vereinigten Königreich wider, wo manche der großen Unternehmen mehrere hundert Tochtergesellschaften unter sich vereinen.[6] Vor diesem Hintergrund soll die vorliegende Dissertation die Sachverhalte und Tatbestände der Durchgriffshaftung auf die hinter der Gesellschaft stehende Gesellschafterin, die Muttergesellschaft, für die deutsche, englische und französische Rechtsordnung herausarbeiten und miteinander vergleichen. Aufgrund des Rechtsvergleichs sollen sodann Überlegungen zur Rechtsvereinheitlichung angestellt werden.

A. Gegenstand der Untersuchung

Die vorliegende Arbeit beschäftigt sich mit dem Rechtsvergleich der deutschen, englischen und französischen Rechtsordnung im Hinblick auf die Gesellschafterhaftung im grenzüberschreitenden Konzern. Die Durchgriffshaftung als jeweiliger Lösungsansatz der nationalen Gesetzgeber zur Bewältigung des Interessenkonfliktes zwischen der abhängigen Gesellschaft, deren Minderheitsgesellschaftern und Gläubigern gegenüber den Interessen der Muttergesellschaft soll dargestellt werden.

Als roter Faden des zu untersuchenden Haftungsdurchgriffes in Deutschland, England und Frankreich stellt sich die Frage: Wann haftet eine Muttergesellschaft für die Verbindlichkeiten ihrer ausländischen Tochtergesellschaft?[7]

---

5 *Emmerich/Habersack*, Konzernrecht, 11. Aufl., § 1 Rn. 8; *Wimmer-Leonhardt*, Konzernhaftungsrecht, S. 1.

6 Hierzu: *Wimmer-Leonhardt*, Konzernhaftungsrecht, S. 6; *Lübking*, Ein einheitliches Konzernrecht für Europa, S. 17, wonach die größten 50 Gesellschaften im Vereinigten Königreich im Durchschnitt 230 Tochtergesellschaften pro Muttergesellschaft umfassen.

7 So konkret *Klose-Morero/Löb*, Länderreport Brasilien, RIW 3/2016, 131 (132).

Zur Beantwortung dieser Frage sollen die Rechtsformen der Tochtergesellschaft im Wege der Rechtsvergleichung in ihren nationalen Besonderheiten hinsichtlich Organisation, Finanz- und Haftungsverfassung sowie der Konzernleitung untersucht werden. Die Arbeit soll diesbezüglich auf die üblicherweise für eine Tochtergesellschaft in Betracht kommenden Gesellschaftsformen eingehen. Diese werden für Deutschland die Aktiengesellschaft (AG), die Gesellschaft mit beschränkter Haftung (GmbH), für das Vereinigte Königreich die *private limited company* (Limited) und für Frankreich die *société à responsabilité limitée* (SARL) sein.[8]

Die Durchgriffshaftung soll für die jeweilige Rechtsordnung anhand des geltenden Gesellschafts-, Konzern- und Insolvenzrechts beleuchtet und in ihrer Ausgestaltung als Innen- oder Außenhaftung dargestellt werden.[9] Anschließend werden die speziell nationalen Durchgriffskonzeptionen gegenübergestellt und Unterschiede und Gemeinsamkeiten herausgearbeitet. Aus diesen kann ein Vorschlag für eine mögliche Rechtsvereinheitlichung formuliert werden.[10] Der Vorschlag der Vereinheitlichung soll sich methodisch an den Gemeinsamkeiten als kleinstem gemeinsamer Nenner orientieren, um einen Beitrag zur Vereinfachung des grenzüberschreitenden Rechtsverkehrs und zur Minderung von Haftungsrisiken zu leisten.[11] Schwerpunkt der Vereinheitlichung wird die konzernrechtliche Haftung sein, aber auch die allgemeine gesellschaftsrechtliche oder insolvenzrechtliche Durchgriffshaftung sollen perspektivisch auf eine sinnvolle Vereinheitlichung hin untersucht werden.

B. Methodisches Vorgehen und Gang der Untersuchung

Das methodische Vorgehen ist ein essenzieller Bestandteil einer jeden rechtsvergleichenden Arbeit. Darstellung, Vergleichung und die daraus gewonnenen Erkenntnisse und Schlussfolgerungen haben einem einheitlichen methodischen Vorgehen zu folgen. Vom methodischen Grundprinzip der Funktionalität ausgehend sollen die unterschiedlichen nationalen Regelungen als jeweiliger

---

8 *Lübking*, Ein einheitliches Konzernrecht für Europa, S. 21.

9 *Wimmer-Leonhardt*, Konzernhaftungsrecht, S. 4; *Saenger*, in: Saenger/Inhester, HK-GmbHG, 4. Aufl., § 13 Rn. 3; *Fastrich*, in: Baumbach/Hueck, GmbHG, 22. Aufl., § 13 Rn. 10 ff.

10 *Zweigert/Kötz*, Einführung in die Rechtsvergleichung, 3. Aufl., § 2 V, S. 23.

11 Siehe hierzu *Zweigert/Kötz*, Einführung in die Rechtsvergleichung, 3. Aufl., § 2 V, S. 24, der den Nutzen der Rechtsvereinheitlichung in der Erleichterung des internationalen Rechtsverkehrs und in der Minderung spezifischer "Rechtsrisiken" sieht.

Ausdruck eines Lösungsversuches des Interessenkonfliktes im Konzern gegenübergestellt werden.[12]

An die Normansätze der jeweiligen Regelungen, die die gleiche Aufgabe und Funktion zu erfüllen versuchen, knüpft sich die Rechtsvergleichung an.[13] Zunächst soll die deutsche Rechtsordnung als Ausgangspunkt der Dissertation hinsichtlich ihrer Funktion, das Verhältnis und die Interessen von Muttergesellschaft zur Tochtergesellschaft und Dritten zu erfassen, untersucht werden.[14] Hierzu werden zunächst das gesellschaftsrechtliche Trennungsprinzip und dessen Ausnahmen dargestellt. Daran anknüpfend wird das deutsche Konzernrecht im Hinblick auf die Haftung der Muttergesellschaft skizziert.

Nach der Darstellung des deutschen Haftungsdurchgriffs werden die englische und die französische Rechtsordnung hinsichtlich der Konzernkonstellationen durch die allgemeinen Regeln des Gesellschafts- und Insolvenzrechts untersucht.[15] Zum Verständnis der Gesellschafterhaftung werden zunächst die für eine ausländische Tochtergesellschaft in Frage kommenden Gesellschaftsformen hinsichtlich des Aufbaus, der Organisationsstruktur und der Finanzverfassung dargestellt und deren strukturelle Besonderheiten gegenüber der deutschen GmbH und AG aufgezeigt.[16] Hiernach wird sich mit der spezifischen Durchgriffshaftung und dem Haftungssystem der jeweiligen Gesellschaftsformen in England und Frankreich auseinandergesetzt. Die Antworten zu der funktional gestellten Frage nach der nationalen Durchgriffshaftung fließen in Länderberichte zu Deutschland, England und Frankreich ein, die die Rechtslage ohne Wertung und in der jeweiligen landesspezifischen Systematik und den Begrifflichkeiten wiedergeben.[17]

Folgende Fragestellungen sollen ein Grundgerüst geben, an dem sich die Untersuchung orientiert: Sieht das jeweilige Recht gesetzliche oder von der Rechtsprechung entwickelte Ausnahmen vom Grundsatz der Beschränkung auf das Gesellschaftsvermögen vor? Gibt es spezielle Vorschriften, die das

---

12 *Tholen*, Europäisches Konzernrecht, S. 23; grundlegend zur Methodik der Rechtsvergleichung *Zweigert/Kötz*, Einführung in die Rechtsvergleichung, 3. Aufl., § 3 II, S. 33 ff.

13 *Zweigert/Kötz*, Einführung in die Rechtsvergleichung, 3. Aufl., § 3 II, S. 33; *Lübking*, Ein einheitliches Konzernrecht für Europa, S. 20.

14 *Lübking*, Ein einheitliches Konzernrecht für Europa, S. 20.

15 *Wimmer-Leonhardt*, Konzernhaftungsrecht, S. 8.

16 So bedarf eine englische Limited zum Beispiel nach dem Companies Act 2016 kein Mindestkapital, vgl. *Rothenburg/Walter/Platts*, in: Wegen/Spahlinger/Barth, Gesellschaftsrecht des Ausland, Vereinigtes Königreich, 3. EL, Rn. 17, 35.

17 *Kischel*, Rechtsvergleichung, § 3 Rn. 3.

Konzernverhältnis aufgreifen und eine Haftung der Muttergesellschaft regeln? Wie ist die Konzernleitung ausgestaltet und welche Einflussmöglichkeiten hat die Muttergesellschaft auf die Geschäftsführung ihrer Tochtergesellschaft? Existieren neben den Regelungen des Gesellschaftsrechtes zum Konzern anderweitige Gesetze oder Regelungen, die eine Haftung der Gesellschafter begründen?[18]

Die Rechtsvergleichung folgt dem methodischen Grundsatz der Funktionalität und knüpft an die Durchgriffshaftung vor dem Hintergrund der jeweiligen Lösung des Interessenkonfliktes an.[19]

C. Die zu untersuchende Fragestellung

Diese Überlegungen zur Haftung der Muttergesellschaft im grenzüberschreitenden Konzern und das Bedürfnis nach Rechtssicherheit sollen Ausgangspunkt für eine etwaige Rechtsvereinheitlichung sein. Die unterschiedlichen länderspezifischen Ausnahmen des Trennungsprinzips bedeuten für das investierende Unternehmen Unsicherheiten. Hieraus ergibt sich das Bedürfnis, sich nicht nur aus ökonomischer und betriebswirtschaftlicher Sicht mit dem Zielland der Gesellschaftsgründung auseinanderzusetzen, sondern auch mit dessen Rechtsordnung. Letztlich ist das Recht auch „ein betriebswirtschaftlicher Faktor" in der Abwägung von Gefahren und Haftung gegenüber dem wirtschaftlichen Nutzen. Blindes Vertrauen ohne Kenntnis der Rechtsordnung, in der die Tochtergesellschaft gegründet werden soll, kann unvorhersehbare Haftungsfälle auslösen, die auf die Muttergesellschaft oder deren Geschäftsführung durchschlagen.[20]

---

18 Beispielsweise insolvenzrechtliche Regelungen in England zum Gläubigerschutz, vgl. *Wimmer-Leonhardt*, Konzernhaftungsrecht, S. 20.

19 *Immenga*, in: FS Fischer, 1979, S. 298 f.; *Zweigert/Kötz*, Einführung in die Rechtsvergleichung, 3. Aufl., § 2 VI, S. 33.

20 Hierzu *Kuckertz*, Der Haftungsdurchgriff auf ausländische Unternehmen und Geschäftsleiter nach französischem Recht, S. 19: „Wer in Frankreich mit den Regeln des Haftungsdurchgriffs nicht vertraut ist und sich in scheinbarer Sicherheit wähnt, den kann es eiskalt „erwischen"."

Kapitel I Allgemeine Durchgriffshaftung im deutschen Recht

Abstract: Chapter I deals with the theory of the limited liability of German companies. The principle of limited liability and the separate legal personality of a corporate company and its members means that the company is only responsible for its own debts. This privilege of the limited liability is followed by regulations for capital maintenance and creditor protection. Under the aspect of creditor protection, the minimum capital of a German corporate limited company is understood as the price for this privilege. Only in exceptional cases the German jurisdiction makes an exception to the principle of limited liability and holds the members liable for the company's debts. Such a case of piercing the corporate veil is the commingling of capital when the company's own assets and the member's assets cannot be distinguished. While in these cases the company's creditors can hold the members liable other cases such as undercapitalisation or annihilating interference (existenzvernichtender Eingriff) are merely designed as an internal liability between the corporate company and its member.

Keywords: limited liabilty, separate legal personality

A. Einleitung

I. Grundsätze der Gesellschafterhaftung

Ausgangslage für die Gesellschafterhaftung in Deutschland sind § 1 Abs. 1 S. 2 AktG für die deutsche Aktiengesellschaft (AG) und § 13 Abs. 2 GmbHG für die deutsche Gesellschaft mit beschränkter Haftung (GmbH), wonach für die Verbindlichkeiten der Gesellschaft den Gläubigern nur das Gesellschaftsvermögen haftet.

Die Regelungen des § 1 Abs. 1 S. 2 AktG und § 13 Abs. 2 GmbHG sind jeweils Ausdruck des für juristische Personen in Deutschland geltenden Trennungsprinzips.[21] Diese ausdrücklichen gesetzlichen Anordnungen einer Haftungsbeschränkung stehen im Gegensatz zum Grundsatz der persönlichen Haftung der Gesellschafter einer handelsrechtlichen Personengesellschaft gem. § 128 HGB

21 *Heider*, in: MüKo zum AktG, Bd. I, 5. Aufl., § 1 Rn. 46; *Merkt*, in: MüKo zum GmbhG, Bd. I, 3. Aufl., § 13 Rn. 332.

bzw. in analoger Anwendung für die Gesellschaft bei einer Gesellschaft bürgerlichen Rechts (GbR).[22] Die juristische Person und die Gesellschafter sind jeweils eigenständige Rechtspersönlichkeiten, deren Vermögen als Gesellschaftsvermögen und Gesellschaftervermögen getrennt voneinander betrachtet werden.[23] Sie sind bezogen auf ihre Rechtsposition, ihre Pflichten und die Zuordnung des Vermögens wie Dritte gegenüber einander anzusehen.[24] Das Trennungsprinzip ist jedoch der eigenen Rechtspersönlichkeit von juristischer Person gegenüber den Gesellschaftern nicht immanent, vielmehr ist dieses Ausdruck einer bewussten gesetzgeberischen Entscheidung, die Haftung auf das Vermögen der Gesellschaft zu beschränken.[25]

Dieser Haftungsprivilegierung der Gesellschafter korrespondieren gesetzliche Bestimmungen zur Aufrechterhaltung einer Haftsumme zum Schutz der Gesellschaftsgläubiger.[26] Das Haftungsprivileg wird durch das Erfordernis eines Mindestkapitals „erkauft": Für die Aktiengesellschaft gem. §§ 6 f. AktG durch das Grundkapital, für die Gesellschaft mit beschränkter Haftung gem. § 5 GmbHG durch das Stammkapital. Die Beteiligung mit Eigenkapital im Sinne einer Einlage des Gesellschafters ist der Ausgleich für sein Privileg.[27] Neben der Notwendigkeit eines Mindestkapitals für die Gesellschaft mit beschränkter Haftung und die Aktiengesellschaft rechtfertigen auch die Kapitalaufbringungs- und Kapitalerhaltungsvorschriften sowie die Konkursantragspflicht die Haftungsprivilegierung der Gesellschafter.[28]

Grund für die Entscheidung des Gesetzgebers zugunsten einer Haftungsbeschränkung sind ökonomische Gesichtspunkte, als Anreiz die Bereitschaft zu wirtschaftlichen Unternehmungen trotz einhergehender Risiken zu fördern.[29] Der BGH[30] sieht die Haftungsbeschränkung als Förderung der

---

22 *Bitter*, Scholz, GmbHG, 12. Aufl., § 13 Rn. 55.

23 *Heider*, in: MüKo zum AktG, Bd. I, 5. Aufl., § 1 AktG, Rn. 46; *Kuckertz*, Der Haftungsdurchgriff auf ausländische Unternehmen und Geschäftsleiter nach französischem Recht, S. 19.

24 *Heider*, in: MüKo zum AktG, Bd. I, 5. Aufl., § 1 Rn. 47; *Lutter*, in: Schmidt/Lutter, AktG, Bd. I, 4. Aufl., § 1 Rn. 13.

25 *Merkt*, in: MüKo zum GmbHG, Bd. I, 3. Aufl., § 13 Rn. 332.

26 *Merkt*, in: MüKo zum GmbHG, Bd. I, 3. Aufl., § 13 Rn. 332.

27 *Bitter*, Scholz, GmbHG, 12. Aufl., § 13 Rn. 67.

28 BGH, Urt. v. 06.06.1994 – II ZR 292/91, NJW 1994, 2220 (2223); *Schmidt*, ZIP 1988, 1497.

29 *Lieder*, in: Michalski/Heidinger/Leible/Schmidt, GmbHG, 3. Aufl., Bd. I, § 13 R. 336.

30 BGH, Urt. v. 17.03.1966 – II ZR 282/63, NJW 1966, 1309 (1310).

unternehmerischen Tätigkeit für den Geschäftsverkehr als notwendig an.[31] Die ökonomische Literatur hat sich genauer mit der Effizienzfrage des Instituts der Haftungsbeschränkung auseinandergesetzt, wonach unter anderem die Bereitschaft von Investoren durch die Trennung von Kapital und Management gefördert wird.[32]

Die Durchgriffshaftung als Durchbrechung der Haftungsbeschränkung kann erst erläutert werden, wenn der Sinn und Zweck des Trennungsprinzips verstanden wird.[33] Die jeweiligen Ausnahmetatbestände sind vor dem Hintergrund der Haftungsprivilegierung der Gesellschafter als Leitgedanke zu sehen.[34] Geht das Trennungsprinzip von einer ökonomischen Zielrichtung aus und kann ein solches Ziel nicht erreicht werden, stellt sich die Frage, ob in solchen Fällen dieses Prinzip aufgrund einer teleologischen Reduktion durchbrochen werden kann.[35] Das Gesetz seinerseits normiert ausdrücklich Einschränkungen vom Trennungsprinzip[36], die Rechtsprechung und die Lehre entwickeln Fallgruppen als weitere Einschränkungen, die das Haftungsprivileg mit der Rechtsordnung als unvereinbar ansehen und einen Durchgriff auf die Gesellschafter rechtfertigen.[37] Die gesetzlich normierten Einschränkungen für die Aktiengesellschaft sind weitgehender als für die Gesellschaft mit beschränkter Haftung. Entnehmen die Gesellschafter einer GmbH der Gesellschaft Vermögen, so haften sie primär nur der Gesellschaft gegenüber. Im Gegensatz hierzu haften die Aktionäre bei der Entnahme von Gesellschaftsvermögen nicht nur der Gesellschaft gegenüber, sondern auch gegenüber den Gläubigern der AG, die über § 62 Abs. 2 AktG diesen Anspruch der Gesellschaft auch gegen die Aktionäre geltend machen können.[38]

II. Die Durchgriffshaftung als Ausnahme

Die jeweilige Selbstständigkeit der Aktiengesellschaft und der Gesellschaft mit beschränkter Haftung gegenüber den Gesellschaftern und das Trennungsprinzip

31 *Bitter*, in: Scholz, GmbHG, 12. Aufl., § 13 Rn. 60.

32 Hierzu umfassend *Bitter*, Konzerrechtliche Durchgriffshaftung bei Personengesellschaften, S. 156 ff.

33 *Bitter*, in: Scholz, GmbHG, 12. Aufl., § 13 Rn. 56 f.

34 *Fastrich*, in: Baumbach/Hueck, GmbHG, 22. Aufl., §13 Rn. 5.

35 *Bitter*, in: Scholz, GmbHG, 12. Aufl., § 13 Rn. 57.

36 Für das Aktienrecht: § 62 Abs. 2, §§ 302 f., § 309 Abs. 4 S. 3, § 317 Abs. 4 AktG.

37 *Heider*, in: MüKo zum AktG, Bd. I, 5. Aufl., § 1 AktG Rn. 47.

38 *Lutter*, in: Schmidt/Lutter, AktG, Bd. I, 4. Aufl., § 1 Rn. 12; *Merkt*, in: MüKo zum GmbHG, Bd. I, 3. Aufl., § 13 Rn. 333.

schließen eine persönliche Inanspruchnahme der Gesellschafter unter bestimmten Voraussetzungen nicht aus.[39] Die Problematik der Durchgriffshaftung tritt in Fällen auf, in denen die juristische Person und ihre Gesellschafter aufgrund der eigenen Rechtspersönlichkeit getrennt auftreten und sich die Frage stellt, wann eine Gleichsetzung von dem Gesellschafter mit seiner Gesellschaft erfolgt und so durch die Gesellschaft hindurch auf ihre Gesellschafter durchgegriffen werden kann.[40] Das Institut der Durchgriffshaftung veranschaulicht das angloamerikanische Recht dadurch, indem von dem Durchstoßen des den Rechtsträger schützenden Schleiers (*piercing of the corporate veil*) gesprochen wird.[41] Die deutsche Rechtsprechung spricht davon, dass eine Einschränkung des Trennungsprinzips möglich sein muss, wenn „die Wirklichkeit des Lebens und die Macht der Tatsachen" eine solche erfordern.[42] Diese bloße Bildsprache der Durchgriffshaftung bedarf der juristischen Systematisierung.[43]

B. Systematisierung dcr Durchgriffshaftung

I. Dogmatik der Einschränkung

1. *Theoretische Ansätze der Einschränkung*

Verschiedene Theorien bemühen sich um eine Systematisierung der Durchgriffshaftung mit dem Ziel der Kasuistik der Gesellschafterhaftung ein dogmatisches Fundament zu geben.[44] Über die Voraussetzungen und Rechtsfolgen der Gesellschafterhaftung hat sich bisher keine einheitliche Dogmatik herausgebildet.[45]

a. Missbrauchstheorie

Die Habilitationsschrift von *Serick* von 1955 gilt als erster Versuch einer Systematisierung der Kasuistik der Rechtsprechung von Durchgriffsfällen, ausgehend von einer rechtsvergleichenden Studie zum angloamerikanischen Rechtskreis.[46]

---

39 *Fastrich*, Baumbach/Hueck, GmbHG, 22. Aufl., § 13 Rn. 10.

40 *Bitter*, in: Scholz, GmbHG, 12. Aufl., § 13 Rn. 69.

41 *Bitter*, in: Scholz, GmbHG, 12. Aufl., § 13 Rn. 69.

42 *Lutter*, in: Schmidt/Lutter, AktG, Bd. I, 4. Aufl., § 1 Rn. 14; mit weiteren Verweisen *Schmidt K.*, Gesellschaftsrecht, 4. Aufl., § 9 I S. 217 f.

43 *Bitter*, in: Scholz, GmbHG, 12. Aufl., §13 Rn. 70.

44 *Fock*, in: Spindler/Stilz, AktG, 4. Aufl., § 1 Rn. 41.

45 *Heider*, in: MüKo zum AktG, Bd. I, 4. Aufl., § 1 Rn. 47.

46 *Serick*, Rechtsform und Realitaet juristischer Personen; *Fock*, in: Spindler/Stilz, AktG, Bd. I, 4. Aufl., § 1 Rn. 43.

Demnach wird der Missbrauch der juristischen Person zur Gesetzesumgehung, Vertragsverletzungen oder Schädigung in den Vordergrund gestellt.[47] Hierbei kommt es auf die subjektive Vorwerfbarkeit des Gesellschafters an, ob dieser die juristische Person gerade zu solchen Zwecken einsetzt.[48]

b. Normzwecklehre

Die von *Müller-Freienfels* begründete Normzwecklehre knüpft ihren dogmatischen Ansatz nicht an den Missbrauch der juristischen Person, sondern vielmehr an das Telos und die Interessenlage der konkret in Frage kommenden Einzelnorm.[49] Ausgehend von dem Verständnis *Müller-Freienfels* der juristischen Person als „*konstruktive Abbreviatur*"[50], als gedankliche Zusammenfassung von Tatbeständen, Beziehungen und Normen, wird konkret nach der Rechtfertigung einer die Haftungsbeschränkung anordnenden Einzelnorm gefragt.[51]

c. Vermittelnde Ansichten

Auf der theoretischen Grundlage der Normzwecklehre haben sich weitere vermittelnde Ansätze herausgearbeitet.[52] Als vermittelnder Ansatz unterscheidet *Rehbinder*[53] zwischen der Gleichsetzung der juristischen Person und den dahinterstehenden Gesellschaftern als Sonderrecht im Sinne echter Durchgriffsfälle und solcher Fälle, bei denen es sich darüber hinaus um die Normanwendung nach der Normzwecklehre handelt.[54]

Nach *Wiedemann*[55] geht eine solche Unterscheidung zwischen der Betrachtung der Institution und der anwendbaren Norm fehl, denn das Problem der Durchgriffshaftung sei sowohl ein institutionelles als auch ein solches der

---

47 *Serick*, Rechtsform und Realitaet juristischer Personen, S. 203.

48 Vgl. *Fock*, in: Spindler/Stilz, AktG, Bd. I, 4. Aufl., § 1 Rn.43.

49 *Müller-Freienfels*, AcP 156 (1957), 522 ff.; *Heider*, MüKo zum AktG, Bd. I, 5. Aufl., § 1 Rn. 48.

50 *Müller-Freienfels*, AcP 156 (1957), 522 (529).

51 *Hüffer*, in: Hüffer/Koch, AktG, 14. Aufl., § 1 Rn. 17; *Fock*, in: Spindler/Stilz, AktG, Bd. I, 4. Aufl., § 1 Rn. 45.

52 Zur sog. modifizierten oder vermittelnden Normzwecklehre *Heider*, MüKo zum AktG, Bd. I, 5. Aufl., § 1 Rn. 48; zu weiteren theoretischen Ansätzen siehe *Fock*, in: Spindler/Stilz, AktG, Bd. I, 3. Aufl., § 1 Rn. 46 ff.

53 Siehe dazu *Rehbinder*, Konzernaußenrecht und allgemeines Privatrecht.

54 *Rehbinder*, in: FS Fischer, 1979, S. 579; *Raiser*, in: Ulmer/Habersack/Löbbe, GmbHG Großkomm, Bd. I, 2. Aufl., § 13 Rn. 64.

55 *Wiedemann*, Die Unternehmensgruppe im Privatrecht, S. 20.

Normanwendung.[56] *Wiedemann* unterscheidet vielmehr nach dem Zurechnungsdurchgriff einerseits, der sowohl auf der Normanwendung als auch auf dem Verhältnis der juristischen Person zu ihren Mitgliedern fußt, und dem Haftungsdurchgriff andererseits, der seine Berechtigung aus der zweckwidrigen Verwendung der Rechtsform mit ihrer Haftungsbeschränkung findet.[57]

Nach den Ansichten von *Flume*[58], *Wilhelm*[59] und *Altmeppen*[60] existiert kein einheitliches Rechtsinstitut der Durchgriffshaftung. Vielmehr wird auf eine Rückbesinnung auf die Rechtsselbstständigkeit der juristischen Person und die damit einhergehende Vermögenstrennung verwiesen.[61] Der Eigenschutz der Gesellschaft vor ihren eigenen Gesellschaftern sei auch der beste Schutz für die Gesellschaftsgläubiger.[62] Demnach soll in Analogie zu § 43 GmbHG eine Haftung wegen Verletzung einer besonderen organschaftlichen Sorgfaltspflicht der Gesellschafter gegenüber der Gesellschaft die Durchgriffshaftung ersetzen.[63]

d. Rechtsprechung

Die Rechtsprechung bemüht sich weniger um die Erarbeitung eines dogmatischen Fundaments. Der BGH stützt sich auf die vom Reichsgericht[64] aufgestellte Formel, „daß die juristische Person und ihr Alleingesellschafter dann als eine Einheit behandelt werden müsse, wenn die Wirklichkeit des Lebens, die wirtschaftlichen Bedürfnisse und die Macht der Tatsachen es dem Richter gebieten, die personen- und vermögensrechtliche Selbstständigkeit der GmbH und ihres alleinigen Gesellschafters hintanzusetzen".[65] Der Grund für das „Beiseiteschieben der juristischen Person im Sinne einer sachgerechten Entscheidung zur

56 *Raiser*, in: Ulmer/Habersack/Löbbe, GmbHG Großkomm, Bd. I, 2. Aufl., § 13 Rn. 64.

57 *Wiedemann*, Gesellschaftsrecht, Bd. I, § 4 III; *Fock*, in: *Spindler/Stilz*, AktG, Bd. I, 3. Aufl., § 1 Rn. 48.

58 *Flume*, Allgemeiner Teil des bürgerlichen Rechts, Bd. I/2: Die juristische Person, S. 63 ff.

59 *Wilhelm*, Rechtsform und Haftung bei der juristischen Person, S. 285 ff.

60 *Altmeppen*, in: Altmeppen, GmbHG, 10. Aufl., § 13 Rn. 132; *Ders.*, ZIP 2002, 1553.

61 *Raiser*, in: Ulmer/Habersack/Löbbe, GmbHG Großkomm, Bd. I, 2. Aufl., § 13 Rn. 67.

62 *Altmeppen*, in: Altmeppen, GmbHG, 10. Aufl., § 13 Rn. 132.

63 *Raiser*, in: Ulmer/Habersack/Löbbe, GmbHG Großkomm, Bd. I, 2. Aufl., § 13 Rn. 67.

64 RG, Urt. v. 22.06.1920 – III 68/20, RGZ 99, 232 (234); RG, Urt. v. 19.05.1930 – VI 534/29, RGZ 129, 50 (53 f.).

65 BGH, Urt. v. 29.11.1956 – II ZR 156/55, BGHZ 22, 226 (230); BGH, Urt. v. 26.11.1957 – VIII ZR 301/56, WM 1958, 460 (461), *Bitter*, in: Scholz, GmbHG, 12. Aufl., § 13 Rn. 113.

Aufsuchung der realen Kräfte, die hinter der juristischen Person stehen“[66], kurz die Durchbrechung des Trennungsprinzips, wird in dem Verstoß gegen Treu und Glauben gesehen.[67] Konkret formuliert das BSG, dass der „Gesellschafter (...) mit der Gesellschaft gleichzustellen [ist], wenn die Berufung auf die förmliche Verschiedenheit gegen Treu und Glauben verstößt.“[68]

2. *Stellungnahme*

Aufgrund der Vielzahl von Interessen, die eine Einschränkung des Trennungsprinzips gebieten können, ist ein generalisiertes Rechtsinstitut der Durchgriffshaftung im Sinne von Tatbestand und Rechtsfolge bislang nicht gefunden worden.[69] Somit dienen weniger die abstrakt generelle Problembetrachtung als vielmehr die Fallgruppen einer Systematisierung, denn der Problematik der Durchgriffshaftung geht keine vereinheitlichte rechtliche Begründung voraus.[70] Die differenzierende Betrachtung der bestimmten Fallgruppen unter Abwägung der Interessen des Einzelfalls ist mangels Verständigung auf ein einheitliches Rechtsinstitut der Durchgriffshaftung die gebotene Vorgehensweise.[71] Dem Haftungsdurchgriff als Ausnahme einer für juristische Personen und Kapitalgesellschaften geltenden Grundregel müssen schwerwiegende Gründe vorhergehen, die ein Festhalten am Grundsatz unerträglich machen.[72] Dies bedarf einer jeweiligen Prüfung der konkreten Umstände des Einzelfalls. Eine systematische Einteilung der Durchgriffshaftung kann in dem *Zurechnungsdurchgriff* einerseits und dem *Haftungsdurchgriff* andererseits vorgenommen werden.[73] Die Durchgriffsproblematik ist hierbei kein reines Problem des Aktienrechts, sondern

---

66 BGH, Urt. v. 04.07.1961 – VI ZR 84/60, GmbHR 1961, 161 (162).

67 *Bitter*, in: Scholz, GmbHG, 12. Aufl., § 13 Rn. 114.

68 BSG, Urt. v. 07.12.1983 – 7 RAr 20/82, GmbHR 1985, 294; BSG v. 01.02.1996 – 2 RU 7/95, ZIP 1996, 1134 (1135).

69 *Heider*, in: MüKo zum AktG, Bd. I, 5. Aufl., § 1 Rn. 50.

70 *Windbichler*, Gesellschaftsrecht, 24. Aufl., § 24 Rn. 28.

71 Siehe hierzu *Koch*, in: Hüffer/Koch, AktG, 14. Aufl., § 1 Rn. 18; *Fock*, in: Spindler/Stilz, AktG, 4. Aufl., § 1 Rn. 38 ff.

72 *Westermann*, in: *Bürgers/Körber*: AktG, 4. Aufl., § 1 Rn. 29.

73 Der von *Wiedemann*, Gesellschaftsrecht, Bd. I, § 4 III, S. 220 ff. eingeführten Unterscheidung folgend: *Raiser*, in: Ulmer/Habersack/Löbbe, GmbHG, Bd. I, 2. Aufl., § 13 Rn. 66; *Bayer*, in: Lutter/Hommelhoff, GmbHG, 20. Aufl., § 13 Rn. 12, *Koch*, in: Hüffer/Koch, AktG, 14. Aufl., § 1 Rn. 15; *Fastrich*, in: Baumbach/Hueck, GmbHG, 22. Aufl., § 13 Rn. 10, 15, 17.

betrifft alle juristischen Personen.[74] Die GmbH steht als häufigste Rechtsform wegen der Möglichkeit der Einflussnahme durch Weisungen gegenüber der Geschäftsführung gem. § 37 GmbHG im Vordergrund.[75] Im Gegensatz zum Zurechnungsdurchgriff kann die Frage des Haftungsdurchgriffs danach systematisiert werden, wer Anspruchsteller ist und wem gegenüber dieser seinen Anspruch geltend machen kann.[76] Aufgrund dieser Systematisierung ergibt sich hinsichtlich des Anspruchstellers die Unterscheidung zwischen der Gesellschaft selbst im Sinne einer *Innenhaftung* und den Gläubigern der Gesellschaft im Sinne einer *Außenhaftung*.[77] Die Außenhaftung sucht nach einem weiteren Haftungssubjekt neben der Gesellschaft selbst.[78] Die Außenhaftung kann ihrerseits wieder in die sog. „echte" und „unechte" Durchgriffshaftung unterteilt werden.[79]

II. Zurechnungs- und Haftungsdurchgriff

1. *Zurechnungsdurchgriff*

Das Trennungsprinzip regelt nicht nur die Haftungstrennung, sondern allgemein, dass die Gesellschaft den Gesellschaftern als Drittperson gegenübersteht.[80] Demnach erfolgt nicht nur keine Haftungszurechnung im Verhältnis der Gesellschaft zu den Gesellschaftern, sondern darüber hinaus erfolgt umgekehrt auch keine Zurechnung von Handlungen, Kenntnissen und Eigenschaften der Gesellschafter der Gesellschaft gegenüber.[81]

Der Zurechnungsdurchgriff lässt sich seinerseits in zwei Fallgruppen einteilen: einerseits die *Einflussnahme auf die Willensbildung der Gesellschaft* zur Wahrnehmung der Interessen des Gesellschafters im Gegensatz zu den Gesellschaftsinteressen und andererseits in das *kollusive Zusammenwirken mit der Geschäftsführung* unter Ausnutzung der Rechtsform der juristischen Person zur Schädigung Dritter, Gesetzesumgehung oder Verletzung vertraglicher

---

74 *Koch*, in: Hüffer/Koch, AktG, 14. Aufl., § 1 Rn. 15; *Windbichler*, Gesellschaftsrecht, 24. Aufl., § 24 Rn. 27.

75 *Grigoleit*, in: Grigoleit, AktG, 2. Aufl., § 1 Rn. 87.

76 *Bitter*, in: Scholz, GmbHG, 12. Aufl., § 13 Rn. 72.

77 *Bitter*, in: Scholz, GmbHG, 12. Aufl., § 13 Rn. 72.

78 *Siebert*, Die Durchgriffshaftung im englischen und deutschen Recht, S. 27; *Ehricke*, in: AcP 199 (1999), S. 257 (258).

79 *Lieder*, in: Michalski/Heidinger/Leible/Schmidt, GmbHG, Bd. I, 3. Aufl., § 13 Rn. 340; *Verse*, in: Henssler/Strohn, Gesellschaftsrecht, GmbHG, 5. Aufl., § 13 Rn. 19 ff.

80 *Heider*, in: MüKo zum AktG, Bd. I, 4. Aufl., § 1 Rn. 47.

81 *Lutter*, in: Schmidt/Lutter, AktG, Bd. I, 4. Aufl., § 1 Rn. 13.

Pflichten.[82] Die Zurechnung kann sich jedoch auch aus Gesetz ergeben, wenn der Gesellschafter gleichzeitig Vertreter durch Rechtsgeschäft, Erfüllungs- oder Verrichtungsgehilfe der Gesellschaft im Sinne der §§ 31, 166, 278, 831 BGB ist.

Die Zurechnung des Verhaltens, der Kenntnisse oder Eigenschaften eines Gesellschafters soll jedoch nicht Schwerpunkt der vorliegenden Arbeit sein. Diese beschäftigt sich vielmehr mit dem Haftungsdurchgriff im Sinne der persönlichen Inanspruchnahme der hinter der Gesellschaft stehenden Gesellschafter.

2. „Unechte" Durchgriffshaftung

Die sog. „unechte" Durchgriffshaftung oder der „unechte" Haftungsdurchgriff bezeichnet die Haftung eines Gesellschafters aufgrund einer selbstständigen Grundlage aus Vertrag, Delikt oder von ihm gesetztem Rechtsschein.[83] Die Haftung des Gesellschafters ergibt sich aus einem besonderen Verpflichtungsgrund, sodass der Gesellschafter weniger für Verbindlichkeiten der Gesellschaft haftet, als vielmehr für eine in seiner Person im Zusammenhang mit der Gesellschaft begründete eigene Verbindlichkeit.[84]

Der Haftungsgrund gründet in der Person des Gesellschafters selbst und ist somit nicht akzessorisch zu einer Verbindlichkeit der Gesellschaft. Ausgehend hiervon wird die „unechte" Durchgriffshaftung von Vertretern der Literatur[85] als kein Fall der Durchgriffshaftung angesehen, denn es bedarf keines Durchgriffs, wenn bereits eine eigene Verbindlichkeit des Gesellschafters besteht.[86]

Im Folgenden wird zur Veranschaulichung des Problems und der Erscheinungsformen des Haftungsdurchgriffs ein kurzer Überblick über die Haftungstatbestände der unechten Durchgriffshaftung aus Rechtsgeschäft, Rechtsschein, dem Institut der *culpa in contrahendo* und aus Delikt gegeben.

---

82 *Heider*, in: MüKo zum AktG, Bd. I, 4. Aufl., § 1 Rn. 53; *Lutter*, in: Schmidt/Lutter, AktG, Bd. I, 4. Aufl., § 1 Rn. 13.

83 *Bitter*, in: Scholz, GmbHG, 12. Aufl., § 13 Rn. 90.

84 *Verse*, in: Henssler/Strohn, Gesellschaftsrecht, 5. Aufl., § 13 GmbHG Rn. 19; *Bitter*, in: Scholz, GmbHG, 12. Aufl., § 13 Rn. 73.

85 Hierzu *Nirk*, in: FS Stimpel, S. 443; *Schmidt K.*, Gesellschaftsrecht, 4. Aufl., § 9 IV, S. 223 f.; besonders kritisch *Lieder*, in: Michalski/Heidinger/Leible/Schmidt, GmbHG, Bd. I, 3. Aufl., § 13 Rn. 341, mit dem Hinweis, dass wegen eines solchen Bestehens eines eigenständigen Verpflichtungsgrundes gerade nicht von einem Durchgriff auf die hinter der Gesellschaft stehenden Gesellschafter gesprochen werden kann.

86 *Bitter*, in: Scholz, GmbHG, 12. Aufl., § 13 Rn. 73.

a. „Unechte" Durchgriffshaftung aus Rechtsgeschäft

Das Trennungsprinzip im Sinne des § 1 Abs. 1 S. 2 AktG und § 13 Abs. 2 GmbHG schließt eine persönliche Inanspruchnahme des Gesellschafters aus eigenem rechtsgeschäftlichen Verpflichtungsgrund nicht aus.[87] Die Beschränkung der Haftung auf das Gesellschaftsvermögen als Privilegierung des Gesellschafters greift erst für solche Verpflichtungen gegenüber Dritten, die im Zusammenhang mit seiner mitgliedschaftlichen Stellung in der Gesellschaft stehen.[88] Als zivilrechtliche Haftungstatbestände sind im Sinne der „unechten" Durchgriffshaftung die Bürgschaft, die Schuldübernahme und die Garantieversprechung als Verpflichtungen zur Mithaftung für Gesellschaftsschulden relevant.[89] Die Wesensmerkmale der Bürgschaft sind ihre Formbedürftigkeit (§ 766 BGB), die Subsidiarität (§ 771 BGB) und die Akzessorietät (§ 767 BGB) als Gleichlauf zur Verbindlichkeit der Gesellschaft.[90] Demgegenüber ist der Schuldbeitritt als Sicherungsmittel weder akzessorisch noch formbedürftig.[91]

Systematisch haften die Gesellschafter somit nicht im Sinne einer Durchgriffshaftung. Bildlich gesprochen wird der Gesellschafter durch die eigene rechtgeschäftliche Verpflichtung von der Rolle als Hintermann zum Vordermann, sodass hierdurch der Gesellschafter auf die gleichrangige Haftungsebene neben die Gesellschaft gehoben wird.

b. „Unechte" Durchgriffshaftung aus Rechtsschein

Neben einer Haftung durch Rechtsgeschäft kommt auch eine Haftung des Gesellschafters aus gesetztem Rechtsschein in Betracht. Der gesetzte Rechtsschein lässt einem gutgläubigen Dritten gegenüber den Eindruck entstehen, der handelnde Gesellschafter (z.B. ein Gesellschafter-Geschäftsführer) hafte persönlich.[92] Dies sind Fälle, in denen der Gesellschafter zwar unter der Firma der Gesellschaft handelt, jedoch ohne Nennung des Rechtsformsatzes („GmbH", „AG",

---

87 *Weller/Discher*, in: Bork/Schäfer, GmbHG, 4. Aufl., § 13 Rn. 27; *Verse*, in: Henssler/Strohn, Gesellschaftsrecht, 5. Aufl., § 13 GmbHGRn. 19; *Merkt*, MüKo zum GmbHG, Bd. I, 3. Aufl., § 13 Rn. 335.

88 *Merkt*, MüKo zum GmbHG, Bd. I, 3. Aufl., § 13 Rn. 335.

89 *Lieder*, in: Michalski/Heidinger/Leible/Schmidt, GmbHG, Bd. I, 3. Aufl., § 13. Rn. 368 f.; *Merkt*, in: MüKo zum GmbHG, Bd. I, 3. Aufl., § 13 Rn. 335 ff.

90 *Bitter*, in: Scholz, GmbHG, 12. Aufl., § 13 Rn. 91.

91 *Bitter*, in: Scholz, GmbHG, 12. Aufl., § 13 Rn. 93.

92 *Merkt*, in: MüKo zum GmbHG, Bd. I, 3. Aufl., § 13 Rn. 339.

„UG (haftungsbeschränkt)“[93]), der auf die beschränkte Haftung hinweist.[94] Daneben nimmt der BGH eine Rechtsscheinhaftung an, wenn bei bestehenden Geschäftsbeziehungen durch Akt ein Vertragspartner seine Haftung beschränkt und dies dem anderen Vertragspartner nicht mitteilt.[95] Die „unechte“ Durchgriffshaftung aus Rechtsschein betrifft im Regelfall nur den als Geschäftsführer tätigen Gesellschafter, sodass diese Haftung mehr der Geschäftsführerhaftung zuzurechnen ist.

c. *„Unechte“ Durchgriffshaftung aus culpa in contrahendo*

Nimmt ein Gesellschafter im Regelfall als Gesellschafter-Geschäftsführer an Vertragsverhandlungen teil, kann eine Haftung bei Verschulden aus dem Institut der *culpa in contrahendo* (c.i.c.) gem. § 280 Abs. 1, § 241 Abs. 2, § 311 Abs. 2 BGB i.V.m. § 311 Abs. 3 BGB entstehen.[96] Die Haftung aus c.i.c. betrifft jedoch nur die Gesellschaft als Vertragspartner selbst, sodass die Haftung des Gesellschafters als Vertreter nur über § 311 Abs. 3 BGB relevant wird, wenn dieser in besonderem Maße Vertrauen für sich in Anspruch genommen hat und dadurch die Vertragsverhandlungen erheblich beeinflusst hat oder ein unmittelbares wirtschaftliches Eigeninteresse am Vertragsschluss hatte.[97] Ebenso wie die „unechte“ Durchgriffshaftung aus Rechtsschein ist auch die aus culpa in contrahendo primär auf den Geschäftsführer gemünzt.

d. *„Unechte“ Durchgriffshaftung aus Delikt*

Eine Haftung aus Delikt gegenüber den Gesellschaftsgläubigern kann sich wegen Tatbeständen der Verschuldenshaftung aus Rechtsgüterverletzungen (§ 823 Abs. 1 BGB), Schutzgesetzverletzungen (§ 823 Abs. 2 BGB) und sittenwidriger vorsätzlicher Schädigung (§ 826 BGB) ergeben.[98]

---

93 Der BGH hat in seiner Entscheidung BGH, Urt. v. 12.06.2012 – II ZR 256/11, NJW 2012, 2871 den § 179 BGB für anwendbar erklärt, wenn der Gesellschafter entgegen der Vorschrift des § 5a Abs. 1 GmbHG ohne den Zusatz "Unternehmergesellschaft (haftungsbeschränkt)" oder "UG (haftungsbeschränkt) handelt.

94 *Bitter*, in: Scholz, GmbHG, 12. Aufl., § 13 Rn. 94; *Merkt*, in: MüKo zum GmbHG, Bd. I, 3. Aufl., § 13 Rn. 339.

95 BGH, Urt. v. 08.05.1972 – II ZR 170/69, NJW 1972, 1418 (1419); *Merkt*, in: MüKo zum GmbHG, Bd. I, 3. Aufl., § 13 Rn. 339.

96 *Merkt*, in: MüKo zum GmbHG, Bd. I, 3. Aufl., § 13 Rn. 340.

97 *Bitter*, in: Scholz, GmbHG, 12. Aufl., § 13 Rn. 95 f.

98 *Windbichler*, Gesellschaftsrecht, 24. Aufl., § 24 Rn. 25; *Bitter*, in: Scholz, GmbHG, 12. Aufl., § 13 Rn. 97.

Eine Haftung des Gesellschafters wegen Rechtsgüterverletzungen bedarf keiner näheren Ausführungen. Der Gesellschafter hat fahrlässig oder vorsätzlich Rechtsgüter eines Gläubigers der Gesellschaft verletzt und haftet somit selbstständig nach § 823 Abs. 1 BGB.

Relevanter ist die Haftung wegen der Verletzung von Schutzgesetzen im Rahmen einer bevorstehenden Insolvenz der Gesellschaft.[99] Im Rahmen des § 823 Abs 2 BGB kommen als Schutzgesetze, die im Vorfeld einer Insolvenz verwirklicht werden können, der Betrug (§ 263 StGB), der Kreditbetrug (§ 265b StGB), der Bankrott[100] (§§ 283 ff. StGB), die Untreue[101] (§ 266 StGB) und das Vorenthalten von Sozialversicherungsbeiträgen[102] (§ 266a StGB) in Betracht.[103] Eine Außenhaftung gem. § 823 Abs. 2 BGB i.V.m. § 15a InsO kann bei einer führungslosen Gesellschaft auch den Gesellschafter treffen.[104]

Eine Haftung wegen sittenwidriger vorsätzlicher Schädigung gem. § 826 BGB trifft den Gesellschafter erst, wenn die Forderung des Gesellschaftsgläubigers in der Gesellschaftsinsolvenz ausfällt, kein Rechtsgut im Sinne des § 823 Abs. 1 BGB verletzt wurde und kein Schutzgesetz im Sinne des § 823 Abs. 2 BGB berührt ist.[105]

Eine unmittelbare Außenhaftung soll die Gesellschafter gem. § 826 BGB treffen, wenn eine Gesellschaft so konzipiert ist, dass die Nachteile bei der Gesellschaft selbst verbleiben, aber die Vorteile allein bei dem Gesellschafter realisiert werden (sog. Aschenputtelfälle).[106] Eine deliktische Haftung gem. § 826 BGB wegen Unterkapitalisierung und Vermögensvermischung als Fallgruppen der „echten" Durchgriffshaftung[107] werden zwecks Zuordnung dort diskutiert.

---

99 *Bitter*, in: Scholz, GmbHG, 12. Aufl., § 13 Rn. 98.

100 BGH, Urt. v. 15.05.2012 – 3 StR 118/11, BGHSt 57, 229.

101 BGH, Urt. v. 10.07.2012 – VI ZR 341/10, BGHZ 194, 26.

102 BGH, Urt. v. 18.02.2012 – II ZR 220/10, ZIP 2013, 412; BGH, Urt. v. 11.06.2013 – II ZR 389/12, ZIP 2013, 1591; BGH Urt. v. 03.05.2016 – II ZR 311/14, ZIP 2016, 1283.

103 *Bitter*, in: Scholz, GmbHG, 12. Aufl., § 13 Rn. 98; Überblick bei *Bitter*, ZInsO 2010, 1561 (1568 ff.).

104 *Steffek*, JZ 2009, 77 (81).

105 *Bitter*, in: Scholz, GmbHG, 12. Aufl., § 13 Rn. 100.

106 *Saenger*, in: Saenger/Inhester, HK-GmbHG, 4. Aufl., § 13 Rn. 129 ff.; *Bitter*, in: Scholz, GmbHG, 12. Aufl., § 13 Rn. 101; *Steffek*, JZ 2009, 77 (81).

107 *Bitter*, Scholz, GmbHG, 12. Aufl., § 13 Rn. 105.

e. *Stellungnahme*

Die Haftungstatbestände der „unechten" Durchgriffshaftung sind jeweils eigene Verpflichtungstatbestände der Gesellschafter gegenüber dem Dritten. Die Gesellschafter treten selbst vor oder neben der Gesellschaft in Erscheinung. Demnach ist *Lieder*[108] zuzustimmen, dass in diesen Sachverhalten nicht von einem Durchgriff gesprochen werden kann.

3. *„Echte" Durchgriffshaftung*

Von den soeben dargestellten Haftungstatbeständen ist die „echte" Durchgriffshaftung derart zu unterscheiden, dass nunmehr die Trennung der Haftung zwischen der Gesellschaft und den Gesellschaftern durchbrochen wird und die hinter der Gesellschaft stehenden Gesellschafter persönlich für die Verbindlichkeiten der Gesellschaft in Anspruch genommen werden.[109] Dogmatisch fußt die unbeschränkte und persönliche Inanspruchnahme auf einer teleologischen Reduktion der Haftungsprivilegien der § 13 Abs. 2 GmbHG und § 1 Abs. 1 S. 2 AktG und einer sodann folgenden analogen Anwendung des § 128 HGB nach dem Haftungsprinzip der Handelsgesellschaften.[110] Bis auf wenige gesetzliche Bestimmungen[111] findet sich keine Kodifikation der Durchgriffshaftung, sodass die dogmatische Begründung und die einzelnen Fallgruppen der Durchbrechung des Trennungsprinzips jeweils umstritten sind.[112] Mangels vereinheitlichter Dogmatik, orientiert sich die Systematisierung weitgehend an den Fallgruppen.[113]

Fünf anerkannte Fallgruppen der Durchgriffshaftung haben sich durchgesetzt: Die Vermögens- bzw. Sphärenvermischung, die Unterkapitalisierung, der

---

108 *Lieder*, in: Michalski/Heidinger/Leible/Schmidt, GmbHG, Bd. I, 3. Aufl., § 13 Rn. 341.

109 *Bitter*, in: Scholz, GmbHG, 12. Aufl., § 13 Rn. 110.

110 *Bayer*, in: Lutter/Hommelhoff, 20. Aufl., § 13 Rn. 19; *Bitter*, in: Scholz, GmbHG, 12. Aufl., § 13 Rn. 126; *Fock*, in: Spindler/Stilz, AktG, Bd. I, 3. Aufl., § 1 Rn. 55.

111 Als Beispiele das Nachhaftungsgesetz (Atomenergie) mit der Möglichkeit des Durchgriffs auf die „Betreiber" von Kernkraftwerken oder das deutsche und europäische Kartellrecht gegen die Muttergesellschaft wegen der gegen das „Unternehmen" gerichteten Sanktionen.

112 Dazu *Bitter*, in: Scholz, GmbHG, 12. Aufl., § 13 Rn. 110 ff.

113 Siehe oben, A.II.1.c.

existenzvernichtende Eingriff, der Durchgriff im Vertragskonzern und im faktischen Konzern.[114]

a. *Vermögens-/Sphärenvermischung*

Die Vermögens- bzw. Sphärenvermischung wird seitens Rechtsprechung und Literatur allgemein als Anwendungsbereich einer echten Durchgriffshaftung anerkannt.[115] Allerdings gibt es auch innerhalb dieser Fallgruppe Gestaltungen, die zu keiner Durchgriffshaftung im eigentlichen Sinn führen, sondern von allgemeinen Rechtssätzen erfasst werden.[116] Gedanklicher Ausgangspunkt ist die Überlegung, dass eine haftungsrechtliche Vermögenstrennung zwischen Gesellschafts- und Gesellschaftervermögen als Privileg nur dann in Anspruch genommen werden kann, wenn die Voraussetzungen dieser Vermögenstrennung gewahrt werden.[117]

Die sog. *generelle Vermögensvermischung* gilt als echte Durchgriffshaftung, bei der es an der Unterscheidbarkeit des Gesellschafts- und Gesellschaftervermögens fehlt.[118] Eine Vermögensvermischung liegt vor, „wenn das Gesellschaftsvermögen derart mit dem Privatvermögen eines Gesellschafters oder einer von diesem abhängigen Schwestergesellschaft vermengt ist, dass eine Zuordnung der Vermögensgegenstände zu den verschiedenen Rechtsträgern unmöglich ist."[119] In welchen konkreten Konstellationen von einer fehlenden Unterscheidbarkeit des Vermögens gesprochen werden kann, muss anhand von Kriterien

---

114 *Fock*, in: Spindler/Stilz, AktG, Bd. I, 3. Aufl., § 1 Rn. 52; *Hüffer*, in: Hüffer/Koch, AktG, 14. Aufl., § 1 Rn. 19 ff.; *Raiser*, in: Ulmer/Habersack/Löbbe, GmbHG Großkomm, Bd. I, 2. Aufl., § 13 Rn. 77.

115 BGH, Urt. v. 16.09.1985 – II ZR 275/84, BGHZ 95, 330 (333 f.) = NJW 1986, 188; BGH, Urt. v. 13.04.1994 – II ZR 16/93, BGHZ 125, 366 = NJW 1994, 1801; BGH, Urt. v. 14.11.2005 – II ZR 178/03, NJW 2006, 1344 = ZIP 2006, 467; BSG, Urt. v. 01.02.1996 – 2 RU 7/95, GmbHR 1996, 604 (605); OLG Rostock, Urt. v. 25.07.1996 – 1 U 45/95, DB 1996, 1818 (1819); *Altmeppen*, in: Altmeppen, GmbHG, 10. Aufl., § 13 Rn. 136; *Bitter*, in: Scholz, GmbHG, 12. Aufl., § 13 Rn. 131; *Saenger*, in: Saenger/Inhester, HK-GmbHG, 4. Aufl., § 13 Rn. 99; *Bayer*, in: Lutter/Hommelhoff, GmbHG, 20 Aufl., § 13 Rn. 19; *Heider*, in: MüKo zum AktG, Bd. I, 5. Aufl., § 1 Rn. 71.

116 *Bitter*, in: Scholz, GmbHG, 12. Aufl., § 13 Rn. 131.

117 *Schmidt K.*, Gesellschaftsrecht, 4. Aufl., § 9 IV, S. 234.

118 *Bitter*, in: Scholz, GmbHG, 12. Aufl., § 13 Rn. 132.

119 BGH Urt. v. 16.09.1985 – II ZR 275/84, BGHZ 95, 330 (332 ff.) = NJW 1986, 188 (189 ff.) – Autokran; *Steffek*, JZ 2009, 77 (81).

herausgearbeitet werden. Die bloße Privatentnahme durch den Gesellschafter über den Bezug der Jahresgewinne hinaus reicht für die Begründung einer Durchgriffshaftung noch nicht aus, sondern kann nur eine Innenhaftung des Gesellschafters gegenüber der GmbH gem. §§ 30, 31 GmbHG auslösen.[120]

Daneben bedarf die Abgrenzung des Vermögens zusätzlich einer Verschleierung durch eine undurchsichtige Buchführung oder eine Verschleierung auf andere Weise.[121] Durch diese Verschleierung kann die Einhaltung der Kapitalerhaltungsvorschriften, als Kompromiss für die Gewährung eines solchen Haftungsprivilegs, nicht mehr kontrolliert werden.[122] Im Hinblick auf die Situation der Vermögensvermischung, aber auch auf die undurchsichtige Buchführung wird von einer sog. „*Waschkorblage*"[123] gesprochen, in der eine klare Zuordnung weder aus den Vermögensgegenständen selbst noch aus den Buchhaltungsunterlagen möglich ist.[124] Kann trotz Fehlen einer „doppelten Buchführung" eine Trennung in das Gesellschaftsvermögen einerseits und das Privatvermögen des Gesellschafters andererseits durch sonstige Unterlagen ermöglicht werden, reicht dies noch nicht für eine Bejahung der Durchgriffshaftung aus.[125]

Des Weiteren bedarf es eines Verhaltens des Gesellschafters, dass er als Allein- oder Mehrheitsgesellschafter für den Vermögensvermischungstatbestand verantwortlich ist, er also diese Vermischung veranlasst, gefördert oder hiervon Kenntnis hat, sodass es sich um eine *Verhaltenshaftung* handelt.[126] Aufgrund des Weisungsrechts der GmbH-Gesellschafter gegenüber den Geschäftsführern gem. § 37 GmbHG, wird diese Verantwortlichkeit häufiger für die Gesellschafter einer GmbH als für die Aktionäre einer Aktiengesellschaft in Betracht kommen.[127] Eine solche Verantwortlichkeit wird auch für GmbH-Gesellschafter nur

120 BGH Urt. v. 16.09.1985 – II ZR 275/84, NJW 1986, 188 (189); BGH Urt. v. 12.11.1984 – II ZR 250/83, NJW 1985, 740.

121 *Bitter*, in: Scholz, GmbHG, 12. Aufl., § 13 Rn. 132.

122 BGH Urt. v. 16.09.1985 – II ZR 275/84, NJW 1986, 188 (189).

123 *Stimpel*, in: FS Goerdeler, 1987, 603 (606 f.); *Grigoleit*, in: Grigoleit, AktG, 2. Aufl., § 1 Rn. 96.

124 *Bayer*, in: Lutter/Hommelhoff, GmbHG, 20. Aufl., § 13 Rn. 19; *Bitter*, in: Scholz, GmbHG, 12. Aufl., § 13 Rn. 113.

125 *Altmeppen*, in: Altmeppen, GmbHG, 10. Aufl., § 13 Rn. 136; BGH Urt. v. 14.11.2015 – II ZR 178/03, NJW 2006, 1344 (1346).

126 BGH Urt. v. 14.11.2015 – II ZR 178/03, NJW 2006, 1344 (1347); BGH Urt. v. 13.04.1994 – II ZR 16/63, NJW 1994, 1801 (1802); *Bitter*, in: Scholz, GmbHG, 12. Aufl., § 13 Rn. 133; *Altmeppen*, in: Altmeppen, GmbHG, 10. Aufl., § 13 Rn. 136.

127 *Heider*, in: MüKo zum AktG, Bd. I, 5. Aufl., § 1 Rn. 72.

angenommen, wenn diese aufgrund ihrer Stellung Einflussmöglichkeiten in der Gesellschaft haben.[128] Im Regelfall haben nur solche Gesellschafter derartige Einflussmöglichkeiten, wenn sie eine beherrschende Stellung im Gegensatz zu Minderheitsgesellschaftern einnehmen, bei denen besondere tatsächliche und rechtliche Umstände zur Möglichkeit der Einflussnahme hinzutreten müssen.[129] Die Voraussetzung der Verantwortlichkeit steht in einem „Spannungsverhältnis" zu der reinen objektiven Haftungsbegründung im Sinne einer teleologischen Reduktion des § 13 Abs. 2 GmbHG bzw. § 1 Abs. 1 S. 2 AktG.[130] Nichtsdestotrotz ist das Kriterium der Verantwortlichkeit als Korrektiv einer vorschnellen Annahme einer Durchgriffshaftung wegen der Bedeutung des Haftungsprivilegs geboten.[131] Nur die zusätzliche Verantwortlichkeit als Ursächlichkeit des Verhaltens des Gesellschafters für die Vermögensvermischung rechtfertigt die Einschränkung des Trennungsprinzips, wenngleich ein schuldhaftes Handeln seitens des Gesellschafters nicht erforderlich ist.[132]

Liegen die jeweiligen Voraussetzungen vor, ist die Rechtsfolge, dass die Gesellschaftsgläubiger unmittelbar die verantwortlichen Gesellschafter im Sinne einer Außenhaftung persönlich, unbeschränkt und gesamtschuldnerisch in Anspruch nehmen können.[133] Demgegenüber kommen die in Anspruch genommenen Gesellschafter gem. § 129 Abs. 1 HGB analog in den Genuss, den Gesellschaftsgläubigern die Einwendungen der Gesellschaft selbst entgegenzuhalten.[134]

Von der generellen Vermögensvermischung mit der Folge eines Haftungsdurchgriffs ist die sog. *gegenständliche Vermögensvermischung* zu unterscheiden, die eine fehlende Identifizierbarkeit der bei der Gesellschaft befindlichen Gegenständen als Gesellschaftervermögen erfasst.[135] Diese führt für solche Gegenstände jedoch nur zu einer Haftungserweiterung, dass beispielsweise mangels

---

128 *Boujong* , in: FS Odersky, S. 743.

129 BGH Urt. v. 13.04.1994 – II ZR 16/93, NJW 1994, 1801 (1802); *Boujong*, in: FS Odersky, S. 743.

130 BGH Urt. v. 13.04.1994 – II ZR 16/93, NJW 1994, 1801 (1802); *Lieder*, in: Michalski/Heidinger/Leible/Schmidt, GmbHG, Bd. I, 3. Aufl., § 13 Rn. 398; *Bitter*, in: Scholz, GmbHG, 12. Aufl., § 13 Rn. 133.

131 *Lieder*, in: Michalski/Heidinger/Leible/Schmidt, GmbHG, Bd. I, 3. Aufl., § 13 Rn. 398.

132 *Raiser*, in: Ulmer/Habersack/Löbbe. GmbHG Großkomm, Bd. I, 2. Aufl., § 13 Rn. 133; *Lieder*, in: Michalski/Heidinger/Leible/Schmidt, GmbHG, Bd. I, 3. Aufl., § 13 Rn. 398.

133 *Raiser*, in: Ulmer/Habersack/Löbbe, GmbHG Großkomm, Bd. I, 2. Aufl., § 13 Rn. 134.

134 BGH, Urt. v. 19.09.1985 – II ZR 275/84. NJW 1986, 188 – Autokran; *Raiser*, in: Ulmer/Habersack/Löbbe, GmbHG Großkomm, Bd. I, 2. Aufl., § 13 Rn. 134.

135 *Bitter*, in: Scholz, GmbHG, 12. Aufl., § 13 Rn. 134 f.

klarer Vermögenstrennung eine Drittwiderspruchsklage des Gesellschafters gem. § 771 ZPO bei Pfändung dieser Gegenstände in den Geschäftsräumen der Gesellschaft fehl geht.[136]

Weiter ist von der generellen Vermögensvermischung die Sphärenvermischung zu trennen, unter die solche Fälle gefasst werden, in denen nicht das Vermögen vermischt wurde, sondern Handlungen des Gesellschafters mehrerer Gesellschaften diesen Gesellschaften jeweils nicht mehr zuzuordnen sind.[137] Eine solche Vermischung von Haftungssubjekten liegt vor, wenn die Gesellschaft und der Gesellschafter oder die Muttergesellschaft mit einer ähnlichen Firma, dem gleichen Sitz und gleichen Arbeitnehmern im Rechtsverkehr gegenüber Dritten auftritt.[138] Dieses Auftreten führt zu Zuordnungsproblemen bei der Stellvertretung oder des Firmenrechts, sodass diese über die Regeln der Auslegung, Rechtsscheinhaftung und Vertrauenstatbestände gelöst werden.[139] Wird die persönliche Haftung aufgrund dieser Rechtsscheintatbestände hergeleitet, kann nicht mehr von einer echten Durchgriffshaftung gesprochen werden, denn auch hier treten die Gesellschafter selbst neben oder vor die Gesellschaft.[140]

b. Unterkapitalisierung

Eine gesetzliche Regelung über die Notwendigkeit eines angemessenen Verhältnisses von Eigenkapital der Gesellschaft zu angestrebtem oder tatsächlichem Geschäftsumfang existiert nicht.[141] Das Gesetz fordert lediglich für die AG und die GmbH ein Mindestkapital, dagegen ist ein solches bei Personengesellschaften nicht erforderlich.[142]

---

136 Mit einem Beispiel *Schmidt K.*, Gesellschaftsrecht, 4. Aufl., § 9 IV, S. 235; *Bitter*, in: Scholz, GmbHG, 12. Aufl., § 13 Rn. 135.

137 *Raiser*, in: Ulmer/Habersack/Löbbe, GmbHG Großkomm, Bd. I, 2. Aufl., § 13 Rn. 135; *Lieder*, in: Michalski/Heidinger/Leible/Schmidt, GmbHG, Bd. I, 3. Aufl., § 13 Rn. 404.

138 *Bitter*, in: Scholz, GmbHG, 12. Aufl., § 13 Rn. 136.

139 Vgl. dazu *Schmidt K.*, Gesellschaftsrecht, 4. Aufl., § 9 IV, S. 236 der von einem Offenkundigkeitsproblem des Firmen- und Stellvertretungsrechts spricht; *Raiser*, in: Ulmer/Habersack/Löbbe, GmbHG Großkomm, Bd. I, 2. Aufl., § 13 Rn. 135; *Bitter*, in: Scholz, GmbHG, 12. Aufl., § 13 Rn. 137.

140 *Schmidt K.*, Gesellschaftsrecht, 4. Aufl., § 9 IV, S. 236; *Raiser*, in: Ulmer/Habersack/Löbbe, GmbHG Großkomm, Bd. I, 2. Aufl., § 13 Rn. 135; *Pentz*, in: Rowedder/Schmidt-Leithoff, GmbHG, 6. Aufl., § 13 Rn. 157; *Lieder*, in: Michalski/Heidinger/Leible/Schmidt, GmbHG, Bd. I, 3. Aufl., § 13 Rn. 404; *Bitter*, in: Scholz, GmbHG, 12. Aufl., § 13 Rn. 137.

141 *Bitter*, in: Scholz, GmbHG, 12. Aufl., § 13 Rn. 139.

142 *Bitter*, in: Scholz, GmbHG, 12. Aufl., § 13 Rn. 139.

Daraus ergibt sich für die Haftung wegen Unterkapitalisierung die Frage, ob die Gesellschafter zwecks Gläubigerinteressen die Pflicht haben, die Gesellschaft entsprechend ihrem Unternehmenszweck finanziell mit Eigenkapital auszustatten.[143] Als Unterkapitalisierung wird das Missverhältnis zwischen dem Haftungskapital und dem Gesellschaftszweck verstanden oder anders formuliert, wenn das Eigenkapital zu gering für den Gesellschaftszweck ist.[144] Eine präzisere Definition, ausgehend von den Merkmalen der Unterkapitalisierung, findet sich bei *Ulmer*, wonach eine Gesellschaft unterkapitalisiert ist, „wenn das Eigenkapital nicht ausreicht, um den nach Art und Umfang der angestrebten oder tatsächlichen Geschäftstätigkeit unter Berücksichtigung der Finanzierungsmethoden bestehenden, nicht durch Kredite Dritter zu deckenden, mittel- oder langfristigen Finanzbedarf zu befriedigen".[145] Ob die Voraussetzungen der Tatbestandsmerkmale der Definition erfüllt sind, kann mittels einer ex-ante-Feststellung hinsichtlich der fehlenden Kreditfähigkeit ermittelt werden.[146]

aa. Arten der Unterkapitalisierung

Auch innerhalb der Unterkapitalisierung ist zwischen und innerhalb von drei Arten zu differenzieren. Die erste Art ist die *nominelle* und *materielle Unterkapitalisierung*, die systematisch nach dem „Ob" und „Wie" der Finanzierung unterschieden werden kann.[147] Das „Wie" der Finanzierung wird aus der Form der Mittel hergeleitet: im Wege der Eigenkapitalzufuhr oder durch Fremdkapital (*nominelle Unterkapitalisierung*), insbesondere durch Gesellschafterdarlehen.[148] Die nominelle Unterkapitalisierung wird auch als „Unterkapitalisierung durch Fremdkapitalisierung" bezeichnet.[149] Die Fälle der nominellen Unterkapitalisierung werden seit dem MoMiG von den insolvenzrechtlichen Regeln der § 39 Abs. 1 Nr. 5 InsO i.V.m. § 135 Abs. 1 Nr. 2,

143 *Ulmer*, in: Hachenburg, GmbHG Großkomm, Bd. I, 8. Aufl., Anh § 30 Rn. 1; *Lieder*, in: Michalski/Heidinger/Leible/Schmidt, GmbHG, Bd. I, 3. Aufl., § 13 Rn. 407.

144 BGH, Urt. v. 14.12.1959 – II ZR 187/57, BGHZ 31, 258 (268); BGH, Urt. v. 04.05.1977 – VIII ZR 298/75, BGHZ 68, 312 (316) – Fertighaus; *Fastrich*, in: Baumbach/Hueck, GmbHG, 22. Aufl., § 5 Rn. 6; *Lieder*, in: Michalski/Heidinger/Leible/Schmidt, GmbHG, Bd. I, 3. Aufl., § 13 Rn. 409.

145 *Ulmer*, in: Hachenburg, GmbHG Großkomm, Bd. I, 8. Aufl., Anh § 30 Rn. 16.

146 *Ulmer*, in: Hachenburg, GmbHG Großkomm, Bd. I, 8. Aufl., Anh § 30 Rn. 17.

147 *Lieder*, in: Michalski/Heidinger/Leible/Schmidt, GmbHG, Bd. I, 3. Aufl., § 13 Rn. 410.

148 *Ulmer*, in: Hachenburg, GmbHG Großkomm, Bd. I, 8. Aufl., Anh § 30 Rn. 21.

149 *Bitter*, in: Scholz, GmbHG, 12. Aufl., § 13 Rn. 142.

§ 143 InsO erfasst.[150] Nach § 39 Abs. 1 Nr. 5 InsO ist die Forderung auf Rückgewähr eines Gesellschafterdarlehens oder Forderungen aus Rechtshandlungen, die einem solchen Darlehen wirtschaftlich entsprechen, nachrangig gegenüber den übrigen Forderungen der Insolvenzgläubiger. Nach § 135 Abs. 1 Nr. 2, § 143 InsO muss der Gesellschafter seine Leistungen in Form der Rückgewähr seines Darlehens im Sinne des § 39 Abs. 1 Nr. 5 InsO innerhalb des letzten Jahres vor dem Insolvenzantrag zurückgewähren.[151] Die nominelle Unterkapitalisierung ist somit kein Fall der echten Durchgriffshaftung.[152]

Eine materielle Unterkapitalisierung der Gesellschaft liegt dagegen vor, wenn die notwendigen Eigenmittel überhaupt nicht aufgebracht wurden, das Stammkapital somit eindeutig zu niedrig ist und diese Unterfinanzierung nicht durch das das Kapital ersetzende Gesellschafterdarlehen ausgeglichen werden kann.[153] Daher wird auch synonym von einer „Unterkapitalisierung durch Nichtkapitalisierung" gesprochen.[154] Die materielle Unterkapitalisierung liegt nach dieser Definition in vielen Fällen einer Gesellschaften mit beschränkter Haftung vor, deren Kapitalisierung sich an dem gesetzlich vorgeschriebenen Mindestkapital nach § 5 Abs. 1 GmbHG in Höhe von 25.000 € orientiert bzw. bei einer Unternehmergesellschaft (haftungsbeschränkt), bei einem Mindestkapital nach § 5a Abs. 1 GmbHG von bereits einem Euro.[155] Die materielle Unterkapitalisierung liegt häufig in Fällen vor, bei denen die Gesellschaft rasant ihre Umsätze steigert, jedoch nicht zeitgleich das Mindestkapital erhöht oder bereits von Anfang an zwecks riskanter Geschäfte mit möglichst geringem Kapitaleinsatz wirtschaftet.[156] Eine solchermaßen geführte Gesellschaft verlagert das Risiko auf die Gläubiger. Dies ist ein Widerspruch zum Sinn und Zweck des § 13 Abs. 2 GmbHG und ein Missbrauch der Rechtsform, wenn das Gesellschaftskapital als Finanzpolster dient und die Insolvenz der Gesellschaft verhindern soll.[157] Als weitere Voraussetzung bedarf es der Insolvenz der Gesellschaft, denn solange

150 *Raiser*, in: Ulmer/Habersack/Löbbe, GmbHG Großkomm, Bd. I, 2. Aufl., § 13 Rn. 136; *Bitter*, in: Scholz, GmbHG, 12. Aufl., §13 Rn. 141.

151 *Bitter*, in: Scholz, GmbHG, 12. Aufl., § 13 Rn. 141.

152 *Pentz*, in: Rowedder/Schmidt-Leithoff, GmbHG, 6. Aufl., § 13 Rn. 148.

153 *Raiser*, in: Ulmer/Habersack/Löbbe, GmbHG Großkomm, Bd. I, 2. Aufl., § 13 Rn. 136.

154 *Bitter*, in: Scholz, GmbHG, 12. Aufl., § 13 Rn. 142.

155 *Raiser*, in: Ulmer/Habersack/Löbbe, GmbHG Großkomm, Bd. I, 2. Aufl., § 13 Rn. 137; zu den Rechtstatsachen vgl. *Ulmer*, in: Hachenburg, GmbHG Großkomm, Bd. I, 8. Aufl., Anh § 30 Rn. 8.

156 *Raiser*, in: Ulmer/Habersack/Löbbe, GmbHG Großkomm, Bd. I, 2. Aufl., § 13 Rn. 137.

157 *Bitter*, in: Scholz, GmbHG, 12. Aufl., § 13 Rn. 143; *Bayer*, in: Lutter/Hommelhoff, GmbHG, 20. Aufl., § 13 Rn. 20.

die Gesellschaft nicht insolvent ist, bedarf es nicht der Erweiterung eines Haftungssubjektes im Sinne eines Durchgriffs.[158]

Als zweite Art der Unterkapitalisierung wird zwischen der *anfänglichen* und *nachträglichen Unterkapitalisierung* in zeitlicher Hinsicht unterschieden, also ab dem Zeitpunkt, wann eine Unterkapitalisierung aufgetreten ist.[159] Von einer anfänglichen Unterkapitalisierung wird gesprochen, wenn diese bereits bei der Eintragung der Gesellschaft ins Handelsregister vorlag.[160] Mangels Möglichkeit der Überprüfung, ob der Finanzbedarf der Gesellschaft entsprechend gedeckt ist, kann dem nicht entgegengehalten werden, dass das Registergericht die Eintragung hätte verweigern müssen.[161] Tritt dagegen die Unterkapitalisierung erst im Verlauf der Tätigkeiten wegen des gestiegenen Geschäftsumfangs oder erheblicher Verluste auf, wird von einer nachträglichen Unterkapitalisierung gesprochen.[162] Für die Annahme einer möglichen Durchgriffshaftung ist der Zeitpunkt jedoch unerheblich, denn sowohl bei der Gründung als auch im Wirtschaftsleben der Gesellschaft bedarf es eines begleitenden Finanzpolsters in Form des Eigenkapitals.[163]

Die dritte Art der Unterscheidung knüpft an das Ausmaß der Unterkapitalisierung in Form der einfachen und qualifizierten Unterkapitalisierung an.[164] Eine einfache Unterkapitalisierung liegt vor, wenn die Gesellschaft einen andauernden Finanzbedarf hat, diesen aber mangels Kreditfähigkeit nicht durch Fremdfinanzierung Dritter decken kann, sondern nur in Form von Gesellschafterdarlehen.[165] Die einfache Unterkapitalisierung wird ebenso wie die nominelle Unterkapitalisierung gem. § 39 Abs. 1 Nr. 5 InsO über die Nachrangigkeit der Rückforderung des Darlehens erfasst.[166] Eine qualifizierte Unterkapitalisierung liegt dagegen vor, wenn die Finanzausstattung eindeutig und für Insider klar erkennbar unzureichend ist und darüber hinaus zu Lasten der Gläubiger einen Misserfolg bei weiterem

---

158 *Bayer*, in: Lutter/Hommelhoff, GmbHG, 20. Aufl., § 13 Rn. 21.
159 *Ulmer*, in: Hachenburg, GmbHG Großkomm, Bd. I, 8. Aufl., Anh § 30 Rn. 22.
160 *Lieder*, in: Michalski/Heidinger/Leible/Schmidt, GmbHG, Bd. I, 3. Aufl., § 13 Rn. 411.
161 *Lieder*, in: Michalski/Heidinger/Leible/Schmidt, GmbHG, Bd. I, 3. Aufl., § 13 Rn. 411.
162 *Ulmer*, in: Hachenburg, GmbHG Großkomm, Bd. I, 8. Aufl., Anh § 30 Rn. 22.
163 *Lieder*, in: Michalski/Heidinger/Leible/Schmidt, GmbHG, Bd. I, 3. Aufl., § 13 Rn. 411; *Bayer*, in: Lutter/Hommelhoff, GmbHG, 20. Aufl., § 13 Rn. 20.
164 *Ulmer*, in: Hachenburg, GmbHG Großkomm, Bd. I, 8. Aufl., Anh § 30 Rn. 23.
165 *Ulmer*, in: Hachenburg, GmbHG Großkomm, Bd. I, 8. Aufl., Anh § 30 Rn. 23.
166 Siehe oben A.II.4.b.aa; *Ulmer*, in: Hachenburg, GmbHG Großkomm, Bd. I, 8. Aufl., Anh § 30 Rn. 23.

Geschäftsverlauf mit hoher Wahrscheinlichkeit eintreten lässt.[167] Nur eine qualifizierte Unterkapitalisierung soll zur Durchgriffshaftung in Form einer Ausfallhaftung des Gesellschafters gegenüber den Gesellschaftsgläubigern führen.[168]

bb. Rechtsfolge der Unterkapitalisierung

Somit ist die *qualifizierte materielle Unterkapitalisierung* als Fallgruppe der Unterkapitalisierung für die Annahme einer möglichen Durchgriffshaftung relevant.[169] Die Rechtsfolge ist sowohl innerhalb der Literatur als auch in der Rechtsprechung umstritten.[170] Insofern werden eine Durchgriffshaftung nach § 128 HGB oder eine Innenhaftung nach § 826 BGB diskutiert.

α. Durchgriffshaftung nach § 128 HGB

Eine Vielzahl an Stimmen in der Literatur befürwortet eine persönliche Haftung der Gesellschafter als Durchgriffshaftung bzw. Außenhaftung gegenüber den Gesellschaftsgläubigern.[171] Diese Ansicht hat die anglo-amerikanische Anerkennung einer großzügigen Durchgriffshaftung für Fälle der Unterkapitalisierung als Vorbild.[172] Die dogmatische Begründung der Außenhaftung ergibt sich aus einem Zweischritt, indem wegen der qualifizierten materiellen Unterkapitalisierung zunächst eine teleologische Reduktion des § 13 Abs. 2 GmbHG als Nichtgewähr des Haftungsprivilegs erfolgt, die zweitens eine entsprechende Anwendung des § 128 HGB ermöglicht und rechtfertigt.[173] Für die Begründung der teleologischen Reduktion des § 13 Abs. 2 GmbHG wird angeführt, dass der Zweck

---

167 *Ulmer*, in: Hachenburg, GmbHG Großkomm, Bd. I, 8. Aufl., Anh § 30 Rn. 23; *Lieder*, in: Michalski/Heidinger/Leible/Schmidt, GmbHG, Bd. I, 3. Aufl., § 13 Rn. 412.

168 *Ulmer*, in: Hachenburg, GmbHG Großkomm, Bd. I, 8. Aufl., Anh § 30 Rn. 23; *Lieder*, in: Michalski/Heidinger/Leible/Schmidt, GmbHG, Bd. I, 3. Aufl., § 13 Rn. 412.

169 *Pentz*, in: Rowedder/Schmidt-Leithoff, GmbHG, 6. Aufl., § 13 Rn. 133.

170 *Saenger*, Gesellschaftsrecht, 5. Aufl., S. 440 f.; *Heider*, in: MüKo zum AktG, Bd. I, 5. Aufl., § 1 Rn. 75; *Bayer*, in: Lutter/Hommelhoff, GmbHG, 20. Aufl., § 13 Rn. 22 f.; *Altmeppen*, in: Altmeppen, GmbHG, 10. Aufl., § 13 Rn. 142.

171 Eine umfassende Aufzählung bei *Bitter*, in: Scholz, GmbHG, 12. Aufl., § 13 Rn. 142 (Fn. 418).

172 *Merkt*, in: MüKo zum GmbHG, Bd. I, 3. Aufl., § 13 Rn. 344.

173 *Pentz*, in: Rowedder/Schmidt-Leithoff, GmbHG, 6. Aufl., § 13 Rn. 137; *Lieder*, in: Michalski/Heidinger/Leible/Schmidt, GmbHG, Bd. I, 3. Aufl., § 13 Rn. 415; *Bitter*, in: Scholz, GmbHG, 12. Aufl., § 13 Rn. 145 ff.

des Mindestkapitals kein „Freibrief“[174] für Spekulationen zu Lasten der Gläubiger sein darf und insofern ein Missbrauch stattfindet.[175] Bei einem fehlenden angemessenen Ausgleich von Eigenkapital als Haftsumme und dem Umfang der Geschäftstätigkeiten droht ein Leerlauf der Kapitalschutzvorschriften.[176] Unterstützt wird diese Argumentation mit der fehlenden Freiheit der Gesellschafter im Umfang der vorrangigen Risikobeteiligung gegenüber den Gläubigern wegen der rechtlichen Behandlung der Gesellschafterdarlehen.[177] Bestünde eine solche Freiheit der Finanzierung durch Gesellschafterdarlehen im Sinne der Unterkapitalisierung, wäre eine unterschiedliche Behandlung von Gesellschafterdarlehen und Darlehen durch Dritte hinsichtlich der Nachrangigkeit gem. § 39 Abs. 1 Nr. 5 InsO nicht gerechtfertigt.[178]

β. Innenhaftung nach § 826 BGB

Demgegenüber gehen die Rechtsprechung und ein anderer Teil der Literatur von dem Konzept der Innenhaftung gem. § 826 BGB der Gesellschafter gegenüber der Gesellschaft aus.[179] Die anfängliche Frage nach dem Bestehen einer Gesellschafterpflicht zur angemessenen Finanzausstattung der Gesellschaft wird verneint. Nach *K. Schmidt*[180] scheitert eine Durchgriffshaftung wegen Unterkapitalisierung als Sanktion an einem klaren Tatbestand.[181] Dieser Argumentation folgt auch der BGH in seiner „Gamma“-Rechtsprechung, wonach weder eine gesetzliche Regelung noch eine ausfüllungsbedürftige und -fähige Gesetzeslücke für die Annahme einer Durchgriffshaftung bestehen.[182] Somit lehnt der BGH eine allgemeine eigenständige Haftungsfigur der

---

174 Für die Wortwahl eines „Freibriefes“ vgl. *Ulmer*, in: Hachenburg, GmbHG Großkomm, Bd. I, 8. Aufl., Anh § 30 Rn. 56; *Bitter*, in: Scholz, GmbHG, 12. Aufl., § 13 Rn. 146.

175 *Lieder*, in: Michalski/Heidinger/Leible/Schmidt, GmbHG, Bd. I, 3. Aufl., § 13 Rn. 415.

176 *Wiedemann*, WM-Sonderbeilage 4/1975, S. 19; *Lieder*, in: Michalski/Heidinger/Leible/Schmidt, GmbHG, Bd. I, 3. Aufl., § 13 Rn. 415.

177 *Bitter*, in: Scholz, GmbHG, 12. Aufl., § 13 Rn. 147.

178 *Bitter*, in: Scholz, GmbHG, 12. Aufl., § 13 Rn. 147.

179 BGH, Urt. v. 30.11.1978 – II ZR 204/76, NJW 1979, 2014; *Lieder*, in: Michalski/Heidinger/Leible/Schmidt, GmbHG, Bd. I, 3. Aufl., § 13 Rn. 413 m.w.N.

180 *Schmidt*, JZ 1984, 771 (777).

181 *Schmidt*, JZ 1984, 771 (777); *Bitter*, in: Scholz, GmbHG, 12. Aufl., § 13 Rn. 144.

182 BGH, Urt. v. 28.04.2008 – II ZR 264/06, NJW 2008, 2437 (2439 f.) – Gamma; *Bitter*, in: Scholz, GmbHG, 12. Aufl., § 13 Rn. 144.

materiellen Unterkapitalisierung mangels Raum einer Gesetzeslücke ab.[183] Gesetzlich geregelt ist lediglich gem. §§ 30, 31 GmbHG eine Sanktion für Entnahmen und die Vorgabe eines Mindestkapitals gem. § 5 Abs. 1 GmbHG, dagegen ist eine Gesellschafterpflicht zur finanziellen Ausstattung der Gesellschaft über das Mindestkapital hinaus nicht geregelt.[184] Gegen die Annahme einer Durchgriffshaftung spricht weiter, dass der konkrete Betrag des Mindestkapitals für jedermann im Handelsregister einsehbar ist, sodass das Argument der Gegenmeinung der Abwälzung des Risikos auf die Gläubiger vor diesem Hintergrund relativiert werden muss.[185] Auch stellt der BGH klar, dass das Unterlassen einer hinreichenden Kapitalausstattung als Unterkapitalisierung mangels Eingriff der Existenzvernichtungshaftung nicht gleich steht.[186] Jedoch hat der BGH eine mögliche Haftung gem. § 826 BGB ausdrücklich offen gelassen.[187] Außerhalb des Tatbestandes des § 826 BGB ist ein allgemeiner Haftungstatbestand nicht anzuerkennen.[188]

γ. Stellungnahme

Hinsichtlich der Ausgestaltung der Rechtsfolge der qualifiziert materiellen Unterkapitalisierung stehen sich somit zwei unterschiedliche Ansätze gegenüber. Für die Ansicht einer analogen Anwendung des § 128 HGB spricht die Schutzrichtung der Gläubigerinteressen, die vor einem Missbrauch geschützt werden müssen. Diese Schlussfolgerung geht jedoch von einer über das Bereitstellen des Mindestkapitals hinausgehenden Pflicht der angemessenen Kapitalausstattung der Gesellschaft aus.[189] Eine gesetzgeberische Entscheidung gibt es nur für die Aufbringung des Grund- bzw. Stammkapitals gem. § 7 AktG bzw. § 5 GmbHG. Eine darüberhinausgehende Pflicht ist

---

183 BGH, Urt. v. 28.04.2008 – II ZR 264/06, NJW 2008, 2437 (2439 f.) – Gamma; *Drygala/Staake/Szalai*, Kapitalgesellschaftsrecht, § 10 Rn. 15.

184 BGH, Urt. v. 28.04.2008 – II ZR 264/06, NJW 2008, 2437 (2438) – Gamma; *Raiser*, in: Ulmer/Habersack/Löbbe, GmbHG Großkomm, Bd. I, 2. Aufl., § 13 Rn. 139; *Bitter*, in: Scholz, GmbHG, 12. Aufl., § 13 Rn. 144.

185 *Saenger*, Gesellschaftsrecht, 5. Aufl., S. 440.

186 BGH, Urt. v. 28.04.2008 – II ZR 264/06, NJW 2008, 2437 – Gamma; *Drygala/Staake/Szalai*, Kapitalgesellschaftsrecht, § 10 Rn. 15.

187 BGH, Urt. v. 28.04.2008 – II ZR 264/06, NJW 2008, 2437 – Gamma; *Drygala/Staake/Szalai*, Kapitalgesellschaftsrecht, § 10 Rn. 16; *Saenger*, Gesellschaftsrecht, 5. Aufl., S. 441.

188 *Fastrich*, in: Baumbach/Hueck, GmbHG, 22. Aufl., § 5 Rn. 6.

189 Vgl. *Fastrich*, in: Baumbach/Hueck, GmbHG, 22. Aufl., § 13 Rn. 47.

gerade nicht positiv geregelt. Darüber hinaus bestehen keine Maßstäbe und Kriterien, die eine Antwort darauf geben, wann eine angemessene Finanzausstattung im Hinblick auf den jeweiligen Geschäftsbetrieb vorliegt.[190] Für die Erfassung als Innenhaftung unter den allgemeinen Voraussetzungen des § 826 BGB spricht dagegen, dass eine Annahme einer Durchgriffshaftung restriktiv vor dem Hintergrund der bewussten gesetzgeberischen Entscheidung der Haftungsprivilegierung gesehen werden muss. Die fehlende gesetzliche Grundlage zur Annahme einer Gesellschafterpflicht zur angemessenen finanziellen Ausstattung und die fehlenden rechtssicheren Kriterien zur Aufstellung eines angemessenen Kapitals gegenüber dem jeweiligen Geschäftsbetrieb sprechen somit gegen die materielle Unterkapitalisierung als Fallgruppe der echten Durchgriffshaftung.

c. *Der existenzvernichtende Eingriff*

Der von der Rechtsprechung entwickelte sog. existenzvernichtende Eingriff fußt auf der Annahme, dass die gesetzlich vorgesehenen Kapitalschutzvorschriften der §§ 30, 31 GmbHG in besonderen Konstellationen lückenhaft und unzureichend sein können.[191] Eine Lückenhaftigkeit liegt bei dem Entzug von Gesellschaftsvermögen zum Nachteil der Gesellschaft durch die Gesellschafter vor, ohne dass das Stammkapital selbst angegriffen wird, was maßgeblich beim Entzug stiller Reserven und Rücklagen der Fall ist.[192] Es wird von einer Pflicht der Gesellschafter zur Vermeidung von Eingriffen in das Gesellschaftsvermögen, die die Existenz der Gesellschaft gefährden, ausgegangen.[193] Die Entwicklung der Haftung wegen Existenzvernichtung kann wegen des ständigen Kurswechsels

---

190 *Drygala/Staake/Szalai*, Kapitalgesellschaftsrecht, § 10 Rn. 16; *Raiser*, in: Ulmer/Habersack/Löbbe, GmbHG Großkomm, Bd. I, 2. Aufl., § 13 Rn. 141; *Fastrich*, in: Baumbach/Hueck, GmbHG, 22. Aufl., § 13 Rn. 47.

191 BGH, Urt. v. 16.07.2007 – II ZR 3/04, NJW 2007, 2689 (2670); BGH Beschl. v. 15.09.2014 – II ZR 442/13, BeckRS 2015, 08530 = GmbHR 2015, 644. *Röhricht*, in: FS 50 Jahre BGH, S. 83 (92 ff.); *Raiser*, in: Ulmer/Habersack/Löbbe, GmbHG Großkomm, Bd. I, 2. Aufl., § 13 Rn. 150; *Pentz*, in: Rowedder/Schmidt-Leithoff, GmbHG, 6. Aufl., § 13 Rn. 109; *Lieder*, in: Michalski/Heidinger/Leible/Schmidt, GmbHG, Bd. I, 3. Aufl., § 13 Rn. 420; *Bitter*, in: Scholz, GmbHG, 12. Aufl., § 13 Rn. 153; *Fastrich*, in: Baumbach/Hueck, GmbHG, 22. Aufl., § 13 Rn. 55.

192 *Raiser*, in: Ulmer/Habersack/Löbbe, GmbHG Großkomm, Bd. I, 2. Aufl., § 13 Rn. 150; *Saenger*, Gesellschaftsrecht, 5. Aufl., S. 441.

193 *Mock*, Gesellschaftsrecht, 2015, Rn. 576.

der Rechtsprechung bisweilen als „*Odyssee*“[194] oder als „*stürmisch*“[195] bezeichnet werden.[196]

aa. Entwicklung der Haftungsfigur

Ausgehend von der Lückenhaftigkeit der Vorschriften zum Kapitalschutz §§ 30, 31 GmbHG sollte die Lücke durch eine Haftung im sog. *qualifiziert faktischen Konzern* als Analogie zu den aktienrechtlichen Vorschriften zum Vertragskonzern, dem § 302 AktG (Verlustausgleichshaftung) und dem § 303 AktG (Ausfallhaftung), geschlossen werden.[197] Die Haftung des die GmbH beherrschenden Unternehmensgesellschafters greift jedoch erst, wenn die Nachteile durch die Ausübung der Konzernleitungsmacht ohne Rücksicht auf die Belange der abhängigen Gesellschaft nicht durch Einzelausgleichsmaßnahmen kompensiert werden können.[198] Wird die abhängige Gesellschaft durch den kompensationslosen Eingriff in das Gesellschaftsvermögen zur Insolvenz geführt, folgt sogar eine persönliche Außenhaftung der Gesellschafter gegenüber den Gesellschaftsgläubigern gem. § 303 AktG analog.[199]

Das GmbH-konzernrechtliche Haftungssystem des existenzvernichtenden Eingriffs wurde vom BGH in seinen Entscheidungen „*Bremer Vulkan*“[200] und „*KBV*“[201] aufgegeben und als missbräuchlicher Eingriff der allgemeinen Durchgriffshaftung zugeordnet.[202] Nunmehr losgelöst von der Konzernkonstellation folgt eine persönliche Außenhaftung der Gesellschafter bei Vermögenseingriffen, die zur Insolvenz der Gesellschaft führen oder eine Vertiefung der Insolvenz zur Folge haben.[203] Lediglich an der Subsidiarität im Sinne mangelnder

---

194 *Hönn*, WM 2008, 769.

195 *Gehrlein*, WM 2008, 761.

196 *Bitter*, in: Scholz, GmbHG, 12. Aufl., § 13 Rn. 152.

197 BGH, Urt. v. 29.03.1993 – II ZR 265/91, ZIP 1993, 589 – TBB; *Bitter*, in: Scholz, GmbHG, 12. Aufl., § 13 Rn. 154.

198 BGH, Urt. v. 29.03.1993 – II ZR 265/91, ZIP 1993, 589 – TBB.

199 BGH, Urt. v. 16.09.1985 – II ZR 275/84, BGHZ 95, 330 = NJW 1986, 188 – Autokran; BGH, Urt. v. 20.02.1989 – II ZR 167/88, BGHZ 107 = NJW 1989, 1800 – Tiefbau; BGH, Urt. v. 23.09.1991 – II ZR 135/90, BGHZ 115, 187 = NJW 1991, 3142 – Video; *Bitter*, in: Scholz, GmbHG, 12. Aufl., § 13 Rn. 154.

200 BGH, Urt. v. 17.09.2001 – II ZR 178/99, BGHZ 149, 10 = NJW 2001, 3622 = WM 2001, 2062 – Bremer Vulkan.

201 BGH, Urt. v. 24.06.2002 – II ZR 300/00, BGHZ 151, 181 = NJW 2002, 3024, WM 2002, 1804 – KBV.

202 *Wazlawik*, NZI 2009, 291 (292); *Bitter*, in: Scholz, GmbHG, 12. Aufl., § 13 Rn. 155.

203 *Bitter*, in: Scholz, GmbHG, 12. Aufl., § 13 Rn 155.

Kompensation durch einen Einzelausgleich nach den §§ 30, 31 GmbHG wurde festgehalten.[204]

Diese Rechtsprechung wurde vom II. Zivilsenat des BGH in seiner Entscheidung „*Trihotel*"[205] derart wieder aufgegeben, dass im Gegensatz zur Außenhaftung durch die Gesellschaftsgläubiger fortan die Gesellschaft selbst die Ansprüche gegenüber dem Gesellschafter gem. § 826 BGB geltend machen soll.[206] Die Anknüpfung an § 826 BGB stellt seitens des BGH eine Abkehr von einer gesellschaftsrechtlichen zugunsten einer deliktsrechtlichen Haftung des Gesellschafters gegenüber der Gesellschaft selbst dar.[207] Die Gesellschafter versehen sich somit in Fällen des existenzvernichtenden Eingriffs in das Gesellschaftsvermögen, neben möglichen Ansprüchen aus §§ 30, 31 GmbHG, einem weiteren Anspruch aus § 826 BGB gegenüber der Gesellschaft ausgesetzt.[208] Die Existenzvernichtungshaftung als Innenhaftung wird vom BGH seitdem als besondere Fallgruppe der sittenwidrigen, vorsätzlichen Schädigung nach § 826 BGB verstanden.[209] Demnach steht den Gesellschaftsgläubigern kein Direktanspruch gegen die Gesellschafter zu, sondern nur noch der Gesellschaft selbst, sodass nicht mehr von einem Durchgriff gesprochen werden kann.[210] In der Historie der Rechtsprechung ist die Haftung wegen existenzvernichtenden Eingriffs, ausgehend von den konzernrechtlichen Überlegungen zum *qualifiziert faktischen Konzern*, als echter Durchgriff auf die Gesellschafter konzipiert worden. Die echte Durchgriffshaftung musste der Ausgestaltung als schadensersatzrechtliche Innenhaftung weichen. Der Konzipierung als Innenhaftung folgt die Überlegung des BGH, einen jetzt bestehenden Gleichlauf mit den „Basisansprüchen" der §§ 30, 31 GmbH als genuine Innenhaftungsansprüche zu schaffen.[211]

bb. Anspruchsinhaber und Anspruchsgegner

Ursprünglich nach der Konzeption als echte Durchgriffshaftung waren Anspruchsinhaber die Gesellschaftsgläubiger und Anspruchsgegner der oder

204 *Wazlawik*, NZI 2009, 291 (292).

205 BGH, Urt. 16.07.2007 – II ZR 3/04, BGHZ 173, 243 = NJW 2007, 2689 = WM 2007, 1572 = WM 2007, 1864 – Trihotel.

206 *Wazlawik*, NZI 2009, 291 (292).

207 *Bitter*, in: Scholz, GmbHG, 12. Aufl., § 13 Rn. 156.

208 BGH, Urt. 16.07.2007 – II ZR 3/04, BGHZ 173, 243 = NJW 2007, 2689 = WM 2007, 1572 = WM 2007, 1864 – Trihotel; *Wazlawik*, NZI 2009, 291 (292).

209 *Bitter*, in: Scholz, GmbHG, 12. Aufl., § 13 Rn. 156.

210 *Wazlawik*, NZI 2009, 291 (292); *Bitter*, in: Scholz, GmbHG, 12. Aufl., § 13 Rn. 13.

211 BGH, Urt. 16.07.2007 – II ZR 3/04, NJW 2007, 2689 – Trihotel.

die Gesellschafter. Nach der neueren Rechtsprechung ist Anspruchsinhaber im Sinne der Innenhaftung die Gesellschaft selbst, Anspruchsgegner weiterhin der oder die Gesellschafter.[212] Befindet sich die Gesellschaft dagegen in der Insolvenz, macht der Insolvenzverwalter den Anspruch gem. § 826 BGB gegen den oder die Gesellschafter geltend.[213] Im Zusammenhang mit der Insolvenz zeigt sich die Schwäche der Ausgestaltung als deliktsrechtliche Innenhaftung, wenn gem. § 26 Abs. 1 S. 1 InsO mangels Masse kein Insolvenzverfahren eröffnet wird und es somit keinen Insolvenzverwalter gibt, der den Anspruch wegen existenzvernichtenden Eingriffes seitens der Gesellschaft geltend machen kann.[214] Die Konsequenz hieraus ist ein „dornenreicher Umweg“[215] über die Pfändung und Überweisung des der Gesellschaft zustehenden Anspruchs, bevor die Gesellschaft als vermögenslos von Amts wegen im Handelsregister gem. § 394 Abs. 1 FamFG gelöscht wird.[216]

cc. Stellungnahme

Die Haftung wegen existenzvernichtenden Eingriffes kann seit der „Trihotel“-Entscheidung des BGH nicht mehr als Fallgruppe der echten Durchgriffshaftung angesehen werden. Anfangs sollte die Lücke der Kapitalschutzvorschriften in Form einer echten Durchgriffshaftung geschlossen werden. Der BGH schließt diese nunmehr – dogmatisch durchdacht – mit der schadensersatzrechtlichen Innenhaftung nach § 826 BGB. Der Lückenschluss erfolgt somit entsprechend und als Gleichlauf zu den Vorschriften der §§ 30, 31 GmbHG. Der BGH ist mit seinem Modell der Innenhaftung folglich zurecht von der Fallgruppe der Durchgriffshaftung abgerückt.

4. Zusammenfassung

Die Darstellung der Systematisierung der Durchgriffshaftung nach Fallgruppen zeigt die Uneinigkeit hinsichtlich der konkreten Begründungen und

---

212 *Strohn*, ZInsO 2008, 706 (709 f.); *Bitter*, in: Scholz, GmbHG, 12. Aufl., § 13 Rn. 159.

213 *Strohn*, ZInsO 2008, 706; *Saenger*, in: Saenger/Inhester, HK-GmbHG, 4. Aufl., § 13 Rn. 124.

214 *Wagner*, in: FS Canaris, 2007, Bd. II, S. 473 (487 f.); *Bitter*, in: Scholz, GmbHG, 12. Aufl., § 13 Rn. 159.

215 So *Gehrlein*, WM 2008, 761 (766) mit der Annahme eines Direktanspruchs der Gläubiger bei massenloser Insolvenz; dagegen *Strohn*, ZInsO 2008, 706 (710), der diesen Umweg für zumutbar hält; vgl. *Bitter*, in: Scholz, GmbHG, 12. Aufl., § 13 Rn. 159 Fn. 6.

216 *Bitter*, in: Scholz, GmbHG, 12. Aufl., § 13 Rn. 159.

Rechtsfolgen der Vermögens- und Sphärenvermischung, der Unterkapitalisierung und des existenzvernichtenden Eingriffs.

Die Fallgruppe der Vermögens- und Sphärenvermischung wird in die Vermögensvermischung einerseits und die Sphärenvermischung andererseits seziert. Letztere, als fehlende Zuordnung von Handlungen des Gesellschafters mehrerer Gesellschaften, wird nicht als echte Durchgriffshaftung angesehen.[217] Auch innerhalb der Vermögensvermischung wird zwischen der gegenständlichen und generellen Vermögensvermischung unterschieden. Lediglich die generelle Vermögensvermischung wird sowohl von Rechtsprechung und Literatur als echte Durchgriffshaftung anerkannt.[218] Dagegen kann bei der Fallgruppe der Unterkapitalisierung in keiner Weise von einer Einheitlichkeit der Ansichten gesprochen werden - das Gegenteil ist der Fall. Ein Teil der Literatur möchte über den Weg der teleologischen Reduktion des § 13 Abs. 2 GmbHG hin zur entsprechenden Anwendung des § 128 HGB auf die hinter der Gesellschaft stehenden Gesellschafter durchgreifen. Die Rechtsprechung und andere Stimmen der Literatur lehnen einen solchen Durchgriff mangels Pflicht zur angemessenen Finanzausstattung, fehlender Bestimmbarkeit einer solchen Angemessenheit und mangels Raums für eine analoge Anwendung des § 128 HGB ab.[219] Auch der existenzvernichtende Eingriff als eine von der Rechtsprechung entwickelte Fallgruppe scheidet mit der „*Trihotel*"-Entscheidung des II. Zivilsenats zugunsten der schadensersatzrechtlichen Innenhaftung als echte Durchgriffshaftung aus.

Insgesamt kann somit nur die Fallgruppe der generellen Vermögensvermischung als tatsächliche echte Durchgriffshaftung angesehen werden. Ansonsten besteht keine einheitliche Linie hinsichtlich der Herleitung, Dogmatik und Konzeption der weiteren möglichen Durchgriffstatbestände.

---

217 Siehe oben A.II.4.a.

218 Ebenso *Siebert*, Die Durchgriffshaftung im englischen und deutschen Recht, S. 143.

219 Siehe oben A.II.4.b.bb.α.

Kapitel II Die Konzernhaftung nach deutschem Recht

Abstract: Chapter II deals with the liability of a company group according to German group law. After introducing the basics of German group law and its legal systematic the difference between a contractual group, based on a control contract to establish an instruction right for a shareholder of a German public limited company (Aktiengesellschaft), and a de facto group is to be shown. Concerning a controlled public limited company, the chapter is focussing the compensation according § 302 AktG in a contractual group and according §§ 311, 317 AktG in a factual group. Otherwise, according to the lack of applicability of these regulations the member`s liability in a controlled private limited company is based on the prohibition of causing damage (Schädigungsverbot). The chapter further shows the main rules and the connecting factors of international company/group law in consideration of the jurisdiction of the European Court of Justice to answer the question of the applicability of the national law.

Keywords: factual group, contractual group, international group law

A. Einleitung zum Konzernrecht

I. Begriff des Konzernrechts

Das Recht der verbundenen Unternehmen ist im Aktiengesetz geregelt und gliedert sich in einen allgemeinen Teil mit Definitions- und Publizitätsnormen (§§ 15 ff. AktG) und in einen besonderen Teil (§§ 291 ff. AktG) mit den Rechten und Pflichten der beteiligten Unternehmen als materielles Konzernrechts.[220] Umfasst von den gesetzlichen Regelungen des AktG werden rechtlich selbständige Unternehmen, die aber auf der Grundlage gesellschaftsrechtlicher Instrumentarien miteinander verbunden sind.[221] Die gesellschaftsrechtliche Zulässigkeit und die Voraussetzungen dieser Unternehmensverbindungen, die Schranken und die Auswirkungen der beteiligten Gesellschaften sind Gegenstand des Rechts der

---

220 *Bicker*, Gläubigerschutz in der grenzüberschreitenden Konzerngesellschaft, S. 141; *Emmerich/Habersack*, Konzernrecht, 11. Aufl., § 1 Rn. 1; *Fett*, in: Bürgers/Körber, AktG, 4. Aufl., § 15 Rn. 1.

221 *Emmerich/Habersack*, Konzernrecht, 11. Aufl., § 1 Rn. 2; *Habersack*, in: Emmerich/Habersack/Schürnbrand, Aktien- und GmbH-Konzernrecht, 9. Aufl., Einl Rn. 1.

verbundenen Unternehmen.[222] Dieses Recht wird dem allgemeinen Sprachgebrauch folgend fortan als Konzernrecht bezeichnet, wenngleich der Konzern nach § 18 Abs. 1 S. 1 AktG nur eine von mehreren Erscheinungsformen von Unternehmensverbindungen darstellt.[223]

Die allgemeinen Vorschriften enthalten Definitionen der Begriffe des verbundenen Unternehmen (§ 15 AktG) und der wesentlichen Erscheinungsformen, der Mehrheitsbeteiligung (§ 16 AktG), der Abhängigkeit (§ 17 AktG), des Konzerns (§ 18 AktG) sowie der wechselseitigen Beteiligung (§ 19 AktG).[224] Die Regelung des § 15 AktG ist als Definitionsnorm ohne eigenständige Rechtsfolgen Anknüpfungsnorm der weiteren konzernrechtlichen Vorschriften.[225] Eine weitere Erscheinungsform ist die Verbindung durch Unternehmensvertrag (§§ 291, 292 AktG), die jedoch im besonderen Teil des Konzernrechts geregelt ist. Die Publizitätsnormen der §§ 20, 21 AktG dienen den Aktionären, den Gesellschaftsgläubigern und der Öffentlichkeit zur Unterrichtung über die Konzernverbindungen und bestehende Machtverhältnisse.[226]

1. *Unternehmensbegriff*

Über die Anwendbarkeit der konzernrechtlichen Regelungen entscheidet die Definition des Unternehmensbegriffs, denn nur ein Unternehmen im Sinne des § 15 AktG kann entweder selbst herrschend oder abhängig oder wechselseitig beteiligt sein oder den Publizitätsnormen der §§ 20, 21 AktG unterliegen.[227] Die rechtsformneutrale Konzipierung des § 15 AktG umfasst sämtliche potentielle deutsche wie ausländische Unternehmensträger.[228] Trotz der zentralen Stellung des Unternehmensbegriffs sieht das Gesetz bewusst von einer Begriffsdefinition zugunsten der Ausfüllbarkeit durch

---

222 *Emmerich/Habersack*, Konzernrecht, 11. Aufl., § 1 Rn. 2.

223 *Emmerich/Habersack*, Konzernrecht, 11. Aufl., § 1 Rn. 2; *Habersack*, in: Emmerich/Habersack/Schürnbrand, Aktien- und GmbH-Konzernrecht, 9. Aufl., Einl Rn. 1; *Bayer*, in: MüKo zum AktG, Bd. I, 5. Aufl., § 15 Rn. 6.

224 *Habersack*, in: Emmerich/Habersack/Schürnbrand, Aktien- und GmbH-Konzernrecht, 9. Aufl., Einl Rn. 2.

225 *Fett*, in: Bürgers/ Körber, AktG, 4. Aufl., § 15 Rn. 5.

226 *Kropff*, AktG 1965, BegrRegE, S. 38.

227 *Bayer*, in: MüKo zum AktG, Bd. I, 5. Aufl., § 15 Rn. 7.

228 *Kropff*, AktG 1965, BegrRegE, S. 27; *Grigoleit*, in: Grigoleit, AktG, 2. Aufl., § 15 Rn. 6 f.; *Koch*, in: Hüffer/Koch, AktG, 14. Aufl., § 15 Rn. 10; *Schall*, in: Spindler/Stilz, AktG, Bd. I, 4. Aufl., § 15 Rn. 10.

Wissenschaft und Rechtsprechung ab.[229] Einen einheitlichen Unternehmensbegriff für die Regelungsbereiche des Konzernrechts gibt es nicht.[230] Die Begriffsbestimmung folgt im Sinne eines *teleologischen Unternehmensbegriffs* nach Bestimmung des Sinn und Zwecks der jeweils anzuwendenden Norm.[231] Das gesetzgeberische Telos des Konzernrechts ist hierbei die Konzerngefahr im Sinne eines Interessenkonflikts zwischen dem ebenfalls wirtschaftlich tätigen Gesellschafter und der Gesellschaft selbst, ihrer Minderheitsgesellschafter und Gläubiger.[232] Vor diesem Hintergrund gilt ein Gesellschafter gleich welcher Rechtsform jedenfalls als (herrschendes) Unternehmen, wenn er außerhalb der Gesellschaft wirtschaftliche Interessen verfolgt, die die ernste Besorgnis begründen, der Gesellschafter könne ihretwillen diese Interessen zum Nachteil der Gesellschaft ausüben.[233]

Wegen der Rechtsformneutralität können auch natürliche Personen als Unternehmen im Sinne des Konzernrechts qualifiziert werden, wenn sie neben dem Gesellschafterstatus wirtschaftlich tätig sind, beispielsweise als Kaufmann oder mit einer maßgeblichen Beteiligung als Gesellschafter einer anderen Gesellschaft, sog. Gesellschafter/Aktionär mit multiplem Beteiligungsbesitz.[234]

---

229 *Kropff*, AktG 1965, BegrRegE, S. 27; *Koch*, in: Hüffer/Koch, AktG, 14. Aufl., § 15 Rn. 8; *Schall*, in: Spindler/Stilz, AktG, Bd. I, 4. Aufl., § 15 Rn. 10.

230 *Vetter*, in: Schmidt/Lutter, AktG, Bd. I, 4. Aufl., § 15 Rn. 32; *Hüffer*, in: Hüffer/Koch, AktG, 14. Aufl., § 15 Rn. 8; *Schall*, in: Spindler/Stilz, AktG, Bd. I, 4. Aufl., § 15 Rn. 10; *Bayer*, in: MüKo zum AktG, Bd. I, 5. Aufl., § 15 Rn. 9.

231 *Koch*, Hüffer/Koch, AktG, 14. Aufl., § 15 Rn. 10; *Emmerich*, in: Emmerich/Habersack/Schürnbrand, Aktien- und GmbH-Konzernrecht, 9. Aufl., § 15 Rn. 8; *Bayer*, in: MüKo zum AktG, Bd. I, 5. Aufl., § 15 Rn. 10; *Schall*, in: Spindler/Stilz, AktG, Bd. I, 4. Aufl., § 15 Rn. 10.

232 *Schall*, in: Spindler/Stilz: AktG, Bd. I, 3. Aufl., § 15 Rn. 10; *Emmerich*, in: Emmerich/Habersack, Aktien- und GmbH-Konzernrecht, 8. Aufl., § 15 Rn. 8; *Koch*, in: Hüffer/Koch, AktG, 14. Aufl., § 15 Rn. 10.

233 BGH, Urt. v. 13.10.1977 – II ZR 123/76, BGHZ 69, 334 (337 f.) = NJW 1978, 104 – Veba/Gelsenberg; BGH, Urt. v. 08.05.1979 – KVR 1/78, BGHZ 74, 359 (356) = NJW 1979, 2401 – WAZ/Brost; BGH, Urt. v. 16.02.1981 – II ZR 168/79, BGHZ 80, 69, (72) = NJW 1981, 1512 – Süssen; BGH, Urt. v. 18.06.2001, BGHZ 148, 123 (125) = NJW 2001, 2973 – MLP; *Emmerich/Habersack*, Konzernrecht, 11. Aufl., § 2 Rn. 8; *Vetter*, in: Schmidt/Lutter, AktG, Bd. I, 4. Aufl., § 15 Rn 32; *Kuhlmann/Ahnis*, Konzern- und Umwandlungsrecht, 4. Aufl., Rn. 30.

234 Umfassend hierzu *Haar*, Die Personengesellschaft im Konzern, S. 233 ff.; *Emmerich*, in: Emmerich/Habersack/Schürnbrand, Aktien- und GmbH-Konzernrecht, 9. Aufl., § 15 Rn. 11a.

Das Merkmal der wirtschaftlichen Interessenbindung außerhalb der Gesellschaft ist zu beleuchten, bzw. danach zu fragen, wann die unternehmerische Betätigung außerhalb der Gesellschaft stark genug ist, dass ein Konzernkonflikt wegen gegenseitiger Interessen drohen oder begründet sein wird.[235] Wann eine solche maßgebliche Beteiligung vorliegen soll, ist umstritten.[236] Nach einer Ansicht[237] liegt ein die Konzerngefahr begründendes, außerhalb der Gesellschaft liegendes wirtschaftliches Interesse vor, wenn der betreffende Gesellschafter tatsächlich leitend, etwa im Sinne des § 18 Abs. 1 AktG, auf die zweite Gesellschaft einwirkt. Dagegen reicht nach der anderen Ansicht[238] eine bloße maßgebliche Beteiligung mit der Möglichkeit der Einflussnahme am zweiten Unternehmen aus.[239] Dem Kriterium der ernsthaften Möglichkeit einer unternehmerischen Betätigung in anderen Gesellschaften durch die Einflussnahme mit gesellschaftsrechtlichen Mitteln hat sich der BGH[240] angeschlossen.[241] Jedenfalls kann eine maßgebliche Beteiligung im Sinne des wirtschaftlichen Interessenkonfliktes angenommen werden, wenn eine Mehrheitsbeteiligung am Beteiligungsunternehmen vorliegt.[242] Auch eine fehlende Mehrheit kann ausreichen, wenn aufgrund der Umstände, beispielsweise eine niedrige Präsenz in der Hauptversammlung oder durch Stimmbindungsverträge, die Möglichkeit besteht, die Leitungsorgane der Beteiligungsgesellschaft zu besetzen und somit zu kontrollieren.[243]

---

235 *Emmerich/Habersack*, Konzernrecht, 11. Aufl., § 2 Rn. 11.

236 *Emmerich*, in: Emmerich/Habersack/Schürnbrand, Aktien- und GmbH-Konzernrecht, 9. Aufl., § 15 Rn. 13.

237 *Kort*, DB 1986, 1909 (1911 f.); *Mülbert*, ZHR 163 (1999), 1 (33 f.).

238 *Koppensteiner*, in: KölnerKomm AktG, Bd. I, 2. Aufl., § 15 Rn. 36 f.; *Cahn*, AG 2002, 30 (32); *Windbichler*, in: Großkommentar AktG, Bd. I, 4. Aufl., § 15 Rn. 31 ff.; *Koch*, in: Hüffer/Koch, AktG, 14. Aufl., § 15 Rn. 15.

239 *Emmerich/Habersack*, Konzernrecht, 11. Aufl., § 2 Rn. 11; *Emmerich*, in: Emmerich/Habersack/Schürnbrand, Aktien- und GmbH-Konzernrecht, 9. Aufl., § 15 Rn. 13.

240 BGH, Urt. v. 18.06.2001, BGHZ 148, 123 (125) = NJW 2001, 2973 – MLP.

241 *Emmerich/Habersack*, Konzernrecht, 11. Aufl., § 2 Rn. 11.

242 *Emmerich/Habersack*, Konzernrecht, 11. Aufl., § 2 Rn. 12; terminologisch wird zwischen dem beteiligten Unternehmen (um dessen Mehrheitsbeteiligung es geht) und dem Beteiligungsunternehmen, an dem die Mehrheitsbeteiligung besteht, unterschieden, vgl. *Emmerich/Habersack*, Konzernrecht, 11. Aufl., § 3 Rn. 1 Fn. 1.

243 BGH, Urt. v. 18.06.2001, BGHZ 148, 123 (125) = NJW 2001, 2973 – MLP; *Cahn*, AG 2002, 30 (32); *Vetter*, in: Schmidt/Lutter, AktG, Bd. I, 4. Aufl., § 15 Rn. 46; *Emmerich*, in: Emmerich/Habersack/Schürnbrand, Aktien- und GmbH-Konzernrecht, 9. Aufl., § 15 Rn. 14; *Koch*, in: Hüffer/Koch, AktG, 14. Aufl., § 15 Rn. 15.

2. *Systematik von Mehrheitsbeteiligung, Abhängigkeit und Konzern*

Der allgemeine Teil des Konzernrechts (§§ 16, 17, 18 AktG) baut systematisch aufeinander auf. Das gesetzgeberische Instrument dieses Aufbaus ist die jeweilige Verschachtelung im Hinblick auf das zunächst vermutete Vorliegen der Abhängigkeit und die anschließende Vermutung eines Konzerns. Die erste Verschachtelung findet sich in der Abhängigkeitsvermutung des § 17 Abs. 2 AktG, wonach von einem im Mehrheitsbesitz stehenden Unternehmen vermutet wird, dass es von dem an ihm mit Mehrheit beteiligten Unternehmen abhängig ist. Der Vermutung des § 17 Abs. 2 AktG geht somit die Prüfung einer Mehrheitsbeteiligung im Sinne des § 16 AktG voraus. Die zweite Verschachtelung stellt die Konzernvermutung des § 18 Abs. 1 S. 3 AktG dar, wenn nun von einem abhängigen Unternehmen vermutet wird, dass es mit dem herrschenden Unternehmen einen Konzern bildet. Liegt eine Mehrheitsbeteiligung an einem Unternehmen vor, geht die erste Vermutung des § 17 Abs. 2 AktG von einer Abhängigkeit von dem an ihm mit Mehrheit beteiligten Unternehmen aus und weiter über die Konzernvermutung nach § 18 Abs. 1 S. 3 AktG sogar von einem Konzernverhältnis.

a. *Mehrheitsbeteiligung, § 16 AktG*

Der Dreh- und Angelpunkt der beschriebenen Gesetzestechnik ist die Mehrheitsbeteiligung im Sinne des § 16 AktG als Grundlage der Abhängigkeits- und Konzernvermutung.[244] Eine solche liegt gem. § 16 Abs. 1 AktG vor, wenn die Mehrheit der Anteile eines rechtlich selbstständigen Unternehmens einem anderen Unternehmen gehören oder dieses die Mehrheit der Stimmrechte innehat.[245] In den § 16 Abs. 2 AktG und § 16 Abs. 3 AktG ist die Berechnung der Anteils- und Stimmmehrheit geregelt, dagegen in § 16 Abs. 4 AktG die Frage der Zusammengehörigkeit der Anteile zum beteiligten Unternehmen.[246] Das Gesetz unterscheidet nach § 16 Abs. 4 AktG drei Fälle. Der erste Fall ordnet eine Zusammengehörigkeit solcher Anteile an, die einer abhängigen Gesellschaft gehören, sodass die Anteile oder Stimmrechte der Mutter- und ihrer abhängigen Tochtergesellschaft zusammenzurechnen sind.[247] Der zweite Fall betrifft zu Zwecken des Umgehungsschutzes auch Anteile, die einem anderen auf Rechnung des beteiligten Unternehmens, einem Treuhänder, oder einem auf Rechnung eines

---

244 *Tholen*, Europäisches Konzernrecht, S. 26.

245 *Emmerich/Habersack*, Konzernrecht, 11. Aufl., § 3 Rn. 1.

246 *Emmerich/Habersack*, Konzernrecht, 11. Aufl., § 3 Rn. 1.

247 Dazu näher mit Beispiel siehe *Emmerich/Habersack*, Konzernrecht, 11. Aufl., § 3 Rn. 1.

abhängigen Unternehmens Handelnden, einem Treuhänder der Tochtergesellschaft, gehören.[248] Ist der Inhaber des Unternehmens ein Einzelkaufmann, so ordnet der dritte Fall des § 16 Abs. 4 AktG auch eine Zurechnung seiner Anteile ohne Unterscheidung nach Betriebs- und Privatvermögen an.[249] Liegt nach alldem eine Mehrheitsbeteiligung im Sinne des § 16 AktG vor, ist wichtigste Rechtsfolge die anknüpfende Abhängigkeitsvermutung des § 17 Abs. 2 AktG.[250]

b. Abhängigkeit, § 17 AktG

Der Begriff der Abhängigkeit im Sinne des § 17 AktG ist im Gegensatz zum Begriff des Konzerns der eigentliche Zentralbegriff des Konzernrechts.[251] Die konzernrechtlichen Sanktionen knüpfen bereits an das Tatbestandsmerkmal der Abhängigkeit an und nicht erst an das Vorliegen eines Konzerns, der über die Abhängigkeit hinaus weitere Voraussetzungen erfordert.[252] Auch die Abhängigkeit bezweckt zweierlei; zum einen die Abhängigkeit als eigene Form der Unternehmensverbindung und zum anderen, ebenso wie § 16 AktG, einen Vermutungstatbestand für die Annahme eines Konzernverhältnisses zu schaffen.[253] Abhängigkeit liegt gem. § 17 Abs. 1 AktG vor, wenn ein anderes Unternehmen unmittelbar oder mittelbar einen beherrschenden Einfluss auf ein anderes rechtlich selbstständiges Unternehmen ausüben kann. Das Unternehmen, dem die Einflussmöglichkeit zusteht, wird als herrschendes Unternehmen bezeichnet, dagegen das Unternehmen, auf das der Einfluss ausgeübt werden kann, als abhängiges Unternehmen.[254] Der Abhängigkeitsbegriff in § 17 Abs. 1 AktG ist für das Konzernrecht nach überwiegender Auffassung einheitlich definiert.[255]

---

248 *Kuhlmann/Ahnis*, Konzern- und Umwandlungsrecht, 4. Aufl., Rn. 55.

249 *Emmerich/Habersack*, Konzernrecht, 11. Aufl., § 3 Rn. 12.

250 *Emmerich/Habersack*, Konzernrecht, 11. Aufl., § 3 Rn. 13; mit weiteren Rechtsfolgen einer Mehrheitsbeteiligung *Emmerich*, in: Emmerich/Habersack/Schürnbrand, Aktien- und GmbH-Konzernrecht, 9. Aufl., § 16 Rn. 1.

251 *Vetter*, in: Schmidt/Lutter, AktG, Bd. I, 4. Aufl., § 17 Rn. 3; *Emmerich*, in: Emmerich/Habersack/Schürnbrand, Aktien- und GmbH-Konzernrecht, 8. Aufl., § 17 Rn. 2.

252 *Bayer*, in: MüKo zum AktG, Bd. I, 5. Aufl., § 17 Rn. 2.

253 *Koch*, in: Hüffer/Koch, AktG, 14. Aufl., § 17 Rn. 1.

254 *Emmerich/Habersack*, Konzernrecht, 11. Aufl., § 3 Rn. 14.

255 *Koppensteiner*, in: KölnerKomm AktG, Bd. I, 2. Aufl., § 17 Rn. 12.; *Vetter*, in: Schmidt/Lutter, AktG, Bd. I, 4. Aufl., § 17 Rn. 3; *Koch*, in: Hüffer/Koch, AktG, 14. Aufl., § 17 Rn. 3; *Emmerich*, in: Emmerich/Habersack/Schürnbrand, Aktien- und GmbH-Konzernrecht, 9. Aufl., § 17 Rn. 4; *Bayer*, in: MüKo zum AktG, Bd. I, 5. Aufl., § 17 Rn. 4.

Einer tatsächlichen Ausübung des Einflusses auf das abhängige Unternehmen bedarf es im Gegensatz zu § 18 AktG nicht, vielmehr reicht die bloße Möglichkeit hierzu aus.[256] Wann das Kriterium der möglichen Einflussnahme erfüllt ist, kann aus der Abhängigkeitsvermutung des § 17 Abs. 2 AktG entnommen werden.[257] Ausgehend von dieser ist die Mehrheitsbeteiligung im Sinne einer Personalkompetenz auf die Besetzung der Leitungs- und Aufsichtsorgane der Aktiengesellschaft oder erst recht die Möglichkeit der Weisungserteilung an die Geschäftsleitung ausreichend.[258] Die zentrale Rolle der Abhängigkeit spiegelt sich dadurch wider, dass an die Begriffe des abhängigen und herrschenden Unternehmens und den der Abhängigkeit eine Vielzahl gesetzlicher Regelungen anknüpfen, insbesondere die Konzernvermutung des § 18 Abs. 1 S. 3 AktG, die § 302 Abs. 2, § 305 Abs. 2 Nr. 2 AktG und die §§ 311 ff. AktG.[259] Die Abhängigkeitsvermutung des § 17 Abs. 2 AktG nach der ein im Mehrheitsbesitz stehendes Unternehmen von dem an ihm mit Mehrheit beteiligten Unternehmen abhängig ist, ist ihrerseits Grundlage für die Konzernvermutung des § 18 Abs. 1 S. 3 AktG.[260] Folglich führt die Mehrheitsbeteiligung gem. § 16 AktG im Zweifel sowohl zur Abhängigkeit im Sinne des § 17 AktG als auch zur Annahme eines Konzerns im Sinne des § 18 AktG.[261]

c. *Konzern, § 18 AktG*

Der Konzern dagegen als engste und intensivste Form der Unternehmensverbindung wird gem. § 18 Abs. 1 AktG als jede Zusammenfassung mehrerer rechtlich selbstständiger Unternehmen (Konzernunternehmen) unter einheitlicher Leitung definiert.[262] Das Definitionsmerkmal der *einheitlichen Leitung* ist maßgebend für die Annahme eines Konzerns und die Unterscheidung von Unterordnungskonzern (§ 18 Abs. 1 AktG) und Gleichordnungskonzern

---

256 *Kropff*, AktG 1965, BegrRegE, S. 31; *Vetter*, in: Schmidt/Lutter, AktG, Bd. I, 4. Aufl., § 17 Rn. 5.

257 *Vetter*, in: Schmidt/Lutter, AktG, Bd. I, 4. Aufl., § 17 Rn. 6.

258 *Vetter*, in: Schmidt/Lutter, AktG, Bd. I, 4. Aufl., § 17 Rn. 6 ff.

259 *Emmerich/Habersack*, Konzernrecht, 11. Aufl., § 3 Rn. 15; *Vetter*, in: Schmidt/Lutter, AktG, Bd. I, 4. Aufl., § 17 Rn. 1.

260 *Emmerich/Habersack*, Konzernrecht, 11. Aufl., § 3 Rn. 41.

261 *Emmerich/Habersack*, Konzernrecht, 11. Aufl., § 3 Rn. 41; *Emmerich*, in: Emmerich/Habersack, Aktien- und GmbH-Konzernrecht, 8. Aufl., § 17 Rn. 33.

262 *Emmerich/Habersack*, Konzernrecht, 11. Aufl., § 4 Rn. 1; *Tholen*, Europäisches Konzernrecht, S. 27; *Bayer*, in: MüKo zum AktG, Bd. I, 4. Aufl., § 18 Rn. 1.

(§ 18 Abs. 2 AktG).[263] Der Unterordnungskonzern umfasst gem. § 18 Abs. 1 S. 1 AktG mindestens ein abhängiges Unternehmen als sog. Untergesellschaft und ein herrschendes Unternehmen als Obergesellschaft unter dessen einheitlicher Leitung.[264] Dagegen liegt ein Gleichordnungskonzern gem. § 18 Abs. 2 AktG vor, wenn mehrere rechtlich selbstständige Unternehmen ohne Abhängigkeit im Sinne des § 17 AktG unter einheitlicher Leitung zusammengefasst werden. Beim Unterordnungskonzern, bei dem zwischen den Unternehmen ein Beherrschungsvertrag (§ 291 AktG) besteht oder ein Unternehmen in das andere gem. § 319 AktG eingegliedert ist, wird gem. § 18 Abs. 1 S. 2 AktG unwiderleglich eine einheitliche Leitung vermutet; bei bestehender Abhängigkeit ist diese Vermutung dagegen widerleglich (Konzernvermutung).[265]

Für den zentralen Begriff der *einheitlichen Leitung* wurde seitens des Gesetzgebers bewusst auf eine Definition verzichtet.[266] Umstritten ist, welcher Konzernbegriff der Konzeption der einheitlichen Leitung zugrunde liegt und in welchem Umfang die Leitungsfunktionen erfüllt werden müssen, um von einer einheitlichen Leitung sprechen zu können.[267] Der *enge Konzernbegriff* geht von dem Konzern als wirtschaftliche Einheit aus und verlangt eine Leitungspolitik bezogen auf das Einheitsinteresse in allen zentralen unternehmerischen Bereichen, wie beispielsweise dem Personalwesen, der Produktion, der Planung, der Organisation, dem Absatz und der Finanzierung.[268] Dagegen lässt der *weite Konzernbegriff* bereits die zentrale Koordination in einem der Unternehmensbereiche im Sinne des Einheitsinteresses genügen.[269] Ausgehend von der Gesetzesbegründung, wonach bereits die Abstimmung der Konzernpolitik und der Fragen der Geschäftsführung ausreichend sind[270], spricht ergänzend für den weiten Konzernbegriff die Schutzrichtung des Konzernrechts als Interessensausgleich, der einem weiten Anwendungsbereich geöffnet sein

263 *Emmerich/Habersack*, Konzernrecht, 11. Aufl., § 4 Rn. 2; *Lutter*, Schmidt/Lutter, AktG, Bd. I, 4. Aufl., § 18 Rn. 1.

264 *Bayer*, in: MüKo zum AktG, Bd. I, 4. Aufl., § 18 Rn. 2.

265 *Vetter*, in: Schmidt/Lutter, AktG, Bd. I, 4. Aufl., § 17 Rn. 1.

266 *Kropff*, AktG 1965, BegrRegE, S. 33; *Vetter*, in: Schmidt/Lutter, AktG, Bd. I, 4. Aufl., § 18 Rn. 7; *Koch*, in: Hüffer/Koch, AktG, 14. Aufl., § 18 Rn. 8; *Schall*, in: Spindler/Stilz, AktG, Bd. I, 4. Aufl., § 18 Rn. 9.

267 *Vetter*, in: Schmidt/Lutter, AktG, Bd. I, 4. Aufl., § 18 Rn. 7.

268 *Lutter*, in: Schmidt/Lutter, AktG, Bd. I, 4. Aufl., § 18 Rn. 7; *Koch*, in: Hüffer/Koch, AktG, 14. Aufl., § 18 Rn. 9.

269 *Koch*, in: Hüffer/Koch, AktG, 14. Aufl., § 18 Rn. 9; *Schall*, in: Spindler/Stilz, AktG, Bd. I, 4. Aufl., § 18 Rn. 11.

270 *Kropff*, AktG 1965, BegrRegE, S. 33.

sollte.[271] Jedenfalls ausreichend für die Annahme des Tatbestandsmerkmals der einheitlichen Leitung im Sinne des § 18 Abs. 1 S. 1 AktG ist, dass nicht nur punktuell Einfluss auf die Personalpolitik der abhängigen Gesellschaft genommen wird.[272] Dies folgt aus der Konzernvermutung des § 18 Abs. 1 S. 3 AktG, wenn Mehrheitsgesellschafter bei der Aktiengesellschaft nach §§ 84, 101 AktG den Aufsichtsrat nach ihren Vorstellungen besetzen können, bei der Gesellschaft mit beschränkter Haftung nach § 46 Nr. 5 GmbHG den Geschäftsführer bestellen oder diesem Weisungen erteilen können.[273]

Neben dem Tatbestandsmerkmal der einheitlichen Leitung verlangt § 18 Abs. 1 S. 1 AktG als weiteres Merkmal eines Unterordnungskonzerns die Zusammenfassung des abhängigen und herrschenden Unternehmens.[274] Das Merkmal der Zusammenfassung ist vor dem Hintergrund der einheitlichen Leitung zu sehen, wonach es eine einheitliche Leitung ohne eine Zusammenfassung nicht geben kann, sodass dieses Merkmal für entbehrlich gehalten wird.[275]

II. Unterscheidung von Vertragskonzern und faktischem Konzern

Das Dritte Buch des Aktiengesetzes gilt als Konzeption einer Konzernverfassung, dem die Unterscheidung zwischen Konzernverbindungen auf vertraglicher Basis und anderen Abhängigkeitsverhältnissen zugrunde liegt.[276] Allerdings ist nicht jede Konzernverbindung, die auf einem Vertrag fußt als Vertragskonzern zu verstehen. *Vertragskonzerne* werden im Sinne des § 18 Abs. 1 S. 2 AktG entweder durch einen Beherrschungsvertrag nach § 291 Abs. 1 S. 1 Alt. 1 AktG oder durch

---

271 *Vetter*, in: Schmidt/Lutter, AktG, Bd. I, 4. Aufl., § 18 Rn. 10 f.; *Koch*, in: Hüffer/Koch, AktG, 14. Aufl., § 18 Rn. 9 f.; *Bayer*, in: MüKo zum AktG, Bd. I, 5. Aufl., § 18 Rn. 33.

272 *Emmerich/Habersack*, Konzernrecht, 11. Aufl., § 4 Rn. 17.

273 *Emmerich/Habersack*, Konzernrecht, 11. Aufl., § 4 Rn. 17; *Vetter*, in: Schmidt/Lutter, AktG, Bd. I, 4. Aufl., § 18 Rn. 11.

274 *Hirschmann*, in: Hölters, AktG, 3. Aufl., § 18 Rn. 10.

275 *Koppensteiner*, in: KölnerKomm AktG, Bd. I, 2. Aufl., § 18 Rn. 4; *Hirschmann*, in: Hölters, AktG, 3. Aufl., § 18 Rn. 10; *Vetter*, in: Schmidt/Lutter, AktG, Bd. I, 4. Aufl., § 18 Rn. 6; *Koch*, in: Hüffer/Koch, AktG, 14. Aufl., § 18 Rn. 7; *Bayer*, in: MüKo zum AktG, Bd. I, 5. Aufl., § 18 Rn. 27; a.A. *Emmerich*, in: Emmerich/Habersack/Schürnbrand, Aktien- und GmbH-Konzernrecht, 9. Aufl., § 18 Rn. 15 f., der in Abgrenzung zum Kartell eine gesicherte Beständigkeit für das Merkmal der Zusammenfassung verlangt.

276 *Kropff*, AktG 1965, BegrRegE, S. 473; *Mestmäcker*, in: FS Kronstein, 1967, S. 129, 131; *Langenbucher*, in: Schmidt/Lutter, AktG, Bd. II, 4. Aufl., § 291 Rn. 2.

Eingliederung gem. §§ 319, 320 AktG begründet, ein faktischer Konzern kann dagegen bereits über die Abhängigkeit aufgrund der Konzernvermutung des § 18 Abs. 1 S. 3 AktG oder durch sonstige andere (Unternehmens-)Verträge bestehen.[277]

Innerhalb des faktischen Konzerns wird im Gegensatz zum Vertragskonzern, wegen fehlender analoger Anwendbarkeit der §§ 311 ff. AktG auf die Konstellation des faktischen GmbH-Konzerns, zwischen dem faktischen AG-Konzern und dem faktischen GmbH-Konzern unterschieden.[278]

1. Vertragskonzern

Aus den §§ 291, 292 AktG ergeben sich die Verträge, die das Gesetz unter der Bezeichnung der „Unternehmensverträge" führt.[279] Trotz dieser Zusammenführung unter der Bezeichnung der Unternehmensverträge sind für die Begründung des Vertragskonzerns nur der Beherrschungsvertrag nach § 291 Abs. 1 S. 1 Alt. 1 AktG und die Eingliederung nach § 319 AktG relevant, die anderen Unternehmensverträge sind dagegen Grundlage für faktische Konzerne.[280]

a. Beherrschungsvertrag, § 291 Abs. 1 S. 1. Alt. 1 AktG

aa. Grundlagen

Nach der Legaldefinition des § 291 Abs. 1 S. 1 Alt. 1 AktG liegt ein Beherrschungsvertrag vor, wenn eine Aktiengesellschaft oder Kommanditgesellschaft auf Aktien (KGaA) mit Sitz im Inland die Leitung der Gesellschaft durch Vertrag einem anderen Unternehmen mit Sitz im Inland oder im Ausland unterstellt.[281] Die gesetzliche Konzeption geht von der AG und KGaA als Untergesellschaften aus, die ihre Leitung einem anderen Unternehmen unterstellen können, jedoch ist allgemein anerkannt, dass auch eine Gesellschaft mit beschränkter Haftung als Untergesellschaft Vertragspartei eines Beherrschungsvertrages sein kann.[282]

---

277 *Emmerich*, in: Emmerich/Habersack/Schürnbrand, Aktien- und GmbH-Konzernrecht, 9. Aufl., § 18 Rn. 1; *Müller*, in: Spindler/Stilz, AktG, Bd. II, 4. Aufl., Vorb §§ 311-318 Rn. 1.

278 *Tholen*, Europäisches Konzernrecht, S. 45.

279 *Emmerich*, in: Emmerich/Habersack/Schürnbrand, Aktien- und GmbH-Konzernrecht, 9. Aufl., § 291 Rn. 1.

280 Siehe bereits oben, A.II.

281 *Servatius*, in: Grigoleit, AktG, 2. Aufl., § 291 Rn. 15; *Emmerich/Habersack*, Konzernrecht, 11. Aufl., § 11 Rn. 7; *Altmeppen*, in: MüKo zum AktG, Bd. V, 5. Aufl., § 291 Rn. 56.

282 BGH, Beschl. v. 24.10.1988 – II ZB 7/88, BGHZ 105, 324 (330 ff.) = NJW 1989, 295 (296 ff.); *Deilmann*, in: Hölters, AktG, 3. Aufl., § 291 Rn. 6; *Koch*, in: Hüffer/Koch, AktG, 14. Aufl., § 291 Rn. 6; *Emmerich*, in: Emmerich/Habersack/Schürnbrand,

Für die Möglichkeit der GmbH als abhängige Gesellschaft spricht auch der seit dem MoMiG 2008 eingeführte § 30 Abs. 1 S. 2 GmbHG.[283] Dagegen kann der beherrschende Vertragspartner als anderes Unternehmen (Obergesellschaft) wegen der Rechtsformneutralität jedes Unternehmen im Sinne des Unternehmensbegriffs nach § 15 Abs. 1 AktG sein. 1 AktG sein.[284]

Im Gegensatz zur Untergesellschaft[285] kann die Obergesellschaft ihren Sitz auch im Ausland haben.[286]

Nur Verträge, die das essenzielle Merkmal der Unterstellung der Gesellschaftsleitung an das herrschende Unternehmen zum Gegenstand haben, stellen einen Beherrschungsvertrag im Sinne des § 291 Abs. 1 S. 1 Alt. 1 AktG dar.[287] Ob eine solche Unterstellung vorliegt, ergibt sich nicht aus der Bezeichnung des Vertrages oder des Regelungsgegenstandes als Unterstellung, sondern vielmehr aus dem objektiv zu ermittelnden Inhalt des Vertrages.[288] Wichtigste Rechtsfolge eines Beherrschungsvertrages ist nach § 308 AktG der Erwerb eines Weisungsrechts des herrschenden Unternehmens gegenüber der abhängigen Gesellschaft, was auch die Bildung eines Konzerns nach § 18 Abs. 1 S. 2 AktG zur Folge hat.[289] Der Erwerb eines Weisungsrechts gegenüber der abhängigen Gesellschaft findet sich im Gesetz lediglich in der Regelung des § 323 Abs. 1 AktG zur Eingliederung

---

Aktien- und GmbH-Konzernrecht, 9. Aufl., § 291 Rn. 41 ff.; umfassend zum Streit der Rechtsgrundlage im Wege einer Gesamtanalogie, der Entbehrlichkeit der analogen Anwendung oder einer entsprechenden Analogie in Einzelfragen *Emmerich*, in Scholz, GmbHG, Bd. I, 12. Aufl., Anh § 130 a ff.

283 *Emmerich*, in: Emmerich/Habersack, Aktien- und GmbH-Konzernrecht, 8. Aufl., § 291 Rn. 41.

284 BGH, Urt. v. 13.10.1977 – II ZR 123/76, BGHZ 69, 334 (338) = NJW 1978, 104 – Veba/Gelsenberg; *Koch*, in: Hüffer/Koch, AktG, 14. Aufl., § 291 Rn. 8.

285 Zur Begründung einer inländischen Untergesellschaft vgl. *Hüffer*, Hüffer/Koch, AktG, 14. Aufl., § 291 Rn. 5.

286 OLG Düsseldorf, Beschl. v. 30.10.2006 – 26 W 14/06, AG 2007, 170 (171) = NJW-RR 2007, 330 (331); LG München I, Beschl. v. 12.05.2011 – 5 HKO 14543/10, AG 2011, 801 (802) = BeckRS 2011, 19892; *Altmeppen*, in: MüKo zum AktG, Bd. V, 5. Aufl., § 291 Rn. 26; *Koch*, in: Hüffer/Koch, AktG, 14. Aufl., § 291 Rn. 8.

287 OLG München, Beschl. v. 24.06.2008 – 31 Wx 83/07, NZG 2008, 753 (754) = BeckRS 2008, 13416; OLG Schleswig, Beschl. v. 27.08.2008 – 2 W 160/05, NZG 2008, 868 (869) = ZIP 2009, 124; *Kropff*, AktG 1965, BegrRegE, S. 337; *Altmeppen*, in: MüKo zum AktG, Bd. V, 5. Aufl., § 291 Rn. 56; *Koch*, in: Hüffer/Koch, AktG, 14. Aufl., § 291 Rn. 10; *Emmerich*, in: Emmerich/Habersack/Schürnbrand, Aktien- und GmbH-Konzernrecht, 9. Aufl., § 291 Rn. 11.

288 *Altmeppen*, in: MüKo zum AktG, Bd. V, 5. Aufl., § 291 Rn. 56.

289 *Emmerich/Habersack*, Konzernrecht, 11. Aufl., § 11 Rn. 2.

wieder.[290] Nach § 308 Abs. 1 S. 1 AktG wird bei einem Beherrschungsvertrag das herrschende Unternehmen berechtigt, dem Vorstand der abhängigen Gesellschaft für die Leitung Weisungen zu erteilen. Hieraus ergibt sich eine zweifache Beschränkung hinsichtlich des Weisungsempfängers und des Weisungsgegenstandes. Als Weisungsempfänger ist das Recht aus § 308 Abs. 1 S. 1 AktG auf den Vorstand der abhängigen Gesellschaft beschränkt, dagegen sind Weisungen an Aufsichtsrat oder Hauptversammlung unzulässig.[291] Der Weisungsgegenstand umfasst die Leitung der Gesellschaft, sodass hiervon Weisungen an die Geschäftsführung der organschaftlichen Vertretung, zur Organisation, zur Durchführung der Geschäfte und Weisungen zur Besetzung von Führungspositionen gedeckt sind.[292] Die Weisungen im Rahmen der Geschäftsführung sind ihrerseits wiederum durch den Unternehmensgegenstand beschränkt.[293] Der Beherrschungsvertrag wird als Rechtsgrundlage der Leitungsmacht im Konzern vom Gesetzgeber wegen seiner Bedeutung als „herrschaftsrechtlicher Angelpunkt des Konzernrechts“ verstanden.[294] Der Abschluss von Beherrschungsverträgen verändert die wirtschaftliche und rechtliche Struktur der abhängigen Gesellschaft, sodass sie die Rechtsnatur von „*Organisationsverträgen*“[295] teilen.[296]

In der Praxis finden sich oftmals, motiviert durch steuerliche Gründe, eine Verbindung aus Beherrschungs- und Gewinnabführungsverträgen (§ 291 Abs. 1

290 *Emmerich*, in: Emmerich/Habersack/Schürnbrand, Aktien- und GmbH-Konzernrecht, 9. Aufl., § 291 Rn. 2.

291 *Leuering/Goertz*, in: Hölters, AktG, 3. Aufl., § 308 Rn. 22 ff.; *Tholen*, Europäisches Konzernrecht, S. 46; *Langenbucher*, in: Schmidt/Lutter, AktG, Bd. II, 4. Aufl., § 308 Rn. 20; *Altmeppen*, in: MüKo zum AktG, Bd. V, 5. Aufl., § 308 Rn. 83 ff.; *Koch*, in: Hüffer/Koch, AktG, 14. Aufl., § 308 Rn. 12; *Emmerich*, in: Emmerich/Habersack/Schürnbrand, Aktien- und GmbH-Konzernrecht, 9. Aufl., § 308 Rn. 42.

292 *Langenbucher*, in: Schmidt/Lutter, AktG, Bd. II, 4. Aufl., § 308 Rn. 21; *Veil*, in: Spindler/Stilz, AktG, Bd. II, 4. Aufl., § 308 Rn. 20.

293 OLG Nürnberg, Urt. v. 09.06.1999 – 12 U 4408/98, AG 2000, 228 (229); *Veil*, in: Spindler/Stilz, AktG, Bd. II, 4. Aufl., § 308 Rn. 20; *Raiser/Veil*, KapGesR, 6. Aufl., § 62 Rn. 40.

294 *Kropff*, AktG 1965, BegrRegE, S. 374; *Tholen*, Europäisches Konzernrecht, S. 45; *Emmerich*, in: Emmerich/Habersack/Schürnbrand, Aktien- und GmbH-Konzernrecht, 9. Aufl., § 291 Rn. 2.

295 Der Ausdruck wurde geprägt von *Ballerstedt*, Kapital, Gewinn und Ausschüttung bei Kapitalgesellschaften, 1949, S. 160 ff.; *Flume*, DB 1955, 485; *ders.*, DB 1956, 455; *ders.*, DB 1956, 672; *ders.*, DB 1959, 190 (195 f.); *Würdinger*, DB 1958, 1447 (1451 f.).

296 Statt vieler *Altmeppen*, in: MüKo zum AktG, Bd. V, 5. Aufl., § 291 Rn. 27.

S. 1 Alt. 2 AktG), sog. *Organschaftsverträge.*[297] Die Motivation der Verbindung von Beherrschungs- und Gewinnabführungsvertrag aus steuerlichen Gründen könnte jedoch durch die Änderung der §§ 14 und 17 KStG schwinden, wenn nunmehr die körperschafts- und gewerbesteuerliche Organschaft lediglich einen Gewinnabführungsvertrag als Voraussetzung verlangen.[298]

bb. Abschluss, Änderung und Beendigung eines Beherrschungsvertrages

Für den Abschluss, die Änderung und die Aufhebung eines Beherrschungsvertrages gelten die Regelungen der §§ 293 ff. AktG, die für alle Unternehmensverträge im Sinne der §§ 291, 292 AktG Anwendung finden.[299] Abgeschlossen wird ein Beherrschungsvertrag seitens der Ober- und Untergesellschaft vom jeweiligen Vertretungsorgan, das heißt für eine AG handelt der Vorstand, bzw. der Geschäftsführer für eine GmbH.[300] Der Beherrschungsvertrag gilt als gesellschaftsrechtlicher Vertrag, der die Verfassung der Gesellschaft verändert, sodass der Grundsatz der unbeschränkten Vertretungsmacht gem. § 78 AktG für den Vorstand der AG und nach § 37 Abs. 2 GmbHG für den Geschäftsführer der GmbH keine Anwendung findet.[301] Demnach hängt die Wirksamkeit gem. § 293 Abs. 1 S. 1 AktG von der Zustimmung der Haupt- oder Gesellschafterversammlung[302] sowohl der Unter- als auch der Obergesellschaft ab.[303] Für die AG oder KGaA gilt als Mehrheitserfordernis auf beiden Seiten nach dem gesetzlichen Regelfall der § 293 Abs. 1 S. 2 AktG i.V.m. § 293 Abs. 2 S. 2 AktG jeweils mindestens drei Viertel des bei der Beschlussfassung vertretenen Grundkapitals.[304] Für die GmbH als Vertragspartner stellt der Beherrschungsvertrag eine Zweckänderung dar, wenn fortan die Gesellschaftsinteressen sich an denen

---

297 *Tholen*, Europäisches Konzernrecht, S. 46; *Altmeppen*, in: MüKo zum AktG, Bd. V, 5. Aufl., § 291 Rn. 53; *Emmerich*, in: Emmerich/Habersack/Schürnbrand, Aktien- und GmbH-Konzernrecht, 9. Aufl., § 291 Rn. 59.

298 *Emmerich/Habersack*, Konzernrecht, 11. Aufl., § 32 Rn. 2; *Tholen*, Europäisches Konzernrecht, S. 46.

299 *Tholen*, Europäisches Konzernrecht, S. 47.

300 *Raiser/Veil*, KapGesR, 6. Aufl., § 62 Rn. 17.

301 *Emmerich/Habersack*, Konzernrecht, 11. Aufl., § 32 Rn. 10; *Raiser/Veil*, KapGesR, 6. Aufl., § 62 Rn.17.

302 Der BGH hat in seinem *Supermarkt-Beschluss* BGH, Beschl. v. 24.10.1988 – II ZB 7/88, BGHZ 105, 324 = NJW 1989, 295 dies auch für die GmbH als Vertragspartnerin eines Beherrschungsvertrages entschieden.

303 *Raiser/Veil*, KapGesR, 6. Aufl., § 62 Rn. 17, 23.

304 *Raiser/Veil*, KapGesR, 6. Aufl., § 62 Rn. 24.

des herrschenden Unternehmens ausrichten.[305] Vor diesem Hintergrund sind die §§ 53, 54 GmbHG für das Mehrheitserfordernis mit einzubeziehen, wenn der Abschluss des Beherrschungsvertrages einer Vertragsänderung nahekommt.[306] Insofern stellt sich die Frage, welche vom BGH[307] bisher offen gelassen wurde, welches Mehrheitserfordernisses es seitens der GmbH für den Abschluss eines Beherrschungsvertrages bedarf.[308] Umstritten ist, ob als Quorum einer erforderlichen Mehrheit die qualifizierte Mehrheit oder die Einstimmigkeit als Zustimmung aller Gesellschafter in Betracht kommt.[309] Vor dem Hintergrund einer Zweck- und Interessenänderung der abhängigen Gesellschaft ist von einer Zustimmung aller Gesellschafter als erforderliche Mehrheit für den Abschluss eines Beherrschungsvertrages auszugehen.[310]

Der Zustimmung der Haupt- oder Gesellschafterversammlung vorgeschaltet ist der Bericht und die Prüfung des Vertrages nach §§ 293a ff. AktG mit der relevanten Erläuterung der Art und der Höhe des Ausgleichs und der Abfindung i.S.d. §§ 304, 305 AktG.[311] Zur endgültigen Wirksamkeit bedarf es schließlich entsprechend § 54 GmbHG oder § 294 AktG der Eintragung der abhängigen Gesellschaft ins Handelsregister.[312]

Eine Änderung des Beherrschungsvertrages wird in Abgrenzung zur Aufhebung als zweiseitige rechtsgeschäftliche Vereinbarung über die Modifikation des Vertragsinhaltes betrachtet, die noch während der Vertragslaufzeit wirksam werden soll.[313] Für die Änderung eines Beherrschungsvertrages gelten nach § 295 Abs. 1 S. 2 AktG die Vorschriften der §§ 293, 294 AktG sinngemäß, sodass es

---

305 *Emmerich/Habersack*, Konzernrecht, 11. Aufl., § 32 Rn. 11.

306 *Emmerich/Habersack*, Konzernrecht, 11. Aufl., § 32 Rn. 14; *Emmerich*, in: Scholz, GmbHG, 12. Aufl., Anh § 13 Rn. 144.

307 BGH, Beschl. v. 24.10.1988 – II ZB 7/88, BGHZ 105, 324 (332) = NJW 1989, 295 – Supermarkt.

308 *Emmerich*, in: Scholz, GmbHG, 12. Aufl., Anh § 13 Rn. 145.

309 Zu diesem Streit ausführlich *Emmerich*, in: Scholz, GmbHG, 12. Aufl., Anh § 13 Rn. 144 ff.

310 *Emmerich*, in: Scholz, GmbHG, 12. Aufl., Anh § 13 Rn. 146 f.

311 *Tholen*, Europäisches Konzernrecht; S. 47.

312 *Emmerich/Habersack*, Konzernrecht, 11. Aufl., § 32 Rn. 11 ff.; für den Streit der notwendigen Eintragung des Beherrschungsvertrages in das Handelsregister der herrschenden Gesellschaft siehe *Emmerich*, in: Scholz, GmbHG, 12. Aufl., Anh § 13 Rn. 153.

313 *Emmerich*, in: Emmerich/Habersack/Schürnbrand, Aktien- und GmbH-Konzernrecht, 9. Aufl., § 295 Rn. 6; *Langenbucher*, in: Schmidt/Lutter, AktG, Bd. II, 4. Aufl., § 295 Rn. 3.

der Zustimmung der Haupt- oder Gesellschafterversammlung und der Eintragung ins Handelsregister bedarf.[314] Daneben kommt es für die Wirksamkeit des Zustimmungsbeschlusses zusätzlich auf einen Sonderbeschluss außenstehender Aktionäre bzw. Gesellschafter an, wenn die Änderungen deren Ausgleichs- oder Abfindungszahlungen betreffen.[315]

Die Beendigung eines Beherrschungsvertrages ist allgemein für Unternehmensverträge in den §§ 296 ff. AktG mit den drei Beendigungsgründen der Aufhebung (§ 296 AktG), der Kündigung (§ 297 AktG) und des Hinzutretens eines außenstehenden Aktionärs (§ 307 AktG i.V.m. § 304 Abs. 1 S. 3 und Abs. 3 S. 1 AktG) geregelt.[316] Die Aufhebung in Form eines Aufhebungsvertrages wird als Geschäftsführungsmaßnahme behandelt, sodass es für diesen Beendigungstatbestand keiner Zustimmung der Hauptversammlung bedarf.[317] Somit steht die Kompetenz dem Exekutivorgan der Gesellschaft zu, dessen Vertretungsmacht allenfalls nach § 296 Abs. 2 AktG durch das Erfordernis eines Sonderbeschlusses außenstehender Aktionäre, betreffend Ausgleichs- oder Abfindungszahlungen, beschränkt wird.[318] Auch der Beendigungstatbestand der außerordentlichen und ordentlichen Kündigung nach § 297 Abs. 1 und Abs. 2 AktG fällt nicht in die Zuständigkeit der Gesellschafter.[319] Eines Sonderbeschlusses der außenstehenden Gesellschafter bedarf es im Rahmen der Kündigung nur im Falle der ordentlichen Kündigung der abhängigen Gesellschaft nach § 297 Abs. 2 AktG, nicht dagegen bei außerordentlichen Kündigungen oder bei einer ordentlichen Kündigung durch das herrschende Unternehmen.[320]

---

314 *Langenbucher*, in: Schmidt/Lutter, AktG, Bd. II, 4. Aufl., § 295 Rn. 21.

315 Hierzu ausführlich *Langenbucher*, in: Schmidt/Lutter, AktG, Bd. II, 4. Aufl., § 295 Rn. 22 ff.; *Emmerich*, in: Emmerich/Habersack/Schürnbrand, Aktien- und GmbH-Konzernrecht, 9. Aufl., § 295 Rn. 24 ff.

316 *Emmerich*, in: Emmerich/Habersack/Schürnbrand, Aktien- und GmbH-Konzernrecht, 9. Aufl., § 296 Rn. 1.

317 *Altmeppen*, in: MüKo zum AktG, Bd. V, 5. Aufl., § 296 Rn. 8.

318 *Altmeppen*, in: MüKo zum AktG, Bd. V, 5. Aufl., § 296 Rn. 8; *Emmerich*, in: Emmerich/Habersack/Schürnbrand, Aktien- und GmbH-Konzernrecht, 9. Aufl., § 296 Rn. 17 ff.

319 *Emmerich*, in: Emmerich/Habersack/Schürnbrand, Aktien- und GmbH-Konzernrecht, 9. Aufl., § 297 Rn. 7.

320 *Tholen*, Europäisches Konzernrecht, S. 48; *Emmerich*, in: Emmerich/Habersack/Schürnbrand, Aktien- und GmbH-Konzernrecht, 9. Aufl., § 297 Rn. 4.

b. Eingliederung, § 319 AktG

Neben dem Beherrschungsvertrag kann ein Vertragskonzern auch durch die Eingliederung im Sinne der §§ 319 ff. AktG begründet werden.[321] Die Eingliederung kann als Zwitterstellung zwischen dem Vertragskonzern als solchem und der Verschmelzung angesehen werden.[322] Die eingegliederte Gesellschaft ist weiterhin rechtlich selbständig, zeitgleich bestehen aber umfassenden Einwirkungsmöglichkeiten der Hauptgesellschaft nach § 323 Abs. 1 AktG, sodass diese Gesellschaft auch als rechtlich selbstständige Betriebsabteilung bezeichnet wird.[323] Mangels praktischer Bedeutung der Eingliederung, die mit der Einführung des sog. *Squeeze Out* nach §§ 327a ff. AktG noch bedeutungsloser geworden ist,[324] werden zur Vollständigkeit und Darstellung des Vertragskonzerns nur die konzernrechtlichen Besonderheiten der Eingliederung skizziert.

Grundvoraussetzung der Eingliederung ist gem. § 319 Abs. 1 S. 1 AktG, dass sich alle Aktien in der Hand der zukünftigen Hauptgesellschaft befinden, wonach weder eine Zurechnung der Anteile der Tochtergesellschaft nach § 16 Abs. 4 AktG erfolgt,[325] noch solcher Anteile, die im Eigenbesitz der einzugliedernden Gesellschaft stehen.[326] Die Gläubigerschutzvorschriften der §§ 321, 322 AktG bilden das Korrelat zu der Möglichkeit einer beinahe totalen Herrschaft der Hauptgesellschaft.[327] Die konzernrechtliche Besonderheit liegt hierbei in der gesetzlich normierten Einschränkung des Trennungsprinzips (§ 1 Abs. 1 S. 2 AktG) nach § 322 AktG, der eine „gesamtschuldnerische Haftung“[328] der

---

321 Siehe oben, Kap.II.A.II.1.

322 *Kropff*, AktG 1965, BegrRegE, S. 421; *Emmerich/Habersack*, Konzernrecht, 11. Aufl., § 10 Rn. 1; *Ziemons*, in: Schmidt/Lutter, AktG, Bd. II, 4. Aufl., § 319 Rn. 1.

323 *Kropff*, AktG 1965, BegrRegE, S. 429 ff.; *Grigoleit/Rachlitz*, in: Grigoleit, AktG, 2. Aufl., § 319 Rn. 1; *Ziemons*, in: Schmidt/Lutter, AktG, Bd. II, 4. Aufl., § 319 Rn. 1; *Koch*. in: Hüffer/Koch, AktG, 14. Aufl., § 319 Rn. 1.

324 *Ziemons*, in: Schmidt/Lutter, AktG, Bd. II, 4. Aufl., § 319 Rn. 2; *Koch*, in: Hüffer/Koch, AktG, 14. Aufl., § 319 Rn. 1.

325 *Kropff*, AktG 1965, BegrRegE, S. 422 f.

326 *Emmerich/Habersack*, Konzernrecht, 11. Aufl., § 10 Rn. 6; *Singhof*, in: Spindler/Stilz, AktG, Bd. II, 4. Aufl., § 319 Rn. 4.

327 *Emmerich/Habersack*, Konzernrecht, 11. Aufl., § 10 Rn. 41; *Ziemons*, in: Schmidt/Lutter, AktG, Bd. II, 4. Aufl., § 322 Rn. 1; *Singhof*, in: Spindler/Stilz, AktG, Bd. II, 4. Aufl., § 322 Rn. 1.

328 Zum Streit einer Umdeutung der gesamtschuldnerischen Haftung in eine akzessorische Haftung oder als autonome Auslegung losgelöst von §§ 421 ff. BGB ausführlich *Ziemons*, in: Schmidt/Lutter, AktG, Bd. II, 4. Aufl., § 322 Rn. 3 ff.

Hauptgesellschaft für die Verbindlichkeiten der eingegliederten Hauptgesellschaft vorsieht.[329] Diese Einschränkung erklärt sich aus dem Zusammenhang der §§ 323, 324 AktG, die das Vermögen der eingegliederten Gesellschaft zur freien Verfügung der Hauptgesellschaft geben und die Grundsätze der Kapitalaufbringung und -erhaltung suspendieren.[330] Somit wird die Eingliederung als engste Verbindung zweier Unternehmen ohne Aufgabe der jeweiligen rechtlichen Selbstständigkeit durch vier Umstände definiert: *erstens* keine außerhalb der Hauptgesellschaft stehende Aktionäre (§ 319 Abs. 1 S. 1 AktG), *zweitens* ein fast unbeschränktes Weisungsrecht der Hauptgesellschaft (§ 323 Abs. 1 AktG), *drittens* ein nahezu schrankenloser Zugriff auf das Vermögen der abhängigen Gesellschaft (§ 323 Abs. 2, § 324 Abs. 1 AktG) und *viertens* als Korrelat hierzu die Haftung der Hauptgesellschaft für Alt- (§ 322 Abs. 1 S. 1 AktG) und Neuverbindlichkeiten (§ 322 Abs. 1 S. 2 AktG) der eingegliederten Gesellschaft.[331]

2. faktischer Konzern

a. Grundlagen

Beruht die einheitliche Leitung des Vertragskonzerns auf einem Beherrschungsvertrag oder einer Eingliederung, so beruht im faktischen Konzern die einheitliche Leitung auf der Abhängigkeit vom herrschenden Unternehmen und der damit einhergehenden Möglichkeit der Einflussnahme.[332] Diese Abgrenzung findet sich in den §§ 311 ff. AktG wieder, die als Voraussetzung das Nichtbestehen eines Beherrschungsvertrages haben (§ 311 Abs. 1 AktG, § 312 Abs. 1 S. 1 AktG, § 317 Abs. 1 S. 1 AktG). Des Weiteren wird danach abgegrenzt, dass im Vertragskonzern dem herrschenden Unternehmen ein Weisungsrecht nach § 308 AktG zusteht, wohingehend im faktischen Konzern das herrschende Unternehmen die wirtschaftlichen Interessen der abhängigen Gesellschaft zu beachten hat.[333] Die Beachtung der Eigeninteressen der abhängigen Gesellschaft hat Niederschlag in § 311 AktG gefunden, der einerseits die Veranlassung der abhängigen Gesellschaft zur Vornahme oder zum Unterlassen eines nachteiligen

---

329 *Emmerich/Habersack*, Konzernrecht, 11. Aufl., § 10 Rn. 44.

330 *Kropff*, AktG 1965, BegrRegE, S. 426; *Emmerich/Habersack*, Konzernrecht, 11. Aufl., § 10 Rn. 44.

331 Vgl. zum Wesen der Eingliederung *Emmerich/Habersack*, Konzernrecht, 11. Aufl., § 10 Rn. 51.

332 *Müller*, in: Spindler/Stilz, AktG, Bd. II, 4. Aufl., Vorb §§ 311-318, Rn. 1; *Emmerich*, in: Scholz, GmbHG, 12. Aufl., Anh § 13 Rn. 65.

333 *Kuhlmann/Ahnis*, Konzern- und Umwandlungsrecht, 4. Aufl., § 3 I Rn. 100.

Rechtsgeschäfts oder einer Maßnahme verbietet (§ 311 Abs. 1 AktG, *absolutes Benachteiligungsverbot*) und andererseits es zulässt, dass diese Nachteile verzögert ausgeglichen werden (§ 311 Abs. 1 letzter HS. AktG i.V.m. § 311 Abs. 2 S. 1 AktG, *verzögerter Nachteilsausgleich*).[334] Die folgenden Vorschriften dienen primär der wirksamen Durchsetzung der Grundnorm durch die Aufstellung eines Abhängigkeitsberichts (§ 312 AktG) und dessen (Sonder-)Prüfung durch die Abschlussprüfer, den Aufsichtsrat und möglicherweise durch die Gesellschafter (§§ 313 bis 315 AktG, *Hilfspflichten*) sowie durch die Haftungsfolgen des herrschenden Unternehmens (§ 317 AktG) und der abhängigen Gesellschaft (§ 318 AktG) für Verstöße gegen die Grundnorm des § 311 AktG.[335] Schutzsubjekte dieser Regelungen sind die Gesellschaftsgläubiger und Minderheitsgesellschafter (*Außenseiterschutz*), zu deren Interessenwahrung der Gesetzgeber das gegenüber dem pauschalen Ausgleich der §§ 300 ff. AktG abgeschwächte System des Einzelausgleichs konzipiert hat.[336] Die Gesellschaft soll trotz ihrer Abhängigkeit im Hinblick auf den Außenseiterschutz so behandelt werden, als wäre sie unabhängig vom herrschenden Unternehmen.[337] Hinsichtlich der gesetzlichen Erfassung des faktischen Konzerns wird zwischen dem faktischen Aktienkonzern und dem faktischen GmbH-Konzern unterschieden.[338]

b. Unterscheidung faktischer Aktienkonzern und faktischer GmbH-Konzern

Ist die Rechtsform der abhängigen Gesellschaft eine GmbH, so handelt es sich bezogen auf die Unternehmensverbindungen mehrheitlich um faktische Konzerne.[339] Der Grund hierfür liegt in der Organisations- und Finanzverfassung

---

334 *Vetter*, in: Schmidt/Lutter, AktG, Bd. II, 4. Aufl., § 311 Rn. 1.

335 *Vetter*, in: Schmidt/Lutter, AktG, Bd. II, 4. Aufl., § 311 Rn. 2; *Koch*, in: Hüffer/Koch, AktG, 14. Aufl., § 311 Rn. 2.

336 *Altmeppen*, in: MüKo zum AktG, Bd. V, 5. Aufl., § 311 Rn. 2; *Vetter*, in: Schmidt/Lutter, AktG, Bd. II, 4. Aufl., § 311 Rn. 3; *Müller*, in: Spindler/Stilz, AktG, Bd. II, 4. Aufl., Vorb §§ 311-318 Rn. 2; *Koch*, in: Hüffer/Koch, AktG, 14. Aufl., § 311 Rn. 2.

337 *Geßler*, in: FS Kunze, 1969, S. 159 (165); *Koppensteiner*, in: KölnerKomm AktG, Bd. VI, 3. Aufl., § 311 Rn. 1; *Müller*, in: Spindler/Stilz, AktG, Bd. II, 4. Aufl., § 311 Rn. 1.

338 Zur Anwendbarkeit der §§ 311-318 AktG näher *Verse*, in: Henssler/Strohn, Gesellschaftsrecht, 5. Aufl., Anh § 13 GmbHG Rn. 6 ff.; *Kuhlmann/Ahnis*, Konzern- und Umwandlungsrecht, 4. Aufl., § 3 I Rn. 99, § 3 II Rn. 234 ff.; *Habersack*, in: Emmerich/Habersack/Schürnbrand, Aktien- und GmbH-Konzernrecht, 9. Aufl., Anh § 318 Rn. 6.

339 *Emmerich*, in: Scholz, GmbHG, 12. Aufl., Anh § 13 Rn. 66; *Liebscher*, in; MüKo zum GmbHG, Bd. I, 3. Aufl., Anh § 13 Rn. 361.

der GmbH, primär in der Zuständigkeitsordnung, wonach der Mehrheitsgesellschafter einer GmbH nach § 37 Abs. 1 i.V.m. §§ 45, 46 Nr. 6 GmbHG eine nahezu totale Herrschaft über die Gesellschaft hat.[340] Hierin liegt gerade die besondere Konzernanfälligkeit der GmbH gegenüber der als konzernresistent geltenden AG, deren Zuständigkeitsordnung vom gesetzlichen Leitbild des § 76 AktG von der unabhängigen Stellung des Vorstandes ausgeht.[341] Wegen der grundsätzlichen Unabhängigkeit des Vorstandes bedarf es zur Begründung eines Weisungsrechts des herrschenden Unternehmens nach § 323 Abs. 1 AktG eines Beherrschungsvertrages, dagegen besteht in der GmbH das Weisungsrecht des Gesellschafters gegenüber dem Geschäftsführer bereits durch Gesetz.[342]

Wegen dieser Strukturunterschiede finden die §§ 311 ff. AktG auf eine abhängige GmbH keine (analoge) Anwendung.[343] Begründet wird dies neben der Strukturverschiedenheit mit dem fehlenden Raum für die analoge Anwendung der §§ 312-315, 317 AktG, der Aufstellung und Prüfung des Abhängigkeitsberichtes und deren Rechtsfolge, wenn der Geschäftsführer weisungsgebunden und das Prüfungsorgan des Aufsichtsrates nicht obligatorisch in der GmbH ist.[344] Diese Herleitung der Ablehnung der analogen Anwendung der §§ 311 f. AktG schließt jedoch die Übertragung einzelner Aspekte, wie beispielsweise der Nachteilsbegriff oder die vorgesehenen Sanktionen und Rechtsbehelfe nach § 317 Abs. 1, 3, § 317 Abs. 4 i.V.m. § 309

---

340 *Emmerich*, in: Scholz, GmbHG, 12. Aufl., Anh § 13 Rn. 66; *Kuhlmann/Ahnis*, Konzern- und Umwandlungsrecht, 4. Aufl., § 3 II 1 Rn. 235; *Müller*, MüKo zum GmbHG, Bd. I, 3. Aufl., Anh § 13 Rn. 362.

341 *Emmerich/Habersack*, Konzernrecht, 11. Aufl., § 30 Rn. 1; *Spindler*, in: MüKo zum AktG, Bd. II, 5. Aufl., § 76 AktG Rn. 1.

342 *Emmerich*, in: Scholz, GmbHG, 12. Aufl., Anh § 13 Rn. 66.

343 BGH, Urt. v. 05.06.1975 – II ZR 23/74, BGHZ 65, 15 (18) = NJW 1976, 191 (192) – ITT, BGH, Urt. v. 16.09.1985 – II ZR 275/84, BGHZ 95, 330 (340) = NJW 1986, 188 (190) – Autokran; BGH, Urt. v. 17.09.2001 – II ZR 178/99, BGHZ 149, 10 (16) = NJW 2001, 3622 – Bremer Vulkan; OLG München Urt. v. 24.11.2005 – 23 U 3480/05, ZIP 2006, 25 (26); *Verse*, in: Henssler/Strohn, Gesellschaftsrecht, 5. Aufl., Anh § 13 GmbHG Rn. 7; *Kuhlmann/Ahnis*, Konzern- und Umwandlungsrecht, 4. Aufl., § 3 II 1 Rn. 237; *Schnorbus*, in: Rowedder/Schmidt-Leithoff, GmbHG, 6. Aufl., Anh § 52 Rn. 57; *Servatius*, in: Michalski/Heidinger/Leible/Schmidt, GmbHG, Bd. I, 3. Aufl., Syst. Darst. 4 Rn. 29, *Koch*, in: Hüffer/Koch, AktG, 14. Aufl., § 311 Rn. 53; *Habersack*, in: Emmerich/Habersack/Schürnbrand, Aktien- und GmbH-Konzernrecht, 9. Aufl., Anh § 138 Rn. 6.

344 *Habersack*, in: Emmerich/Habersack/Schürnbrand, Aktien- und GmbH-Konzernrecht, 9. Aufl., Anh § 318 Rn. 6; zum fakultativen und obligatorischen Aufsichtsrat in der GmbH ausführlich *Raiser/Heermann*, in: Ulmer/Habersack/Löbbe, GmbHG Großkomm, Bd. I, 2. Aufl., § 52 Rn. 16 ff., 155ff., 267 ff.

Abs. 3-5 AktG auf den faktischen GmbH-Konzern nicht aus.[345] Dagegen finden die Regelungen über die Eingliederung (§§ 319 ff. AktG) und über den Ausschluss von Minderheitsgesellschaftern, das sog. Squeeze-out nach den §§ 327a ff. AktG keine Anwendung.[346] Die Nichtanwendung der aktienrechtlichen Vorschriften der §§ 311 ff. AktG auf die abhängige GmbH wird durch einen Rückgriff auf die allgemeinen Prinzipien des Gesellschaftsrecht kompensiert.[347]

c. *Voraussetzungen eines faktischen Konzerns*

Sowohl der faktische Aktien- als auch der faktische GmbH-Konzern haben die gleichen Voraussetzungen. Es wird ein konzernrechtliches herrschendes Unternehmen, die Abhängigkeit vom herrschenden Unternehmen ohne Beherrschungsvertrag oder Eingliederung vorausgesetzt.[348] Für die erste Voraussetzung muss ein herrschendes Unternehmen im Sinne des konzernrechtlichen Unternehmensbegriffs vorliegen.[349]

Das zweite Merkmal der Abhängigkeit bedarf der terminologischen Klarstellung, dass ein Abhängigkeitsverhältnis im Sinne des § 17 AktG für einen faktischen „Konzern" trotz der Begrifflichkeit bereits ausreichend ist und ein faktischer Konzern nicht erst an die engeren Voraussetzungen des § 18 Abs. 1 AktG anknüpft.[350] Die allgemeinen konzernrechtlichen Vorschriften der §§ 15 ff. AktG gelten unmittelbar für den faktischen Aktien- wie GmbH-Konzern, sodass das

---

345 *Verse*, in: Henssler/Strohn, Gesellschaftsrecht, 5. Aufl., Anh § 13 GmbHG Rn. 7; *Kessler*, in: Saenger/Inhester, HK-GmbHG, 4. Aufl., Anh § 13 Rn. 50; *Habersack*, in: Emmerich/Habersack/Schürnbrand, Aktien- und GmbH-Konzernrecht, 9. Aufl., Anh § 318 Rn. 6.

346 *Verse*, in: Henssler/Strohn, Gesellschaftsrecht, 5. Aufl., § 13 GmbHG Rn. 8; *Habersack*, in: Emmerich/Habersack/Schürnbrand, Aktien- und GmbH-Konzernrecht, 9. Aufl., Anh § 318 Rn. 2; *Beurskens*, in: Baumbach/Hueck, GmbHG, 22. Aufl., KonzernR Rn. 15; für die Möglichkeit der Eingliederung einer GmbH siehe *Meyer*, Haftungsbeschränkung im Recht der Handelsgesellschaften, S. 788 ff.

347 *Emmerich/Habersack*, Konzernrecht, 11. Aufl., § 30 Rn. 2; *Verse*, in: Henssler/Strohn, Gesellschaftsrecht, 5. Aufl., Anh § 13 GmbHG Rn. 9; *Servatius*, in: Michalski/Heidinger/Leible/Schmidt, GmbHG, Bd. I, 3. Aufl., Syst. Darst. 4 Rn. 29; *Liebscher*, in: MüKo zum GmbHG, Bd. I, 3. Aufl.

348 *Verse*, in: Scholz, GmbHG, 12. Aufl., Anh § 13 GmbHG Rn. 65; *Kuhlmann/Ahnis*, Konzern- und Umwandlungsrecht, 4. Aufl., § 3 I Rn. 99, § 3 II 1 Rn. 234.

349 *Koch*, in: Hüffer/Koch, AktG, 14. Aufl., § 311 Rn. 8; *Müller*, in: Spindler/Stilz, AktG, Bd. II, 4. Aufl., § 311 Rn. 2.

350 *Vetter*, in: Schmidt/Lutter, AktG, Bd. II, 4. Aufl., § 311 Rn. 13; *Kuhlmann/Ahnis*, Konzern- und Umwandlungsrecht, 4. Aufl., § 3 I 2 Rn. 108.

Kriterium der Abhängigkeit auch über die Vermutung des § 17 Abs. 2 AktG erfüllt sein kann.[351] Befindet sich das abhängige Unternehmen in *mehrfacher Abhängigkeit*, finden die §§ 311 ff. AktG bzw. die Annahme eines faktischen GmbH-Konzerns Anwendung auf jedes, an der koordinierten Beherrschung beteiligte Unternehmen.[352] Im Fall der *mittelbaren Abhängigkeit* im Sinne des § 17 Abs. 1 Alt. 2 AktG finden die Regeln über den faktischen Konzern Anwendung, auch dann, wenn das den Einfluss vermittelnde Unternehmen seinerseits abhängig vom herrschenden Unternehmen ist, sodass ein *mehrstufiges Abhängigkeitsverhältnis* besteht. Voraussetzung für die Anwendung im mehrstufigen Abhängigkeitsverhältnis ist, dass auf keiner Verhältnisstufe ein Beherrschungsvertrag besteht.[353] Die Anwendbarkeit bei mehrstufiger Abhängigkeit gilt jedoch nur, sofern auf keiner Stufe ein Beherrschungsvertrag besteht, denn dieser wirkt als sog. „Organisationsvertrag"[354] nicht nur relativ im Verhältnis der „Beherrschungsvertragsparteien", sondern betrifft auch die Ausrichtung und die Interessen des abhängigen Unternehmens aus der Sicht aller Konzernunternehmen.[355]

Das dritte Merkmal setzt negativ voraus, dass diese Abhängigkeit ohne einen Beherrschungsvertrag begründet wurde.[356] Zwischen solchen Unternehmensverbindungen, die aufgrund eines Beherrschungsvertrages oder Eingliederung entstehen, und faktischen Konzernen besteht ein Exklusivitätsverhältnis.[357] Das Exklusivitätsverhältnis erklärt sich einerseits aus dem Normenverhältnis des § 308 AktG, der im Gegensatz zu § 311 AktG das herrschende Unternehmen durch das Weisungsrecht auch zur Nachteilszufügung berechtigt, und

351 *Vetter*, in: Schmidt/Lutter, AktG, Bd. II, 4. Aufl., § 311 Rn. 13; *Koch*, in: Hüffer/Koch, AktG, 13 Aufl., § 311 Rn. 8.

352 *Hüffer*, in: Hüffer/Koch, AktG, 14. Aufl., § 311 Rn. 10; *Habersack*, in: Emmerich/Habersack/Schürnbrand, Aktien- und GmbH-Konzernrecht, 9. Aufl., § 311 Rn. 14.

353 *Vetter*, in: Schmidt/Lutter, AktG, Bd. II, 4. Aufl., § 311 Rn. 14; *Koch*, in: Hüffer/Koch, AktG, 14. Aufl., § 311 Rn. 10.

354 Zum Begriff des "Organisationsvertrages" siehe bereits oben, Kap.II.A.II.1.a.aa.

355 LG Frankfurt a.M., Urt. v. 16.11.1998 – 3/1 O 114/98, AG 1999, 238 (239); *Altmeppen*, in: MüKo zum AktG, Bd. V, 5. Aufl., Anh § 311 Rn. 13 f.; *Habersack*, in: Emmerich/Habersack, Aktien- und GmbH-Konzernrecht, 8. Aufl., § 311 Rn. 17 f.; *Spindler*, in: MüKo zum AktG, Bd. II, 4. Aufl., § 311 Rn. 9 f.

356 *Fett*, in: Bürgers/ Körber, AktG, 4. Aufl., § 311 Rn. 10; *Koch*, in: Hüffer/Koch, AktG, 14. Aufl., § 311 Rn. 11.

357 *Kuhlmann/Ahnis*, Konzern- und Umwandlungsrecht, 4. Aufl., § 3 I 2 Rn. 109; *Habersack*, in: Emmerich/Habersack/Schürnbrand, Aktien- und GmbH-Konzernrecht, 9. Aufl., § 311 Rn. 15.

andererseits aus dem unterschiedlichen Schutzsystem der §§ 300 ff. AktG gegenüber dem Nachteilsausgleich der §§ 311 ff. AktG.[358] Für bloße andere Unternehmensverträge gelten mangels Anwendbarkeit der §§ 300 ff. AktG die Grundsätze des faktischen Konzerns.[359] Ein Gewinnabführungsvertrag, der kein „*Organschaftsvertrag*"[360] ist (sog. *isolierter Gewinnabführungsvertrag*), nimmt dadurch eine Sonderstellung ein, indem über § 316 AktG die §§ 312-315, § 318 AktG nicht anzuwenden sind, sodass sowohl die §§ 300 ff. AktG als auch die §§ 311, 317 AktG Anwendung finden.[361]

III. Internationales Konzernrecht

1. Sitz- und Gründungstheorie

Die Ausgangsfrage der Haftung der Muttergesellschaft für ihre ausländische Tochtergesellschaft muss vor dem Hintergrund des internationalen Konzernrechts und internationaler Beherrschungsverträge gesehen werden.[362] Das internationale Konzernrecht als unselbstständige Teildisziplin des internationalen Gesellschaftsrechts ist nicht positivrechtlich geregelt und gleichzeitig findet das Recht der verbundenen Unternehmen in den einzelnen Ländern jeweils unterschiedliche Regelungen.[363] Mangels einheitlichem Konzernstatut richtet sich das internationale Konzernrecht nach dem allgemeinen Gesellschaftsstatut.[364] Das

358 *Altmeppen*, in: MüKo zum AktG, Bd. V, 5. Aufl., § 311 Rn. 70; *Vetter*, in: Schmidt/Lutter, AktG, Bd. II, 4. Aufl., § 311 Rn. 16; *Kuhlmann/Ahnis*, Konzern- und Umwandlungsrecht, 4. Aufl., § 3 I 2 Rn. 109; *Habersack*, in: Emmerich/Habersack/Schürnbrand, Aktien- und GmbH-Konzernrecht, 9. Aufl., § 311 Rn. 15.

359 *Vetter*, in: Schmidt/Lutter, AktG, Bd. II, 4. Aufl., § 311 Rn. 16; *Habersack*, in: Emmerich/Habersack/Schürnbrand, Aktien- und GmbH-Konzernrecht, 9. Aufl., § 311 Rn. 16 .

360 Als Organschaftsvertrag werden solche Verträge bezeichnet, die eine Verbindung Gewinnabführungs- und Beherrschungsvertrag darstellen, siehe oben, Kap. II.A.II.1.a.aa.

361 *Kuhlmann/Ahnis*, Konzern- und Umwandlungsrecht, 4. Aufl., § 3 I 2 Rn. 109; *Habersack*, in: Emmerich/Habersack/Schürnbrand, Aktien- und GmbH-Konzernrecht, 9. Aufl., § 311 Rn. 16.

362 *Emmerich*, in: Emmerich/Habersack/Schürnbrand, Aktien- und GmbH-Konzernrecht, 9. Aufl., § 291 Rn. 33.

363 *Kessler*, in: Saenger/Inhester, HK-GmbHG, 4. Aufl., Anh § 13 Rn. 16; *Altmeppen*, in: Altmeppen, GmbHG, 10. Aufl., Anh § 13 Rn. 172.

364 *Großfeld*, in: Staudinger, Internationales Gesellschaftsrecht, Rn. 556; *Liebscher*, MüKo zum GmbHG, Bd. I, 3. Aufl., Anh § 13 Rn. 1230.

Gesellschaftsstatut, als „Quasi"-Nationalität der Gesellschaft, beurteilte sich bisher nicht nach dem Ort der Gesellschaftsgründung (*Gründungstheorie*), sondern nach dem Ort, an dem sich der tatsächliche Verwaltungssitz der Gesellschaft befand (sog. *Sitztheorie*).[365] Der Gesellschaftssitz mit der Hauptverwaltung (fr,: *siège social/lieu de la direction*, engl.: *principal place of business*) gilt als der Mittel- und Ausgangspunkt der Tätigkeit der juristischen Person.[366]

Die Sitztheorie als umfassende Kollisionsnorm, anknüpfend an Gesellschaften mit in- und ausländischem Verwaltungssitz, wurde von der Rechtsprechung[367] und dem Großteil der Literatur[368] vertreten.[369]

Nach der Sitztheorie wurde eine Gesellschaft, die im Ausland gegründet wurde, aber ihren Verwaltungssitz davon abweichend in Deutschland hat, vor dem Hintergrund des *numerus clausus des Gesellschaftsrechts* rechtlich als handlungsunfähig oder als Personengesellschaft behandelt.[370] An die rechtliche

---

365 *Emmerich*, in: Emmerich/Habersack/Schürnbrand, Aktien- und GmbH-Konzernrecht, 9. Aufl., § 291 Rn. 33.

366 *Kegel/Schurig*, Internationales Privatrecht, § 17 II, S. 572, 576; *Kindler*, in: MüKo BGB, IntGesR, Bd. XIII, 8. Aufl., Teil 10, Rn. 423.

367 Bereits der Sitztheorie folgend RG, JW 1904, 231 – Mexiko-Fall; RG, JW 1934, 28 (45); RG, Urt v. 29.06.1911 – IV 600/10, RGZ 77, 19 (22); RG. Urt. v. 16.12.1913 – II 523/13, RGZ 83, 367 (369 f.); RG, Urt. v. 19.01.1918 – V 243/17, RGZ 92, 73 (76), RG, Urt. v. 03.06.1927 – II 346/26, RGZ 117, 215 (217); RG, Urt. v. 29.10.1938 – II 178/37, RGZ 159, 33 (42); fortgesetzt in der Rechtsprechung des BGH, Urt. v. 11.07.1957 – II ZR 318/55, BGHZ 25, 134 (144); BGH, Urt. v. 26.09.1966 – II ZR 56/65, NJW 1967, 36 (38) = WM 1966, 1143 (1145); BGH, Urt. v. 17.10.1968 – VII ZR 23/68, BGHZ 51, 27 (28); BGH, Urt. v. 30.01.1970 – V ZR 139/68, BGHZ 53, 181 (183); BGH, Urt. v. 05.11.1980 – VIII ZR 230/79, BGHZ 78, 318 (334), BGH, Urt. v. 21.03.1986 – V ZR 10/85, BGHZ 97, 269 (272); BGH, Urt. v. 30.04.1992 – IX ZR 233/90, BGHZ 118, 151 (167); BGH, Urt. v. 21.11.1996 – IX ZR 148/95, BGHZ 134, 116 (118); umfassend zur Geschichte der Rechtsprechung siehe *Luchterhandt*, Deutsches Konzernrecht bei grenzüberschreitenden Konzernverbindungen, S. 12 ff.; *Trautrims*, Das Kollisionsrecht der Personengesellschaften, S. 49; *Bicker*, Gläubigerschutz in der grenzüberschreitenden Konzerngesellschaft, S. 29 .

368 *Ebenroth*, Konzernbildungs- und Konzernleitungskontrolle, S. 70 f.; *Ebke*, ZGR 1987, 245 (246 ff.); *Merkt*, RabelsZ 1995, 545 (561); *Einsele*, ZGR 1996, 40 (43); *Großfeld*, in: Staudinger, Internationales Gesellschaftsrecht, Rn. 38; *Kindler*, in: MüKo BGB, IntGesR, Bd. XIII, 8. Aufl., Teil 10. Rn. 423.

369 *Großfeld*, in: Staudinger, Internationales Gesellschaftsrecht, Rn. 103 ff.; *Kindler*, in: MüKo BGB, IntGesR, Bd. XIII, 8. Aufl., Teil 10, Rn. 1 ff.

370 *Emmerich*, in: Emmerich/Habersack/Schürnbrand, Aktien- und GmbH-Konzernrecht, 9. Aufl., § 291 Rn. 33.

Behandlung einer im Ausland gegründeten Kapitalgesellschaft mit beschränkter Haftung als Personengesellschaft knüpft in Deutschland die persönliche Haftung der Gesellschafter nach § 128 HGB (analog) an.

Allerdings hat der EuGH mit seinen Entscheidungen „*Centros*“[371], „*Überseering*“[372] und „*Inspire Art*“[373] die Anknüpfung an den Gesellschaftssitz im Hinblick auf die Niederlassungsfreiheit (Art. 49 AEUV) zugunsten der *Gründungstheorie* aufgegeben, sodass sich das Personalstatut europäischer Gesellschaften nach dem Recht des Staates richtet, in dem sich der Satzungssitz als Ort der Gründung befindet.[374] Auf Staaten außerhalb des Anwendungsbereichs der Niederlassungsfreiheit oder ohne bilateralen Vertrag mit Deutschland[375] findet weiterhin die Sitztheorie Anwendung.[376]

2. *Anknüpfung im internationalen Konzern*

Ein Sonderproblem der Anknüpfung besteht bei grenzüberschreitenden Konzernkonstellationen, wenn unter der Prämisse der EuGH-Rechtsprechung auf im Ausland gegründete Gesellschaften grundsätzlich das Recht des Gründungsstaates Anwendung zu finden hat, andererseits ein Schutzbedürfnis im Sinne des deutschen Konzernrechts besteht. Die Anknüpfung an das Gesellschaftsstatut nach den allgemeinen Grundsätzen des internationalen Gesellschaftsrechts findet sich bei internationalen Konzernsachverhalten jedoch einer Statutenpluralität gegenüber, wenn mindestens zwei nationenverschiedene Gesellschaften an einem internationalen Konzern beteiligt sind.[377] Als weitere Anknüpfung bei Konzernsachverhalten wird der Grundsatz des Gefahrenschwerpunkts

371 EuGH, Urt. v. 09.03.1999 – Rs. C-212/97, Slg. 1999, I-1459 – Centros.

372 EuGH, Urt. v. 05.11.2002 – Rs. C-208/00, Slg. 2002, I-9919 – Überseering.

373 EuGH, Urt. v. 30.09.2003 – Rs. C-167/01, Slg. 2003, I-10155 – Inspire Art.

374 *Neumayer*, ZVglRWiss 83 (1984), 129 (137); *Dicey/Morris*, The Conflict of Laws, 12. Ed., Vol. 2, 1993, S. 1103 ff.; *Bicker*, Gläubigerschutz in der grenzüberschreitenden Konzerngesellschaft, S. 30; *Emmerich*, in: Emmerich/Habersack/Schürnbrand, Aktien- und GmbH-Konzernrecht, 9. Aufl., § 291 Rn. 33.

375 Beispielsweise Art. XXV Nr. 5 S. 2 des Freundschafts-, Handels- und Schifffahrtsvertrag von 1956, der für Gesellschaften im Verhältnis Deutschland zu den Vereinigten Staaten von Amerika die Anknüpfung im Sinne der Gründungstheorie regelt.

376 Bestätigt durch BGH, Urt. v. 27.10.2008 – II ZR 158/06, BGHZ 178, 192 = NJW 2009, 289 (290) – Trabrennbahn; BayObLG, Urt. v. 20.02.2003 – 1Z AR 160/02, RIW 03, 387 (388); *Kegel/Schurig*, Internationales Privatrecht, § 17 II, S. 576.

377 *Servatius*, in: Henssler/Strohn, Gesellschaftsrecht, 5. Aufl., IntGesR Rn. 406.

(sog. „Statut der hauptbetroffenen Gesellschaft“[378]) herangezogen, wonach sich fragt welche Konzerngesellschaft schutzbedürftig ist.[379] Bei grenzüberschreitenden Konzernsachverhalten stellen sich somit zwei Fragen: *erstens* als Vorfrage die Bestimmung des jeweiligen Gesellschaftsstatutes der Unternehmen, die am Konzern beteiligt sind, und *zweitens* die danach folgende Anknüpfung nach dem Gefahrenschwerpunkt.[380]

Für die Interessen der abhängigen Gesellschaft selbst, ihrer Gläubiger oder der außenstehenden Gesellschafter gilt als Anknüpfung nach dem Gefahrenschwerpunkt das Personalstatut der abhängigen Gesellschaft.[381] Dagegen knüpfen konzernrechtliche Sachverhalte, die den Schutz der herrschenden Gesellschaft oder deren Gesellschafter bezwecken, an das Recht der Obergesellschaft an.[382] Wird nun an die abhängige Gesellschaft angeknüpft, die ihren tatsächlichen Sitz in Deutschland hat, folgt zu deren Schutz die Anwendung deutschen Konzernrechts, selbst wenn die Untergesellschaft in einem anderen EU-Mitgliedsstaat gegründet wurde.[383] Demnach finden die Schutzvorschriften der §§ 302 ff. AktG

378 *Leible*, in: Michalski/Heidinger/Leible/Schmidt, GmbHG, Bd. I, 3. Aufl., Syst. Darst. 2 Rn. 218.

379 *Liebscher*, MüKo zum GmbHG, Bd. I, 3. Aufl., Anh § 13 Rn. 1230; *Servatius*, in: Henssler/Strohn, Gesellschaftsrecht, 5. Aufl., IntGesR Rn. 406.

380 *Servatius*, in: Henssler/Strohn, Gesellschaftsrecht, 5. Aufl., IntGesR Rn. 408.

381 BGH Urt. v. 13.12.2004 – II ZR 256/02, NZG 2005, 214 (215); OLG Frankfurt, Urt. v. 23.03.1988 – 9 U 80/84, AG 1988, 267 (272) = FHZivR 34 Nr. 3623, OLG Stuttgart, Urt. v. 30.05.2007 – 20 U 12/06, ZIP 1210 (1213) = BeckRS 2007, 09721; LG München I, Beschl. v. 12.05.2011 – 5 HKO 14543/10, ZIP 2001, 1511 = BeckRS 2011, 19892; *Koppensteiner*, Internationale Unternehmen im deutschen Gesellschaftsrecht, 1971, S. 97 ff., 188 f.; *Mann*, in: FS Barz, 1974, S. 219; *Wiedemann*, in: FS Kegel, 1977, 187 (202 f.); *Picot/Land*, DB 1998, 1601 (1606); *Saenger*, in: Saenger/Inhester, HK-GmbHG, 4. Aufl., Anh § 13 Rn. 16; *Kindler*, in: MüKo BGB, IntGesR, Bd. XIII, 8. Aufl., Teil 10 Rn. 685 ff.; *Altmeppen*, in: Altmeppen, GmbHG, 10. Aufl., Anh § 13 Rn. 172; *Habersack*, in: Emmerich/Habersack/Schürnbrand, Aktien- und GmbH-Konzernrecht, 9. Aufl., § 311 Rn. 21.

382 *Luchterhandt*, Deutsches Konzernrecht bei grenzüberschreitenden Konzernverbindungen, S. 133 f.; *Wiedemann*, in: FS Kegel, 1977, 187 (204); *Lange*, IPRax 1998, 438 (444); *Großfeld*, in: Staudinger, Internationales Gesellschaftsrecht, Rn. 557 f.; *Bärwaldt/Schabacker*, AG 1998, 182 (187 f.); *Kindler*, in: MüKo BGB, IntGesR, Bd. XIII, 8. Aufl., Teil 10, Rn. 685.

383 *Selzner/Sustmann*, Der Konzern 2003, 85 (88 ff.); *Altmeppen*, NJW 2004, 97 (103); *Liebscher*, MüKo zum GmbHG, Bd. I, 3. Aufl., Anh § 13 Rn. 1231; *Habersack*, in: Emmerich/Habersack/Schürnbrand, Aktien- und GmbH-Konzernrecht, 9. Aufl., § 291 Rn. 35.

auch auf ein ausländisches herrschendes Unternehmen Anwendung unter Anknüpfung an das Gesellschaftsstatut der abhängigen Gesellschaft.[384] In Bezug auf die Niederlassungsfreiheit hat der EuGH entschieden, dass mangels harmonisiertem Konzernrecht die jeweiligen Mitgliedsstaaten für die Ausgestaltung der konzernrechtlichen Haftungstatbestände für Verbindlichkeiten der abhängigen Unternehmen zuständig sind.[385]

3. *Methodische Herleitung*

Die dogmatischen Begründungen der Anwendbarkeit des deutschen Konzernrechts unterscheiden sich in ihren Ansätzen enorm, ob es sich um einseitige oder allseitige Kollisionsnormen handelt und welche Ausnahmen vom Grundsatz der Anknüpfung an die abhängige Gesellschaft bestehen.[386] Zum Verständnis der gewählten Anknüpfung bedarf es einer Auseinandersetzung mit der Vielfalt methodischer Ansätze.[387]

a. *Pflichtenstellung des Mehrheitsaktionärs*

Nach *Mann*[388] bestehen dem Grunde nach zwischen den Rechtsbeziehungen des herrschenden und abhängigen Unternehmens und den Minderheitsgesellschaftern einerseits und den Beziehungen von Minderheitsgesellschaftern

---

384 BGH, Urt. v. 05.06.1975 – II ZR 23/74, BGHZ 65, 15 = NJW 1976, 191 – ITT; BGH, Urt. v. 13.12.2004 – II ZR 256/02, NZG 2005, 214 (215) = ZIP 2005, 205 (251); OLG Schleswig, Beschl. v. 27.08.2008 – 2 W 160/05, NZG 2008, 868 = ZIP 2009, 124 – MobilCom; *Luchterhandt*, Deutsches Konzernrecht bei grenzüberschreitenden Konzernverbindungen, S. 127 ff.; *Feddersen*, in: U.Schneider, Beherrschungs- und Gewinnabführungsverträge, S. 127 (135 ff.); *Bärwaldt/Schabacker*, AG 1998, 182 (186 f.); *Kindler*, in: FS Jayme, 2004, Bd. I, S. 409; *Renner*, ZGR 2014, 452 (459 ff.); *Altmeppen*, in: MüKo zum AktG, Bd. V, 5. Aufl., Einl §§ 291 ff. Rn. 40 ff.; *Koch*, in: Hüffer/Koch, AktG, 14. Aufl., § 291 Rn. 8, 13; *Emmerich*, in: Emmerich/Habersack/Schürnbbrand, Aktien- und GmbH-Konzernrecht, 9. Aufl., § 291 Rn. 35.

385 EuGH, Urt. v. 20.06.2013 – Rs. C-186/12, EuZW 2013, 664 – Impacto Azul SA; *Schmidt J.*, GPR 1/2014, S. 40; *Kindler*, in: MüKo BGB, IntGesR, Bd. XIII, 8. Aufl., Teil 10 Rn. 717.

386 Einleitend *Wimmer-Leonhardt*, Konzernhaftungsrecht, S. 670; *Kindler*, in: MüKo BGB, IntGesR, Bd. XIII, 8. Aufl., Teil 10 Rn. 692.

387 Vgl. *Wimmer-Leonhardt*, Konzernhaftungsrecht, S. 670 f.

388 *Mann*, in: FS Barz, 1974, S. 219.

zu deren Unternehmen andererseits keine Unterschiede.[389] Die Verflechtung des Konzernrechts und des allgemeinen Gesellschaftsrechts im Hinblick auf die Schutzrichtung der Gläubiger und der Minderheitsgesellschafter ist so eng, dass kollisionsrechtlich eine Spaltung dieses gemeinsamen Schutzsystems nicht geboten sein kann.[390] Demnach folgt das internationale Konzernrecht den allgemeinen Grundsätzen des internationalen Gesellschaftsrechtes nach dem Gesellschaftsstatut.[391]

b. Eingriffsqualität des Konzernrechts

Demgegenüber differenziert *Bache*[392] nach Beherrschungs- und Gewinnabführungsverträgen im Sinne des § 291 AktG und den anderen Unternehmensverträgen nach § 292 AktG, wobei erstere sich nach der abhängigen Gesellschaft richten und letztere nach einer Sonderanknüpfung.[393] Diese Unterscheidung folgt der Trennung von *Neumayer*[394] in international nachgiebige Normen des Vertragsstatuts der Parteien („*ad singulorum utilitatem spectant*") und zwingende Normen, die der „*garantie sociale*"[395] dienen und der Privatautonomie entzogen sind („*ad universitatis utilitatem spectant*").[396] Zu diesen zwingenden Normen gehören nach Ansicht *Baches* wegen ihres öffentlichen Schutzcharakters auch die Vorschriften der §§ 293 ff. AktG im Sinne von Eingriffsnormen.[397] Für die Annahme der Qualität als Eingriffsnorm müssten die konzernrechtlichen

---

389 *Rohr*, Der Konzern im IPR unter besonderer Berücksichtigung des Schutzes der Minderheitsaktionäre und der Gläubiger, S. 68; *Kindler*, in: MüKo BGB, IntGesR, Bd. XIII, 8. Aufl., Teil 10 Rn. 693.

390 *Zimmer*, Internationales Gesellschaftsrecht, S. 370, 373 f.; *Zimmer*, IPRax 1998, 187 (188).

391 Grundsätzlich wird das anwendbare Recht sich bei internationalen Konzernsachverhalten nach dem Personalstatut der abhängigen Gesellschaft richten, in Ausnahmefällen, wenn der Schutz der herrschenden Gesellschaft in Frage steht, soll das Gesellschaftsstatut der herrschenden Gesellschaft gelten; siehe hierzu *Einsele*, ZGR 1996, 40 (49); *Wimmer-Leonhardt*, Konzernhaftungsrecht, S. 670.

392 *Bache*, Der internationale Unternehmensvertrag nach deutschem Kollisionsrecht, S. 21 ff., 103 f.

393 *Kindler*, in: MüKo BGB, IntGesR, Bd. XIII, 8. Aufl., Teil 10 Rn. 694.

394 *Neumayer*, RabelsZ 1960, 649 (653); *Neumayer*, in: FS Dölle, 1963, Bd. II, S. 187 ff.

395 *Pillet*, Principes de droit international privé (1903), S. 286 ff.

396 *Neumayer*, RabelsZ 1960, 649 (653); *Wimmer-Leonhardt*, Konzernhaftungsrecht, S. 679 f.

397 *Wimmer-Leonhardt*, Konzernhaftungsrecht, S. 680; *Kindler*, in: MüKo BGB, IntGesR, Bd. XIII, 8. Aufl., Teil 10 Rn. 694.

Vorschriften eine ordnungspolitische Funktion bzw. eine Makrofunktion im Sinne einer gesamtwirtschaftlichen Bedeutung erfüllen.[398] Neben der Legitimation des Konzerns bezweckt das Konzernrecht den Schutz der abhängigen Gesellschaft selbst, ihrer Gläubiger und ihrer Minderheitsgesellschafter.[399] Fallen nur bestimmte Personengruppen in den Schutzbereich einer Norm, reicht dies nicht zur Annahme einer ordnungspolitischen Funktion aus,[400] sodass die konzernrechtlichen Regelungen der §§ 293 ff. AktG nicht nach dem Verständnis von *Bache* als Eingriffsnormen angesehen werden können.

c. Wirtschaftliche Sonderanknüpfung

Eine vom Gesellschaftsstatut losgelöste Sonderanknüpfung wird von *Luchterhandt*[401] vertreten, der das Konzernrecht dem Wirtschaftsrecht unterstellt, wonach sich diese Zuordnung aus dem Gleichlauf der Schutzrichtungen von Konzern- und Kartellrecht zugunsten der Marktordnung ergebe.[402] Das Konzernrecht teilt die Rechtsnatur des Wirtschaftsrechts und folgt somit auch in Bezug auf kollisionsrechtliche Fragestellungen dem internationalen Wirtschaftsrecht und nicht den allgemeinen Prinzipien des internationalen Gesellschaftsrechts.[403] Anknüpfungspunkt des internationalen Wirtschaftsrechts ist nicht das Gesellschaftsstatut, sondern das Auswirkungsprinzip, wonach deutsches Recht immer dann Anwendung findet, wenn grenzüberschreitende Sachverhalte auf deutsches Territorium Auswirkungen haben.[404] Der wirtschaftlichen

---

398 *Kreuzer*, Ausländisches Wirtschaftsrecht vor deutschen Gerichten, S. 82 f.; *Wimmer-Leonhardt*, Konzernhaftungsrecht, S. 680.

399 *Kropff*, AktG 1965, BegrRegE, S. 374; *Wimmer-Leonhardt*, Konzernhaftungsrecht, S. 681.

400 *Wimmer-Leonhardt*, Konzernhaftungsrecht, S. 681; auf den zivilrechtlichen Charakter des Konzernrechts abstellend *Wiedemann*, in: FS Kegel, 1977, 187 (205); *Ebenroth*, Die verdeckten Vermögenszuwendungen im transnationalen Unternehmen, S. 391 ff.; *Kindler*, in: MüKo BGB, IntGesR, Bd. XIII, 8. Aufl., Teil 10 Rn. 694.

401 *Luchterhandt*, Deutsches Konzernrecht bei grenzüberschreitenden Konzernverbindungen, S. 59 ff.; *Wimmer-Leonhardt*, Konzernhaftungsrecht, S. 675.

402 *Luchterhandt*, Deutsches Konzernrecht bei grenzüberschreitenden Konzernverbindungen, S. 70 ff.; *Bicker*, Gläubigerschutz in der grenzüberschreitenden Konzerngesellschaft, S. 76; *Kindler*, in: MüKo BGB, IntGesR, Bd. XIII, 8. Aufl., Teil 10 Rn. 698.

403 *Luchterhandt*, Deutsches Konzernrecht bei grenzüberschreitenden Konzernverbindungen, S. 70 ff.

404 *Luchterhandt*, Deutsches Konzernrecht bei grenzüberschreitenden Konzernverbindungen, S. 75; *Wimmer-Leonhardt*, Konzernhaftungsrecht, S. 676; *Bicker*, Gläubigerschutz in der grenzüberschreitenden Konzerngesellschaft, S. 76.

Sonderanknüpfung im Sinne *Luchterhandts* ist entgegenzuhalten, dass die Subsumtion des Konzernrechts unter das Wirtschaftsrecht die Unterschiedlichkeit von Konzern- zum Kartellrecht verkennt, wenn das Kartellrecht die Bildung von Konzernen unter bestimmten Voraussetzungen zu unterbinden versucht, andererseits die aktienrechtlichen Regelungen das Bestehen von Konzernen vielmehr ihrerseits voraussetzen und legitimieren.[405]

d. Anknüpfung an die charakteristische Leistung

Eine Lösung über die Anwendung der international privatrechtlichen Regelung des Art. 4 Abs. 2 Rom I-VO versucht *Brauer*[406] durch Subsumtion des Sitzes der abhängigen Gesellschaft unter den Ort der charakteristischen Leistung.[407] Die charakteristische Leistung ist nach *Brauer* in der Unterwerfung der beherrschten Gesellschaft durch Strukturumbildung, Öffnung der Satzung und Verzicht des Gewinns zugunsten der herrschenden Gesellschaft zu sehen.[408] Allerdings bedingt die Unterwerfung auch einen nachfolgenden Akt der Annahme der Unterwerfung durch die herrschende Gesellschaft, sodass innerhalb eines Konzerns die Abhängigkeit nicht ohne die Beherrschung hinweggedacht werden kann. Charakteristisch ist vielmehr ein sich einander bedingender Austausch zwischen der abhängigen und der herrschenden Gesellschaft.

e. Schutzzweck des Konzernrechts

Eine weitere Begründung für die Anknüpfung an die deutsche abhängige Gesellschaft ist nach *Wiedemann* [409]die notwendige Durchsetzung des deutschen Konzernrechts zum Schutze der deutschen Gesellschaft vor dem ausländischen herrschenden Unternehmen.[410] Dies fußt auf der Prämisse, dass in anderen Rechtsordnungen mangels eigener Konzerngesetze keine dem deutschen Schutzsystem vergleichbare Interessenwahrung der abhängigen Gesellschaft gewährleistet werden kann.[411] Dieser Gedanke geht auf die von *Bär*[412]

---

405 *Kindler*, in: MüKo BGB, IntGesR, Bd. XIII, 8. Aufl., Teil 10 Rn. 698; vgl. *Wimmer-Leonhardt*, Konzernhaftungsrecht, S. 677.

406 *Brauer*, Kollisionsrechtliche Probleme der Konzerne und Unternehmensverträge, S. 125 ff.

407 *Kindler*, in: MüKo BGB, IntGesR, Bd. XIII, 8. Aufl., Teil 10 Rn. 695.

408 *Kindler*, in: MüKo BGB, IntGesR, Bd. XIII, 8. Aufl., Teil 10 Rn. 695.

409 *Wiedemann*, in: FS Kegel, 1977, 187 (202).

410 *Kindler*, in: MüKo BGB, IntGesR, Bd. XIII, 8. Aufl., Teil 10 Rn. 697.

411 *Wimmer-Leonhardt*, Konzernhaftungsrecht, S. 682.

412 *Bär*, Kartellrecht und internationales Privatrecht, S. 211 ff.

entwickelte *Lehre von der Unaustauschbarkeit von Normkomplexen* zurück, nach der eine Sonderanknüpfung in solchen Fällen folgt, in denen eine äquivalente Regelung in der ausländischen Rechtsordnung nicht gegeben ist. Für die Regelungen des Konzernrechts gelangt *Koppensteiner*[413] – auf Grundlage dieser Lehre – mangels äquivalenter Regelungen konkurrierender Rechtsordnungen zur Sonderanknüpfung des deutschen Rechts.[414] Das maßgebende Kriterium für die Sonderanknüpfung, die fehlende Austauschbarkeit bzw. Äquivalenz, führt seinerseits zu Schwierigkeiten hinsichtlich äquivalenter Gesellschaftsstatuten und lässt sich nicht durchhalten.[415]

f. Ergebnisorientierte Anknüpfung

In Anlehnung an die ergebnisorientierten US-amerikanischen Ansätze[416] lehnt *Klocke*[417] für das Konzernrecht einen Rückgriff auf die von *Savigny*[418] begründeten Grundsätze des klassischen internationalen Privatrechts zugunsten einer für den Einzelfall umfassenden Interessenabwägung (*governmental interest analysis*) ab.[419] Aus Sicht *Klockes* fehlt es an einer Gleichartigkeit der Rechtsordnungen im Hinblick auf das Konzernrecht, sodass er aus materiell gesellschaftsrechtlichen Interessen Grundsätze des Kollisionsrechts entwickelt hat.[420]

---

413 *Koppensteiner*, Internationale Unternehmen im deutschen Gesellschaftsrecht, 1971, S. 147 ff.

414 Umfassend zum Ansatz Koppensteiners *Wimmer-Leonhardt*, Konzernhaftungsrecht, S. 683 f.; *Kindler*, in: MüKo BGB, IntGesR, Bd. XIII, 8. Aufl., Teil 10 Rn. 696.

415 *Rohr*, Der Konzern im IPR unter besonderer Berücksichtigung des Schutzes der Minderheitsaktionäre und der Gläubiger, S. 70 f.; *Bayer*, Der grenzüberschreitende Beherrschungsvertrag, S. 69; *Wimmer-Leonhardt*, Konzernhaftungsrecht, S. 684; *Kindler*, in: MüKo BGB, IntGesR, Bd. XIII, 8. Aufl., Teil 10 Rn. 696.

416 Insofern *Wimmer-Leonhardt*, Konzernhaftungsrecht, S. 674; *Cavers*, Havard Law Rev 47 (1933), (173 ff.); *ders.*, The choice-of-law process; *Currie*, Selected essays on the conflict of laws; *ders.*, Columbia Law Rev 63 (1963), 1233 ff.

417 *Klocke*, Deutsches Konzernkollisionsrecht und seine Substitutionsprobleme, S. 62 ff., S. 86.

418 *Savigny*, System des heutigen Römischen Rechts (1849), Bd. XIII, S. 108, der an den "Sitz des Rechtsverhältnisses" anknüpft.

419 *Klocke*, Deutsches Konzernkollisionsrecht und seine Substitutionsprobleme, S. 62 ff.; *Wimmer-Leonhardt*, Konzernhaftungsrecht, S. 674; siehe hierzu *Kindler*, in: MüKo BGB, IntGesR, Bd. XIII, 8. Aufl., Teil 10 Rn. 700 f..

420 *Klocke*, Deutsches Konzernkollisionsrecht und seine Substitutionsprobleme, S. 86 f.; *Wimmer-Leonhardt*, Konzernhaftungsrecht, S. 674; *Kindler*, in: MüKo BGB, IntGesR, Bd. XIII, 8. Aufl., Teil 10 Rn. 700 f.

Die Interessenabwägung bei grenzüberschreitenden Konzernsachverhalten fällt aufgrund des Gläubiger- und Aktionärschutzes zugunsten des Rechts der abhängigen Gesellschaft aus.[421] Der ergebnisorientierte Ansatz muss sich den Vorwurf der Rechtsunsicherheit entgegenhalten lassen, wenn sich die Anwendung des Rechts mangels fester Regelungen nur auf die Interessenabwägung stützt.[422] Der Abkehr vom traditionellen Kollisionsrecht bedarf es insofern nicht, als dass die Anwendung der traditionellen Kollisionsregeln zum selben Ergebnis wie die ergebnisorientierte Interessenabwägung gelangt, sodass es dieses „Klimmzuges" *Klockes* nicht bedarf.[423]

g. Stellungnahme

Den soeben dargestellten dogmatischen Ansätzen ist in gewissem Maße zugutezuhalten, dass anhand einer teleologischen Argumentation - so beispielsweise die Ansätze von *Wiedemann* und *Bache* - versucht wird, der Schutzrichtung des deutschen Konzernrechts den größtmöglichen Anwendungsvorrang einzuräumen. *Wiedemann* kommt mangels äquivalenter Regelungen in den anderen Rechtsordnungen zur Anwendung der Schutzvorschriften des deutschen Konzernrechts. Ähnlich gelangt *Bache* aufgrund eines von ihm angenommenen öffentlichen Schutzcharakters zur Anwendung in Form einer Eingriffsnorm.[424] Für diese dogmatische Herleitung spricht die Durchsetzung des deutschen Konzernrechts als gesetzgeberische Entscheidung zur Bewältigung des konzernimmanenten Interessenkonfliktes, zwischen der Konzernleitung und der abhängigen Gesellschaft selbst, ihrer Minderheitsgesellschafter und ihrer Gläubiger. Allerdings verkennen diese rein auf den Vorrang des deutschen Konzernrechts von der Schutzrichtung her argumentierenden Ansichten, dass auch andere Rechtsordnungen keinesfalls die Interessen der abhängigen Gesellschaft schutzlos stellen. Stattdessen werden solche Sachverhalte durch unterschiedliche Regelungen des Gesellschafts- oder Insolvenzrechts erfasst. Den klassischen, von *Savigny* begründeten Kollisionsregeln des *Prinzips der Gleichwertigkeit der*

---

421 *Klocke*, Deutsches Konzernkollisionsrecht und seine Substitutionsprobleme, S. 131 ff.

422 *Grasmann*, ZHR 1976, 139 ff.; *Ebenroth*, Die verdeckten Vermögenszuwendungen im transnationalen Unternehmen, S. 398; *Einsele*, ZGR 1996, 40 ff.; *Wimmer-Leonhardt*, Konzernhaftungsrecht, S. 675; *Kindler*, in: MüKo BGB, IntGesR, Bd. XIII, 8. Aufl., Teil 10 Rn. 700 f.

423 *Grasmann*, ZHR 1976, 139 f.

424 Zu *Wiedemann* siehe oben Kap.II.,A.III.3.e., zur Ansicht von *Bache* siehe oben Kap. II.A.III.3.b.

Rechtsordnungen[425] wird gefolgt, denn die Frage nach der Anwendbarkeit des Rechts innerhalb internationaler Konzernsachverhalte kann kollisionsrechtlich sinnvoll nur nach den allgemeinen Grundsätzen des internationalen Gesellschaftsrechts in Anknüpfung an das Gesellschaftsstatut gelöst werden.

B. Haftung im Vertragskonzern

I. Einleitung zum Haftungsregime des Vertragskonzerns

Für die Haftung im Vertragskonzern ist zunächst klarzustellen, dass auch im Konzernrecht das Trennungsprinzip Anwendung findet, sodass die Tochtergesellschaften als selbstständige Rechtspersönlichkeiten grundsätzlich selbst haften und kein Durchgriff auf die Muttergesellschaft ohne besondere Haftungsbegründung stattfindet.[426] Stattdessen schafft das Konzernrecht ein System von Ausgleichsregeln,[427] dem auch die Verlustausgleichsregelung des § 302 AktG im Vertragskonzern folgt.[428] Durch den Vertragskonzern wird das herrschende Unternehmen nach § 291 Abs. 3 AktG von den Kapitalerhaltungsvorschriften befreit und nach § 308 Abs. 1 AktG wird ihm ein umfassendes Weisungsrecht gegenüber dem abhängigen Unternehmen gewährt, sodass vor diesem Hintergrund die Ausgleichsregelungen als Korrelat hierzu angesehen werden,[429] die eine Aushöhlung zu vermeiden versuchen.[430]

---

425 *Savigny*, System des heutigen Römischen Rechts (1849), Bd. XIII, S. 27, 108; *Gierke von*, Deutsches Privatrecht, Allgemeiner Teil und Personenrecht (1895), Bd. I, S. 217, *Hein von*, in: MüKo BGB, IPR, Bd. XII, 8. Aufl., Einl IPR Rn. 29.

426 BGH, Urt. v. 09.07.1979 – II ZR 118/77, NJW 1979, 1823 (1828) = AG 1979, 258 (263) – Herrstatt-Urteil; BGH, Urt. v. 21.09.1981 – II ZR 104/80, BGHZ 81, 311 (317) = NJW 1982, 383 (384) – Sonnenring-Urteil; BGH, Urt. v. 26.09.2005 – II ZR 314/03, NJW-RR 2006, 178 (180) = NZG 2006, 57 (58) – Göttinger Gruppe; *Paschke*, AG 1988, 196 (199 f.); *Wimmer-Leonhardt*, Konzernhaftungsrecht, S. 12; Emmerich/Habersack, Konzernrecht, 11. Aufl., § 20 Rn. 25.

427 Ausführlich zur Konzeption der Ausgleichsregeln *Lutter*, ZGR 1982, 244 (257 ff.).

428 *Paschke*, AG 1988, 196 (199).

429 Der BGH bezeichnet die Verlustübernahme als notwendige Verpflichtung, vgl. BGH, Urt. v. 05.02.1979 – II ZR 210/76, NJW 1980, 231 (232) = AG 1980 47 (50) – Gervais .

430 *Mestmäcker*, Verwaltung, Konzerngewalt und Rechte der Aktionäre, S. 325 ff.; *Kropff*, AktG 1965, BegrRegE, S. 388; *Ulmer*, AG 1986, 123 (126), der die Verlustübernahmepflicht als konzernspezifischen Kapitalerhaltungsschutz bezeichnet; *Paschke*, AG 1988, 196 (199 f.); *Wimmer-Leonhardt*, Konzernhaftungsrecht, S. 13.

II. Sicherheitsleistung, § 303 AktG

1. Regelungsgegenstand und -zweck

Nach § 303 Abs. 1 AktG hat der andere Vertragsteil, das herrschende Unternehmen, den Gläubigern der abhängigen Gesellschaft, deren Forderungen vor Eintragung der Beendigung des Beherrschungs- oder Gewinnabführungsvertrages begründet worden sind, Sicherheit zu leisten, wenn diese sich beim herrschenden Unternehmen binnen sechs Monaten nach Bekanntmachung der Eintragung zu diesem Zwecke melden. Die Notwendigkeit einer Sicherheitsleistung im Fall der Beendigung eines Beherrschungs- oder Gewinnabführungsvertrages erklärt sich aus dem hiermit verbundenen Wegfall der Verlustübernahme nach § 302 AktG.[431] Den Gläubigern steht fortan ohne Gewährleistung des Verlustausgleichs nur das Vermögen der abhängigen Gesellschaft als Haftsumme zur Verfügung, sodass die Regelung des § 303 AktG den Schutz gegen die Verschlechterung der Gläubigerposition bezweckt.[432] Den Gläubigern steht ein eigener durchsetzbarer Anspruch gegen das herrschende Unternehmen auf Leistung von Sicherheiten im Sinne der §§ 232 ff. BGB zu.[433] Nach § 303 Abs. 3 AktG besteht die Möglichkeit, dass sich das herrschende Unternehmen für die Forderungen der Gläubiger verbürgt statt Sicherheit zu leisten. Hierdurch sollen wirtschaftliche Schwierigkeiten des herrschenden Unternehmens als Folge umfangreicher Sicherheiten vermieden werden.[434] Die sich an den Wegfall der Verlustdeckungshaftung des § 302 AktG anschließende Sicherheitsleistung des § 303 AktG kann als notwendiges Pendant hierzu angesehen werden.[435]

---

431 *Stephan*, in: Schmidt/Lutter, AktG, Bd. II, 4. Aufl., § 303 Rn. 3; *Koch*, in: Hüffer/Koch, AktG, 14. Aufl., § 303 Rn. 1; *Veil*, in: Spindler/Stilz, AktG, Bd. II, 4. Aufl., § 303 Rn. 1; *Emmerich*, in: Emmerich/Habersack/Schürnbrand, Aktien- und GmbH-Konzernrecht, 9. Aufl., § 303 Rn. 1.

432 *Stephan*, in: Schmidt/Lutter, AktG, Bd. II, 4. Aufl., § 303 Rn. 3; *Emmerich*, in: Emmerich/Habersack/Schürnbrand, Aktien- und GmbH-Konzernrecht, 9. Aufl., § 303 Rn. 1.

433 *Stephan*, in: Schmidt/Lutter, AktG, Bd. II, 4. Aufl., § 303 Rn. 1 f.; *Emmerich*, in: Emmerich/Habersack/Schürnbrand, Aktien- und GmbH-Konzernrecht, 9. Aufl., § 303 Rn. 1.

434 *Kropff*, AktG 1965, BegrRegE, S. 393; *Veil*, in: Spindler/Stilz, AktG, Bd. II, 4. Aufl., § 303 Rn. 3; *Emmerich*, in: Emmerich/Habersack/Schürnbrand, Aktien- und GmbH-Konzernrecht, 9. Aufl., § 303 Rn. 2.

435 *Veil*, Unternehmensverträge, S. 121; *ders.*, in: Spindler/Stilz, AktG, Bd. II, 4. Aufl., § 303 Rn. 4.

2. Voraussetzungen

Voraussetzungen des Anspruchs auf Sicherheitsleistung gem. § 303 Abs. 1 AktG sind die Beendigung eines Beherrschungs- oder Gewinnabführungsvertrags, die Begründung einer Forderung vor Bekanntmachung der Eintragung nach § 10 HGB und die Meldung seitens des Gläubigers innerhalb der Frist von sechs Monaten.[436]

Demnach findet § 303 Abs. 1 AktG nur bei der Beendigung von Beherrschungs- und Gewinnabführungsverträgen oder diesen nach § 291 Abs. 1 S. 2 AktG gleichstehenden Geschäftsführungsverträgen Anwendung.[437] Neben dem Anwendungsbereich muss der Vertrag unabhängig des Beendigungsgrundes wirksam beendet worden sein.[438] Ebenfalls hängt der Anspruch auf Sicherheitsleistung nicht davon ab, ob das herrschende Unternehmen seine Ausgleichspflicht aus § 302 AktG vor der Beendigung geleistet hat.[439] Ausschlaggebend ist die wirksame Beendigung, sodass eine Bekanntmachung der Beendigung, die jedoch unwirksam ist, nicht als Voraussetzung des § 303 AktG ausreicht, sondern es vielmehr bei der Verlustübernahmepflicht nach § 302 AktG bleibt.[440] In Ausnahmefällen, in denen der Beherrschungs- oder Gewinnabführungsvertrag bei zeitgleicher Suspendierung der Verlustübernahmepflicht bestehen bleibt, ist zur Schließung dieser Schutzlücke § 303 AktG trotz des wirksamen Vertrages analog anzuwenden.[441] Ausschlaggebend für § 303 AktG ist das Ende der Verlustdeckungspflicht, sodass eine analoge Anwendung mit Einsetzen des Gläubigerschutzes durch Sicherheitsleistung für solche Fälle geboten erscheint.[442]

Des Weiteren steht der Anspruch nach § 303 Abs. 1 AktG nur denjenigen Gläubigern zu, deren Forderungen gegen die abhängige Gesellschaft vor

---

436 *Koch*, in: Hüffer/Koch, AktG, 14. Aufl., § 303 Rn. 2.

437 *Altmeppen*, in: MüKo zum AktG, Bd. V, 5. Aufl., § 303 Rn. 5; *Hüffer*, in: Hüffer/Koch, AktG, 14. Aufl., § 303 Rn. 2.

438 *Stephan*, in: Schmidt/Lutter, AktG, Bd. II, 4. Aufl., § 303 Rn. 5; *Veil*, in: Spindler/Stilz, AktG, Bd. II, 4. Aufl., § 303 Rn. 6; *Emmerich*, in: Emmerich/Habersack/Schürnbrand, Aktien- und GmbH-Konzernrecht, 9. Aufl., § 303 Rn. 7.

439 BGH, Urt. v. 23.09.1991 – II ZR 135/90, BGHZ 115, 187 (202) = NJW 1991, 3142 – Video; *Emmerich*, in: Emmerich/Habersack/Schürnbrand, Aktien- und GmbH-Konzernrecht, 9. Aufl., § 303 Rn. 7.

440 *Veil*, in: Spindler/Stilz, AktG, Bd. II, 4. Aufl., § 303 Rn. 7; *Emmerich*, in: Emmerich/Habersack/Schürnbrand, Aktien- und GmbH-Konzernrecht, 9. Aufl., § 303 Rn. 7.

441 *Koppensteiner*, in: KölnerKomm AktG, Bd. VI, 2. Aufl., § 303 Rn. 5; *Koch*, in: Hüffer/Koch, AktG, 14. Aufl., § 303 Rn. 2.

442 *Schmidt*, ZGR 1983, 513 (530).

Bekanntmachung der Eintragung der Beendigung des Vertrages begründet wurden.[443] Diese strenge Regelung eines Stichtags umfasst auch solche Forderungen, die selbst vor Abschluss des Beherrschungs- oder Gewinnabführungsvertrages zwischen dem Gläubiger und der damals noch unabhängigen Gesellschaft begründet wurden, sowie Forderungen, die nach Beendigung, aber vor Bekanntmachung der Eintragung entstanden sind.[444] Auch wenn es sich bei der Beendigung nach § 298 AktG um eine eintragungspflichtige Tatsache handelt, findet § 15 Abs. 1, Abs. 2 HGB wegen des klaren Wortlautes des § 303 AktG keine Anwendung, sodass die positive Kenntnis des Gläubigers von der Beendigung vor dem Stichtag diesem nicht schadet.[445]

Unter dem Forderungsbegriff des § 303 AktG werden schuldrechtliche Ansprüche im Sinne des § 241 Abs. 1 BGB unabhängig davon verstanden, ob diese vertraglich oder deliktisch begründet wurden und diese bereits fällig sind.[446] Problematisch in diesem Zusammenhang sind Dauerschuldverhältnisse, die vor der Beendigung zustande gekommen sind, die jeweiligen Einzelansprüche aber noch nicht fällig sind, sodass nach der gesetzlichen Regelung des § 303 AktG der Anspruch bereits begründet ist und für die folgenden, noch nicht fälligen Einzelansprüche die Gefahr einer sog. Endloshaftung besteht.[447] Als Lösung für befristete Dauerschuldverhältnisse

---

443 *Stephan*, in: Schmidt/Lutter, AktG, Bd. II, 4. Aufl., § 303 Rn. 7; *Emmerich*, in: Emmerich/Habersack/Schürnbrand, Aktien- und GmbH-Konzernrecht, 9. Aufl., § 303 Rn. 8.

444 BGH, Urt. v. 23.09.1991 – II ZR 135/90, BGHZ 115, 187 (199) = NJW 1991, 3142 – Video; *Altmeppen*, in: MüKo zum AktG, Bd. V, 5. Aufl., § 303 Rn. 19; *Emmerich*, in: Emmerich/Habersack/Schürnbrand, Aktien- und GmbH-Konzernrecht, 8. Aufl., § 303 Rn. 9.

445 Zu § 15 Abs. 1 HGB siehe BGH, Urt. v. 11.11.1991 – II ZR 287/90, BGHZ 116, 37 (44) = NJW 1992, 505; zu § 15 Abs. 2 HGB siehe *Altmeppen*, in: MüKo zum AktG, Bd. V, 5. Aufl., § 303 Rn. 20; allgemein *Koch*, in: Hüffer/Koch, AktG, 14. Aufl., § 303 Rn. 4; *Emmerich*, in: Emmerich/Habersack/Schürnbrand, Aktien- und GmbH-Konzernrecht, 9. Aufl., § 303 Rn. 10.

446 BGH, Urt. v. 11.11.1991 – II ZR 287/90, BGHZ 116, 37 (46 f.) = AG 1992, 83 – Stromlieferungen/Hansa-Feuerfest; OLG Frankfurt a.M., Urt. v. 16.02.2000 – 19 U 226/98, NZG 2000, 933 (934) = AG 2001, 139 (140), OLG Zweibrücken, Urt. v. 08.01.2004 – 4 U 70/03, NZG 2004, 670 = AG 2004, 568; *Altmeppen*, in: MüKo zum AktG, Bd. V, 5. Aufl., § 303 Rn. 13; *Habersack*, in: Emmerich/Habersack/Schürnbrand, Aktien- und GmbH-Konzernrecht, 9. Aufl., § 303 Rn. 12 f.

447 BGH, Urt. v. 18.03.1996 – II ZR 299/94, NJW 1996, 1539 = AG 1996, 331 (332); OLG Frankfurt a.M., Urt. v. 16.02.2000 – 19 U 226/98, NZG 2000, 933 = AG 2001, 139 (140); *Emmerich*, in: Emmerich/Habersack/Schürnbrand, Aktien- und GmbH-Konzernrecht, 9. Aufl., § 303 Rn. 13b; *Koch*, in: Hüffer/Koch, AktG, 14. Aufl., § 303 Rn. 3.

wird eine Begrenzung durch die fünfjährige Frist der §§ 26, 160 HGB in analoger Anwendung angenommen, für unbefristete Dauerschuldverhältnisse dagegen eine Begrenzung im Sinne der sog. Kündigungstheorie[448] mit einer Begrenzung auf das Bedürfnis nach Sicherheiten des Gläubigers.[449]

Letztlich müssen die Gläubiger sich auch binnen sechs Monaten bei dem herrschenden Unternehmen nach der Bekanntmachung melden. Bei dieser Frist handelt es sich um eine materiell-rechtliche Ausschlussfrist, die gem. § 187 Abs. 1 BGB am auf den Stichtag folgenden Tag beginnt.[450] Die Meldung ist nicht formbedürftig, sodass es ausreicht, dass sich aus ihrem Inhalt das Verlangen des Gläubigers nach Sicherheit aus § 303 AktG ergibt.[451]

3. *Rechtsfolgen*

Als Rechtsfolge ordnet § 303 Abs. 1 AktG an, dass das herrschende Unternehmen den Gläubigern, die die Voraussetzungen des § 303 Abs. 1 AktG erfüllen, zur Leistung von Sicherheiten verpflichtet ist. An der Höhe der begründeten Forderung orientiert sich der Umfang der zu leistenden Sicherheit.[452] Dagegen ist dem Gläubiger das Recht, Sicherheitsleistung zu verlangen, nach § 303 Abs. 2 AktG verwehrt, wenn er im Fall des Insolvenzverfahrens ein Recht auf vorzugsweise Befriedigung aus der Deckungsmasse hat, die nach gesetzlichen Vorschriften zu seinem Schutz errichtet und staatlich überwacht ist. Anwendungsfälle des § 303 Abs. 2 AktG sind

---

448 Die Kündigungstheorie wurde zur Begrenzung der früheren Nachhaftung aus § 159 HGB aF entwickelt *Emmerich*, in: Emmerich/Habersack/Schürnbrand, Aktien- und GmbH-Konzernrecht, 9. Aufl., § 303 Rn. 13b.

449 *Jäger*, DB 1996, 1069, (1071); *Bork*, ZIP 2012, 1001 (1005); *Goldschmidt/Läger*, NZG 2012, 1201 (1204 ff.); *Wimmer-Leonhardt*, Konzernhaftungsrecht, S. 41 f.; *Stephan*, in: Schmidt/Lutter, AktG, Bd. II, 4. Aufl., § 303 Rn. 11; *Koch*, in: Hüffer/Koch, AktG, 14. Aufl., § 303 Rn. 3; *Veil*, in: Spindler/Stilz, AktG, Bd. II, 4. Aufl., § 303 Rn. 16; *Emmerich*, in: Emmerich/Habersack/Schürnbrand, Aktien- und GmbH-Konzernrecht, 9. Aufl., § 303 Rn. 13b.

450 *Koch*, in: Hüffer/Koch, AktG, 14. Aufl., § 303 Rn. 5; *Emmerich*, in: Emmerich/Habersack/Schürnbrand, Aktien- und GmbH-Konzernrecht, 9. Aufl., § 303 Rn. 16.

451 LAG Frankfurt a.M., Urt. v. 11.03.1988 – 15/5 SA 56/87, AG 1989, 256 (257); *Emmerich*, in: Emmerich/Habersack/Schürnbrand, Aktien- und GmbH-Konzernrecht, 9. Aufl., § 303 Rn. 17.

452 *van Venrooy*, BB 1981, 1003 (1004 f.); *Altmeppen*, in: MüKo zum AktG, Bd. V, 5. Aufl., § 303 Rn. 26.

vornehmlich Pfandbriefe im Sinne des § 1 PfandBG.[453] Nach § 303 Abs. 3 S. 1 AktG kann das herrschende Unternehmen statt Sicherheit zu leisten, sich für die Forderung verbürgen. Insofern steht dem herrschenden Unternehmen eine Wahlschuld im Sinne der §§ 262 ff. BGB zwischen der Sicherheitsleistung nach § 303 Abs. 1 AktG oder einer Bürgschaft nach § 303 Abs. 3 S. 1 AktG zu.[454] In der Praxis verdrängt die Übernahme einer Bürgschaft die Sicherheitsleistung und stellt den Regelfall dar.[455]

III. Verlustübernahme, § 302 AktG

1. Regelungsgegenstand

Ausgehend vom gesetzlichen Wortlaut des § 302 AktG hat der andere Vertragsteil – das herrschende Unternehmen – bei Bestehen eines Beherrschungs- oder Gewinnabführungsvertrages jeden, während der Vertragsdauer sonst entstandenen Jahresfehlbetrag auszugleichen, soweit dieser nicht dadurch ausgeglichen wird, dass den anderen Gewinnrücklagen Beträge entnommen werden, die während der Vertragsdauer in sie eingestellt worden sind. Regelungsgegenstand des § 302 Abs 1 AktG ist somit die Verpflichtung des herrschenden gegenüber dem abhängigen Unternehmen zum Verlustausgleich, der an den Jahresfehlbetrag anknüpft.[456] Der Verlustausgleichsanspruch ist als „Konzerninterna" ausgestaltet, entsprechend ist Gläubigerin dieses Anspruchs Untergesellschaft, Schuldnerin die Obergesellschaft.[457] Für den Anwendungsbereich bedarf es eines Beherrschungs- oder Gewinnabführungsvertrages im Sinne des § 291 Abs. 1 S. 1 AktG, sodass die Untergesellschaft als Gläubigerin des Anspruchs ihren Sitz im Inland haben muss.[458] Unter den engen

453 Zu den Rechten, die unter § 303 Abs. 2 AktG fallen näher *Stephan*, in: Schmidt/Lutter, AktG, Bd. II, 4. Aufl., § 303 Rn. 23; *Koch*, in: Hüffer/Koch, AktG, 14. Aufl., § 303 Rn. 8.

454 *Leinekugel/Winstel*, AG 2012, 389 (390 f.); *Stephan*, in: Schmidt/Lutter, AktG, Bd. II, 4. Aufl., § 303 Rn. 25; *Emmerich*, in: Emmerich/Habersack/Schürnbrand, Aktien- und GmbH-Konzernrecht, 8. Aufl., § 303 Rn. 21.

455 *van Venrooy*, BB 1981, 1003; *Werner*, in: FS Goerdeler, 1987, 677 (685 f.); *Lwowski/Groeschke*, WM 1994, 613 (618 f.); *Veil*, in: Spindler/Stilz, AktG, Bd. II, 4. Aufl., § 303 Rn. 3; *Emmerich*, in: Emmerich/Habersack/Schürnbrand, Aktien- und GmbH-Konzernrecht, 9. Aufl., § 303 Rn. 2.

456 *Stephan*, in: Schmidt/Lutter, AktG, Bd. II, 4. Aufl., § 302 Rn. 1.

457 *Emmerich/Habersack*, Konzernrecht, 11. Aufl., § 20 V Rn. 34; *Stephan*, in: Schmidt/Lutter, AktG, Bd. II, 4. Aufl., § 302 Rn. 12.

458 *Stephan*, in: Schmidt/Lutter, AktG, Bd. II, 4. Aufl., § 302 Rn. 12; *Hüffer*, in: Hüffer/Koch, AktG, 14. Aufl., § 302 Rn. 18 f.; *Emmerich*, in: Emmerich/Habersack/Schürnbrand, Aktien- und GmbH-Konzernrecht, 9. Aufl., § 302 Rn. 18.

Voraussetzungen des § 302 Abs. 2 AktG wird der Anwendungsbereich der Verlustausgleichspflicht auch auf Betriebspacht- und Betriebsüberlassungsverträge für das herrschende Unternehmen erweitert, soweit die vereinbarte Gegenleistung von diesem das angemessene Entgelt nicht erreicht.[459] Die Vorschrift des § 302 AktG findet mangels Relevanz der Rechtsform ohnehin auf die GmbH als Schuldnerin, aber auch auf eine abhängige GmbH entsprechend Anwendung.[460]

2. *Normzweck des § 302 AktG*

Die Regelung des § 302 AktG stellt den wichtigsten eigenständigen Schutzmechanismus innerhalb von Konzernsachverhalten mit Beherrschungs- oder Gewinnabführungsverträgen zum Schutz der Untergesellschaft selbst und ihrer Gläubiger dar.[461] Mit Hinblick auf den Schutzzweck ist die Regelung des § 302 AktG als zwingend anzusehen, sodass deren Inhalt nicht zum Nachteil der Untergesellschaft abgeändert werden kann.[462] Die Verlustübernahme nach § 302 AktG dient einerseits als Kompensation für die weniger strenge Vermögensbindung im Sinne der § 57 Abs. 1 S. 2, § 291 Abs. 3 AktG und § 30 Abs. 1 S. 2 GmbHG und die Möglichkeit des gesetzlich gewährten Weisungsrechts zum Nachteil der Untergesellschaft nach § 308 Abs. 1 S. 2 AktG, andererseits auch zur Legitimation der fremdbezweckenden Dienstbarmachung der

459 *Emmerich*, in: Emmerich/Habersack/Schürnbrand, Aktien- und GmbH-Konzernrecht, 9. Aufl., § 302 Rn. 21.

460 BGH, Urt. v. 05.02.1979 – II ZR 210/76, NJW 1980, 231 (232) = AG 1980, 47 – Gervais; BGH, Urt v. 16.09.1985 – II ZR 275/84 – BGHZ 95, 330 (345 f.) = NJW 1986, 188 (191) – Autokran; BGH, Beschl. v. 24.10.1988 II ZB 7/88, NJW 1989, 295 (297) = AG 1989, 91 – Supermarkt; BGH, Urt. v. 11.11.1991 – II ZR 287/90, BGHZ 116, 37 (39) = NJW 1992, 505 – Stromlieferungen/Hansa-Feuerfest; BGH, Urt. v. 16.06.2015 – II ZR 384/13, BGHZ 206, 74 = NZG 2015, 912; *Emmerich*, in: Scholz, GmbHG, 12. Aufl., Anh § 13 Rn. 180; *Liebscher*, in: MüKo zum GmbHG, Bd. I, 3. Aufl., Anh § 13 Rn. 855 ff.; *Altmeppen*, in: Altmeppen, GmbHG, 10. Aufl., Anh § 13 Rn. 71; *Emmerich*, in: Emmerich/Habersack/Schürnbrand, Aktien- und GmbH-Konzernrecht, 9. Aufl., § 302 Rn. 25; *Beurskens*, in: Baumbach/Hueck, GmbHG, 22. Aufl., KonzernR Rn. 121.

461 Grundlegend zu § 302 AktG BGH, Urt. v. 10.07.2006 – II ZR 238/04, NJW 2006, 3279 (3280) = BeckRS 2006, 8056 Rn. 8 ff.; *Emmerich/Habersack*, Konzernrecht, 11. Aufl., § 20 Rn. 36; *Servatius*, in: Grigoleit, AktG, 2. Aufl., § 302 Rn. 1; *Altmeppen*, in: MüKo zum AktG, Bd. V, 5. Aufl., § 302 Rn. 2.

462 *Paschos*, in: Henssler/Strohn, Gesellschaftsrecht, 5. Aufl., § 302 AktG Rn. 2; *Altmeppen*, in: MüKo zum AktG, Bd. V, 5. Aufl., § 302 Rn. 3.

Untergesellschaft.[463] In der Regierungsbegründung zum Aktiengesetz von 1965 heißt es seitens des Gesetzgebers: „Wer die Geschicke der Gesellschaft bestimmen kann oder ihren ganzen Gewinn erhält, muss auch für die Verluste einstehen“[464], als Ausdruck der Formel von „Herrschaft gleich Haftung“.[465] Neben dem Kapitalerhaltungsschutz als Ersatz für die wegfallenden Schutzvorschriften der Kapitalerhaltung der Untergesellschaft ist als Normzweck die Änderung der Interessenausrichtung zugunsten der Obergesellschaft anzusehen.[466]

3. *Voraussetzungen und Höhe des Anspruchs*

Voraussetzung für den Anspruch aus § 302 Abs. 1 AktG ist ein entstandener Jahresfehlbetrag, als fiktiver Jahresfehlbetrag verstanden, der sich als negativer Saldo aus der Gewinn- und Verlustrechnung (§ 275 Abs. 2 Nr. 17, § 275 Abs. 3 Nr. 16 HGB) der Untergesellschaft ohne den einzustellenden Verlustausgleichsanspruch gegen die Obergesellschaft ergibt.[467] Die ordnungsgemäße Bilanz der beherrschten Gesellschaft ist maßgebend, am Stichtag der Jahresbilanz entsteht der Anspruch auf Ausgleich des Jahresfehlbetrages und wird mit Entstehung gem. § 271 BGB auch fällig.[468] In der endgültigen Gewinn- und Verlustrechnung ist gem. § 277 Abs. 3 S. 2 HGB der Anspruch aus Verlustübernahme gesondert auszuweisen, sodass – die Zahlungsfähigkeit des herrschenden Unternehmens

---

463 BGH, Urt. v. 14.12.1987 – II ZR 170/87, BGHZ 103, 1 (10) = NJW 1988, 1326 f.; BGH, Urt. v. 20.02.1989 – II ZR 167/88, BGHZ 107, 7 (18) = NJW 1989, 1800 (1802 f.); *Servatius*, Gläubigereinfluss durch Covenants, S. 350 ff.; *ders.*, in: Grigoleit, AktG, 2. Aufl., § 302 Rn. 1; *Paschos*, in: Henssler/Strohn, Gesellschaftsrecht, 5. Aufl., § 302 AktG Rn. 2; *Koch*, in: Hüffer/Koch, AktG, 14. Aufl., § 302 Rn. 3.

464 *Kropff*, AktG 1965, BegrRegE, S. 391.

465 *Koppensteiner*, in: KölnerKomm zum AktG, Bd. VI, 2. Aufl., § 302 Rn. 6; *Wimmer-Leonhardt*, Konzernhaftungsrecht, S. 15; *Koch*, in: Hüffer/Koch, AktG, 14. Aufl., § 302 Rn. 2.

466 Umfassend zum Normzweck *Wimmer-Leonhardt*, Konzernhaftungsrecht, S. 15 ff.; *Paschos*, in: Henssler/Strohn, Gesellschaftsrecht, 5. Aufl., § 302 AktG Rn. 2; *Koch*, in: Hüffer/Koch, AktG, 14. Aufl., § 302 Rn. 3.

467 *Lwowski/Groeschke*, WM 1994, 613 (614); *Emmerich/Habersack*, Konzernrecht, 11. Aufl., § 20 Rn. 39; *Hüffer*, in: Hüffer/Koch, AktG, 14. Aufl., § 302 Rn. 9; *Emmerich*, in: Emmerich/Habersack/Schürnbrand, Aktien- und GmbH-Konzernrecht, 9. Aufl., § 302 Rn. 27.

468 BGH, Urt. v. 11.10.1999 – II ZR 120/98, NJW 2000, 210 (211) = JuS 2000, 404 (405); BGH, Urt. v. 14.02.2005 – II ZR 361/02, DStR 2005, 750 (751) = NZG 2005, 481 (482); *Emmerich/Habersack*, Konzernrecht, 11. Aufl., § 20 Rn. 40, 47; *Altmeppen*, in: MüKo zum AktG, Bd. V, 5. Aufl., § 302 Rn. 71 f.

vorausgesetzt – eine (bilanzielle) Insolvenz der Untergesellschaft ausgeschlossen ist, da etwaige Verluste durch die Ausweisung des Verlustausgleichsanspruchs ausgeglichen werden.[469] Die Höhe richtet sich also nach diesem fiktiven Jahresfehlbetrag ohne Berücksichtigung des Verlustausgleichs, als Spiegelbild zur Regelung der Gewinnabführung nach § 301 AktG.[470] Die Fälligkeit mit Entstehung des Anspruchs am Bilanzstichtag soll eine mögliche Verzögerung durch veranlasste spätere Feststellung des Jahresabschlusses verhindern.[471] Unabhängig, ob Beherrschungs- oder Gewinnabführungsvertrag, ist der Anspruch nach § 352 Abs. 1, § 353 S. 1 HGB ab Fälligkeit zu verzinsen.[472] Wird der Ausgleichspflicht vom herrschenden Unternehmen nicht nachgekommen, steht der abhängigen Gesellschaft nach §§ 273, 320 BGB ein Zurückbehaltungsrecht derart zu, dass die Befolgung zukünftiger Weisungen verweigert werden kann.[473] Die Geschäftsführung der abhängigen Gesellschaft (Vorstand bzw. Geschäftsführer) kann sich nach § 310 Abs. 1 S. 1 AktG ersatzpflichtig machen, wenn sie bei nachteiligen Weisungen von diesem Zurückbehaltungsrecht keinen Gebrauch macht.[474] Daneben können der beherrschten Gesellschaft auch Ansprüche auf Verlustausgleichzahlungen in Form von Abschlagzahlungen zustehen, wenn ansonsten der Verlust wegen Zahlungsfähigkeit droht.[475] Dies ergibt sich nicht

469 *Altmeppen*, Die Haftung des Managers im Konzern, S. 23; *Emmerich/Habersack*, Konzernrecht, 11. Aufl., § 20 Rn. 34; *Stephan*, in: Schmidt/Lutter, AktG, Bd. II, 4. Aufl., § 302 Rn. 18; *Emmerich*, in: Emmerich/Habersack/Schürnbrand, Aktien- und GmbH-Konzernrecht, 9. Aufl., § 302 Rn. 28.

470 *Stephan*, in: Schmidt/Lutter, AktG, Bd. II, 4. Aufl., § 302 Rn. 18; *Emmerich*, in: Emmerich/Habersack/Schürnbrand, Aktien- und GmbH-Konzernrecht, 9. Aufl., § 302 Rn. 27, der den "sonst" entstandenen Jahresfehlbetrag als Pendant zu dem fiktiven Jahresüberschuss nach § 300 Nr. 1, § 301 S. 1 AktG bezeichnet.

471 BGH, Urt. v. 11.10.1999 – II ZR 120/98, BGHZ 142, 382 (385 f.) = DStR 1999, 1998 (1999); *Koch*, in: Hüffer/Koch, AktG, 14. Aufl., § 302 Rn. 13.

472 BGH, Urt. v. 11.10.1999 – II ZR 120/98, BGHZ 142, 382 (386) = DStR 1999, 1998 (1999); *Altmeppen*, in: MüKo zum AktG, Bd. V, 5. Aufl., § 302 Rn. 75; *Schenk*, in: Bürgers/Körber, AktG, 4. Aufl., § 302 Rn. 19; *Veil*, in: Spindler/Stilz, AktG, Bd. II, 4. Aufl., § 302 Rn. 22.

473 *Emmerich*, in: Emmerich/Habersack/Schürnbrand, Aktien- und GmbH-Konzernrecht, 9. Aufl., § 302 Rn. 40e.

474 *Emmerich*, in: Emmerich/Habersack/Schürnbrand, Aktien- und GmbH-Konzernrecht, 9. Aufl., § 302 Rn. 40e.

475 *Emmerich/Habersack*, Konzernrecht, 11. Aufl., § 20 Rn. 48; *Altmeppen*, in: MüKo zum AktG, Bd. V, 5. Aufl., § 302 Rn. 73; *Koch*, in: Hüffer/Koch, AktG, 14. Aufl., § 302 Rn. 13.

aus dem Wortlaut des § 302 AktG, jedoch stehen insolvenzabwendenden Abschlagszahlungen im Schutzinteresse der beherrschten Gesellschaft und ihrer Gläubiger und entsprechen der Sorge des herrschenden Unternehmens die Existenz der beherrschten Gesellschaft durch finanzielle Ausstattung zu sichern.[476]

4. *Geltendmachung*

Der Anspruch aus § 302 AktG steht der abhängigen Gesellschaft als Gläubigerin zu und ist nach Fälligkeit unverzüglich von der Geschäftsführung der abhängigen Gesellschaft geltend zu machen.[477] Weisungen des herrschenden Unternehmens an die Geschäftsführung der abhängigen Gesellschaft gegen die unverzügliche Geltendmachung des Anspruchs sind nach § 134 BGB i.V.m. § 308 AktG unwirksam.[478] Sollte die abhängige Gesellschaft dennoch in Insolvenz geraten, gehört der Verlustausgleichsanspruch zur Insolvenzmasse und kann vom Insolvenzverwalter geltend gemacht werden.[479] Den Gläubigern der abhängigen Gesellschaft steht der Anspruch des § 302 AktG nicht unmittelbar zu. Die Gläubiger können den Anspruch gegen das herrschende Unternehmen über den Umweg der Pfändung des Titels der abhängigen Gesellschaft und der Überweisung nach §§ 829, 835 ZPO geltend machen.

Dagegen ist fraglich, ob den außenstehenden Aktionären bzw. Gesellschaftern die Geltendmachung des Anspruchs in analoger Anwendung der § 317

---

476 *Priester*, ZIP 1989, 1301 (1307 f.); *Kleindiek*, ZGR 2001, 479 (492 ff.) ; *Wimmer-Leonhardt*, Konzernhaftungsrecht, S. 35 ff.; *Emmerich/Habersack*, Konzernrecht, 11. Aufl., § 20 Rn. 48; *Altmeppen*, in: MüKo zum AktG, Bd. V, 5. Aufl., § 302 Rn. 73; *Nodoushani*, NZG 2017, 728 ff., *Koch*, in: Hüffer/Koch, AktG, 14. Aufl., § 302 Rn. 13; a.A. *Lwowski/Groeschke*, WM 1994, 613 (615); *Sassenrath*, in: FS U. Huber, 2006, S. 931 (933 f.); *Krieger*, in: MHdB AG, Bd. IV, 5. Aufl., § 71 Rn. 75; *Emmerich*, in: Emmerich/Habersack/Schürnbrand, Aktien- und GmbH-Konzernrecht, 9. Aufl., § 302 Rn. 41; *Veil*, in: Spindler/Stilz, AktG, Bd. II, 4. Aufl., § 302 Rn. 23; *Paschos*, in: Henssler/Strohn, Gesellschaftsrecht, 5. Aufl., § 302 AktG Rn. 15.

477 *Liebscher*, in: MüKo zum GmbHG, Bd. I, 3. Aufl., Anh § 13 Rn. 901; *Emmerich*, in: Emmerich/Habersack/Schürnbrand, Aktien- und GmbH-Konzernrecht, 9. Aufl., § 302 Rn. 43.

478 *Emmerich*, in: Emmerich/Habersack/Schürnbrand, Aktien- und GmbH-Konzernrecht, 9. Aufl., § 302 Rn. 43.

479 BGH, Urt. v. 23.09.1991 – II ZR 135/90, BGHZ 115, 187 (200) = NJW 1991, 3142 (3145); *Emmerich*, in: Emmerich/Habersack/Schürnbrand, Aktien- und GmbH-Konzernrecht, 9. Aufl., § 302 Rn. 43.

Abs. 4, § 309 AktG möglich sein soll.[480] Die Auffassung, die eine analoge Anwendung befürwortet, argumentiert mit der in der Nichtgeltendmachung liegenden Pflichtverletzung der Organe der abhängigen Gesellschaft und der Anerkennung der *actio pro socio* im GmbH-Recht.[481] Demgegenüber wird nach anderer Auffassung eine analoge Anwendung mit Verweis auf die ausdifferenzierte Regelung der einzelnen Klagerechte von Aktionären (§ 309 Abs. 4, 317 Abs. 4 AktG) und den nur mittelbar bezweckten Schutz der außenstehenden Aktionäre verneint.[482] Für die Ablehnung der *actio pro socio praeter legem* spricht, dass ein zusätzlicher Schutz durch § 310 Abs. 1, 4 i.V.m. § 309 Abs. 4 AktG erreicht wird, indem sich die Geschäftsführung der abhängigen Gesellschaft bei Nichtgeltendmachung des Ausgleichsanspruchs aus § 302 AktG schadensersatzpflichtig machen kann und dieser Anspruch von den außenstehenden Aktionären durch Verweis auf § 309 Abs. 4 AktG geltend gemacht werden kann. Dieser weitere Schutzmechanismus und die ausdrückliche Nichtregelung einer *actio pro socio* im Rahmen des § 302 AktG verbieten dessen analoge Anwendung.

C. Haftung im faktischen Aktienkonzern

I. Grundlagen

Gesetzliche Grundlage für die Haftung des herrschenden Unternehmens im faktischen Aktienkonzern bilden die §§ 311-318 AktG. Erfasst werden Konstellationen der Abhängigkeit einer AG oder KGaA ohne Beherrschungsvertrag oder Eingliederung.[483] Regelungszweck sind der Schutz der abhängigen Gesellschaft selbst, ihrer Gläubiger und der außenstehenden Aktionäre (*Außenseiterschutz*) innerhalb des Interessenkonflikts gegenüber den Eigeninteressen des herrschenden

---

480 *Liebscher*, in: MüKo zum GmbHG, Bd. I, 3. Aufl., Anh § 13 Rn. 904; *Veil*, in: Spindler/Stilz, AktG, Bd. II, 4. Aufl., § 302 Rn. 26.

481 *Wilhelm*, Die Beendigung des Beherrschungs- und Gewinnabführungsvertrags, S. 54; *Liebscher*, in: MüKo zum GmbHG, Bd. I, 3. Aufl., Anh § 13 Rn. 904; *Emmerich*, in: Emmerich/Habersack/Schürnbrand, Aktien- und GmbH-Konzernrecht, 9. Aufl., § 302 Rn. 44; *Beurskens*, in: Baumbach/Hueck, GmbHG, 22. Aufl., GmbH-KonzernR Rn. 123.

482 *Altmeppen*, in: MüKo zum AktG, Bd. V, 5. Aufl., § 302 Rn. 79 ff.; *Stephan*, in: Schmidt/Lutter, AktG, Bd. II, 4. Aufl., § 302 Rn. 58; *Koch*, in: Hüffer/Koch, AktG, 14. Aufl., § 302 Rn. 24; *Veil*, in: Spindler/Stilz, AktG, Bd. II, 4. Aufl., § 302 Rn. 26.

483 *Leuering/Goertz*, in: Hölters, AktG, 3. Aufl., § 311 Rn. 1; *Müller*, in: Spindler/Stilz, AktG, Bd. II, 4. Aufl., § 303 Rn. 1.

Unternehmens.[484] Ausdruck der gesetzgeberischen Entscheidung zugunsten eines Außenseiterschutzes und zentrale Vorschrift ist § 311 AktG, der dem herrschenden Unternehmen die Einflussnahme auf die abhängige Gesellschaft zur Vornahme oder Unterlassen für sie nachteiliger Rechtsgeschäfte oder Maßnahmen verbietet. Als Schutzmechanismen legen die §§ 311-318 AktG dem herrschenden Unternehmen einerseits Verhaltenspflichten in Form von Dokumentations- und Publizitätspflichten auf, andererseits bei Verletzung eine Schadensersatzpflicht nach § 317 AktG.[485] Gleichwohl ist die Einflussnahme durch Weisungen zum Nachteil der abhängigen Gesellschaft durch das herrschende Unternehmen nicht gänzlich verboten, vielmehr sind auch solche Weisungen gestattet, sofern der hieraus resultierende Nachteil entsprechend nach § 311 Abs. 1 AktG ausgeglichen oder nach § 311 Abs. 2 AktG der Nachteilsausgleich rechtsverbindlich versprochen wird (System des Einzelausgleichs).[486] Anknüpfung ist die jeweilige einzelne Ausübung der Leitungsmacht durch das herrschende Unternehmen und nicht die grundsätzliche Begründung des Konzernverhältnisses.[487] Diese unterschiedliche Anknüpfung spiegelt sich in der Ausgestaltung der Rechtsfolgen wider; im Rahmen des Vertragskonzerns nach § 302 AktG der pauschale Verlustausgleich, dagegen im faktischen Konzern das System des Nachteilsausgleichs und der Schadensersatzhaftung nach §§ 317, 318 AktG.[488]

Neben der Schutzfunktion erkennt das Gesetz mit den Regelungen der §§ 317 ff. AktG den faktischen Konzern als solchen an und privilegiert die Einflussnahme durch das herrschende Unternehmen gegenüber der eines Mehrheitsaktionärs,

---

484 Zur gesetzgeberischen Intention vgl. *Kropff*, AktG 1965, BegrRegE, S. 407; *Altmeppen*, in: MüKo zum AktG, Bd. V, 5. Aufl., Vor § 311 Rn. 1; *Leuering/Goertz*, in: Hölters, AktG, 3. Aufl., § 311 Rn. 2; *Koch*, in: Hüffer/Koch, AktG, 14. Aufl., § 311 Rn. 1; *Müller*, in: Spindler/Stilz, AktG, Bd. II, 4. Aufl., Vor §§ 311-318 Rn. 2; *Habersack*, in: Emmerich/Habersack/Schürnbrand, Aktien- und GmbH-Konzernrecht, 9. Aufl., § 311 Rn. 1.

485 *Wimmer-Leonhardt*, Konzernhaftungsrecht, S. 64; *Habersack*, in: Emmerich/Habersack/Schürnbrand, Aktien- und GmbH-Konzernrecht, 9. Aufl., § 311 Rn. 1.

486 *Vetter*, in: Schmidt/Lutter, AktG, Bd. II, 4. Aufl., § 311 Rn. 3; *Leuering/Goertz*, in: Hölters, AktG, 3. Aufl., § 311 Rn. 1; *Koch*, in: Hüffer/Koch, AktG, 14. Aufl., § 311 Rn. 1; *Müller*, in: Spindler/Stilz, AktG, Bd. II, 4. Aufl., Vor §§ 311-318 Rn. 3 f.; *Habersack*, in: Emmerich/Habersack/Schürnbrand, Aktien- und GmbH-Konzernrecht, 9. Aufl., § 311 Rn. 2.

487 *Vetter*, in: Schmidt/Lutter, AktG, Bd. II, 4. Aufl., § 311 Rn. 1; *Habersack*, in: Emmerich/Habersack/Schürnbrand, Aktien- und GmbH-Konzernrecht, 9. Aufl., § 311 Rn. 3.

488 *Vetter*, in: Schmidt/Lutter, AktG, Bd. II, 4. Aufl., § 311 Rn. 1; *Habersack*, in: Emmerich/Habersack/Schürnbrand, Aktien- und GmbH-Konzernrecht, 9. Aufl., § 311 Rn. 3.

der primär in seinem Privatinteresse handelt.[489] Im Rahmen der konzernrechtlichen Haftung wird sich im Folgenden näher mit dem Haftungssystem der §§ 311, 317 AktG auseinandergesetzt.

II. Haftungssystem der §§ 311, 317 AktG

1. Allgemeines

Den Einhalt des mit den §§ 311-318 AktG bezweckten Schutzes gebieten primär die §§ 311, 317 AktG.[490] § 311 AktG regelt grundlegend, unter welchen Voraussetzungen nachteilige Weisungen durch das herrschende Unternehmen gestattet sind. Gleichzeitig sanktioniert § 317 AktG den fehlenden Nachteilsausgleich mit einer Schadensersatzhaftung des herrschenden Unternehmens und seiner gesetzlichen Vertreter gegenüber der abhängigen Gesellschaft.[491] Die Anordnung der persönlichen Haftung der hinter dem herrschenden Unternehmen stehenden Gesellschafter als Gesamtschuldner nach § 317 Abs. 3 AktG soll zur Einhaltung des Nachteilsausgleichs nach § 317 Abs. 2 AktG erziehen.[492] Allerdings entpuppt sich die Haftungsanordnung nach den §§ 311, 317 AktG für die Gesellschaft und deren gesetzliche Vertreter in der Rechtspraxis mehr als bloße Haftungsandrohung, weniger als ein praktisch bedeutendes Instrument zum Schutze der abhängigen Gesellschaft und der Minderheitsaktionäre.[493]

---

489 *Hommelhoff*, Die Konzernleitungspflicht, S. 109 ff.; *Mülbert*, ZHR 163 (1999), 1 (21 ff.); *Altmeppen*, in: MüKo zum AktG, Bd. V, 5. Aufl., § 311 Rn. 38 ff.; *Vetter*, in: Schmidt/Lutter, AktG, Bd. II, 4. Aufl., § 311 Rn. 6; *Koch*, in: Hüffer/Koch, AktG, 14. Aufl., § 311 Rn. 4; *Müller*, in: Spindler/Stilz, AktG, Bd. II, 4. Aufl., Vor §§ 311-318 Rn. 2; *Habersack*, in: Emmerich/Habersack/Schürnbrand, Aktien- und GmbH-Konzernrecht, 9. Aufl., § 311 Rn. 4.

490 *Habersack*, in: Emmerich/Habersack/Schürnbrand, Aktien- und GmbH-Konzernrecht, 89. Aufl., § 311 Rn. 4.

491 *Vetter*, in: Schmidt/Lutter, AktG, Bd. II, 4. Aufl., § 317 Rn. 1; *Müller*, in: Spindler/Stilz, AktG, Bd. II, 4. Aufl., § 317 Rn. 1; *Habersack*, in: Emmerich/Habersack/Schürnbrand, Aktien- und GmbH-Konzernrecht, 9. Aufl., § 311 Rn. 4.

492 *Altmeppen*, in: MüKo zum AktG, Bd. V, 5. Aufl., § 317 Rn. 4; *Habersack*, in: Emmerich/Habersack/Schürnbrand, Aktien- und GmbH-Konzernrecht, 9. Aufl., § 317 Rn. 2.

493 *Kropff*, in: FS Bezzenberger, 2000, S. 233 (235); von einer „prophylaktischen Wirkung der § 311 ff. AktG spricht *Altmeppen*, in: MüKo zum AktG, Bd. V, 5. Aufl., § 317 Rn. 3; *Habersack*, in: Emmerich/Habersack/Schürnbrand, Aktien- und GmbH-Konzernrecht, 9. Aufl., § 317 Rn. 3 spricht von der Reformbedürftigkeit der §§ 311, 317; *Leuering/Goertz*, in: Hölters, AktG, 3. Aufl., § 317 Rn. 4.

2. *Dogmatische Einordnung*

Nicht einheitlich wird die Frage nach der dogmatischen Einordnung der Haftung nach den §§ 311, 317 AktG bisweilen beantwortet. Hinsichtlich der systematischen Einordnung hat sich das Verständnis durchgesetzt, § 311 AktG als Grundnorm, § 317 AktG dagegen als Regelung der Durchsetzung des in § 311 AktG normierten Verbotes anzusehen.[494] Die dogmatische Einordnung der Haftung ist dagegen umstritten, es stehen sich drei Ansätze gegenüber.

Der erste Ansatz sieht die Haftung nach § 317 AktG aufgrund der faktischen Verantwortlichkeit als eine organschaftliche Haftung an.[495] Untermauert würde das Verständnis als „Culpa-Haftung für pflichtwidrige Fremdgeschäftsführung (*negotiorum gestio*) ähnlich einer Organhaftung"[496] aufgrund der gesetzlichen Anknüpfung in § 317 Abs. 2 AktG an den Geschäftsleiter.[497]

Demgegenüber wird zwar durch das Außerkraftsetzen des § 76 AktG durch § 309 AktG ein gewisser Charakter einer Organhaftung zugebilligt, § 317 AktG wird jedoch als Verschärfung gegenüber § 117 AktG als besonderer verschuldensunabhängiger Deliktstatbestand qualifiziert.[498]

Der dritte dogmatische Ansatz sieht in der Nachteilszufügung durch das herrschende Unternehmen ohne Ausgleich einen Verstoß des herrschenden Unternehmens gegen seine aus dem Sonderrechtsverhältnis zur faktisch abhängigen Gesellschaft folgende Treuepflicht (als Gesellschafter).[499]

---

494 Vgl. *Wimmer-Leonhardt*, Konzernhaftungsrecht, S. 138; *Altmeppen*, in: MüKo zum AktG, Bd. V, 5. Aufl., § 317 Rn. 5; *Koch*, in: Hüffer/Koch, AktG, 14. Aufl., § 317 Rn. 1; *Veil*, in: Spindler/Stilz, AktG, Bd. II, 4. Aufl., § 317 Rn. 1; *Habersack*, in: Emmerich/Habersack/Schürnbrand, Aktien- und GmbH-Konzernrecht, 9. Aufl., § 317 Rn. 2.

495 *Mestmäcker*, in: FS Kronstein,1967, S. 129, 141; Möhring, in: FS Schilling, 1973, S. 253, 263; *Stöcklhuber*, Der Konzern 2001, 253 (255 ff.); *Voigt*, Haftung aus Einfluss auf die Aktiengesellschaft (§§ 117, 309, 317 AktG), S. 324 ff.; *Altmeppen*, in: MüKo zum AktG, Bd. V, 5. Aufl., § 317 Rn. 8 ff.

496 *Altmeppen*, in: MüKo zum AktG, Bd. V, 5. Aufl., § 317 Rn. 8.

497 *Altmeppen*, in: MüKo zum AktG, Bd. V, 5. Aufl., § 317 Rn. 8 ff.

498 Vgl. insofern LG Kiel, ZwUrt. v. 30.01.2008 – 14 O 90/05, NZG 2008, 346 (347), das im Rahmen der Haftung nach § 317 AktG für die internationale Zuständigkeit an den Ort der unerlaubten Handlung gem. Art. 5 Nr. 3 EuGVVO anknüpft; *Schürnbrand*, Organschaft im Recht der privaten Verbände, S. 186 ff.; *Habersack*, in: Emmerich/Habersack/Schürnbrand, Aktien- und GmbH-Konzernrecht, 9. Aufl., § 317 Rn. 11.

499 *Wimmer-Leonhardt*, Konzernhaftungsrecht, S. 138 f.; zustimmend *Grigoleit*, in: Grigoleit, AktG, 2. Aufl., § 317 Rn. 1; *Paul*, Informelle und formelle Einflussnahme des faktisch herrschenden Unternehmens auf die faktisch abhängige AG, S. 120 f.; *Vetter*,

Gegen eine aus § 317 Abs. 2 AktG hergeleitete Organhaftung spricht, dass § 317 Abs. 2 AktG nicht haftungsbegründend auf die Stellung des Geschäftsleiters als Organ verweist, sondern an das Verhalten des Geschäftsleiters der abhängigen Gesellschaft anknüpft, von welchem das Verhalten des herrschenden Unternehmens beurteilt wird.[500] Das herrschende Unternehmen nimmt somit weder die Stellung eines Organs der abhängigen Gesellschaft ein, noch verfügt es über ein gleich dem Geschäftsführungsorgan der abhängigen Gesellschaft zustehendes Weisungsrecht.[501] Gegen die Qualifizierung als besonderen verschuldensunabhängigen Deliktstatbestand spricht, dass der Haftungsgrund weniger in einem allgemeinen deliktischen Handeln fußt, als vielmehr auf der Verletzung einer dem herrschenden Unternehmen gegenüber der abhängigen Gesellschaft obliegenden Treuepflicht.[502] Die Veranlassung zu einer Maßnahme, die der beherrschten Gesellschaft zum Nachteil gereicht, führt nach § 311 AktG zu einer Nachteilsausgleichspflicht des herrschenden Unternehmens. Wird dieser nicht nachgekommen, knüpft § 317 AktG an diese verletzte Treuepflicht an und sanktioniert diese durch eine Schadensersatzhaftung des herrschenden Unternehmens und dessen gesetzlicher Vertreter.

3. *Tatbestandsvoraussetzungen*

Nach § 317 Abs. 1 S. 1 AktG ist ein herrschendes Unternehmen, das eine abhängige Gesellschaft mit der kein Beherrschungsvertrag besteht, veranlasst hat, ein für sie nachteiliges Rechtsgeschäft vorzunehmen oder zu ihrem Nachteil eine Maßnahme zu treffen oder zu unterlassen, ohne dass der Nachteil bis zum Ende des Geschäftsjahres tatsächlich ausgeglichen oder ein Rechtsanspruch auf einen zum Ausgleich bestimmten Vorteil gewährt wird, dieser Gesellschaft zum Ersatz des ihr daraus entstehenden Schadens verpflichtet. Der Tatbestand des § 317 Abs .1 S. 1 AktG greift auf den Wortlaut des § 311 AktG zurück und erweitert

---

in: Schmidt/Lutter, AktG, Bd. II, 4. Aufl., § 317 Rn. 3; *Koch*, in: Hüffer/Koch, AktG, 14. Aufl., § 317 Rn. 1.

500 Vgl. *Habersack*, in: Emmerich/Habersack/Schürnbrand, Aktien- und GmbH-Konzernrecht, 9. Aufl., § 317 Rn. 11.

501 *Wimmer-Leonhardt*, Konzernhaftungsrecht, S. 138; *Habersack*, in: Emmerich/Habersack/Schürnbrand, Aktien- und GmbH-Konzernrecht, 9. Aufl., § 317 Rn. 11.

502 *Wimmer-Leonhardt*, Konzernhaftungsrecht, S. 140; *Koch*, in: Hüffer/Koch, AktG, 14. Aufl., § 317 Rn. 1.

diesen um den fehlenden Nachteilsausgleich oder die fehlende Begründung eines Rechtsanspruchs auf Ausgleich.[503]

a. *Anwendbarkeit der §§ 311, 317 AktG*

Zunächst müsste die Anwendbarkeit der § 311, 317 AktG gegeben sein, was der Fall ist, wenn es sich um einen faktischen Aktienkonzern handelt, folglich ein Abhängigkeitsverhältnis im Sinne des § 17 AktG ohne Bestehen eines Beherrschungsvertrages oder einer Eingliederung vorliegt.[504] Auf Seiten der abhängigen Gesellschaft ist eine Einmann-AG ausreichend, auf Seite des herrschenden Unternehmens werden auch mehrstufige Abhängigkeitsverhältnisse erfasst; bereits mittelbarer Einfluss genügt und eröffnet den Anwendungsbereich der §§ 311 ff. AktG gegenüber der „Großmutter-Gesellschaft".[505]

b. *Veranlassung gem. § 311 Abs. 1 AktG*

Nach Feststellung der Anwendbarkeit der §§ 311, 317 AktG muss der Tatbestand des § 311 AktG erfüllt sein, sodass es zunächst einer Veranlassung seitens des herrschenden Unternehmens bedarf. Das Tatbestandsmerkmal ergibt sich aus dem Umstand der Möglichkeit der Einflussnahme durch das herrschende Unternehmen auf die beherrschte Gesellschaft.[506] Eine Veranlassung als zentrales Zurechnungskriterium kann nur angenommen werden, wenn zwischen dem gesellschaftsrechtlich vermittelten Einfluss des herrschenden Unternehmens und dem Verhalten der abhängigen Gesellschaft ein kausaler Zusammenhang besteht.[507] Hierfür reicht grundsätzlich jedes Handeln des herrschenden

---

503 *Altmeppen*, in: MüKo zum AktG, Bd. V, 5. Aufl., § 317 Rn. 14; *Koch*, in: Hüffer/Koch, AktG, 14. Aufl., § 317 Rn. 4.

504 *Habersack*, in: Emmerich/Habersack/Schürnbrand, Aktien- und GmbH-Konzernrecht, 9. Aufl., § 317 Rn. 4; *Leuering/Goertz*, in: Hölters, AktG, 3. Aufl., § 317 Rn. 7.

505 Ausführlich jeweils *Vetter*, in: Schmidt/Lutter, AktG, Bd. II, 4. Aufl., § 311 Rn. 13 ff.; *Habersack*, in: Emmerich/Habersack/Schürnbrand, Aktien- und GmbH-Konzernrecht, 9. Aufl., § 311 Rn. 13 f.

506 *Habersack*, in: Emmerich/Habersack/Schürnbrand, Aktien- und GmbH-Konzernrecht, 9. Aufl., § 311 Rn. 22.

507 *Grigoleit*, in: Grigoleit, AktG, 2. Aufl., § 311 Rn. 22; *Altmeppen*, in: MüKo zum AktG, Bd. V, 5. Aufl., § 311 Rn. 75; *Habersack*, in: Emmerich/Habersack/Schürnbrand, Aktien- und GmbH-Konzernrecht, 9. Aufl., § 311 Rn. 22; *Bödeker*, in: Henssler/Strohn, Gesellschaftsrecht, 5. Aufl., § 311 AktG Rn. 8.

Unternehmens aus, das von der abhängigen Gesellschaft als Anweisung zu einem bestimmten Verhalten ihrerseits verstanden werden kann.[508]

c. *Nachteil*

Die Veranlassung darf nicht zu einem Nachteil der abhängigen Gesellschaft führen. Dieses Tatbestandsmerkmal kennzeichnet die vom Gesetz gestattete Einflussnahme durch und im Interesse des herrschenden Unternehmens, soweit das Vermögensinteresse der abhängigen Gesellschaft selbst unberührt bleibt.[509] Als nachteilig werden solche Maßnahmen angesehen, die den Wert des Vermögens der abhängigen Gesellschaft unter Einbeziehung aller Chancen und Risiken mindern, verglichen mit dem hypothetischen Wert, den das Vermögen unter Einhaltung der Sorgfalt eines ordentlichen und gewissenhaften Geschäftsleiters haben würde, wenn kein Abhängigkeitsverhältnis bestünde.[510] § 311 Abs. 2 AktG bezieht sich insofern auf den Sorgfaltsmaßstab des § 93 Abs. 1 S. 1 AktG, sodass der Nachteilsbegriff neben einer Wertminderung des Gesellschaftsvermögens voraussetzt, dass ein Geschäftsleiter einer unabhängigen Gesellschaft unter ordentlicher und gewissenhafter Ausübung seiner Sorgfalt und unter Berücksichtigung des Ermessenspielraums des § 93 Abs. 1 S. 2 AktG (sog. *business judgment rule*) sich nicht so hätte verhalten dürfen.[511] Um den Nachteil einer Maßnahme zu ermitteln, ordnet § 317 Abs. 2 AktG den Vergleich unter Eliminierung der Abhängigkeit, gemeint ist ohne Berücksichtigung des

508 Vgl. hierzu sowie ausführlich zur Frage, ob es eines gesonderten „Veranlassungsbewusstseins" der abhängigen Gesellschaft bedarf *Altmeppen*, in: MüKo zum AktG, Bd. V, 5. Aufl., § 311 Rn. 76 ff.; *Habersack*, in: Emmerich/Habersack/Schürnbrand, Aktien- und GmbH-Konzernrecht, 9. Aufl., § 311 Rn. 23.

509 *Habersack*, in: Emmerich/Habersack/Schürnbrand, Aktien- und GmbH-Konzernrecht, 9. Aufl., § 311 Rn. 39.

510 Vgl. auch BGH, Urt. v. 01.12.2008 – II ZR 102/07, NJW 2009, 850 (851), wonach der Nachteilsbegriff der §§ 311, 317 AktG „jede Minderung oder konkrete Gefährdung der Vermögens- und Ertragslage der Gesellschaft ohne Rücksicht auf Quantifizierbarkeit, soweit die genannte Beeinträchtigung als Abhängigkeitsfolge eintritt" erfasst; *Altmeppen*, in: MüKo zum AktG, Bd. V, 5. Aufl., § 311 Rn. 156; *Vetter*, in: Schmidt/Lutter, AktG, Bd. II, 4. Aufl., § 311 Rn. 40; *Bödeker*, in: Henssler/Strohn, Gesellschaftsrecht, 5. Aufl., § 311 AktG Rn. 16.

511 *Vetter*, in: Schmidt/Lutter, AktG, Bd. II, 4. Aufl., § 311 Rn. 40; *Habersack*, in: Emmerich/Habersack/Schürnbrand, Aktien- und GmbH-Konzernrecht, 9. Aufl., § 311 Rn. 40 f.

Konzerninteresses, zu einem ordentlichen und gewissenhaften Geschäftsleiter einer unabhängigen Gesellschaft an.[512]

d. Nachteilsausgleich

Liegt eine veranlasste nachteilige Maßnahme vor, so tritt die Schadensersatzhaftung nach § 317 Abs. 1 AktG nicht ein, wenn das herrschende Unternehmen gemäß § 311 Abs. 1 AktG den Nachteil bis zum Ende des Geschäftsjahres tatsächlich ausgleicht oder der abhängigen Gesellschaft einen Rechtsanspruch auf einen zum Ausgleich bestimmten Vorteil gewährt. Gleicht das herrschende Unternehmen etwaige Nachteile der abhängigen Gesellschaft aus, legitimiert dies die Einflussnahme.[513] Dogmatisch wird die Ausgleichspflicht des herrschenden Unternehmens im Gegensatz zur früheren Auffassung[514] als Kompensationsleistung *sui generis*[515] oder Kompensationspflicht eigenen Inhalts[516] bzw. eigener Art[517] oder Ausgleichsverpflichtung eigener Art[518] angesehen.[519] Die abhängige Gesellschaft hat jedoch gegenüber dem herrschenden Unternehmen keinen durchsetzbaren pfändbaren Anspruch auf Nachteilsausgleich, vielmehr tritt der Nachteilsausgleich an die Stelle des Schädigungsverbotes und an

512 *Vetter*, in: Schmidt/Lutter, AktG, Bd. II, 4. Aufl., § 311 Rn. 41, 48; *Habersack*, in: Emmerich/Habersack/Schürnbrand, Aktien- und GmbH-Konzernrecht, 9. Aufl., § 311 Rn. 53.

513 *Altmeppen*, in: MüKo zum AktG, Bd. V, 5. Aufl., § 311 Rn. 304; *Koch*, in: Hüffer/Koch, AktG, 14. Aufl., § 311 Rn. 37; *Müller*, in: Spindler/Stilz, AktG, Bd. II, 4. Aufl., § 311 Rn. 48; *Habersack*, in: Emmerich/Habersack/Schürnbrand, Aktien- und GmbH-Konzernrecht, 9. Aufl., § 311 Rn. 59.

514 Früher wurde der Nachteilsausgleich als Form des Schadensersatzes angesehen, vgl. hierzu *Kellmann*, BB 1969, 1509 (1512 ff.); *Bälz*, in: FS Raiser, 1974, S. 287 (308 ff.), der die Ausgleichsregelung als Anwendungsfall der "*compensatio lucri cum damno*" in die Schadenshaftung des § 317 Abs. 1 AktG einbezieht; *Geßler*, in: FS Westermann, 1974, S. 145 (160 f.) spricht von "*facultas alternativa*" (Wahlmöglichkeit) anstelle des Schadensersatzes.

515 So *Vetter*, in: Schmidt/Lutter, AktG, Bd. II, 4. Aufl., § 311 Rn. 105; *Leuering/Goertz*, in: Hölters, AktG, 3. Aufl., § 311 Rn. 80; *Habersack*, in: Emmerich/Habersack/Schürnbrand, Aktien- und GmbH-Konzernrecht, 9. Aufl., § 311 Rn. 61 sprechen von einer Kompensationspflicht sui generis.

516 *Hüffer*, in: Hüffer/Koch, AktG, 14. Aufl., § 311 Rn. 37.

517 *Fett*, in: Bürgers/Körber, AktG, 4. Aufl., § 311 Rn. 47.

518 *Müller*, in: Spindler/Stilz, AktG, Bd. II, 4. Aufl., § 311 Rn. 48.

519 *Müller*, in: Spindler/Stilz, AktG, Bd. II, 4. Aufl., § 311 Rn. 48; *Habersack*, in: Emmerich/Habersack/Schürnbrand, Aktien- und GmbH-Konzernrecht, 9. Aufl., § 311 Rn. 61.

die Stelle des fehlenden Ausgleichs tritt der Anspruch auf Schadensersatz nach § 317 AktG.[520] Der Nachteil ist durch einen Vermögensvorteil auszugleichen, der grundsätzlich bewertbar,[521] im Fall der bilanziellen Auswirkungen des Nachteils auch bilanzierfähig sein muss.[522] Zwischen dem gewährten Vorteil und dem erlittenen Nachteil der abhängigen Gesellschaft muss kein innerer Zusammenhang bestehen, es muss lediglich feststellbar sein, welcher Vorteil welchen Nachteil ausgleicht (*Prinzip des Einzelausgleichs*).[523] Für die Bewertung des konkreten Vorteils zur Kompensation des Nachteils ist der maßgebende Zeitpunkt die Vorteilsgewährung, sodass solche Nachteile im Sinne einer vollen Kompensation erfasst werden, die nach Vornahme der Maßnahme durch die abhängige Gesellschaft und vor Gewährung des Ausgleichs durch das herrschende Unternehmen erfolgt sind.[524] Dem herrschenden Unternehmen wird nach § 311 Abs. 2 AktG

---

520 BGH, Urt. v. 15.11.1993 – II ZR 253/92, BGHZ 124, 111 (119) = NJW 1994, 520 (522); *Vetter*, in: Schmidt/Lutter, AktG, Bd. II, 4. Aufl., § 311 Rn. 106; *Müller*, in: Spindler/Stilz, AktG, Bd. II, 4. Aufl., § 311 Rn. 49; *Habersack*, in: Emmerich/Habersack/Schürnbrand, Aktien- und GmbH-Konzernrecht, 9. Aufl., § 311 Rn. 61; *Koch*, in: Hüffer/Koch, AktG, 14. Aufl., § 311 Rn. 38 bezeichnet die Ausgleichspflicht als Rechtspflicht minderer Zwangsintensität; demgegenüber qualifiziert *Grigoleit*, in: Grigoleit, AktG, 2. Aufl., § 311 Rn. 50 den Nachteilsausgleich nicht als eigenständige Pflicht, sondern als "Suspensivelement des dominanten Schädigungsverbots".

521 Zur Bewertbarkeit des Vorteils vgl. *Altmeppen*, in: MüKo zum AktG, Bd. V, 5. Aufl., § 311 Rn. 340; *Krieger*, in: MHdB AG, Bd. IV, 5. Aufl., § 70 Rn. 90; *Vetter*, in: Schmidt/Lutter, AktG, Bd. II, 4. Aufl., § 311 Rn. 86; *Hüffer*, in: Hüffer/Koch, AktG, 14. Aufl., § 311 Rn. 39; *Müller*, in: Spindler/Stilz, AktG, Bd. II, 4. Aufl., § 311 Rn. 50; *Habersack*, in: Emmerich/Habersack/Schürnbrand, Aktien- und GmbH-Konzernrecht, 9. Aufl., § 311 Rn. 63.

522 BGH, Urt. v. 26.06.2012 – II ZR 30/11, NZG 2012, 1030 (1031) = AG 2012, 680 (682) ; *Krieger*, in: MHdB AG, Bd. IV, 5. Aufl., § 70 Rn. 90; *Fett*, in: Bürgers/Körber, AktG, 4. Aufl., § 311 Rn. 50; *Koch*, in: Hüffer/Koch, AktG, 14. Aufl., § 311 Rn. 39; *Müller*, in: Spindler/Stilz, AktG, Bd. II, 4. Aufl., § 311 Rn. 50; *Habersack*, in: Emmerich/Habersack/Schürnbrand, Aktien- und GmbH-Konzernrecht, 9. Aufl., § 311 Rn. 63; a.A. *Vetter*, in: Schmidt/Lutter, AktG, Bd. II, 4. Aufl., § 311 Rn. 88.

523 *Grigoleit*, in: Grigoleit, AktG, 2. Aufl., § 311 Rn. 52; *Altmeppen*, in: MüKo zum AktG, Bd. V, 5. Aufl., § 311 Rn. 345 f.; *Vetter*, in: Schmidt/Lutter, AktG, Bd. II, 4. Aufl., § 311 Rn. 89; *Habersack*, in: Emmerich/Habersack/Schürnbrand, Aktien- und GmbH-Konzernrecht, 9. Aufl., § 311 Rn. 62.

524 *Krieger*, in: MHdB AG, Bd. IV, 5. Aufl., § 70 Rn. 90; *Vetter*, in: Schmidt/Lutter, AktG, Bd. II, 4. Aufl., § 311 Rn. 91 f.; *Koch*, in: Hüffer/Koch, AktG, 14. Aufl., § 311 Rn. 68; *Habersack*, in: Emmerich/Habersack/Schürnbrand, Aktien- und GmbH-Konzernrecht, 9. Aufl., § 311 Rn. 68.

eine Wahl gegeben, auf welche Weise es den Nachteil ausgleicht: entweder durch tatsächlichen Nachteilsausgleich oder durch Begründung eines Rechtsanspruchs auf Nachteilsausgleich.[525] Ein Nachteil ist tatsächlich ausgeglichen, wenn der Vorteil bis zum Bilanzstichtag dem Vermögen der abhängigen Gesellschaft zugeführt wurde und der Nachteil hierdurch kompensiert wurde.[526] Erfolgt nach § 311 Abs. 2 S. 1 AktG der Ausgleich während des Geschäftsjahres nicht tatsächlich, muss spätestens am Ende des Geschäftsjahres bestimmt werden, wann und durch welche Vorteile der Nachteil ausgeglichen werden soll, worauf der abhängigen Gesellschaft nach § 311 Abs. 2 S. 2 AktG ein Rechtsanspruch zu gewähren ist. Dies hat in der Regel durch Abschluss eines grundsätzlich formfreien Vertrages bis spätestens am Bilanzstichtag zu erfolgen, allerdings kann die eigentliche Erfüllung sodann zwar zeitlich aufgeschoben werden, die konkrete Leistungszeit ist aber anzugeben.[527] Auch sind die Vorteile nach Art und Umfang im Vertrag konkret zu bestimmen.[528]

e. *Unterbliebener Nachteilsausgleich*

Neben der Anforderung an den Nachteilsausgleich nach § 311 Abs. 1, 2 AktG bedarf es als weiteres Tatbestandsmerkmal nach § 317 Abs. 1 AktG, dass der Nachteil nicht bis zum Ende des Geschäftsjahres ausgeglichen wurde. Der fehlende Nachteilsausgleich qualifiziert die Veranlassung als solche als rechtswidriges Verhalten des herrschenden Unternehmens und stellt das haftungsbegründende Tatbestandsmerkmal dar, das die Schadensersatzhaftung nach § 317 AktG rechtfertigt.[529] Anhand dieses Haftungsgrundes lässt sich die systematische

---

525 *Habersack*, in: Emmerich/Habersack/Schürnbrand, Aktien- und GmbH-Konzernrecht, 9. Aufl., § 311 Rn. 69.

526 *Koch*, in: Hüffer/Koch, AktG, 14. Aufl., § 311 Rn. 44; *Müller*, in: Spindler/Stilz, AktG, Bd. II, 4. Aufl., § 311 Rn. 55.

527 *Vetter*, in: Schmidt/Lutter, AktG, Bd. II, 4. Aufl., § 311 Rn. 96 f.; *Müller*, in: Spindler/Stilz, AktG, Bd. II, 4. Aufl., § 311 Rn. 57 ff.

528 BGH, Urt. v. 26.06.2012 – II ZR 30/11, NZG 2012, 1030 (1031) = AG 2012, 680 (682) ; *Vetter*, in: Schmidt/Lutter, AktG, Bd. II, 4. Aufl., § 311 Rn. 100; *Koch*, in: Hüffer/Koch, AktG, 14. Aufl., § 311 Rn. 47; *Habersack*, in: Emmerich/Habersack/Schürnbrand, Aktien- und GmbH-Konzernrecht, 9. Aufl., § 311 Rn. 74.

529 *Luchterhandt*, ZHR 133 (1970), 1 (36 ff.); *Altmeppen*, in: MüKo zum AktG, Bd. V, 5. Aufl., § 317 Rn. 18 f.; *Vetter*, in: Schmidt/Lutter, AktG, Bd. II, 4. Aufl., § 317 Rn. 6; *Fett*, in: Bürgers/Körber, AktG, 4. Aufl., § 317 Rn. 5; *Koch*, in: Hüffer/Koch, AktG, 14. Aufl., § 317 Rn. 6; *Habersack*, in: Emmerich/Habersack/Schürnbrand, Aktien- und GmbH-Konzernrecht, 9. Aufl., § 317 Rn. 9.

Konzeption der Haftung im faktischen Konzern verstehen. Grundsätzlich darf ein herrschendes Unternehmen seine abhängige Gesellschaft nicht dazu veranlassen, nachteilige Maßnahmen vorzunehmen. Wird die abhängig Gesellschaft dennoch zur Vornahme oder zum Unterlassen einer sich nachteilig auswirkenden Maßnahme veranlasst, entsteht nach § 311 AktG eine Nachteilsausgleichspflicht für das herrschende Unternehmen. Erst durch die Anknüpfung an den unterbliebenen Ausgleich als Haftungsgrund wird das Unternehmen sodann durch die Schadensersatzhaftung nach § 317 AktG sanktioniert.

f. Mithaftung der gesetzlichen Vertreter

Neben dem herrschenden Unternehmen selbst haften nach § 317 Abs. 3 AktG die gesetzlichen Vertreter, die die Gesellschaft zu dem Rechtsgeschäft oder der Maßnahme veranlasst haben, als Gesamtschuldner. Aus der Gesetzessystematik zu § 318 AktG ergibt sich, dass es sich um die gesetzlichen Vertreter des herrschenden Unternehmens handelt, als Mitglieder des Geschäftsführungs- und Vertretungsorgans der jeweiligen Rechtsform.[530] Als Haftungstatbestand bedarf es einer Veranlassung durch die gesetzlichen Vertreter des herrschenden Unternehmens zu einem Rechtsgeschäft oder Maßnahme der abhängigen Gesellschaft. Somit sind solche gesetzlichen Vertreter haftungsfrei, die an der Veranlassung unbeteiligt sind.[531] Eine bloß mittelbare Einflussnahme durch den gesetzlichen Vertreter über Anweisung an Angestellte des herrschenden Unternehmens reicht aus,[532] um die Rechtsfolge der Haftung als Gesamtschuldner

530 Bereits aus der Gesetzesbegründung ergibt sich, dass es sich trotz des nicht eindeutigen Wortlauts nur um die gesetzlichen Vertreter des herrschenden Unternehmens handeln kann, vgl. *Kropff*, AktG 1965, BegrRegE, S. 419; *Koch*, in: Hüffer/Koch, AktG, 14. Aufl., § 317 Rn. 13; *Habersack*, in: Emmerich/Habersack/Schürnbrand, Aktien- und GmbH-Konzernrecht, 9. Aufl., § 317 Rn. 22.

531 *Krieger*, in: MHdB AG, Bd. IV, 5. Aufl., § 70 Rn. 135; *Altmeppen*, in: MüKo zum AktG, Bd. V, 5. Aufl., § 317 Rn. 88; *Vetter*, in: Schmidt/Lutter, AktG, Bd. II, 4. Aufl., § 317 Rn. 37; *Habersack*, in: Emmerich/Habersack/Schürnbrand, Aktien- und GmbH-Konzernrecht, 9. Aufl., § 317 Rn. 24.

532 Dagegen reicht eine unzureichende Organisation und Überwachung für eine Haftung nicht aus, vgl. *Altmeppen*, in: MüKo zum AktG, Bd. V, 5. Aufl., § 317 Rn. 94; *Krieger*, in: MHdB AG, Bd. IV, 5. Aufl., § 70 Rn. 135; *Bödeker*, in: Henssler/Strohn, Gesellschaftsrecht, 5. Aufl., § 317 AktG Rn. 11; *Müller*, in: Spindler/Stilz, AktG, Bd. II, 4. Aufl., § 317 Rn. 16; *Habersack*, in: Emmerich/Habersack/Schürnbrand, Aktien- und GmbH-Konzernrecht, 9. Aufl., § 317 Rn. 24; a.A. *Grigoleit*, in: Grigoleit, AktG, 2. Aufl., § 317 Rn. 13.

gem. §§ 421 ff. BGB neben dem herrschenden Unternehmen gegenüber der abhängigen Gesellschaft zu begründen.[533]

4. *Rechtsfolge und Geltendmachung*

Als Rechtsfolge der §§ 311, 317 AktG folgt eine Schadensersatzhaftung des herrschenden Unternehmens und seiner gesetzlichen Vertreter als Gesamtschuldner gegenüber der abhängigen Gesellschaft. Diese Schadensersatzhaftung ist aufgrund des Gläubigerschutzes zwingendes Recht, insofern kann die Haftung weder durch Satzung noch durch einen Beschluss der Hauptversammlung abbedungen werden.[534] Seitens der abhängigen Gesellschaft ist der Anspruch auf Schadensersatz gegenüber dem herrschenden Unternehmen notwendig geltend zu machen, der Anspruch ist aktivierungspflichtig.[535] Für den Inhalt des Schadensersatzanspruchs sind die allgemeinen Vorschriften der §§ 249 ff. BGB maßgebend.[536]

Der Anspruch auf Schadensersatz nach § 317 Abs. 1 S. 1 AktG steht der abhängigen Gesellschaft gegen das herrschende Unternehmen zu. Grundsätzlich hat der Vorstand der abhängigen Gesellschaft diesen Anspruch geltend zu machen. Nach § 317 Abs. 4 AktG i.V.m. § 309 Abs. 4 S. 1 AktG besteht auch die Möglichkeit, dass jeder Aktionär der abhängigen Gesellschaft den Anspruch auf Schadensersatz im eigenen Namen auf Leistung an die Gesellschaft im Wege der gesetzlichen Prozessstandschaft geltend machen kann.[537] Daneben gibt § 317

533 *Müller*, in: Spindler/Stilz, AktG, Bd. II, 4. Aufl., § 317 Rn. 15 ; *Habersack*, in: Emmerich/Habersack/Schürnbrand, Aktien- und GmbH-Konzernrecht, 9. Aufl., § 317 Rn. 25.

534 *Altmeppen*, in: MüKo zum AktG, Bd. V, 5. Aufl., § 317 Rn. 32.

535 Vgl. BGH, Urt. v. 15.11.1993 – II ZR 235/92, BGHZ 124. 111 (119 f.) = NJW 1994, 520 (522 f.) wonach eine unterbliebene, aber gebotene Aktivierung die Folge der Nichtigkeit für den Jahresabschluss nach sich ziehen kann; *Koch*, in: Hüffer/Koch, AktG, 14. Aufl., § 317 Rn. 9.

536 *Wimmer-Leonhardt*, Konzernhaftungsrecht, S. 140; *Altmeppen*, in: MüKo zum AktG, Bd. V, 5. Aufl., § 317 Rn. 33; *Koch*, in: Hüffer/Koch, AktG, 14. Aufl., § 317 Rn. 9.

537 Für die Einordnung als Fall der gesetzlichen Prozessstandschaft siehe OLG Schleswig, Beschl. v. 18.08.2005 – 5 W 22/05, ZIP 2005, 1656 (1657 ff.) = BeckRS 2005, 30361504; KG, Beschl. v. 25.08.2011 – 25 W 63/11, AG 2012, 256 (260) = BeckRS 2011, 25736; *Grigoleit*, in: Grigoleit, AktG, 2. Aufl., § 317 Rn. 10; *Koch*, in: Hüffer/Koch, AktG, 14. Aufl., § 317 Rn. 16; a.A. *Mertens*, in: FS Fleck, 1988, S. 209 (218); *Müller*, in: Spindler/Stilz, AktG, Bd. II, 4. Aufl., § 317 Rn. 19; *Habersack*, in: Emmerich/Habersack/Schürnbrand, Aktien- und GmbH-Konzernrecht, 9. Aufl., § 317 Rn. 27.

Abs. 1 S. 2, § 317 Abs. 3 i.V.m. § 317 Abs. 1 S. 2 AktG den Aktionären gegen das herrschende Unternehmen und dessen gesetzliche Vertreter einen eigenen Anspruch auf Schadensersatz zur Hand, sofern die außenstehenden Aktionäre einen Eigenschaden erlitten haben. Für die Geltendmachung des eigenen Anspruchs gilt § 309 Abs. 4 AktG nicht, sodass die außenstehenden Aktionäre die Leistung an sich selbst fordern können.[538]

5. *Zusammenfassung*

Wenngleich in der Praxis kaum relevant,[539] sanktionieren die §§ 311, 317 AktG nicht nur das herrschende Unternehmen selbst, sondern nach § 317 Abs. 3 AktG auch dessen gesetzliche Vertreter als Gesamtschuldner. Besteht kein Beherrschungsvertrag, ist es keineswegs so, dass das herrschende Unternehmen im Sinne des Konzerninteresses die abhängige Gesellschaft nicht zum Handeln veranlassen kann. Vielmehr ist die Veranlassung zur Vornahme von nachteiligen Rechtsgeschäften oder Maßnahmen durchaus gestattet, zieht jedoch eine Nachteilsausgleichspflicht nach sich. Diese Nachteilsausgleichspflicht hat die Funktion eines „Quasi-Kapitalschutzes" der abhängigen Gesellschaft im Sinne des Außenseiterschutzes. Erst wenn dieser nicht nachgekommen wird, wird das herrschende Unternehmen, in concreto die Muttergesellschaft, schadensersatzpflichtig und über § 317 Abs. 3 AktG sogar deren gesetzliche Vertreter, also Vorstandsmitglieder oder Geschäftsführer, sofern diese die Maßnahme veranlasst haben.

D. Haftung im faktischen GmbH-Konzern

I. Allgemeines

Im Gegensatz zum faktischen Aktienkonzern finden die §§ 311 ff. AktG auf den faktischen GmbH-Konzern keine – auch keine analoge – Anwendung.[540] Dies

---

538 *Müller*, in: Spindler/Stilz, AktG, Bd. II, 4. Aufl., § 317 Rn. 20; *Habersack*, in: Emmerich/Habersack/Schürnbrand, Aktien- und GmbH-Konzernrecht, 9. Aufl., § 317 Rn. 30.

539 Siehe bereits oben, Kap.II.C.II.1.

540 BGH, Urt. v. 05.06.1975 – II ZR 23/74, BGHZ 65, 15 (18) = NJW 1976, 191 – ITT; BGH, Urt. v. 16.09.1985 – II ZR 275/84, BGHZ 95, 330 (340) = NJW 1986, 188 – Autokran; BGH, Urt v. 17.09.2001 – II ZR 178,99, BGHZ 149, 10 (16) = NJW 2001, 3622 – Bremer Vulkan; *Emmerich/Habersack*, Konzernrecht, 11. Aufl., § 29 Rn. 7; *Beurskens*, in: Baumbach/Hueck, GmbHG, 22. Aufl., GmbH-KonzernR Rn. 15; differenzierend zwischen mehrgliedriger GmbH und Ein-Personen-GmbH *Servatius*, in: Michalski/Heidinger/Leible/Schmidt, GmbHG, Bd. I, 3. Aufl., Syst. Dars. 4 Rn. 431 ff.; *Liebscher*,

erklärt sich aus der grundsätzlichen Eigenverantwortlichkeit und Weisungsunabhängigkeit des Vorstandes einer Aktiengesellschaft nach § 76 Abs. 1 AktG gegenüber der Hauptversammlung, im Gegensatz zur Weisungsgebundenheit des GmbH-Geschäftsführers nach § 37 Abs. 1 GmbHG gegenüber dem Gesellschafter.[541] Aus der Zuständigkeitsordnung der Gesellschaft mit beschränkter Haftung resultiert ihre Konzernanfälligkeit in der Rolle als abhängige GmbH in „faktischen Unternehmensverbindungen".[542] Für die Minderheitsgesellschafter und Gläubiger einer abhängigen GmbH ergibt sich eine eigene Schutzwürdigkeit, zu deren Durchsetzung es besonderer Vorkehrungen bedarf.[543] In welcher Form diesem Schutz zur Geltung verholfen werden kann, wird in der Ausgestaltung verschiedener Haftungsmodelle diskutiert.[544]

Früher wurde als Haftungsmodell eine Organhaftung des herrschenden Unternehmens als Gesellschafter in analoger Anwendung des § 43 Abs. 2 GmbHG[545] oder der § 311 ff. AktG[546] angenommen.[547]

Als Haftungsmodell geht *Lutter*[548] von der Konzernverschuldenshaftung aus, welche die Haftung mit Verstößen der Obergesellschaft gegen die ihr obliegende „ordnungsgemäße[n] Konzerngeschäftsführung"[549] begründet.[550] Eine ähnliche Anknüpfung wie die Konzernverschuldenshaftung weist die Haftung aus Sonderrechtsbeziehung nach den §§ 242, 276, 280 Abs. 1 BGB auf, die zwischen der

---

in: MüKo zum GmbHG, Bd. I, 3. Aufl., Anh § 13 Rn. 368 f.; *Bitter*, in: Scholz, GmbHG, 12. Aufl., Anh § 13 Rn. 68.

541 Zur Unterschiedlichkeit siehe oben, Kap.II,A.II.2.b.

542 *Emmerich*, in: Scholz, GmbHG, 12. Aufl., Anh § 13 Rn. 66.

543 *Emmerich*, in: Scholz, GmbHG, 12. Aufl., Anh § 13 Rn. 67.

544 *Assmann*, in: FS 100 Jahre GmbH-Gesetz, 1992, S. 657 ff.; *Orth*, DStR 1994, 250 (251 ff.); *Liebscher*, in: MüKo zum GmbHG, Bd. I, 3. Aufl., Anh § 13 Rn. 373 ff.; *Emmerich*, in: Scholz, GmbHG, 12. Aufl., Anh § 13 Rn. 67.

545 Für die Annahme einer Organhaftung § 43 Abs. 2 GmbHG analog *Wilhelm*, Rechtsform und Haftung bei der juristischen Person, S. 253, 326 ff.; *ders.*, DB 1986, 2113; *Stein*, Das faktische Organ, S. 155, 183 ff.; *Konzen*, NJW 1989, 2977 (2985 f.).

546 Für die Annahme einer Organhaftung nach §§ 311 ff. AktG analog *Rowedder*, in: Hommelhoff, Entwicklungen im GmbH-Konzernrecht, S. 20 ff.; *Kropff*, in: FS Kastner, 1992, S. 279, 296 ff.

547 Für einen Überblick siehe *Bitter*, in: Scholz, GmbHG, 12. Aufl., Anh § 13 Rn. 68 ff.

548 *Lutter*, ZGR 1982, 244 (257 ff.); *Lutter*, ZGR 1987, 324 (362 ff.); *Lutter*, Gedächtnisschrift für Brigitte Knobbe-Keuk, 1997, S. 229, 242 ff.

549 *Lutter*, Haftung in der Unternehmensgruppe, ZGR 1982, 244 (265 ff.).

550 Ebenso *Schneider*, ZGR 1980, 511 (531 ff.).

abhängigen Gesellschaft und dem herrschenden Unternehmen bestehen soll.[551] Überwiegend wird als Begründung einer Haftungsanordnung, wegen nachteiliger Einflussnahme durch das herrschende Unternehmen auf die abhängige Gesellschaft, die gesteigerte Treuepflicht mit Maßstab des § 43 GmbHG in entsprechender Anwendung herangezogen.[552] Die gesteigerte Treuepflicht besteht zwischen dem herrschenden Unternehmen, der abhängigen Gesellschaft und den Mitgesellschaftern und verpflichtet jenes als Ausfluss der §§ 242, 705 BGB dazu, bei Einflussnahme sich auch an den legitimen Interessen der Gesellschaft selbst und (subsidiär)[553] an denen der Mitgesellschafter zu orientieren.[554]

Seit dem ITT-Urteil[555] geht auch die Rechtsprechung von einem auf der Treuebindung fußenden Haftungsmodell aus, das den Schutz der Minderheitsgesellschafter im faktischen GmbH-Konzern durch ein umfassendes Schädigungsverbot sicherstellt.[556]

---

551 *Limmer*, Die Haftungsverfassung des faktischen GmbH-Konzerns, S. 64 ff.

552 *Orth*, DStR 1994, 250; *Casper*, in: Ulmer/Habersack/Löbbe, GmbHG Großkomm, Bd. I, 2. Aufl., Anh § 13 Rn. 73 ff.; *Kessler*, in: Saenger/Inhester, HK-GmbHG, 4. Aufl., Anh § 13 Rn. 97; *Servatius*, in: Michalski/Heidinger/Leible/Schmidt, GmbHG, Bd. I, 3. Aufl., Syst. Dars. 4 Rn. 431; *Schnorbus*, in: Rowedder/Schmidt-Leithoff, GmbHG, 6. Aufl., Anh § 52 Rn. 56; *Emmerich*, in: Scholz, GmbHG, 12. Aufl., Anh § 13 Rn. 68; *Beurskens*, in: Baumbach/Hueck, GmbHG, 22. Aufl., Anh GmbH-KonzernR Rn. 42 ff; *Habersack*, in: Emmerich/Habersack/Schürnbrand, Aktien- und GmbH-Konzernrecht, 9. Aufl., Anh § 318 Rn. 27 ff.; *Maul*, in: Gehrlein/Born/Simon, GmbHG, 4. Aufl., Anh § 13 Rn. 62.

553 Nach *Raiser*, in: Ulmer/Habersack/Löbbe, GmbHG Großkomm, Bd. I, 2. Aufl., Anh § 77 Rn. 76; *Habersack*, in: Emmerich/Habersack/Schürnbrand, Aktien- und GmbH-Konzernrecht, 9. Aufl., Anh § 318 Rn. 27; *Liebscher*, in: MüKo zum GmbHG, Bd. I, 3. Aufl., Anh § 13 Rn. 403 besteht die Treuepflicht primär gegenüber der Gesellschaft, sie hat gegenüber der subsidiären Treubindung gegenüber den Mitgesellschaftern Vorrang.

554 *Schnorbus*, in: Rowedder/Schmidt-Leithoff, GmbHG, 6. Aufl., Anh § 52 Rn. 56; *Bitter*, in: Scholz, GmbHG, 12. Aufl., Anh § 13 Rn. 68; *Beurskens*, in: Baumbach/Hueck, GmbHG, 22. Aufl., GmbH-KonzernR Rn. 42.

555 BGH, Urt. v. 05.06.1975 – II ZR 23/74, BGHZ 65, 15 (18 ff.) = NJW 1976, 191 (192 ff.) (m.Anm. *Ulmer*) – ITT; bestätigt durch BGH, Urt. v. 16.09.1985 – II ZR 275/84, BGHZ 95, 330 (340) = NJW 1986, 188 (190) – Autokran.

556 Zum Haftungsmodell der Rechtsprechung siehe *Emmerich*, in: Scholz, GmbHG, 12. Aufl., Anh § 13 Rn. 70.

II. Inhalt der Treuepflicht

Zum Verständnis des Haftungsmodells des Schädigungsverbotes, das seine Grundlage in der Treuepflicht des herrschenden Unternehmens gegenüber der Gesellschaft und seinen Mitgesellschaftern findet,[557] werden der Inhalt und die Herleitung der gesteigerten Treuepflicht des herrschenden Unternehmens untersucht. Die Entwicklung des Rechtsinstituts der gesellschaftsrechtlichen Treuepflicht als anerkanntes ungeschriebenes Ordnungsmerkmal geht auf die „Pionierarbeit“[558] von *Stimpel*[559], *Lutter*[560] und *Zöllner*[561] zurück.[562] Die Treuepflicht entsteht kraft Mitgliedschaft des Gesellschafters in der Gesellschaft und verpflichtet diesen aus dem Mitgliedschaftsverhältnis heraus, sich einerseits für die Gesellschaftsinteressen einzusetzen, andererseits solche Handlungen zu unterlassen, die diesen Interessen entgegenstehen.[563] Als Teil des Mitgliedschaftsverhältnisses verstanden, ist die Treuepflicht als eine Hauptpflicht eines Gesellschafters zu qualifizieren[564] und nicht als bloßer Rückgriff auf die Grundsätze von Treu und Glauben.[565] Die erhöhte Treuepflicht wird mit dem starken Einfluss des herrschenden Unternehmens und den damit einhergehenden Gefahren für die abhängige Gesellschaft, deren Gläubiger und ihrer Minderheitsgesellschafter begründet.[566] Der gesteigerten Einflussmöglichkeit auf die

---

557 Vgl. *Emmerich*, in: Scholz, GmbHG, 12. Aufl., Anh § 13 Rn. 70.

558 So *Wimmer-Leonhardt*, Konzernhaftungsrecht, S. 159 f.

559 *Stimpel*, in: Pehle/Stimpel, Richterliche Rechtsfortbildung, S. 15 ff.

560 *Lutter*, AcP 1980, 84 (120 ff.); *ders.*, ZGR 1981, 171 ff.; *ders.*, ZHR 1989, 446 ff.; *ders.*, ZHR 1998, 164 ff.

561 *Zöllner*, Die Schranken mitgliedschaftlicher Stimmrechtsmacht bei den privatrechtlichen Personenverbänden; *ders.*, ZHR 1998, 235 ff.

562 Ausführlich zur Treuepflicht *Wimmer-Leonhardt*, Konzernhaftungsrecht, S. 5 ff.

563 *Zöllner*, Die Schranken mitgliedschaftlicher Stimmrechtsmacht bei den privatrechtlichen Personenverbänden, S. 318 ff.; *Winter*, Mitgliedschaftliche Treubindungen im GmbH-Recht, S. 96 ff.; *Wimmer-Leonhardt*, Konzernhaftungsrecht, S. 164.

564 BGH, Urt. v. 01.02.1998 – II ZR 75/87, BGHZ 103, 184 (195) = NJW 1988, 1579 (1581 ff.) ; *Lutter*, AcP 1980, 84 (102 ff.); *Grundmann*, Der Treuhandvertrag, S. 154; *Limmer*, Die Haftungsverfassung des faktischen GmbH-Konzerns, S. 51 f.; *Wimmer-Leonhardt*, Konzernhaftungsrecht, S. 164.

565 Für die Treuepflicht als Ausprägung des Grundsatzes von Treu und Glauben siehe *Schmiedel*, Besprechung des Buches von Herbert Wohlmann, Die Treuepflicht des Aktionärs, 1968, ZHR 1970, 173 (182); Vgl. *Wimmer-Leonhardt*, Konzernhaftungsrecht, S. 165 m.w.N.

566 *Wiedemann*, Die Unternehmensgruppe im Privatrecht, S. 77 ff.; *Ulmer*, in: Hachenburg, GmbHG Großkomm, Bd. III, 8. Aufl., Anh § 77 Rn. 81; *Casper*, in: Ulmer/

abhängige Gesellschaft korrespondiert eine Erhöhung der geschuldeten Treuepflicht.[567] Die Möglichkeit der Beeinträchtigung der gesellschaftsbezogenen Interessen der Mitgesellschafter durch die Einflussnahme auf die Geschäftsführung der abhängigen Gesellschaft verlangt auch, auf diese Interessen Rücksicht zu nehmen.[568] Für die Ermittlung, welches Verhalten des herrschenden Unternehmens als der Treuepflicht entsprechend angesehen werden kann, bedarf es einer Interessensabwägung.[569] Die Abwägung in Konzernkonstellationen kann insofern problematisch erscheinen, als dass trotz des bestehenden Schädigungsverbotes eine Schädigung unter Umständen sogar im Interesse der abhängigen Gesellschaft sein kann (Synergieeffekte, Verbundeffekte).[570] Demnach darf eine Einflussnahme im Rahmen des Schädigungsverbotes nicht per se als unzulässig angenommen werden, sondern es bedarf vielmehr der Berücksichtigung der Umstände des Einzelfalls.[571]

III. Schädigungsverbot

1. Anwendung

Das Schädigungsverbot gilt für ein herrschendes Unternehmen, bei dem sich sowohl die konkrete Einflussnahme auf die abhängige GmbH als auch der Nachteil auf die abhängige Gesellschaft sich isolieren lassen.[572] Die Ersatzpflicht aus

Habersack/Löbbe, GmbHG Großkomm, Bd. III, 2. Aufl., Anh § 77 Rn. 81 f.; *Hommelhoff*, in: Lutter/Hommelhoff, GmbHG, 20. Aufl., Anh § 13 Rn. 39 f.; *Liebscher*, in: MüKo zum GmbHG, Bd. I, 3. Aufl., Anh § 13 Rn. 406; *Habersack*, in: Emmerich/Habersack/Schürnbrand, Aktien- und GmbH-Konzernrecht, 9. Aufl., Anh § 318 Rn. 24.

567 *Ulmer*, in: Hachenburg, GmbHG Großkomm, Bd. III, 8. Aufl., Anh § 77 Rn. 81.

568 So ausdrücklich BGH, Urt. v. 05.06.1975 – II ZR 23/74, BGHZ 65, 15 (18 ff.) = NJW 1976, 191 – ITT.

569 *Liebscher*, in: MüKo zum GmbHG, Bd. I, 3. Aufl., Anh § 13 Rn. 406.

570 *Martens*, GmbHR 1984, 265 (269); *Eschenbruch*, Konzernhaftung: Haftung der Unternehmen und Manager, Rn. 3367; *Liebscher*, in: MüKo zum GmbHG, Bd. I, 3. Aufl., Anh § 13 Rn. 407.

571 Vgl. *Liebscher*, in: MüKo zum GmbHG, Bd. I, 3. Aufl., Anh § 13 Rn. 407 f. wonach vorallem bei längerfristigen Strukturentscheidungen kurzweilige Nachteile auftreten können, die durch spätere positive Effekte kompensiert werden (*janusköpfige* Auswirkungen).

572 Demgegenüber weitet *Emmerich/Habersack*, Konzernrecht, 11. Aufl., § 30 Rn. 12 den Anwendungsbereich auf innerhalb und außerhalb von Abhängigkeitsverhältnissen aus; *Verse*, in: Henssler/Strohn, Gesellschaftsrecht, 5. Aufl., Anh § 13 GmbHG Rn. 48; *Emmerich*, in: Scholz, GmbHG, 12. Aufl., Anh § 13 Rn. 76.

dem Schädigungsverbot trifft das herrschende Unternehmen bei treuwidrigen, schädigenden und aufzeigbaren Eingriffen.[573] Stimmen alle Mitgesellschafter der einflussnehmenden Maßnahme zu, findet das Schädigungsverbot keine Anwendung, sodass nur noch die Schranken des § 30 GmbHG und das Verbot existenzvernichtender Eingriffe bestehen.[574] Die Treuepflicht dient dem Gesellschaftszweck, den wiederum die Gesellschafter festlegen, sodass die Treuepflicht insofern disponibel ist (Disponibilität der Treuepflicht).[575] Das Schädigungsverbot wird von der Treuepflicht gegenüber den Mitgesellschaftern abgeleitet, sodass eine abhängige Einpersonen-GmbH - mangels weiterer Gesellschafter als „gesellschaftliches Gegenüber der Treuepflicht"[576] - vom Anwendungsbereich des Schädigungsverbotes ausgenommen ist.[577] Der mittelbare Schutz der Gläubiger über die Minderheitsgesellschafter, die einen etwaigen Verstoß geltend machen könnten, läuft somit bei einer Einpersonen-GmbH leer.[578] Der Gläubigerschutz im faktischen GmbH-Konzern beschränkt sich bei einer Einpersonen-GmbH somit auf die Kapitalschutzvorschriften der §§ 30, 31 GmbHG und die Existenzvernichtungshaftung.[579] Der Anwendungsbereich des Schädigungsverbotes umfasst in mehrstufigen Abhängigkeitsverhältnissen auch die Einflussnahme der Muttergesellschaft auf die Enkelgesellschaft.[580] Bei grenzüberschreitenden

573 *Emmerich*, in: Scholz, GmbHG, 12. Aufl., Anh § 13 Rn. 76.

574 *Emmerich/Habersack*, Konzernrecht, 11. Aufl., § 30 Rn. 12; *Liebscher*, in: MüKo zum GmbHG, Bd. I, 3. Aufl., Anh § 13 Rn. 410; *Emmerich*, in: Scholz, GmbHG, 12. Aufl., Anh § 13 Rn. 72.

575 *Liebscher*, in: MüKo zum GmbHG, Bd. I, 3. Aufl., Anh § 13 Rn. 398, 410; *Habersack*, in: Emmerich/Habersack/Schürnbrand, Aktien- und GmbH-Konzernrecht, 9. Aufl., Anh § 318 Rn. 27; *Maul*, in: Gehrlein/Born/Simon, GmbHG, 4. Aufl., Anh § 13 Rn. 62.

576 *Lutter*, AG 1985, 1425 (1428).

577 *Drüke*, Die Haftung der Muttergesellschaft für Schulden der Tochtergesellschaft, S. 122; *Emmerich/Habersack*, Konzernrecht, 11. Aufl., § 30 Rn. 12; *Servatius*, in: Michalski/Heidinger/Leible/Schmidt, GmbHG, Bd. I, 3. Aufl., Syst. Dars. 4 Rn. 434.

578 *Liebscher*, in: MüKo zum GmbHG, Bd. I, 3. Aufl., Anh § 13 Rn. 398.

579 Zum für das herrschenden Unternehmen geltenden Verbot existenzgefährdender Maßnahmen s.
Liebscher, in: MüKo zum GmbHG, Bd. I, 3. Aufl., Anh § 13 Rn. 399 m.w.N.; *Tholen*, Europäisches Konzernrecht, S. 73; *Emmerich*, in: Scholz, GmbHG, 12. Aufl., Anh § 13 Rn. 90.

580 BGH, Urt. v. 05.06.1975 – II ZR 23/74, BGHZ 65, 15 (20 f.) = NJW 1976, 191 (m.Anm. *Ulmer*) – ITT; BGH, Urt. v. 05.12.1983 – II ZR 242/82, BGHZ 89, 162 (165 ff.) = NJW 1984, 1351 (1352 f.); *Emmerich/Habersack*, Konzernrecht, 11. Aufl., § 30 Rn. 12; *Liebscher*, in: MüKo zum GmbHG, Bd. I, 3. Aufl., Anh § 13 Rn. 412; *Emmerich*, in: Scholz, GmbHG, 12. Aufl., Anh § 13 Rn. 77; *Verse*, in: Henssler/Strohn,

Abhängigkeitsverhältnissen in internationalen Konzernen gilt das Schädigungsverbot bei der Anwendung deutschen Konzernrechts für das herrschende Unternehmen unabhängig seiner Nationalität.[581]

2. *Inhalt*

Der Inhalt des Schädigungsverbotes leitet sich aus der Treuepflicht des herrschenden Unternehmens ab. Danach wird das herrschende Unternehmen zur Rücksichtnahme bei Einflussnahme auf die schutzwürdigen Interessen der Minderheitsgesellschafter sowie des gemeinsamen Zwecks mit der abhängigen Gesellschaft verpflichtet.[582] Dem herrschenden Unternehmen ist es verboten, die abhängige Gesellschaft zu solchen Maßnahmen zu veranlassen, die zu deren Nachteil führen (Benachteiligungsverbot).[583] Eine Maßnahme ist als nachteilig anzusehen, wenn sie mit den Maßstäben einer ordentlichen Geschäftsführung einer unabhängigen GmbH nicht vereinbar ist.[584]

Dogmatisch stellen einige[585] hinsichtlich des Maßstabes des Vorliegens einer Schädigung auf die Grundsätze der §§ 311, 317 AktG ab, dagegen ziehen

---

Gesellschaftsrecht, 5. Aufl., Anh § 13 GmbHG Rn. 49; *Habersack*, in: Emmerich/Habersack/Schürnbrand, Aktien- und GmbH-Konzernrecht, 9. Aufl., Anh § 318 Rn. 28.

581 BGH, Urt. v. 13.12.2004 – II ZR 256/02, NZG 2005, 214 (215); *Habersack*, in: Emmerich/Habersack/Schürnbrand, Aktien- und GmbH-Konzernrecht, 8. Aufl., § 311 Rn. 21; *Liebscher*, in: MüKo zum GmbHG, Bd. I, 3. Aufl., Anh § 13 Rn. 411; *Emmerich*, in: Scholz, GmbHG, 12. Aufl., Anh § 13 Rn. 78.

582 *Liebscher*, in: MüKo zum GmbHG, Bd. I, 3. Aufl., Anh § 13 Rn. 416.

583 *Kessler*, in: Saenger/Inhester, HK-GmbHG, 4. Aufl., Anh § 13 Rn. 98; *Schnorbus*, in: Rowedder/Schmidt-Leithoff, GmbHG, 6. Aufl., Anh § 52 Rn. 56; *Kiefner*, in: MHdB GmbH, Bd. III, 5. Aufl., § 68 Rn. 17; *Emmerich*, in: Scholz, GmbHG, 12. Aufl., Anh § 13 Rn. 71; *Habersack*, in: Emmerich/Habersack/Schürnbrand, Aktien- und GmbH-Konzernrecht, 9. Aufl., Anh § 318 Rn. 23; *Maul*, in: Gehrlein/Born/Simon, GmbHG, 4. Aufl., Anh § 13 Rn. 62.

584 Vgl. BGH Urt. v. 16.09.1985 – II ZR 275/84, BGHZ 95, 330 (332 ff.) = NJW 1986, 188 (189 ff.) – Autokran; BGH, Urt. v. 16.02.1981 – II ZR 168/79, BGHZ 80, 69, (77) = NJW 1981, 1512 (1514) – Süssen; *Drüke*, Die Haftung der Muttergesellschaft für Schulden der Tochtergesellschaft, S. 132; *Maul*, in: Gehrlein/Born/Simon, GmbHG, 4. Aufl., Anh § 13 Rn. 64; *Schnorbus*, in: Rowedder/Schmidt-Leithoff, GmbHG, 6. Aufl., Anh § 52 Rn. 56; *Liebscher*, in: MüKo zum GmbHG, Bd. I, 3. Aufl., Anh § 13 Rn. 418 f.; *Habersack*, in: Emmerich/Habersack/Schürnbrand, Aktien- und GmbH-Konzernrecht, 9. Aufl., Anh § 318 Rn. 29.

585 *Eschenbruch*, Konzernhaftung: Haftung der Unternehmen und Manager, S. 3363 ff.; *Emmerich*, in: Scholz, GmbHG, 12. Aufl., Anh § 13 Rn. 73, 80; *Verse*, in: Henssler/

andere[586] als Maßstab § 43 GmbHG analog heran.[587] Inhaltlich ergeben sich jedoch keine Unterschiede, wenn beide Ansichten auf die ordentliche Geschäftsführung einer unabhängigen GmbH rekurrieren. Eine Schädigung liegt insbesondere in der Veranlassung der abhängigen Gesellschaft zu Maßnahmen vor, die zu einer Beeinträchtigung ihrer wirtschaftlichen Selbstständigkeit oder zur ungerechtfertigten Schmälerung der Vermögens- und Verwaltungsrechte der Minderheitsgesellschafter führen.[588] Die Form der Beeinflussung ist entsprechend dem § 311 AktG unerheblich.[589] Allerdings besteht im Rahmen des faktischen GmbH-Konzerns keine Möglichkeit des Nachteilsausgleichs i.S.d. § 311 AktG, wodurch entstandene Nachteile durch die Gewährung eines Ausgleichs oder sonstiger Vorteile kompensiert werden können.[590] Mangels Anwendbarkeit der Privilegierungsfunktion des § 311 AktG kann eine Veranlassung zur Vornahme einer nachteiligen Maßnahme nicht legitimiert werden.[591]

3. *Rechtsfolge*

Steht der Verstoß gegen das Schädigungsverbot unmittelbar bevor, steht der abhängigen Gesellschaft gegen das herrschende Unternehmen ein Anspruch

---

Strohn, Gesellschaftsrecht, 5. Aufl., Anh § 13 GmbHG Rn. 50; *Habersack*, in: Emmerich/Habersack/Schürnbrand, Aktien- und GmbH-Konzernrecht, 9. Aufl., Anh § 318 Rn. 29.

586 *Immenga*, Die personalistische Kapitalgesellschaft, S. 277 ff.; *Schilling*, in: FS Hefermehl, 1976, S. 383 (386); *Kort*, Der Abschluss von Beherrschungs- und Gewinnabführungsverträgen im GmbH Recht, S. 12 ff.; *Rehbinder*, AG 1986, 85 (88).

587 Zum dogmatischen Streit und seiner „inhaltlichen Irrelevanz“ siehe *Liebscher*, in: MüKo zum GmbHG, Bd. I, 3. Aufl., Anh § 13 Rn. 418 f.

588 *Drüke*, Die Haftung der Muttergesellschaft für Schulden der Tochtergesellschaft, S. 122; *Götz*, ZGR 1998, 524 (534); *Liebscher*, in: MüKo zum GmbHG, Bd. I, 3. Aufl., Anh § 13 Rn. 416.

589 *Verse*, in: Henssler/Strohn, Gesellschaftsrecht, 5. Aufl., Anh § 13 GmbHG Rn. 50; *Habersack*, in: Emmerich/Habersack/Schürnbrand, Aktien- und GmbH-Konzernrecht, 9. Aufl., Anh § 318 Rn. 29.

590 *Liebscher*, in: MüKo zum GmbHG, Bd. I, 3. Aufl., Anh § 13 Rn. 409; *Emmerich*, in: Scholz, GmbHG, 12. Aufl., Anh § 13 Rn. 75; *Beurskens*, in: Baumbach/Hueck, GmbHG, 22. Aufl., Anh GmbH-KonzernR Rn. 46.

591 *Verse*, in: Henssler/Strohn, Gesellschaftsrecht, 5. Aufl., Anh § 13 GmbHG Rn. 51; *Habersack*, in: Emmerich/Habersack/Schürnbrand, Aktien- und GmbH-Konzernrecht, 9. Aufl., Anh § 318 Rn. 30.

auf Unterlassung zu.[592] Wurde gegen die Treuepflicht verstoßen und hat dies das herrschende Unternehmen nach §§ 31, 276, 278, 280 Abs. 1 BGB zu vertreten, ist es der abhängigen Gesellschaft zum Schadensersatz nach §§ 249 ff. BGB verpflichtet.[593] Hinsichtlich des Vertretenmüssens trägt das herrschende Unternehmen als Gesellschafter im Rahmen des Schadensersatzanspruches in entsprechender Anwendung des § 93 Abs. 2 S. 2 AktG die Beweislast zur Exkulpation.[594]

Der Anspruch gegen das herrschende Unternehmen wegen eines Verstoßes gegen das Schädigungsverbot steht primär der abhängigen Gesellschaft zu.[595] Die Geltendmachung des Anspruchs setzt einen entsprechenden Gesellschafterbeschluss i.S.d. § 46 Nr. 8 GmbHG voraus, bei dessen Fassung allerdings das herrschende Unternehmen als Gesellschafter gem. § 47 Abs. 4 S. 2 GmbHG kein Stimmrecht besitzt.[596] Die Geltendmachung selbst fällt in die Zuständigkeit ihres Geschäftsführers.[597] Der Geschäftsführer der abhängigen GmbH ist gegenüber dem herrschenden Unternehmen als Gesellschaft weisungsabhängig, weshalb eine Geltendmachung des Anspruchs auch durch den Minderheitsgesellschafter im Wege der *actio pro societate*[598]*/socio* möglich sein

592 Mangels entsprechender Anwendung des § 317 Abs. 3 AktG keine gesamtschuldnerische Inanspruchnahme der gesetzlichen Vertreter des herrschenden Unternehmens, siehe OLG Bremen, Urt. v. 15.8.1998 – 3 U 2/98, NZG 1999, 724 (725); *Habersack*, in: Emmerich/Habersack/Schürnbrand, Aktien- und GmbH-Konzernrecht, 9. Aufl., Anh § 318 Rn. 30; a.A. *Altmeppen*, in: Altmeppen, GmbHG, 10. Aufl., Anh § 13 Rn. 153.

593 *Emmerich/Habersack*, Konzernrecht, 11. Aufl., § 30 Rn. 15; *Emmerich*, in: Scholz, GmbHG, 12. Aufl., Anh § 13 Rn. 85.

594 *Emmerich/Habersack*, Konzernrecht, 11. Aufl., § 30 Rn. 15; *Emmerich*, in: Scholz, GmbHG, 12. Aufl., Anh § 13 Rn. 85; unter Rückgriff auf § 280 Abs. 1 S. 2 BGB ebenso *Verse*, in: Henssler/Strohn, Gesellschaftsrecht, 5. Aufl., Anh § 13 GmbHG Rn. 52.

595 *Casper*, in: Ulmer/Habersack/Löbbe, GmbHG Großkomm, Bd. I, 2. Aufl., Anh § 77 Rn. 88; *Liebscher*, in: MüKo zum GmbHG, Bd. I, 3. Aufl., Anh § 13 Rn. 474; *Habersack*, in: Emmerich/Habersack/Schürnbrand, Aktien- und GmbH-Konzernrecht, 9. Aufl., Anh § 318 Rn. 30.

596 *Ulmer*, in: Hachenburg, GmbHG Großkomm, Bd. III, 8. Aufl., Anh § 77 Rn. 9; *Casper*, in: Ulmer/Habersack/Löbbe, GmbHG Großkomm, Bd. I, 2. Aufl., Anh § 77 Rn. 87; *Liebscher*, in: MüKo zum GmbHG, Bd. I, 3. Aufl., Anh § 13 Rn. 474; *Emmerich*, in: Scholz, GmbHG, 12. Aufl., Anh § 13 Rn. 86a; *Habersack*, in: Emmerich/Habersack/Schürnbrand, Aktien- und GmbH-Konzernrecht, 9. Aufl., Anh § 318 Rn. 30.

597 *Kiefner*, in: MHdB GmbH, Bd. III, 5. Aufl., § 68 Rn. 20; *Liebscher*, in: MüKo zum GmbHG, Bd. I, 3. Aufl., Anh § 318 Rn. 475.

598 Für die Terminologie *actio pro societate Bitter*, in: Scholz, GmbHG, 12. Aufl., Anh § 13 Rn. 86a.

muss.[599] Die Gläubiger der abhängigen Gesellschaft können sich den Gesellschaftsanspruch zunächst nach §§ 829, 835 ZPO pfänden und überweisen lassen.[600] Zugunsten des Gläubigerschutzes wird die Geltendmachung durch die Gesellschaftsgläubiger gem. § 317 Abs. 4, § 309 Abs. 4 S. 3 AktG analog zugestanden.[601]

IV. Zusammenfassung

Die Haftung im faktischen GmbH-Konzern begrenzt sich weitestgehend auf die Haftung wegen eines Verstoßes gegen das Schädigungsverbot. Bei Verstoß gegen das Schädigungsverbot steht der abhängigen GmbH im Sinne der Innenhaftung gegen den Gesellschafter ein Anspruch aus §§ 31, 276, 278, 280 Abs. 1 BGB zu. Aufgrund der Disponibiltät der Treuepflicht oder der alleinigen Gesellschafterstruktur spielt das Schädigungsverbot jedoch keine Rolle. Somit beschränkt sich der Gläubigerschutz im faktischen GmbH-Konzern bei einer Einpersonen-GmbH auf die Kapitalschutzvorschriften der §§ 30, 31 GmbHG und die Existenzvernichtungshaftung.

---

599 BGH, Urt. v. 05.06.1976 – II ZR 23/74, BGHZ 65, 15 (21) = NJW 1976, 191 (193); BGH, Urt. v. 14.05.2013 – II ZR 176/10, NJW 2013, 2586 (2588) = BeckRS 2013, 11370; *Schnorbus*, in: Rowedder/Schmidt-Leithoff: GmbHG, 6. Aufl., Anh § 52 Rn. 62; *Liebscher*, in: MüKo zum GmbHG, Bd. I, 3. Aufl., Anh § 13 Rn. 476; *Emmerich*, in: Scholz, GmbHG, 12. Aufl., Anh § 13 Rn. 86a; *Verse*, in: Henssler/Strohn, Gesellschaftsrecht, 5. Aufl., Anh § 13 GmbHG Rn. 52; *Habersack*, in: Emmerich/Habersack/Schürnbrand, Aktien- und GmbH-Konzernrecht, 9. Aufl., § 318 Rn. 31; *Beurskens*, in: Baumbach/Hueck, GmbHG, 22. Aufl., KonzernR Rn. 69.

600 *Bitter*, in: Scholz, GmbHG, 12. Aufl., Anh § 13 Rn. 86a; *Verse*, in: Henssler/Strohn, Gesellschaftsrecht, 5. Aufl., Anh § 13 GmbHG Rn. 55; *Habersack*, in: Emmerich/Habersack/Schürnbrand, Aktien- und GmbH-Konzernrecht, 9. Aufl., Anh § 318 Rn. 32.

601 *Schnorbus*, in: Rowedder/Schmidt-Leithoff, GmbHG, 6. Aufl., Anh § 52 Rn. 62; *Kiefner*, in: MHdB GmbH, Bd. III, 5. Aufl., § 68 Rn. 20; *Liebscher*, in: MüKo zum GmbHG, Bd. I, 3. Aufl., Anh § 13 Rn. 480; *Emmerich*, in: Scholz, GmbHG, 12. Aufl., Anh § 13 Rn. 86a; *Habersack*, in: Emmerich/Habersack/Schürnbrand, Aktien- und GmbH-Konzernrecht, 9. Aufl., Anh § 318 Rn. 32; *Verse*, in: Henssler/Strohn, Gesellschaftsrecht, 5. Aufl., Anh § 13 GmbHG Rn. 55; *Altmeppen*, in: Altmeppen, GmbHG, 10. Aufl., Anh § 13 Rn. 84; a.A. *Servatius*, in: Michalski/Heidinger/Leible/Schmidt, GmbHG, Bd. I, 3. Aufl., Syst. Dars. 4 Rn. 440; *Beurskens*, in: Baumbach/Hueck, GmbHG, 22. Aufl., KonzernR Rn. 69.

Kapitel III Die Konzernhaftung nach englischem Recht

Abstract: Chapter III is about the English company law. Under the first subtitle the private limited company by shares is presented with the main focus on its organisation, its financial constitution and its principle rules of liability for directors and members. Afterwards the chapter is pointing at the English rules dealing with group situations and the question how to control and manage an English private company in favour of the group's or holding's interest. The main part of this chapter is the question of the shareholder's liability. Based on the case *Salomon v A Salomon & Co Ltd* there is a strict separation between the liability of the company for its own debts and the shareholder's liability. In some exceptional cases the English law provides for a shareholder's liability, such as the institute of piercing/lifting the corporate veil and the liability under insolvency law: the wrongful trading (sec 214 Insolvency Act 1986) and the fraudulent trading (sec 213 Insolvency Act 1986). A shareholder is liable if qualified as a shadow director acting or controlling the business of the controlled company and fulfilling the requirements.

Keywords: Company Act 2006, Private limited Company, wrongful trading, fraudulent trading, piercing the corporate veil, shadow director

A. Grundlagen

I. Die englische *Private Limited Company by Shares*

1. *Allgemeines*

Die englische *private limited company by shares* (im Folgenden: Limited) ist die häufigste Gesellschaftsform im Vereinigten Königreich.[602] Das englische Recht hat kein einheitliches Gesellschaftsrecht, vielmehr wird strikt zwischen dem *partnership law* – nach deutschem Verständnis das Recht der Personengesellschaften – und dem *company law* (Recht der Kapitalgesellschaften) differenziert.[603]

---

602 Die Limited macht über 90 % aller registrierten Companies aus, siehe Companies Register Activities 2019/2020, Companies House; *Just*, Englisches Gesellschaftsrecht, S. 6; *Levedag*, in: Süß/Wachter, Hdb. des internat. GmbhR, 2. Aufl., England, Rn. 26; *Rothenburg/Walter/Platts*, in: Wegen/Spahlinger/Barth, Gesellschaftsrecht des Auslands, Vereinigtes Königreich, 3. EL, Rn. 2.

603 *Just*, Englisches Gesellschaftsrecht, Einf. S. 5; *ders.*, Die englische Limited in der Praxis, Einl Rn. 11; *Heinz/Hartung*, Die englische Limited, 3. Aufl., 2.2 Rn. 4; ausführlich zur

Das englische *company law* geht vom sog. Einheitsprinzip der *company* aus, das die *private limited company, public limited company* und auch die *unlimited company* als unselbstständige Erscheinungsformen einer *company* versteht.[604]

Nach sec 4 (1, 2) CA 2016 wird jede Gesellschaft als *private company* negativ definiert, die nicht als *public company* registriert ist. Die wesentlichen Unterschiede zur *public company* sind, dass die Anteile einer *private company* nicht öffentlich angeboten werden dürfen (sec 755 (1) CA 2006), der Zugang zur Börse verboten ist (sec 75 (3) FSMA) und die *public company* ein Mindestkapital (*authorised minimum*) von 50.000 GBP[605] aufweisen muss (sec 763 (1)(a) CA 2006).[606] Jede *company* weist als Wesensmerkmale eine eigene Rechtspersönlichkeit (*separate legal personality*)[607], das Trennungsprinzip[608], eine Haftungsbeschränkung, handelbare Anteile und Fremdorganschaft auf.[609] Das wesentliche Merkmal der Haftungsbeschränkung einer *Limited* gilt jedoch nicht qua Gesetz, vielmehr muss nach sec 3 (1, 4) CA 2006 in der Satzung (*constitution*)[610] die Gesellschafterhaftung (*liability of its members*) beschränkt werden (*sog. liability clause*).[611] Das wesentliche Merkmal „*limited by shares*" der *private limited* steht

---

dogmatischen und historischen Entwicklung der Unterscheidung zwischen *partnership* und *company*, siehe *Schall*, in: Schall, Companies Act, sec 1 Rn. 16 ff.

604 *Just*, Die englische Limited in der Praxis, Einl Rn. 11; *Schall*, in: Schall, Companies Act, sec 1 Rn. 28; *Davies/Worthington*, Gower's Principles of Modern Company Law, 10th Ed., Rn. 1-13.

605 Alternativ ist der Betrag von 50.000 äquivalent in Euro möglich, sec 763 (1)(b) CA 2006.

606 *Just*, Die englische Limited in der Praxis, Einl Rn. 11; *Rothenburg/Walter/Platts*, in: Wegen/Spahlinger/Barth, Gesellschaftsrecht des Auslands, Vereinigtes Königreich, 3. EL, Rn. 3.

607 Für separate legal personality wird auf den Salomon-Fall verwiesen, Salomon v A. Salomon & Co Ltd [1897] AC 22 (HL).

608 *Macura v Northern Insurance* [1925] AC 619; *Evershed LJ in Short v TreasuryCommissioners* [1948] 1 KB 116 122: "*Shareholders are not, in the eyes of the law, part owners of the undertaking. The undertaking is something different from the totality of the shareholding.*"; *JJ Harrison (Properties) Ltd v Harrison* [2001] EWCA Civ 1467.

609 *Schall*, in: Schall, Companies Act, sec 1 Rn. 17, 30 ff.; *Amour/Hansmann/Kraakman*, in: Kraakman et al, The Anatomy of Corporate Law, 3th Ed., p. 5 ff.

610 *Constitution* im Sinne der Satzung, vgl. sec. 17 CA 2017; *Birds*, Annotated Companies Legislation, 3th Ed., 1.3.02.

611 *Rehm*, in: Eidenmüller, Ausländische Kapitalgesellschaften, § 10 Rn. 65; *Schall*, in: Schall, Companies Act, sec 4 Rn. 2; *Servatius*, in: Henssler/Strohn, Gesellschaftsrecht, 5. Aufl., IntGesR Rn. 109.

für die Haftungsbeschränkung der Gesellschafter auf den Nominalwert der an sie ausgegebenen Geschäftsanteile.[612]

2. *Rechtsquellen*

Das englische Recht ist primär durch die Rechtstradition des *common law* geprägt.[613] Das englische (Kapital-) Gesellschaftsrecht bildet zum traditionellen *case law* mit der umfangreichen Kodifikation des Companies Act 2006 eine Ausnahme.[614] Der Companies Act 2006 mit seinen 1300 Paragraphen (*Sections*) und 16 Anhängen (*Schedules*) genießt das „zweifelhafte Privileg, das umfangreichste Gesetz [des Vereinigten Königreichs]"[615] zu sein.[616] Neben der Kodifikation des CA 2006 gibt es den Insolvency Act 1986 (IA 1986) betreffend die Insolvenz, Liquidation und Abwicklung der Gesellschaft sowie den Financial Services and Markets Act 2000 (FSMA), der das englische Wertpapierrecht regelt. Das traditionelle *case law* übernimmt in der Funktion der Interpretation (*expound the meaning of a statutory provision*) und Lückenfüllung (*gap-filling*) weiterhin eine wichtige Rolle im englischen Kapitalgesellschaftsrecht in Ergänzung zum CA 2006.[617] Neben dem Gesetz ist auch die jeweilige Satzung der Gesellschaft, die die internen Angelegenheiten regelt, als Rechtsquelle im weiteren Sinn heranzuziehen. Nach dem englischen Prinzip der Satzungsfreiheit kann jede Angelegenheit, die nicht durch Gesetz verboten ist, in der Satzung (*company's constitution*) geregelt werden.[618]

---

612 *Christ*, Englische Private Limited und französische Société à Responsabilité Limitée, S. 29; *Rothenburg/Walter/Platts*, in: Wegen/Spahlinger/Barth, Gesellschaftsrecht des Auslands, Vereinigtes Königreich, 3. EL, Rn. 3.

613 *Just*, Die englische Limited in der Praxis, Einl Rn. 15.

614 *Heinz/Hartung*, Die englische Limited, 3. Aufl., 2.1 Rn. 2; *Just*, Die englische Limited in der Praxis, Einl Rn. 15.

615 *Prentice*, Hannigan and Prentice, The Companies Act 2006, A Commentary, 2nd Ed., para. 1.1.

616 *Heinz/Hartung*, Die englische Limited, 3. Aufl., 2.1 Rn. 2; *Saß*, in: MHdb. GesR, Bd. VI, § 47 Rn. 185.

617 Zu den im *company law* relevanten Fallgruppen des *case law*, siehe *Mayson, French & Ryan*, Company Law, 36th Ed., 2.3.1.

618 Ausführlich *Davies/Worthington*, Gower's Principles of Modern Company Law, 10th Ed., S. 58 f.

3. *Gründung*

Die Gründung einer englischen Limited kann gleichsam dem deutschen Recht sowohl im Wege einer Neugründung als auch alternativ durch Erwerb einer bestehenden Vorratsgesellschaft (*shelf company*), dem sog. Mantelkauf, erfolgen.[619]

a. *Neugründung*

Die Neugründung der englischen Limited richtet sich nach den Voraussetzungen des CA 2006 und des Registerrechts und erfolgt mit Registrierung und Eintragung durch das für England und Wales zuständige *Companies House*[620] als Registrierungsbehörde.[621] Sec 7 CA 2006 sieht für die Gründung einer *company* zwei Schritte vor: erstens müssen gem. sec 7 (1)(a) CA 2006 der/die Gründer/Zeichner (*subscribers*) das *memorandum of association* unterzeichnen und zweitens müssen nach sec 7 (1)(b) CA 2006 die gesetzlichen Voraussetzungen zur Registrierung nach ssec 9-13 CA 2006, vorliegen.[622]

Für die erste Voraussetzung, die Unterzeichnung des *memorandum of association,* ist gem. sec 7 (1) CA 2006 ein *subscriber* ausreichend.[623] Des Weiteren weist sec 7 (2) CA 2006 darauf hin, dass eine *company* nicht zu einem gesetzeswidrigen Zweck (*unlawful purpose*) gegründet werden darf.

Nach sec 9 (1) CA 2006 muss zur Gründung das *memorandum of association* der Registrierungsbehörde zusammen mit der *application for registration*[624] eingereicht werden. Das *memorandum of association* als formelle

---

619 *Just*, Englisches Gesellschaftsrecht, Einl Rn. 29.

620 www.companieshouse.gov.uk (zul. abgerufen am 06.02.2021).

621 *Rothenburg/Walters/Platts*, in: Wegen/Spahlinger/Barth, Gesellschaftsrecht des Auslands, Vereinigtes Königreich, 3. EL, Rn. 17 f.; *s, French & Ryan*, Company Law, 36th Ed., 3.2.1.1; *Servatius*, in: Henssler/Strohn, Gesellschaftsrecht, 5. Aufl., IntGesR Rn. 49.

622 *Schall*, in: Schall, Companies Act, vor Part 2 Rn. 1, sec 7 Rn. 1.

623 Mayson, *French & Ryan*, Company Law, 36th Ed., 3.2.2.1.

624 Zum erforderlichen Inhalt der *application for registration* gem. sec 9 (2) CA 2006 s. ausführlich *Mayson, French & Ryan*, Company Law, 36th Ed., 3.2.3.1: die beabsichtigte Firma der *company*; die Zuordnung des *registered office* (Satzungssitzes) zu England & Wales, Schottland oder Nordirland zur Bestimmung der Zuständigkeit des *registrar of companies* und des anzuwendenden Rechts i.S.d. in England geltenden Gründungstheorie (siehe hierzu *Schall*, in: Schall, Companies Act, sec 9 Rn. 4); die Festlegung und Form der Haftungsbeschränkung der *company* (*limited by shares or by guarantee*); die Bestimmung als *private* oder *public company.*

Gründungsurkunde dokumentiert den Gründungswillen der Unterzeichner, Gesellschafter (*member of company*) zu werden und zumindest einen Anteil zu übernehmen.[625]

Auch die vorgesehene Satzung der Gesellschaft, die *articles of association*, ist einzureichen. Die *articles of association* legen die internen Bestimmungen einer Gesellschaft fest, bilden gem. sec 17 (a) CA 2006 ihre Satzung (*constitution*) und sind die *constitutional documents* (sec 32 (1)(a) CA 2006).[626] Im Fall der Neugründung einer *limited by shares* ist als weiteres Dokument gem. sec 9 (4)(a), sec 10 CA 2006 ein *statement of capital and initial shareholings*[627] einzureichen.

Das *statement of capital and initial shareholdings* dient der Momentaufnahme (*"snapshot" of a company's share capital at the point of registration*)[628] des Gesellschaftskapitals im Zeitpunkt ihrer Gründung.[629] Des Weiteren folgt das *statement of the company's proposed officers*, in dem die als ersten *directors* bestimmten Personen ausgewiesen sind, die nach sec 16 (1, 6) CA 2006 mit dem Tag der *incorporation* als im Amt ernannt gelten (*deemed appointed*).[630] Es wird gem. sec 9 (1) CA 2006 zudem das *statement of compliance* beim *registrar of companies* verlangt. Nach sec 13 (1) CA 2006 bestätigt das *statement of compliance*, dass die gesetzlichen Voraussetzungen zur Gründung entsprechend eingehalten wurden. Im Anschluss erfolgt gem. sec 14 CA 2006 durch das zuständige *registrar of companies* nach einer formellen Prüfung der gesetzlichen Vorschriften zur Registrierung die Eintragung der eingereichten Dokumente.[631] Das Vorliegen der Voraussetzungen wird gem. ssec 14, 15 CA 2006 von dem *registrar* durch das

---

625 *Heinz/Hartung*, Die englische Limited, 3. Aufl., 3.2 Rn. 11; Das *memorandum of assocation* ist ein radikal unterschiedliches Dokument als noch das *memorandum* vor dem CA 2006 ("*old-style memorandum*"), siehe Mayson, *French & Ryan*, Company Law, 36th Ed., 3.2.2.3; durch den CA 2006 wurde das *memorandum* seiner konstitutionellen Funktion beraubt, s *Schall*, in: Schall, Companies Act, sec 8 Rn. 4.

626 Ausführlich Mayson, *French & Ryan*, Company Law, 36th Ed., 4.2.1 ff.

627 Gem. sec 10 CA 2006 beinhaltet das *statement of share capital and initial shareholdings* die Anzahl der von den Gesellschaftern gehaltenen Anteile (*the total number of shares of the company to be taken on formation by the subscribers)*, den Nennwert der Aktien (*nominal value of the shares*) und die verschiedenen Aktienklassen und Aufteilung, siehe *Heinz/Hartung*, Die englische Limited, 3. Aufl., 3.2 Rn. 13.

628 Vgl. Explantory Notes on the Companies Act 2006, Zif. 46.

629 *Heinz/Hartung*, Die englische Limited, 3. Aufl., 3.2. Rn. 13.

630 *Mayson, French & Ryan*, Company Law, 36th Ed., 3.2.3.3; *Schall*, in: Schall, Companies Act, sec 16 Rn. 4.

631 *Schall*, in: Schall, Companies Act, sec 14 Rn. 1.

certificate of incorporation bestätigt. Das *certificate of incorporation* stellt nach sec. 15 (4) CA 2006 eine Vermutung der Einhaltung der Eintragungsvoraussetzungen auf und heilt etwaige Fehler im Vorfeld der Gründung, sodass die *Lehre der fehlerhaften Gesellschaft* dem englischen Recht fremd ist.[632] Die Gründungsurkunde ist somit ein zwingender Beweis der ordnungsgemäßen Gründung einer Limited.[633]

Primäre Folge der Eintragung ist nach sec 16 (1, 2) CA 2006 das Entstehen der Gesellschaft zum Zeitpunkt der Registrierung (*date of incorporation*)[634], indem die *subscribers of the memorandum* zum *body corporate* werden.[635] Das englische Recht kennt somit im Gegensatz zum deutschen Recht keine Vorgesellschaft, stattdessen haftet gem. sec 51 (1) CA 2006 derjenige persönlich, der als Vertreter im Namen der noch nicht gegründeten Gesellschaft aufgetreten ist (Vorbelastungsverbot).[636]

b. Mantelkauf

Neben der Neugründung kann eine Limited auch im Wege eines Mantelkaufs (*buying off the shelf*) zu erworben werden.[637] Mangels Mindestkapitalanforderungen ergeben sich hinsichtlich eines Mantelkaufs einer *limited* keine Probleme; die Anteile werden übertragen, neue *directors* bestellt, die Firma geändert und die Satzung wird entsprechend angepasst.[638] Der Verkäufer als erster

632 *Heinz/Hartung*, Die englische Limited, 3. Aufl., 3.2. Rn. 16; *Just*, Englisches Gesellschaftsrecht, Einl Rn. 35; *Servatius*, in: Henssler/Strohn, Gesellschaftsrecht, 5. Aufl., IntGesR Rn. 63; nach *Schall*, in: Schall, Companies Act, sec 16 Rn. 3 bewirkt sec 16 (4) CA 2006 keine generelle Legalisierung des Handelns der Gesellschaft.

633 *Ringe/Otte*, in: Triebel et al, Englisches Handels- und Wirtschaftsrecht, 3. Aufl., Kap. V § 2 Rn. 47.

634 Das *date of incorporation* wird gem. sec 15 (2)(b) CA 2006 auf dem *certificate of incorporation* ausgewiesen, Jubilee Cotton Mills v Lewis [1924] AC 958 (House of Lords), siehe *Schall*, in: Schall, Companies Act, sec 16 Rn. 1.

635 *Mayson, French & Ryan*, Company Law, 36th Ed., 3.2.4.4; das Bild der Wandlung der Gründer zu einem "*body corporate*" rührt aus der personengesellschaftsrechtlichen Historie der *joint stock company* her, siehe hierzu *Schall*, in: Schall, Companies Act, sec 16 Rn. 2.

636 *Just*, Die englische Limited in der Praxis, II Rn. 30; *Schall*, in: Schall, Companies Act, sec 16 Rn. 5.

637 *Heinz/Hartung*, Die englische Limited, 3. Aufl., 3.3 Rn. 30; *Servatius*, in: Henssler/Strohn, Gesellschaftsrecht, 5. Aufl., IntGesR Rn. 64.

638 *Just*, Die englische Limited in der Praxis, II. Rn. 36 ff.

Gesellschafter (*first member*) und als erster *director* (*first director*) tritt zurück und zeigt seinen Rücktritt dem *Companies House* an.[639]

4. *Organisation der Limited*

Die zwei Hauptorgane einer Limited sind das *general meeting* (Gesellschafterversammlung) und das *board of directors* (Geschäftsführungs-/Vertretungsorgan). Die *company* hat eine Doppelnatur als Vereinigung ihrer *members/shareholders*[640] einerseits und als eigenständige (juristische) Person als separater Rechtsträger andererseits.[641] Diese Doppelnatur ist ein Grund für den Erfolg der *company* als Wirtschaftsunternehmen, wenn die Gesellschafter einen finanziellen Beitrag leisten und dafür einen Ertrag erhalten, ohne zwingend an der Geschäftsführung/dem Management der Gesellschaft beteiligt zu sein.[642] Als eigenständige juristische Person kann eine *company* nicht eigens handeln, vielmehr braucht es eine natürliche Person, die diese vertritt und in ihrem Namen handelt. Diese Aufgabe übernehmen in einer Limited die *directors*.

a. Shareholders/members

aa. Gesellschafterstellung

Die Gesellschafterstellung basiert auf dem Halten von Anteilen, die als Gegenzug für das eingebrachte Kapital ausgegeben werden. Bei der Neugründung werden die *subscriber* des *memorandum of association* mit der *incorporation* die ersten Gesellschafter.[643] Bei einer bereits existierenden Limited wird eine Person Gesellschafter, der neu ausgegebene Anteile zugeteilt oder übertragen werden und die im *register of members* (sec 113 CA 2006) nach sec 112 (2) CA 2006 eingetragen wird.[644] Demgegenüber bedürfen die *subscribers* keiner konstitutiv

639 *Mayson, French & Ryan*, Company Law, 30th Ed., 2.2.4.

640 Die Terminologie für Gesellschafter ist uneinheitlich; die Begriffe *member* und *shareholder* werden synonym verwendet, *Heinz/Hartung*, Die englische Limited, 3. Aufl., 6. Rn. 1; *Just*, Die englische Limited in der Praxis, IV Rn. 97.

641 *Mayson, French & Ryan*, Company Law, 36th Ed., 14.1.1; *Levedag*, in: Süß/Wachter, Hdb. des internat. GmbHR, 3. Aufl., England Rn. 303.

642 *Mayson, French & Ryan*, Company Law, 36th Ed., 14.1.1.

643 *Just*, Die englische Limited in der Praxis, IV Rn. 98.

644 *Just*, Die englische Limited in der Praxis, IV Rn. 99; *Levedag*, in: Süß/Wachter, Hdb. des internat. GmbHR, 3. Aufl., England Rn. 353; *Servatius*, in: Henssler/Strohn, Gesellschaftsrecht, 5. Aufl., IntGesR Rn. 75.

wirkenden Eintragung in das *register of members*, sec 112 (1) CA 2006.[645] Nach englischem Recht hat ein Gesellschafteranteil (*share*) drei Funktionen: es wird eine vermögensmäßige Rechtsposition dem Gesellschafter vermittelt und die Höhe seiner Beteiligung bestimmt; der Gesellschaft steht ein Anspruch gegen den Gesellschafter auf Zahlung des dem Anteil zugeordneten Betrages zu; der gehaltene Anteil vermittelt die Stellung als *member of the company* mit den hieran anknüpfenden Rechten und Pflichten.[646] Die Anteile bilden den Maßstab für die jeweils ausgeübten Mitgliedschaftsrechte der Gesellschafter.[647]

bb. Gesellschafterrechte

Zu den wichtigsten Rechten eines Gesellschafters gehören das Stimmrecht in der Gesellschafterversammlung (*general meeting*) sowie der Anspruch auf Gewinnbeteiligung.[648]

Ein Prinzip des *company law* ist die *„division of power between members and directors“*[649], wonach die *directors* grundsätzlich die Geschäftsführung losgelöst vom Einfluss und von den Weisungen der *members* ausüben.[650] Trotzdem sind die Gesellschafter nicht ohne jeden Einfluss, gem. sec 168 CA 2006 ist es ein *statutory right* der Gesellschafter, die *directors* durch *ordinary resolution* jederzeit und

---

645 *Heinz/Hartung*, Die englische Limited, 3. Aufl., 6. Rn. 1; *Mayson, French & Ryan*, Company Law, 36th Ed., 14.2.

646 *Borland's Trustee v Steel Brothers and Co Ltd* [1901] 1 Ch 279; *Commissioners of Inland Revenue v Crossman* [1937] AC 26 (p. 66); *Mayson, French & Ryan*, Company Law, 36th Ed., 6.2.1, 6.2.4; *Levedag*, in: Süß/Wachter, Hdb. des internat. GmbHR, 3. Aufl., England Rn. 303.

647 *Levedag*, in: Süß/Wachter, Hdb. des internat. GmbHR, 3. Aufl., England Rn. 304.

648 *Heinz/Hartung*, Die englische Limited, 3. Aufl., 6. Rn. 2.

649 Die *„division of powers“* wird als *„separation of ownership and control“* beschrieben, die allerdings nur auf solche *private companies* zutrifft, in denen *directors* und *members* personenverschieden sind, vgl. *Mayson, French & Ryan*, Company Law, 36th Ed., 15.9.1.

650 Vgl. *Howard Smith Ltd v Ampol Petroleum Ltd* [1974] AC 821 (p. 837): "*The constitution of a limited company normally provides for directors, with powers of management, and share holders, with defined voting powers having power to appoint the directors, and to take, in general meeting, by majority vote, decisions on matters not reserved for management*"; zudem *Grundt v Great Boulder Proprietary Mines Ltd* [1948] CH 145 (p. 157): "*there is nothing unusual in the shareholders not being allowed to interfere in matters which have been deliberately placed under the control of directors*"; vgl. *Mayson, French & Ryan*, Company Law, 36th Ed., 15.9.1.

ohne Grund abzuberufen.[651] Das Recht Geschäftsführer ohne Grund abberufen zu können wird auch als „*shotgun power*"[652] beschrieben und hebt die Stellung des Gesellschafters hervor. Hierdurch ist zumindest eine mittelbare Einflussnahme auf die Geschäftsführung der *directors* gegeben. Allerdings unterscheidet sich das englische *company law* durch die fehlende Weisungsgebundenheit der Geschäftsführer von dem deutschen GmbH-Recht. Nichtdestotrotz kann ein annähernder Gleichlauf zu § 37 I GmbHG geschaffen werden, wenn neben den gesetzlichen Zustimmungsvorbehalten durch die Gesellschafter (ssec 188, 190, 197, 217 CA 2006), die Befugnisse der *directors* nach Möglichkeit eingeschränkt werden, vgl. Art. 4 Model articles.[653]

Daneben steht den Gesellschaftern gem. sec 303 CA 2006 das Recht zur Einberufung einer außerordentlichen Gesellschafterversammlung (*extraordinary general meeting*) zu. Um die Kontrollfunktion gegenüber der Geschäftsführung angemessen wahrnehmen zu können, haben die Gesellschafter Informationsrechte, das Recht auf Übersendung des jeweiligen Jahresabschlusses (sec 423 (1) (a) CA 2006) sowie das Recht, jederzeit Einsicht in die Geschäftsunterlagen zu verlangen.[654]

b. Directors

Als juristische Person ist die Limited ohne Vertretungsorgan handlungsunfähig.[655] Diese Funktion übernehmen die *directors* durch Ausübung der Geschäftsführung.[656] Im Fall *Ferguson v Wilson (1866)* heißt es: „*The company itself cannot act in its own person…it can only act through directors*".[657]

---

651 *Just*, Die englische Limited in der Praxis, V Rn. 138; *Moore*, in: Fleckner/Hopt, Comparative Corporate Governance, UK, S. 929; *Mayson, French & Ryan*, Company Law, 36th Ed., 15.9.1; *Servatius*, in: Henssler/Strohn, Gesellschaftsrecht, 5. Aufl., IntGesR Rn. 124.

652 *Moore*, in: Fleckner/Hopt, Comparative Corporate Governance, UK, S. 929.

653 Vgl. *Just*, Die englische Limited in der Praxis, V Rn. 144; *Servatius*, in: Henssler/Strohn, Gesellschaftsrecht, 5. Aufl., IntGesR Rn. 144.

654 *Heinz/Hartung*, Die englische Limited, 3. Aufl., 6. Rn. 4; *Just*, Die englische Limited in der Praxis, IV Rn. 130.

655 *Mayson, French & Ryan*, Company Law, 36th Ed., 15.1.1.

656 *Just*, Die englische Limited in der Praxis, V Rn. 137; *Mayson, French & Ryan*, Company Law, 36th Ed., 15.1.1.

657 *Ferguson v Wilson* [1866] LR 2 Ch App 77; anders formuliert in *Ernest v Nicholls* [1857] 6 HL Cas 401 (p. 419): "*[the shareholders] can only act through their directors, and the acts of the individual shareholders have no effect whatever on the company at large*"; vgl. auch *Mayson, French & Ryan*, Company Law, 36th Ed., 15.1.1.

Im anglo-amerikanischen Rechtskreis ist das Modell des *One-Tier Board* vorherrschend, bei dem die sog. *non-executive directors* innerhalb des *board of directors* eine interne Kontrollfunktion ausüben.[658] Nach dem UK Corporate Governance Code sollen kleinere Gesellschaften mindestens zwei unabhängige *directors* haben, die an den regelmäßigen *board meetings* teilnehmen. Demgegenüber liegt nach deutschem Verständnis die Kontrollfunktion bei einer Gesellschaft mit beschränkter Haftung in den Händen der Gesellschafter, entsprechend bei Aktiengesellschaften in denen des Aufsichtsrates als eigenständiges Kontrollorgan, sog. *Two-Tier Boards*.[659]

aa. Bestellung

Nach sec 154 (1) CA 2006 muss eine private *company* mindestens einen *director* haben. Bei einer zu gründenden Limited werden die Personen, die im *statement of proposed officers* (sec 9 (4)(c) CA 2006) benannt sind, automatisch mit der Registrierung zu den *first directors*, sec 16 (1, 6)(a) CA 2006.[660] Über die Zuständigkeit der Bestellung der *directors* einer bestehenden Limited trifft der Companies Act 2006 keine Aussage, sodass regelmäßig Bestimmungen zur Bestellung in den *articles* der Gesellschaft geregelt werden. Die Mustersatzung sieht beispielsweise in Art. 7 (1) Model articles die Möglichkeit der Bestellung eines (weiteren) *directors* durch das *board of directors* vor, die einer nachträglichen Zustimmung des darauffolgenden *general meetings* erfordert. Mangels etwaiger Regelungen in der Satzung ist die Bestellung von *directors* von Natur aus Sache der Gesellschafter in Form einer *ordinary resolution*.[661] Die Bestellung zum *director* wird erst mit Annahme der Bestellung durch die bestellte Person wirksam.[662]

Neben den wirksam bestellten *directors* kennt das englische Recht noch den *shadow director* nach sec 251 CA 2006 und den „*de facto director*".[663] Sec 251 (1)

---

658 *Levedag*, in: Süß/Wachter, Hdb. des internat. GmbHR, 3. Aufl., England Rn. 521.

659 *Mayson, French & Ryan*, Company Law, 30th Ed., 15.2.3 f.

660 *Just*, Die englische Limited in der Praxis, V Rn. 138; *Mayson, French & Ryan*, Company Law, 36th Ed., 15.4.2; *Servatius*, in: Henssler/Strohn, Gesellschaftsrecht, 5. Aufl., IntGesR Rn. 123.

661 *Woolf v East Nigel Gold Mining Co Ltd* [1905] 21 TLR 660; *Worcester Corsetry Ltd v Witting* [1936] Ch 640; *Harman v Energy Research Group Australia Ltd* [1986] WAR 123; *Link Agricultural Pty Ltd. v Shanahan* [1998] 28 ACSR 498; *Just*, Die englische Limited in der Praxis, V Rn. 138; *Mayson, French & Ryan*, Company Law, 36th Ed., 15.4.1.

662 *Re British Empire Match Co Ltd* [1888] 59 LT 291.

663 *Servatius*, in: Henssler/Strohn, Gesellschaftsrecht, 5. Aufl., IntGesR Rn. 133 f.

CA 2006, sec 251 IA 1986 definieren als *shadow director* „*a person in accordance with whose directions or instructions the directors of a company are accustomed to act*". Kommt bloß eine Minderheit der *directors* den Weisungen nach, ist dies nicht ausreichend für die Definition als *shadow director*,[664] vielmehr bedarf es einer beständigen Mehrheit der *directors*, die den Weisungen als Selbstverständlichkeit über eine Zeitspanne Folge leisten.[665] Regelmäßig erfüllt diese Voraussetzungen eine Muttergesellschaft, die als *shadow director* ihrer Tochtergesellschaft handelt.[666]

Tritt dagegen eine Person, die nicht zum *director* bestellt wurde als solcher auf, handelt diese als „*de facto director*" mit etwaigen haftungsrechtlichen Konsequenzen.[667]

bb. Geschäftsführung

Nach dem Prinzip der „*separation of ownership and control*" liegt die Geschäftsführungskompetenz bei den *directors*, die insofern nicht an Weisungen der Gesellschafter, die die konkrete Ausübung von Geschäften betreffen, gebunden sind.[668] Somit haben die *directors* die Geschäftsführungskompetenz für alle Geschäfte, die nicht durch Gesetz (*requirement of member's approval*)[669] oder durch die *articles* den Gesellschaftern vorbehalten sind.[670] Bei mehreren *directors*

---

664 *Kuwait Asia Bank EC v National Mutual Life Nominees Ltd* [1991] 1 AC 187 (p. 223); *Lord v Sinai Securities Ltd* [2004] EWHC 1764 (Ch) [2005] 1 BCLC 295.

665 *Ultraframe (UK) Ltd v Fielding* [2005] EWHC 1638 (Ch), LTL 11/8/2005 (p. 1272); *Re Unisoft Group Ltd (No 3)* [1994] 1 BCLC 609 (p. 620); *Mayson, French & Ryan*, Company Law, 36th Ed., 15.2.3.

666 *Heinz/Hartung*, Die englische Limited, 3. Aufl., 7.1 Rn. 48; *Just*, Die englische Limited in der Praxis, V Rn. 142; *Servatius*, in: Henssler/Strohn, Gesellschaftsrecht, 5. Aufl., IntGesR Rn. 133.

667 Zur Geschichte des Begriffs des "*de facto director*" siehe Lord Collins in *Commissioners of HM Revenue and Customs v Holland* [2010] UKSC 51, [2010] 1 WLR 2793 (pp. 58-93); *Mayson, French & Ryan*, Company Law, 36th Ed., 15.2.3; *Servatius*, in: Henssler/Strohn, Gesellschaftsrecht, 5. Aufl., IntGesR Rn. 134.

668 Siehe oben, Kap.III.A.I.4.a.bb.

669 Beispielsweise sec 190 CA 2006.

670 *Just*, Die englische Limited in der Praxis, V Rn. 144; zur Zustimmungsbedürftigkeit wesentlicher Vertragsschlüsse, siehe *Levedag*, in: Süß/Wachter, Hdb. des internat. GmbHR, 3. Aufl., England Rn. 495; eine Auflistung der zustimmungsbedürftigen Entscheidungen findet sich bei *Mayson, French & Ryan*, Company Law, 36th Ed., 14.4.4 (a)-(x); *Servatius*, in: Henssler/Strohn, Gesellschaftsrecht, 5. Aufl., IntGesR Rn. 141.

wird die Geschäftsführung durch das *board of directors* ausgeübt: „*a director is simply a person appointed to act as one of a board, with power to bind the company when acting as a board, but having otherwise no power to bind them*".[671] Das *board of directors* trifft die Entscheidungen über die Geschäftsführung mehrheitlich im *director's meeting*.[672] Sofern die *articles* dies vorsehen, können einzelne Befugnisse, die beispielsweise den laufenden Geschäftsbetrieb bzw. das Tagesgeschäft betreffen oder die entsprechende Vertretungsbefugnis, an einen *executive* bzw. *managing director* übertragen werden, sec 5 Model articles.[673]

cc. Director's Duties

Die *general duties* werden in den ssec 171-177 CA 2006 normiert und basieren auf den *equitable principles relating to fiduciary duties* (treuhänderischen Pflichten) und den Grundsätzen des *common law* zur Fahrlässigkeit (*negligence*).[674] Aus dem Gesetz ergeben sich sieben Hauptpflichten eines *directors* einer Limited: *duty to act within powers* (sec 171 CA 2006), *duty to promote the success of the company* (sec 172 CA 2006), *duty to exercise independent judgment* (sec 173 CA 2006), *duty ro exercise reasonable care, skill and diligence* (sec 174 CA 2006), *duty to avoid conflict of interests* (sec 175 CA 2006), *duty not to accept benefits from third parties* (sec 176 CA 2006), *duty to declare interest in proposed transaction or arrangement* (sec 177 CA 2006).[675] Neben den Pflichten gem. ssec 171-177 CA 2006 sind die *directors* gem. ssec 386 ff. CA 2006 zur Buchführung verpflichtet.[676]

---

671 Re Marseilles Extension Railway Co, ex parte Crédit Foncier and Mobilier of England (1871) LR 7 Ch App 161, p. 168 ; *Mayson, French & Ryan*, Company Law, 36th Ed., 15.7.1.1.

672 *Servatius*, in: Henssler/Strohn, Gesellschaftsrecht, 5. Aufl., IntGesR Rn. 142.

673 *Just*, Die englische Limited in der Praxis, V Rn. 145; *Servatius*, in: Henssler/Strohn, Gesellschaftsrecht, 5. Aufl., IntGesR Rn. 142.

674 *Mayson, French & Ryan*, Company Law, 36th Ed., 16.1.1; zur Kodifikation der bisherigen Pflichten aus dem common law ausführlich *Ladiges/Pegel*, DStR 2007, 2069; *Thole*, RiW 2008, 606.

675 Ausführlich zu den einzelnen Pflichten *Mayson, French & Ryan*, Company Law, 36th Ed., 16.5; *Servatius*, in: Henssler/Strohn, Gesellschaftsrecht, 5. Aufl., IntGesR Rn. 145 ff.; Zu den Treuepflichten siehe *Levedag*, in: Süß/Wachter, Hdb. des internat. GmbHR, 3. Aufl., England Rn. 498 ff.

676 *Servatius*, in: Henssler/Strohn, Gesellschaftsrecht, 5. Aufl., IntGesR Rn. 158; zur Rechnungslegung *Just*, Die englische Limited in der Praxis, IX.

dd. Geschäftsführerhaftung

Grundsätzlich haften die *directors* einer Limited nicht für die Verbindlichkeiten der Gesellschaft.[677] Verletzen die *directors* eine ihrer Pflichten, verweist sec 178 (1) CA 2006 in der Rechtsfolge auf die Haftungsregeln des *common law* und der *equitable principles*.[678] Sec 178 CA 2016 bezieht sich nur auf die allgemeinen *director's duties* der ssec 171 -177 CA 2006 und differenziert in der Rechtsfolge, ob eine Sorgfaltspflicht *(common law duty)* oder eine Treuepflicht (*equity duty*) verletzt wurde.[679] Wird eine *common law duty* verletzt, führt dies zu einem *common law* Anspruch, der nur auf Geldersatz (*damages*) gerichtet ist, demgegenüber kann bei Verletzung einer *equity duty* ein *equity* Anspruch zwar auch auf Geld, darüber hinaus aber auch auf die tatsächliche Durchsetzung der Pflicht gerichtet sein.[680] Bei dieser *director's liability* handelt es sich gem. sec 178 (2) CA 2006 um einen Fall der Innenhaftung gegenüber der Gesellschaft, sodass etwaige Ersatzansprüche von den anderen *directors* oder von einer Mehrheit der Gesellschafter im Namen der Gesellschaft geltend zu machen sind.[681] Das englische Recht kennt neben der Innenhaftung auch eine Außenhaftung der *directors*. Beispielsweise haftet ein *director*, der von seinem Amt ausscheidet, aber weiterhin als solcher der Gesellschaft auftritt, gem. sec 15 Company Directors Disqualification Act 1986 persönlich für alle eingegangenen Verbindlichkeiten der Gesellschaft.[682] Trifft ein *director* in einem besonderen Vertrauensverhältnis zu einem Dritten fahrlässig gegenüber diesem falsche Aussagen (*negligent misstatement*), haftet er dem Dritten gegenüber persönlich.[683]

Relevanter im Rahmen der *diretor's liability* sind im Zusammenhang mit der Insolvenz einer Gesellschaft die zwei Fallgruppen des *wrongful trading* (sec 213 IA 1986) und die des *fraudulent trading* (sec 214 IA 1986).[684] Befindet

---

677 *Heinz/Hartung*, Die englische Limited, 3. Aufl., 7.2 Rn. 54.

678 *Doralt*, in: Schall, Companies Act, sec 178 Rn. 2.

679 *Doralt*, in: Schall, Companies Act, sec 178 Rn. 2.

680 *Doralt*, in: Schall, Companies Act, sec 178 Rn. 3.

681 *Prudential Assurance Co Ltd v Newman Industries Ltd (No 2)* [1982] Ch 204; *Foss v Harbottle* [1843] 2 Hare 461 (p. 490 ff.); *Just*, Die englische Limited in der Praxis, V Rn. 175; *Mayson, French & Ryan*, Company Law, 36th Ed., 18.4.1; *Servatius*, in: Henssler/Strohn, Gesellschaftsrecht, 5. Aufl., IntGesR Rn. 162.

682 *Just*, Die englische Limited in der Praxis, V Rn. 179.

683 *Williams v Natural Life Foods* (1998) 1 WLR 830; *Just*, Die englische Limited in der Praxis, V Rn. 180.

684 *Just*, Die englische Limited in der Praxis, V Rn. 181; zu beiden Fallgruppen ausführlich *Mayson, French & Ryan*, Company Law, 36th Ed., 20.11, 20.12.

sich eine Gesellschaft in der Abwicklung (*winding up*) und werden die Geschäfte fortgeführt, um die Gesellschaftsgläubiger oder sonstige Gläubiger zu täuschen, oder mit betrügerischer Absicht (*fraudulent purpose*)[685], kann das Gericht gem. sec 213 IA 1986 jede an der Fortführung wissentlich beteiligte Person haftbar machen. Die betrügerische Absicht oder die Absicht der Täuschung ist in der Regel schwer nachweisbar und die Fortführung bei gleichzeitiger Hoffnung auf einen positiven Verlauf (*sunshine doctrine/test*)[686] reicht nicht zur Schädigungsabsicht aus.[687] Der Liquidator ist anspruchsberechtigt und der vom Gericht festgelegte Betrag ist an das Gesellschaftsvermögen (*to the company's assets*) zu leisten, sodass die Gläubiger weder den Anspruch geltend machen können, noch Begünstigte sind.[688]

Demgegenüber ist der Anwendungsbereich des *wrongful trading* enger. Der persönliche Anwendungsbereich ist nur auf *directors*, einschließlich *shadow* und *de facto directors*,[689] beschränkt. Dagegen kann in Fällen des *fraudulent trading* jede wissentlich beteiligte Person haftbar sein. Der sachliche Anwendungsbereich umfasst nicht jede Form der Abwicklung, sondern gem. sec 214 (2)(a) IA 1986 nur die Abwicklung wegen Insolvenz (*insolvent liquidation*).[690] Nach sec 214 IA 1986 kann das Gericht einen *director* oder ehemaligen *director* einer sich in der Insolvenzabwicklung befindlichen Gesellschaft für haftbar erklären, wenn dieser vor Eintritt in die Abwicklung wusste oder hätte wissen müssen, dass keine hinreichende Aussicht auf Vermeidung der Insolvenz besteht und

---

685 Der betrügerische Zweck (*fraudulent purpose*) ist nicht nur auf die Gläubiger beschränkt, sondern bezieht sich auch beispielsweise auf die Gesellschaftskunden, *R v Kemp* [1988] QB 645.

686 *Re White and Osmand (Parkstone) Ltd* (ChD 30 June 1960): "*...there is nothing to say that directors who genuinely believe that the clouds will roll away and the sunshine of prosperity will shine upon them again and disperse the fog of their depression are not entitled to incur credit to help them get over the bad time*"; *Mayson, French & Ryan*, Company Law, 36th Ed., 20.11.3.2 .

687 *Fleischer*, DStR 2000, 1015 (1018); *Heinz/Hartung*, Die englische Limited, 3. Aufl., 7.2. Rn. 60.

688 *Just*, Die englische Limited in der Praxis, V Rn. 181; *Levedag*, in: Süß/Wachter, Hdb. des internat. GmbHR, 3. Aufl., England Rn. 577. *Rothenburg/Walter/Platts*, in: Wegen/Spahlinger/Barth, Gesellschaftsrecht des Auslands, Vereinigtes Königreich, 3. EL, Rn. 104.

689 *Re Hydrodam (Corby) Ltd* [1994] 2 BCLC 180.

690 Vgl. *Just*, Die englische Limited in der Praxis, V Rn. 182; *Rothenburg/Walter/Platts*, in: Wegen/Spahlinger/Barth, Gesellschaftsrecht des Auslands, Vereinigtes Königreich, 3. EL, Rn. 104.

nicht alle Schritte getan hat, die erforderlich gewesen wären, um die potentiellen Verluste der Gläubiger zu minimieren.[691] Der bloße Umstand, dass die Gesellschaft in der Insolvenz tätig war, qualifiziert ihr Handeln noch nicht als *wrongful trading*, sondern erst dann, wenn die Gesellschaft trotz der begründeten Annahme, eine Insolvenz nicht abwenden zu können, tätig wurde.[692]

5. *Finanzverfassung der Limited*

a. *Kein Mindestkapital*

Das englische Gesellschaftsrecht sieht im Gegensatz zur deutschen GmbH oder AG kein Mindestkapital vor.[693] Nach deutschem Verständnis ist das Mindestkapital der zu zahlende Preis für die rechtliche Selbständigkeit einer Gesellschaft und für die Haftungsbeschränkung auf das Gesellschaftsvermögen (Trennungsprinzip).[694]

Das bisherige Äquivalent zum Stammkapital einer Limited war das Nominalkapital (*share capital*) als das Kapital, welches im *memorandum* bei Gründung

---

691 *Mayson, French & Ryan*, Company Law, 36th Ed., 20.12.1; *Rothenburg/Walter/Platts*, in: Wegen/Spahlinger/Barth, Gesellschaftsrecht des Auslands, Vereinigtes Königreich, 3. EL, Rn. 104.

692 *Secretary of State for Trade and Industry v Taylor* [1997] 1 WLR 407 (p. 414): "*The companies legislation does not impose on directors a statutory duty to ensure that their company does not trade while insolvent; nor does that legislation impose an obligation to ensure that the company does not trade at a loss...Directors may properly take the view that it is in the interests of the company and of its creditors that, although insolvent, the company should continue to trade out of its difficulties. They may properly take the view that it is in the interests of the company and its creditors that some loss-making trade should be accepted in anticipation of future profitability...But the legislation imposes on directors the risk that taking trading while insolvent may lead to their personal liability. Sec 214 imposes that liability where the director knew, or ought to have concluded, that there was no reasonable prospect that the company would avoid going into insolvent liquidation*"; *Mayson, French & Ryan*, Company Law, 36th Ed., 20.12.3.

693 *Heinz/Hartung*, Die englische Limited, 3. Aufl., 9.1 Rn. 1; *Just*, Die englische Limited in der Praxis, VII Rn. 224; *Saß*, in: MHdB GesR, Bd. VI, § 47 Rn. 200; *Rothenburg/Walters/Platts*, in: Wegen/Spahlinger/Barth, Gesellschaftsrecht des Auslands, Vereinigtes Königreich, 3. EL, Rn. 17, 35; *Servatius*, in: Henssler/Strohn, Gesellschaftsrecht, 5. Aufl., IntGesR Rn. 99.

694 Zum Mindestkapital siehe *Eidenmüller/Grunewald/Noack*, in: Lutter (Hrsg.), Das Kapital der Aktiengesellschaft in Europa, ZGR-Sonderheft 17, 2006, S. 20 ff.; *Heinz/Hartung*, Die englische Limited, 3. Aufl., 9.1 Rn. 2.

oder später als solches festgesetzt wurde.[695] Ersetzt wird das Erfordernis eines Nominalkapitals durch sec 542 (1) CA 2006, wonach Anteil (*share*) einen festgelegten Nennwert haben muss, wobei der niedrigste mögliche Nennwert 1 pence ist.[696] Stattdessen ist für die Haftung einer Gesellschaft das gezeichnete Kapital (*issued capital*) relevant, das dem Nominalwert der übernommenen Anteile entspricht, der seinerseits den von den Gesellschaftern (freiwillig) übernommenen Einlageverpflichtungen entspricht.[697] Das *issued capital* kann durch die Ausgabe weiterer Anteile erhört werden (*allotment*).[698] Die tatsächlich geleistete Einlage, sog. *paid-up capital*, muss in der Höhe nicht dem in der Satzung ausgewiesenen *issued capital* entsprechen; die Differenz wird als *unpaid/uncalled capital* bezeichnet.[699] Bei einer *private limited company* kann die Einlage in Form einer Barzahlung oder Sachleistung und sogar einer Dienstleistung erbracht werden, über deren Werthaltigkeit die Gesellschafter ohne Wirtschaftsprüfer bestimmen.[700]

b. Arten von Anteilen

Der Anteil wird dem Wesen nach als eine Recheneinheit angesehen, die dazu bestimmt ist, den *member's interest* in der Gesellschaft zu messen.[701] Die Größe der jeweiligen Recheneinheit wird durch den erforderlich zu bestimmenden Nennwert eines Anteils (sec 542 CA 2006) bestimmt und gleichzeitig bildet dieser Nennwert den Minimalwert, den eine Gesellschaft mindestens als Einzahlung verlangen muss.[702] Der Nennwert der von einem Gesellschafter gehaltenen Anteile bestimmt dessen jeweilige Einlagenverpflichtung gegenüber der Gesellschaft, für die er im Gegenzug die entsprechenden Stimmrechte sowie Rechte

695 *Just*, Die englische Limited in der Praxis, VII Rn. 209; *Levedag*, in: Süß/Wachter, Hdb. des internat. GmbHR, 3. Aufl., England Rn. 174.

696 *Heinz/Hartung*, Die englische Limited, 3. Aufl., 9.1 Rn. 5; *Just*, Die englische Limited in der Praxis, VII Rn. 209.

697 *Heinz/Hartung*, Die englische Limited, 3. Aufl., 9.1 Rn. 8; *Servatius*, in: Henssler/Strohn, Gesellschaftsrecht, 5. Aufl., IntGesR Rn. 99.

698 Ausführlich *Mayson, French & Ryan*, Company Law, 36th Ed., 6.3.

699 *Just*, Die englische Limited in der Praxis, VII Rn. 210; *Servatius*, in: Henssler/Strohn, Gesellschaftsrecht, 5. Aufl., IntGesR Rn. 99.

700 *Just*, Die englische Limited in der Praxis, VII Rn. 210; *Servatius*, in: Henssler/Strohn, Gesellschaftsrecht, 5. Aufl., IntGesR Rn. 100.

701 Vgl. *Mayson, French & Ryan*, Company Law, 36th Ed., 6.2.1.

702 *Mayson, French & Ryan*, Company Law, 36th Ed., 6.2.1.

bei der Ausschüttung von Dividenden oder des übrigen Liquidationserlöses erhält.[703]

Mangels anderweitiger Bestimmungen sind alle Anteile grundsätzlich gleichberechtigt.[704] Allerdings kann die Satzung auch unterschiedliche Arten von Anteilen bestimmen, mit denen auch unterschiedliche Gesellschafterrechte verbunden sind.[705] Eine mögliche Unterteilung der eigentlichen Stammanteile (*ordinary shares*) kann nach Vermögensrechten erfolgen, wonach die Gesellschafter durch Vorzugsanteile (*preference shares*) gegenüber anderen etwa bei den Dividenden bevorzugt werden.[706] Als weitere Arten von Anteilen gibt es *deferred shares, non-voting ordinary shares* und *redeemable shares*.[707]

c. Maintenance of capital *(Kapitalerhaltung)*

Die geringen Anforderungen an die Kapitalaufbringung spiegeln sich bei den Kapitalerhaltungsvorschriften wider.[708] Mangels Erfordernisses eines Mindeststammkapitals gilt als Haftungssubstanz das gezeichnete Kapital, auf das sich die englischen Kapitalerhaltungsvorschriften beziehen.[709] Als Grundprinzip der englischen Kapitalerhaltung gilt das Verbot des Erwerbs eigener Anteile als „Quasi-Zurückzahlung" des gezeichneten Kapitals.[710] Dieses Prinzip ist in sec 658 (1) CA 2006 geregelt, wonach eine *limited company* keine eigenen Anteile

---

703 *Just*, Die englische Limited in der Praxis, VII Rn. 213; *Mayson, French & Ryan*, Company Law, 36th Ed., 6.2.1.

704 *Birch v Cropper* (1889) 14 App Cas 525; *Scottish Insurance Corp Ltd v Wilsons and Clyte Coal Ltd* (1949) AC 462; *Just*, Die englische Limited in der Praxis, VII Rn. 213.

705 *Andrews v Gas Meter Co* [1897] 1 Ch 361; *Mayson, French & Ryan*, Company Law, 36th Ed., 6.2.1.3.

706 *Heinz/Hartung*, Die englische Limited, 3. Aufl., 9.4 Rn. 82; *Just*, Die englische Limited in der Praxis, VII Rn. 214.

707 Ausführlich zu den *types of shares* siehe *Mayson, French & Ryan*, Company Law, 36th Ed., 6.2.1.3.

708 *Kroh*, Der existenzvernichtende Eingriff, S. 123.

709 *Heinz/Hartung*, Die englische Limited, 3. Aufl., 9.3 Rn. 30; *Just*, Die englische Limited in der Praxis, VII Rn. 224; *Servatius*, in: Henssler/Strohn, Gesellschaftsrecht, 5. Aufl., IntGesR Rn. 101.

710 *Trevor v Whitworth* (1887) 12 App Cas 409; *Hill v Permanent Trustee Co of New South Wales Ltd* [1930] AC 720 (731): "*A limited company not in liquidation can make no payment by way of return of capital to its shareholders except as a step in an authorised reduction of capital. Any other payment made by it by means of which it parts with money to its shareholders must and can only be made by the way of dividing profits*"; *Just*, Die englische Limited in der Praxis, VII Rn. 224.

außer in den gesetzlich vorgesehenen Fällen erwerben darf, sodass bereits das Gesetz Ausnahmen vom Grundsatz zulässt.

Nach sec 685 (1) CA 2006 ist die Ausgabe von *reedeemable shares* als rückkaufbare Anteile, möglich, sofern die Satzung dies vorsieht.[711] Die Kapitalherabsetzung *(reduction of capital)* gem. sec 641 CA 2006 ist eine weitere zulässige Ausnahme vom Grundsatz.[712] Gem. 641 (1) (a, b) CA 2006 bedarf die Kapitalherabsetzung einer *special resolution* (qualifizierte Mehrheit von Drei-Viertel der Gesellschafterstimmen) und einem *solvency statement* (ssec 642-644) als Erklärung der *directors* über die fortbestehende Zahlungsfähigkeit der Gesellschaft bzw. oder eine gerichtliche Bestätigung i.S.d. ssec 645-651 CA 2006.[713]

Der Begriff der Auszahlung (*distribution*) wird in sec 829 CA 2006 legaldefiniert als jede Auszahlung aus dem Gesellschaftsvermögen, gleich welcher Bezeichnung und unabhängig ob als Barauszahlung oder in sonstiger Weise.[714] Ausschüttungsfähig sind gem. sec 830 (1) CA 2006 nur Bilanzgewinne (*profits available for distribution*),[715] über deren Auszahlungen und die Höhe die *directors* bestimmen.[716] Im Zusammenhang mit der Kapitalerhaltung kann es problematisch sein, wenn beispielsweise das Kapital bei einer kleinen Gesellschaft an die Gesellschafter-Geschäftsführer als deren Lohn ausgezahlt wird oder eine Muttergesellschaft (*holding company*) von ihrer Tochtergesellschaft (*subsidiary*) große Gebühren für „*group services*" verlangt.[717] Die dahinterstehende Absicht solcher Vorgehensweisen kann nicht objektiv bestimmt werden und hängt von der subjektiven Einschätzung der Beteiligten ab, sodass ein Gericht prüfen muss,

---

711 Ausführlich *Mayson, French & Ryan*, Company Law, 36th Ed., 10.5.

712 Zu den Voraussetzungen der Kapitalherabsetzung siehe *Mayson, French & Ryan*, Company Law, 36th Ed., 10.7; *Levedag*, in: Süß/Wachter, Hdb. des internat. GmbHR, 3. Aufl., England Rn. 221 ff.; *Davies/Worthington*, Gower's Principles of Modern Company Law, 10th Ed., S. 322 ff.

713 *Heinz/Hartung*, Die englische Limited, 3. Aufl., 9.3 Rn. 50 ff.; *Levedag*, in: Süß/Wachter, Hdb. des internat. GmbHR, 3. Aufl., England Rn. 225.

714 *Kroh*, Der existenzvernichtende Eingriff, S. 123; *Thole*, in: Schall, Companies Act, sec 829 Rn. 2.

715 Ausschüttungsfähig ist der erwirtschafte Gewinn abzüglich der realisierten Verluste, vgl. *Witt*, ZGR 2009, 872 (892); *Heinz/Hartung*, Die englische Limited, 3. Aufl., 9.3 Rn. 35.

716 *Thole*, in: Schall, Companies Act, sec 830 Rn. 1; *Servatius*, in: Henssler/Strohn, Gesellschaftsrecht, 5. Aufl., IntGesR Rn. 104.

717 Hierzu siehe *Mayson, French & Ryan*, Company Law, 36th Ed., 10.2.

ob der Inhalt nicht vielmehr einer unzulässigen Auszahlung nahe kommt.[718] Nach sec 847 (1, 2) CA 2006 muss ein Gesellschafter die Auszahlung zurückzahlen, wenn er wusste oder ein hinreichender Verdacht bestand, dass die Zahlung gegen die gesetzlichen Vorschriften verstößt, wobei die Unkenntnis des Gesetzes den Gesellschafter nicht schützt.[719]

II. Englisches Konzernrecht

1. *Allgemeines*

Im Gegensatz zum deutschen Recht fehlt dem englischen Gesellschaftsrecht ein spezielles Recht der verbundenen Unternehmen im Sinne eines Konzernrechts.[720] Die das wirtschaftliche Leben bestimmenden Konzerne werden als *corporate groups* oder als *groups* bezeichnet.[721] Das englische Gesellschaftsrecht greift Konzerne nur vereinzelt auf,[722] sodass sich das Regelungssystem für Konzernsachverhalte lediglich als fragmentarisch darstellt und einem Flickenteppich gleicht.[723] Konzernsachverhalte werden in dem jeweiligen Gesetzesabschnitt geregelt, der ebenso auch konzernfreie Unternehmen korrespondierend erfasst.[724] Ansonsten findet das allgemeine Gesellschaftsrecht auf die Mutter- und Tochtergesellschaft Anwendung.

2. *Konzernbegriff*

Die Definitionsnorm sec 1159 (1) CA 2006 ist der Ausgangspunkt einzelner Bestimmungen, die sich auf Konzernsachverhalte beziehen. Gem. sec 1159 (1) CA 2006 ist eine Gesellschaft eine Tochtergesellschaft (*subsidiary*) einer anderen

---

718 *Progress Property Co Ltd v Moorgarth Group Ltd* [2010] UKSC 55, [2011] 1 WLR 1; *Mayson, French & Ryan*, Company Law, 36th Ed., 10.2.

719 *It's a Wrap (UK) Ltd v Gula* [2006] EWCA Civ 544, [2006] 2 BCLC 634; *Kroh*, Der existenzvernichtende Eingriff, S. 124.

720 *Korom*, in: Schall, Companies Act, sec 1159 Rn. 1; *Beck*, in: Hommelhoff/Lutter/Teichmann (Hrsg.), Corporate Governance im grenzüberschreitenden Konzern, ZGR-Sonderheft, 2017, S. 21.

721 *Beck*, in: Hommelhoff/Lutter/Teichmann (Hrsg.), Corporate Governance im grenzüberschreitenden Konzern, ZGR-Sonderheft, 2017, S. 21.

722 Vgl. ssec 118, 190 ff., 227 ff., 393 ff, 678 f., 1159 CA 2006.

723 *Prentice*, in: Lutter (Hrsg.), Konzernrecht im Ausland, ZGR-Sonderheft, 1994, S. 93; *Wimmer-Leonhardt*, Konzernhaftungsrecht, S. 506; *Korom*, in: Schall, Companies Act, sec 1159 Rn. 1.

724 *Tholen*, Europäisches Konzernrecht, S. 79.

Gesellschaft im Sinne ihrer Muttergesellschaft (*holding company*), wenn diese Gesellschaft die Stimmenmehrheit hat,[725] als Gesellschafterin das Recht der Bestellung und Abberufung der Mehrheit der *directors* innehat,[726] als Gesellschafterin durch Vereinbarung mit einem anderen Gesellschafter die Stimmenmehrheit ausübt,[727] oder diese selbst Tochtergesellschaft einer anderen Gesellschaft ist, sodass es sich um eine Enkelgesellschaft handelt.[728] Um möglichst viele Sachverhalte als Konzern i.S.d. sec 1159 CA 2006 zu erfassen, ist die Definition von „*company*" sehr weit, sodass gem. sec 1159 (4) i.V.m. sec 1173 (1) CA 2006 auch bestimmte englische und ausländische Körperschaften erfasst werden.[729]

Als weitere Definition des Konzernbegegriffs nimmt sec 1162 CA 2006 i.V.m. Schedule 7 Bezug auf die Begriffe „*parent undertaking*" und „*subsidiary undertaking*" (Mutter- und Tochterunternehmen). Die Definition dieser Vorschrift ist insofern weiter, wenn ein Konzernverhältnis bereits dann ein Unternehmen als „*parent undertaking*" qualifiziert, wenn dieses das Recht hat, auf ein anderes Unternehmen beherrschenden Einfluss (*dominant influence*) durch Satzungsbestimmung des Tochterunternehmens oder durch Beherrschungsvertrag (*control contract*) auszuüben, sec 1162 (2)(c)(i, ii) CA 2006.[730] Diese Qualifizierung gilt auch, wenn das Unternehmen auf ein anderes Unternehmen dominanten Einfluss ausübt oder ausüben kann oder beide Unternehmen einheitlich verwaltet werden, sec 1162 (4)(a, b) CA 2006.[731]

Allerdings beschränkt sich der Anwendungsbereich der Konzerndefinition i.S.d. sec 1162 CA 2006 vornehmlich auf die Buchführungspflicht nach sec 386 CA 2006 und auf die Konzernrechnungslegung nach ssec 404 ff. CA 2006.[732]

---

725 Sec 1159 (1)(a) CA 2006.

726 Sec 1159 (1)(b) CA 2006.

727 Sec 1159 (1)(c) CA 2006.

728 Sec 1159 (1) letzter HS CA 2006.

729 Insofern liegt eine Parallele zum rechtsformneutralen Unternehmensbegriff des deutschen Konzernrechts i.S.d § 15 AktG vor, vgl. *Korom*, in: Schall, Companies Act, sec 1159 Rn. 4.

730 *Beck*, in: Hommelhoff/Lutter/Teichmann (Hrsg.), Corporate Governance im grenzüberschreitenden Konzern, ZGR-Sonderheft, 2017, S. 26.

731 Vgl. *Korom*, in: Schall, Companies Act, ssec 1160- 1162 Rn. 3.

732 *Tholen*, Europäisches Konzernrecht, S. 80; *Beck*, in: Hommelhoff/Lutter/Teichmann (Hrsg.), Corporate Governance im grenzüberschreitenden Konzern, ZGR-Sonderheft, 2017, S. 29; *Davies/Worthington*, Gower's Principles of Modern Company Law, 10th Ed., S. 232.

3. *Englischer Vertragskonzern*

a. *Zulässigkeit im englischen Recht*

Nach dem deutschen Verständnis werden Konzerne in faktische Konzerne und Vertragskonzerne unterteilt, sodass sich die Frage stellt, ob auch das englische Gesellschaftsrecht dieser Unterscheidung und den Möglichkeiten der Konzernbegründung folgt. Das englische Gesellschaftsrecht sieht keine Verbotsnorm für Beherrschungsverträge oder dies betreffende Satzungsregelungen vor.[733] Durch Art. 22 Abs. 1 lit. c) EU-BilanzRL hat der Begriff des Beherrschungsvertrages (*control contract*) Niederschlag in sec 1162 (2)(c)(ii) CA 2006 gefunden, wonach der Beherrschungsvertrag als Möglichkeit der Qualifizierung eines Unternehmens als Mutterunternehmen anerkannt wird.[734] Dies spricht zunächst für die Zulässigkeit des Beherrschungsvertrages zur Begründung von Unternehmensverbindungen. Der Regelungszweck nach 1162 (2)(c)(ii) CA 2006 ist die Konzernrechnungslegung, allerdings bildet sec 1159 CA 2006 die geltende Definitionsnorm für das materielle Recht und bezieht sich mangels Aufnahme des Begriffs des *control contract* nur auf faktische Konzernbeziehungen.[735] Der Begriff des *control contract* wird näher durch Schedule 7 sec 4 (2) CA 2006[736] bestimmt und stellt einen Beherrschungsvertrag unter den Vorbehalt der Anerkennung eines solchen am Sitz der Tochtergesellschaft.[737] Eine ausdrückliche Anerkennung des Beherrschungsvertrags am Sitz der Tochtergesellschaft in England sieht das englische Gesellschaftsrecht nicht vor.[738] Allerdings wird das Recht der

---

733 *Wimmer-Leonhardt*, Konzernhaftungsrecht, S. 510.

734 Hierzu *Beck*, in: Hommelhoff/Lutter/Teichmann (Hrsg.), Corporate Governance im grenzüberschreitenden Konzern, ZGR-Sonderheft, 2017, S. 61.

735 *Wimmer-Leonhardt*, Konzernhaftungsrecht, S. 510; *Davies/Worthington*, Gower's Principles of Modern Company Law, 10th Ed., S. 231 f.

736 Schedule 7 sec 4 (2) CA 2006: " *„A control contract" means a contract in writing conferring such a right which- (a) is of a kind authorised by the articles of the undertaking in relation to which the right is exercisable, and (b) is permitted by the law under which the undertaking is established*".

737 *Wimmer-Leonhardt*, Konzernhaftungsrecht, S. 510; *Beck*, in: Hommelhoff/Lutter/Teichmann (Hrsg.), Corporate Governance im grenzüberschreitenden Konzern, ZGR-Sonderheft, 2017, S. 62.

738 *Prentice*, in: Wymeersch (Hrsg.), Groups of Companies in the EEC, 1993, S. 298; *Beck*, in: Hommelhoff/Lutter/Teichmann (Hrsg.), Corporate Governance im grenzüberschreitenden Konzern, ZGR-Sonderheft, 2017, S. 62.

Ausübung beherrschenden Einflusses in Schedule 7 sec 4 (1) CA 2006[739] so definiert, dass ein Beherrschungsvertrag die *directors* des beherrschten Unternehmens dazu verpflichtet, unabhängig des beherrschten Unternehmensinteresses, den Weisungen des herrschenden Unternehmens zu folgen.

Wird das Interesse der eigenen Gesellschaft dem Konzerninteresse untergeordnet, die eigene Gesellschaft zugunsten der Muttergesellschaft benachteiligt oder das Interesse nur eines Mehrheitsgesellschafters gefördert,[740] stellt dies jeweils eine Pflichtverletzung der *directors* dar.[741] Sowohl der Abschluss eines Beherrschungsvertrages sowie die Erteilung nachteiliger Weisungen stehen somit im Konflikt mit sec 232 CA 2006, wonach *directors* vertraglich nicht von ihren Pflichten gegenüber ihrer Gesellschaft befreit werden können.[742] Dies umfasst nach sec 232 (2) CA 2006 auch Bestimmungen in der Satzung der Tochtergesellschaft, die ein Weisungsrecht vorsehen würden, es sei denn nachteilige Weisungen würden ausdrücklich ausgenommen werden.[743]

b. Stellungnahme

Ausgehend von der dargestellten Problematik ist die Zulässigkeit eines Beherrschungsvertrages im englischen Recht insgesamt umstritten.[744] Rekurrierend auf

---

739 Schedule 7 sec 4 (1) CA 2006: "*For the purposes of section 1162(2)(c) an undertaking shall not be regarded as having the right to exercise a dominant influence over another undertaking unless it has a right to give directions with respect to the operating and financial policies of that other undertaking which its directors are obliged to comply with whether or not they are for the benefit of that other undertaking*".

740 Ausgenommen hiervon sind 100%-ige Tochtergesellschaften, siehe *Lübking*, Ein einheitliches Konzernrecht für Europa, S. 160; *Tholen*, Europäisches Konzernrecht, S. 92.

741 Vgl. *Prentice*, in: Lutter (Hrsg.), Konzernrecht im Ausland, ZGR-Sonderheft, 1994, S. 107; *Lübking*, Ein einheitliches Konzernrecht für Europa, S. 160; *Wimmer-Leonhardt*, Konzernhaftungsrecht, S. 510 ff.; *Bicker*, Gläubigerschutz in der grenzüberschreitenden Konzerngesellschaft, S. 107; *Tholen*, Europäisches Konzernrecht, S. 92.

742 *Prentice*, in: Lutter (Hrsg.), Konzernrecht im Ausland, ZGR-Sonderheft, 1994, S. 93, 101; *Wimmer-Leonhardt*, Konzernhaftungsrecht, S. 510.

743 Vgl. *Bloß*, Die Unternehmensgruppe im englischen und deutschen Recht der Kapitalgesellschaften, S. 68 f.; *Wimmer-Leonhardt*, Konzernhaftungsrecht, S. 510.

744 Ausführlich zum Streit über die Zulässigkeit eines Beherrschungsvertrages nach englischem Recht *Wimmer-Leonhardt*, Konzernhaftungsrecht, S. 510 ff.; von der Zulässigkeit ausgehend *Pennington*, Company Law, 8th Ed., S. 901; ebenso *Schubert*, Konzernrelevante Regelungen im britischen Recht, S. 26; die Zulässigkeit ablehnend wegen einer notwendig verbundenen Verletzung der Treuepflichten der *directors* der Tochtergesellschaft *Prentice*, in: Lutter (Hrsg.), Konzernrecht im Ausland, ZGR-Sonderheft, 1994, S. 93, 98; *Bloß*, Die Unternehmensgruppe im englischen und

den ausdrücklich bestimmten Vorbehalt der Zulässigkeit von Beherrschungsverträgen im Sitzstaat der Tochtergesellschaft nach Schedule 7 sec 4 (2)(b) CA 2006, mangels ausdrücklicher Anerkennung solcher Verträge nach englischem Recht und wegen der gezogenen Grenze in sec 232 (2) CA 2006 ist freilich nur der Fall anzuerkennen, in dem eine englische Muttergesellschaft einen Beherrschungsvertrag mit einer ausländischen Tochtergesellschaft schließt, in deren Sitzstaat das Institut des Beherrschungsvertrages zulässig ist.[745] Dagegen kann mangels Zulässigkeit ein Konzern nicht durch Abschluss eines Beherrschungsvertrages zwischen einer englischer Muttergesellschaft und einer englischen Tochtergesellschaft begründet werden.

4. *Faktischer Konzern*

Wenngleich das englische Gesellschaftsrecht konzernrechtliche Definitionsnormen zur *company* und zum Unternehmen vorsieht, bilden diese keine rechtliche Konzernstruktur, aus der gegenseitige Rechte und Pflichten der Konzernteilnehmer abgeleitet werden.[746] Mangels spezieller konzernrechtlicher Regeln ist für die Erfassung von Konzernsachverhalten auf das allgemeine Gesellschaftsrecht zurückzugreifen. Die Ausübung von Einfluss auf ein anderes Unternehmen erfolgt in der Regel durch Einflussnahme auf das Leitungsorgan der Tochtergesellschaft.[747] Nach englischer Sichtweise, zurückgehend auf den Fall *Salomon v A. Salomon & Co Ltd*[748], ist die Tochtergesellschaft im Verhältnis zu ihrer Muttergesellschaft als rechtlich unabhängige Einheit zu betrachten, obwohl sie die Schöpfung ihrer Muttergesellschaft ist (Prinzip der Selbstständigkeit der gesellschaftsrechtlichen Einheit).[749] Gleichwohl erkennt die englische Rechtspraxis

---

deutschen Recht der Kapitalgesellschaften, S. 66; *Tholen*, Europäisches Konzernrecht, 92 f.; auf den Sinn und Zweck abstellend vgl. *Farrar*, Company Law, 4th Ed., S. 473; *Beck*, in: Hommelhoff/Lutter/Teichmann (Hrsg.), Corporate Governance im grenzüberschreitenden Konzern, ZGR-Sonderheft, 2017, S. 62.

745 Ebenso *Beck*, in: Hommelhoff/Lutter/Teichmann (Hrsg.), Corporate Governance im grenzüberschreitenden Konzern, ZGR-Sonderheft, 2017, S. 62.

746 *Beck*, in: Hommelhoff/Lutter/Teichmann (Hrsg.), Corporate Governance im grenzüberschreitenden Konzern, ZGR-Sonderheft, 2017, S. 30.

747 *Cork Committee*, Insolvency Law and Practice, 1982, Anm. 1926; *Wimmer-Leonhardt*, Konzernhaftungsrecht, S. 513.

748 *Salomon v A Salomon & Co Ltd* [1897] AC 22 (HL).

749 Vgl. *Adams v Cape Industries plc* [1990] Ch 433 (536): "*Our law, for better or worse, recognises the creation of subsidiary companies, which though in one sense the creatures of their parent companies, will nevertheless under the general law fall to be treated as*

den Umstand an, dass sich das wirtschaftliche Leben einer Vielzahl von Unternehmen in Konzernstrukturen abspielt und unterscheidet zwischen verbundenen und unverbundenen Unternehmen.[750]

Die Begriffsbestimmungen in sec 1159 CA 2006 beziehen sich nur auf den faktischen Konzern (*factual group*), sodass der faktische Konzern das Leitbild für die Erscheinungsform von Konzernen in England ist.

5. *Gruppenleitung im englischen Konzern*

a. *Weisungsrecht als Einflussnahme*

Das englische Gesellschaftsrecht sieht für die Gesellschafter keine unmittelbare Möglichkeit der Einflussnahme auf die Geschäftsführung im Sinne eines Weisungsrechts (*instruction right*) vor.[751] Die Gesellschafter können mittelbaren Einfluss auf das Verhalten der *directors* ausüben, indem sie über deren Bestellung und Abberufung jederzeit und ohne Grund entscheiden können.[752] Handeln die bestellten *directors* nicht im Interesse der Muttergesellschaft, kann die Muttergesellschaft als Gesellschafterin durch Ausübung der Stimmenmehrheit diese *directors* jederzeit

---

separate legal entities with all rights and liabilities which normally attach to separate legal entities"; *Hadden*, in: Mestmäcker/Behrens, Das Gesellschaftsrecht der Konzerne im internationalen Vergleich, S. 337; *Wimmer-Leonhardt*, Konzernhaftungsrecht, S. 513; *Korom*, in: Schall, Companies Act, sec 1159 Rn. 1.

750 Das im Fall *Salomon v A Salomon and Co Ltd* niedergelegte Prinzip wird von den Gerichten diskutiert *Littlewoods Mail Order Stores Ltd v Commissioners of Inland Revenue* [1969] 1 WLR 1241 (1254): "*The doctrine laid down in Salomon v A Salomon and Co Ltd [1897] AC 22 has to be watched very carefully*"; *Re Securitibank Ltd (No 2)* [1978] 2 NZLR 136, Richmond P, at p. 149: "*For myself, and with all respect, I rather approach the question the other way round, that is to say on the basis that any suggested departure from the doctrine laid down in Salomon v A Salomon and Co Ltd should be watched very carefully*"; *Wolfson v Strathclyde Regional Council* 1978 SC (HL) 90 (p. 90): "*The principle that it is appropriate to pierce the corporate veil only where special circumstances exist indicating that [the involvement of the company] is a mere facade concealing the true facts*"; *Re a Company* [1985] BCLC 333 (pp. 337 f.): "*The court will use its powers to pierce the corporate veil if it is necessary to achieve justice*"; a.A. in *Petrodel Resources Ltd v Prest* [2013] 2 WLR 557 (pp. 128 ff.): "*this cannot be regarded as the law*" and "*the tide of authority is now solidly against it*"; hierzu *Mayson, French & Ryan*, Company Law, 36th Ed., chapter 5.1.

751 *Beck*, in: Hommelhoff/Lutter/Teichmann (Hrsg.), Corporate Governance im grenzüberschreitenden Konzern, ZGR-Sonderheft, 2017, S. 40.

752 Siehe oben, Kap.III.A.I.4.a.bb.

abberufen.[753] Die Mustersatzung sieht in Art. 4 (1) Model articles ein Weisungsrecht derart vor, wonach die *shareholders* durch *special resolution* die *directors* zur Vornahme oder zum Unterlassen einer bestimmten Maßnahme anweisen können, und auch tatsächlich findet sich ein solches Weisungsrecht in den Satzungen vieler englischer *private limited companies.*[754] Hier zeigt sich die große Satzungsfreiheit der englischen Limited, wenn in den *articles of association* ohne Weiteres vom Grundsatz der „*division of power between members and directors*" abgewichen werden kann. Das Weisungsrecht gilt somit aber nicht kraft Gesetzes, sondern muss erst ausdrücklich in der Satzung geregelt werden.[755] Nach sec 1162 (2)(c)(i) CA 2006 ist die Ausübung von beherrschendem Einfluss auf die Tochtergesellschaft kraft Bestimmungen in ihrer Satzung möglich, sodass die Verankerung des Weisungsrechts in der Satzung auch zulässig ist.[756]

b. Ausübung des Weisungsrechts

Die Ausübung des in Art. 4 (1) Model articles vorgesehenen Weisungsrechts erfolgt durch *special resolution*, eines (außerordentlichen) Gesellschafterbeschlusses mit Drei-Viertel-Mehrheit (sec 283 (1) CA 2006).[757] Der Beschluss wird auf der Gesellschafterversammlung (*general meeting*) gefasst. Nach sec 303 (1, 2) CA 2006 können Gesellschafter, die zusammen 5 % der Anteile repräsentieren, die Einberufung einer außerordentlichen Gesellschafterversammlung (*extraordinary general meeting*) verlangen. Als Formvorschriften verlangt sec 303 (4)(a), (6)(b) CA 2006 im Antrag die Benennung des zu behandelnden Gegenstandes und die Unterschrift der Antragsteller.[758] Die Ladungsfrist beträgt 14 Tage und kann durch Satzungsbestimmungen nicht unterlaufen werden, sec 307 (1, 3) CA 2006.[759] Die *directors* sind gem. sec 304 (1)(a, b) CA 2006 gehalten, binnen 21 Tagen eine Gesellschafterversammlung

---

753 *Bloß*, Die Unternehmensgruppe im englischen und deutschen Recht der Kapitalgesellschaften, S. 70; *Lübking*, Ein einheitliches Konzernrecht für Europa, S. 172; *Tholen*, Europäisches Konzernrecht, S. 134.

754 Vgl. *Kershaw*, Company Law in Context, 2nd Ed., S. 194; *Levedag*, in: Süß/Wachter, Hdb. des internat. GmbHR, 3. Aufl., England Rn. 490.

755 *Teichmann*, NJW 2014, 3561 (3564).

756 *Beck*, in: Hommelhoff/Lutter/Teichmann (Hrsg.), Corporate Governance im grenzüberschreitenden Konzern, ZGR-Sonderheft, 2017, S. 40.

757 Zur *special resolution* siehe *Just*, Die englische Limited in der Praxis, IV Rn. 115 ; speziell zur Erteilung einer Weisung siehe *Levedag*, in: Süß/Wachter, Hdb. des internat. GmbHR, 3. Aufl., England Rn. 490.

758 *Servatius*, in: Henssler/Strohn, Gesellschaftsrecht, 5. Aufl., IntGesR Rn. 84.

759 *Levedag*, in: Süß/Wachter, Hdb. des internat. GmbHR, 3. Aufl., England Rn. 415.

einzuberufen, die sodann innerhalb von 28 Tagen nach der Einladung (*notice*) anzusetzen und abzuhalten ist.[760]

Kommen die *directors* dem Antrag der Gesellschafter nicht nach, steht nach sec 305 (1) das Einberufungsrecht den Gesellschaftern selbst zu.[761]

Der großzügige Spielraum, den das Gesetz den *directors* durch die Fristenregelung der ssec 303-305 CA 2006 gewährt, bis die Gesellschafter selbst die Gesellschafterversammlung einberufen dürfen, macht das in Art. 4 Model section vorgesehene Weisungsrecht zu einem unflexiblen und unhandlichen Werkzeug der Einflussnahme auf die tägliche Geschäftsführung.[762] Ist der Fristablauf eingetreten und steht das Einberufungsrecht den Gesellschaftern zu, müssen auch diese gem. sec 305 (3, 4) CA 2006 die Ladungsfristen beachten.

Die Einberufung kann zwar verkürzt erfolgen (*shorter notice*), dies bedarf jedoch der Billigung von 90% oder durch Satzungsbestimmung bis zu 95% des gehaltenen Kapitals, sec 307 (4, 5), (6)(a) CA 2006.[763] Selbst diese Möglichkeit adelt das Weisungsrecht nicht zu einem flexibleren Instrument, mit dem die Gesellschafter schnell durch Weisungen die Geschäftspraxis der Gesellschaft bestimmen können. Allenfalls wenn das Instrument der *shorter notice* inflationär, etwa durch einen Alleingesellschafter gebraucht werden würde, könnte dies das Weisungsrecht handhabbarer machen. Ob dies noch dem Sinn und Zweck des Weisungsrechts durch *special resolution* entspricht, kann aus mehreren Gründen hinterfragt werden, wenn einerseits die *special resolution* das Mehrheitserfordernis an sich hebt, andererseits es einer außerordentlichen Gesellschafterversammlung bedarf, an deren Einberufung sich Formvorgaben anknüpfen, um sodann fortdauernd durch *shorter notice* diese zu umgehen.

Das englische Gesellschaftsrecht erkennt ein Weisungsrecht an, allerdings lassen die praktischen Umsetzungsschwierigkeiten dieses Instrumentarium der Einflussnahme auf die Geschäftsführung für die Bestimmung der täglichen Geschäfte der Tochtergesellschaft als wenig tauglich erscheinen.

---

760 *Kadel*, MittBayNot 2012, 102 (106); *Servatius*, in: Henssler/Strohn, Gesellschaftsrecht, 5. Aufl., IntGesR Rn. 84; *Beck*, in: Hommelhoff/Lutter/Teichmann (Hrsg.), Corporate Governance im grenzüberschreitenden Konzern, ZGR-Sonderheft, 2017, S. 41.

761 *Ringe/Otte*, in: Triebel et al, Englisches Handels- und Wirtschaftsrecht, 3. Aufl., Kap.5 § 7 Rn. 198; *Just*, Die englische Limited in der Praxis, IV Rn. 106; *Servatius*, in: Henssler/Strohn, Gesellschaftsrecht, 5. Aufl., IntGesR Rn. 84.

762 Ebenso *Beck*, in: Hommelhoff/Lutter/Teichmann (Hrsg.), Corporate Governance im grenzüberschreitenden Konzern, ZGR-Sonderheft, 2017, S. 41.

763 *Levedag*, in: Süß/Wachter, Hdb. des internat. GmbHR, 3. Aufl., England Rn. 417.

c. Schranken der Einflussnahme

Das im Fall *Solomon v A Salomon & Co Ltd*[764] begründete Prinzip der Selbstständigkeit jeder juristischen Person bedeutet auch, dass die Geschäftsführung nur gegenüber ihrer Gesellschaft verpflichtet ist.[765] Nach der Entscheidung *Smith v Fawcett Ltd*[766] muss die Ermessenausübung der *directors* im Sinne ihrer Gesellschaft erfolgen.[767]

Das Gruppeninteresse darf von der Geschäftsführung einer Tochtergesellschaft grundsätzlich nicht berücksichtigt werden.[768] Nach sec 172 (1) CA 2006 muss der Erfolg der Gesellschaft zum Wohle ihrer Gesellschafter als Gesamtheit erfolgen. Somit hängt die Ausübung der Pflicht, im Interesse der Gesellschaft zu handeln, von der Definition des Gesellschaftsinteresses ab.[769] Soweit die Gesellschaft solvent ist, richtet sich das Gesellschaftsinteresse nach den Interessen der Gesellschaftergesamtheit.[770] Somit ist die Gesellschafterstruktur für die Feststellung des Gesellschaftsinteresses entscheidend:[771] Hat die Gesellschaft mehrere Gesellschafter, ist die alleinige Befolgung der Interessen des Mehrheitsgesellschafters unzulässig; ist die Gesellschaft dagegen eine 100%-ige Tochtergesellschaft, kann das Interesse der Muttergesellschaft auch Maßstab der Tochtergesellschaft sein.[772] Im letzteren Fall zeichnet das Konzerninteresse das

---

764 Salomon v A. Salomon & Co Ltd [1897] AC 22 (HL).

765 *Lübking*, Ein einheitliches Konzernrecht für Europa, S. 160; *Davies/Worthington*, Gower's Principles of Modern Company Law, 10th Ed., S. 512.

766 *Smith v Fawcett* [1942] Ch. 304 (p. 306): "*They must exercise their discretion bona fide in what they consider – not what a court may consider- is in the interests of the company, and not for any collateral purpose*".

767 *Beck*, in: Hommelhoff/Lutter/Teichmann (Hrsg.), Corporate Governance im grenzüberschreitenden Konzern, ZGR-Sonderheft, 2017, S. 43; *Davies/Worthington*, Gower's Principles of Modern Company Law, 10th Ed., S. 505.

768 Vgl. *Schubert*, Konzernrelevante Regelungen im britischen Recht, S. 117 f. ; *Lübking*, Ein einheitliches Konzernrecht für Europa, S. 92; *Doralt*, in: Schall, Companies Act, sec 172 Rn. 15.

769 Vgl. *Tholen*, Europäisches Konzernrecht, S. 92.

770 Vgl. *Brady v Brady* [1988] BCLC 20 (p. 40): "*The interests of a company, as an artificial person, cannot be distinguished from the interests of the persons who are interested in it*"; *Tholen*, Europäisches Konzernrecht, S. 92, 117; *Davies/Worthington*, Gower's Principles of Modern Company Law, 10th Ed., S. 501 ff.

771 *Hadden*, The Control of Corporate Groups, S. 14 ff.; *Wimmer-Leonhardt*, Konzernhaftungsrecht, S. 514.

772 *Lübking*, Ein einheitliches Konzernrecht für Europa, S. 161; *Tholen*, Europäisches Konzernrecht, S. 92 Fn. 415.

Leitbild, an dem sich die Pflicht der Geschäftsführung aus sec 172 (1) CA 2006 orientiert. Bei einer Mehrgesellschafterstruktur kann das Konzerninteresse im Ausnahmefall dem Interesse der Tochtergesellschaft entsprechen. Beispielsweise wurde im Fall *Charterbridge Corp v Lloyds Bank*[773] die Bestellung von Sicherheiten für die Verbindlichkeiten der Muttergesellschaft, um den Zusammenbruch der Muttergesellschaft abzuwenden, gebilligt, bzw. im Fall *Nicholas v Soundcraft Electronics Ltd & Anor*[774] wurde eine Pflichtverletzung der *directors* der Tochtergesellschaft abgelehnt, wenn bestehende Forderungen gegen die Muttergesellschaft nicht geltend gemacht werden, falls die Geltendmachung zur Liquidation der Muttergesellschaft führen würde.[775]

Nähert sich die Gesellschaft der Insolvenz an oder befindet sie sich bereits in dieser, verändert sich der Blickwinkel der Gesellschaft von Gesellschafterinteressen zu den Gläubigerinteressen.[776] Die *directors* müssen dann die Gläubigerinteressen gegenüber den Gesellschafterinteressen vorrangig beachten.[777]

Die Gleichsetzung der Interessen der Tochter- und Muttergesellschaft ist nicht völlig ausgeschlossen. Wenn die jeweilige Gesellschaftergesamtheit die Interessen der jeweiligen Gesellschaft definiert und vorgibt, kann eine Muttergesellschaft als alleinige Gesellschafterin ihrer Tochtergesellschaft das Konzerninteresse als eigenes oktroyieren. Bei weiteren Minderheitsgesellschaftern bildet die Gleichsetzung der Interessen von Mutter- und Tochtergesellschaft dagegen die Ausnahme.

---

773 *Charterbridge Corp v Lloyds Bank* [1970] Ch 62.

774 *Nicholas v Soundcraft Electronics Ltd & Anor* [1993] WL 963545.

775 Anders in *Extrasure Travel Insurance Ltd v Scattergood* [2003]1 BCLC 598, wenn sich die *directors* nicht die Frage stellen, ob das Überleben der Muttergesellschaft für die Tochter entscheidend war; siehe auch *Doralt*, in: Schall, Companies Act, sec 172 Rn. 15 Fn. 31.

776 *Prentice*, in: Blazarini/Carcano/Mucciarelli, I Gruppi di Società, S. 275, 287 f.; *Lübking*, Ein einheitliches Konzernrecht für Europa, S. 160; *Habersack/Verse*, ZHR 2004, 174 (199); *Schall*, ZIP 2005, 965 ff.; *Tholen*, Europäisches Konzernrecht, S. 117; *Doralt*, in: Schall, Companies Act, sec 172 Rn. 20; *Davies/Worthington*, Gower's Principles of Modern Company Law, 10th Ed., S. 512 f.

777 *West Mercia Safetywear Ltd v Dodd* [1988] BCLC 250 (p. 251); *Yukong Line Ltd of Korea v Rendsburg Investments Corporation of Liberia* [1998] 1 WLR 294 (p. 311); *Re MDA Investment Management Ltd* [2004] BCLC 217; siehe auch *Ringe/Otte*, in: Triebel et al, Englisches Handels- und Wirtschaftsrecht, 3. Aufl., Kap. V § 7 Rn. 231.

d. Festlegen des Gesellschaftsinteresses in der Satzung

Grundsätzlich ist der Gesellschaftszweck (*company's object*) gem. sec 31 (1) CA 2006 unbeschränkt, soweit er in den *articles* der Zweck der Gesellschaft nicht eingeschränkt wird. Die Satzung legt folglich den Gesellschaftszweck fest, der seinerseits den Rahmen bestimmt, in dem sich die Geschäftsführung bewegen kann. Nach sec 171 (1) CA 2006 sind die *directors* verpflichtet, in Übereinstimmung mit den Bestimmungen der Gesellschaftssatzung zu handeln. Die Satzung bildet die Hauptquelle sowohl für die Geschäftsführungsbefugnisse als auch für deren Beschränkungen.[778]

Wenn die Geschäftsführung der Tochtergesellschaft zur Einhaltung der Bestimmungen des Gesellschaftszwecks verpflichtet ist, könnte in der Satzung die Förderung der Muttergesellschaft als Gesellschaftszweck festgelegt werden, sodass sich die Geschäftsführung der Tochtergesellschaft am Interesse der Muttergesellschaft orientieren muss.

Die Ausrichtung der Tochtergesellschaft auf die Wohlfahrt der Muttergesellschaft in der Satzung als Hauptzweck niederzulegen ist grundsätzlich möglich.[779] Die Gesellschafter können durch einstimmige Entscheidung in der Satzung die Gesellschaft in den Dienst ihrer Muttergesellschaft stellen.[780] Handelt ein Geschäftsführer sodann im Interesse der Muttergesellschaft, verstößt er nicht gegen bestehende Pflichten gegenüber der Tochtergesellschaft.[781] Die satzungsmäßige Konzernausrichtung der Gesellschaft ist dann unproblematisch, wenn sich die Muttergesellschaft gegenüber der Tochtergesellschaft verpflichtet, für deren Schulden aufzukommen.[782] Fehlt eine solche Verpflichtung, kann dies für die Muttergesellschaft den Vorwurf eines etwaigen Missbrauchs der Unternehmensform begründen.[783]

Wird keine Ausrichtung der Tochtergesellschaft auf das Konzerninteresse in der Satzung festgelegt, bleibt es bei dem Grundsatz, dass die Geschäftsführer

---

778 *Davies/Worthington*, Gower's Principles of Modern Company Law, 10th Ed., S. 58 f., 487.

779 Vgl. *Grantham*, Company Lawyer 1997, S. 138, 143; *Wimmer-Leonhardt*, Konzernhaftungsrecht, S. 512.

780 *Beck*, in: Hommelhoff/Lutter/Teichmann (Hrsg.), Corporate Governance im grenzüberschreitenden Konzern, ZGR-Sonderheft, 2017, S. 45.

781 *Bloß*, Die Unternehmensgruppe im englischen und deutschen Recht der Kapitalgesellschaften, S. 70; *Wimmer-Leonhardt*, Konzernhaftungsrecht, S. 512 f.

782 Vgl. *Wimmer-Leonhardt*, Konzernhaftungsrecht, S. 513.

783 Der Missbrauch der Unternehmensform als eine der Fallgruppen des Rechtsmissbrauchs, siehe *Wimmer-Leonhardt*, Konzernhaftungsrecht, S. 513, 569.

unter Ausblendung des Konzerns nur die Interessen ihrer Tochtergesellschaft berücksichtigen dürfen.[784]

6. *Zusammenfassung*

Das englische Recht kennt durchaus Regelungen, die Konzernsachverhalte voraussetzen und diese bestimmen. Selbst ein dem deutschen GmbH-Recht vergleichbares Weisungsrecht als Möglichkeit der Einflussnahme der Gesellschafter auf die Geschäftsführung der Tochtergesellschaft sieht das englische Recht grundsätzlich, trotz gleichzeitiger Praxisuntauglichkeit, vor.

Um einen möglichst großen Einfluss auf die Tochtergesellschaft zu nehmen empfiehlt es sich, durch Satzungsbestimmung die Tochter in den Dienst des (übergeordneten) Konzerns zu stellen. Somit kann die Geschäftsführung der Tochtergesellschaft nicht nur durch Vorhalten der „*shotgun power*",[785] der grundlosen Abberufung durch die Gesellschafter, beeinflusst werden, sondern ist schon durch die Satzung nach sec 171 (1) CA 2006 zur Förderung der Konzernwohlfahrt verpflichtet.

B. Die Haftung der Muttergesellschaft nach englischem Recht

Die englische Limited erlangt mit Registrierung eine eigene Rechtspersönlichkeit (*separate segal personality*) und tritt als selbstständiges Rechtssubjekt (*legal entity*) im Verkehr auf.[786] Damit einher geht das Trennungsprinzip von Gesellschafter- und Gesellschaftsvermögen, das bereits durch die *Salomon doctrine*[787] im 19. Jahrhundert begründet wurde. Demnach ist die Haftung der

---

784 *Charterbridge Corp v Lloyds Bank Ltd* [1970] Ch 62 [p. 74]: "*As I have already found, the directors of Castleford [die Tochtergesellschaft] looked to the benefit of the group as a whole and did not give separate consideration to the benefit of Castleford...Each company in the group is a separate legal entity and the directors of a particular company are not entitled to sacrifice the interest of that company*"; hierzu *Beck*, in: Hommelhoff/Lutter/Teichmann (Hrsg.), Corporate Governance im grenzüberschreitenden Konzern, ZGR-Sonderheft, 2017, S. 47.

785 Siehe oben, Kap III.A.I.4.a.bb.

786 *Schall*, in: Schall, Companies Act, sec 16 Rn. 2; *Krebs/Stiegler*, in: Jung/Krebs/Stiegler, Gesellschaftsrecht in Europa, § 12 England Rn. 523.

787 Begründet durch die Entscheidung *Salomon v A Salomon & Co Ltd* [1897] AC 22 (HL); höchstrichterlich bestätigt durch, *Gramophone and Typewriter Ltd v Stanley* [1908] 2 BCLC 2 KB 89; *Lonrho Ltd v Shell Petroleum Co Ltd* [1980] QB 358; *JH Rayner (Mining Lane) Ltd v. Department of Trade and Industry* [1989] Ch 72 = [1988] 3 WLR

Gesellschafter für Verbindlichkeiten der Limited grundsätzlich auf das Gesellschaftsvermögen beschränkt.[788] Vertragsparteien werden nur die Gesellschaft und der Dritte, dagegen nicht die Gesellschafter.[789] Dies bedeutet für die Gesellschafter, dass ihre Haftung für Verbindlichkeiten der Gesellschaft auf den Betrag ihrer Anteile, den sie eingezahlt haben, beschränkt ist.[790] Im schlimmsten Fall verlieren die Gesellschafter somit den gesamten Betrag ihrer Investition in die Gesellschaft.[791]

Die Haftungsbeschränkung muss jedoch ausdrücklich in die Satzung der Gesellschaft aufgenommen werden (sog. *liability clause*), anderenfalls gilt die Gesellschaft als „*unlimited company*", gem. sec 3 (1, 4) CA 2006.[792] Das Prinzip der Haftungsbeschränkung auf das Gesellschaftsvermögen bildet somit eigentlich die gesetzliche Ausnahme, wenngleich sie klar der Regelfall in der Praxis der englischen Limited ist.[793]

I. Haftung der Muttergesellschaft nach dem Companies Act

Entsprechend der gesetzlichen Normierung der Haftungsbeschränkung auf das Gesellschaftsvermögen gibt es auch gesetzliche Ausnahmeregelungen (*statutory exceptions*) vom Trennungsprinzip.[794] Innerhalb des Companies Act 2006 gibt

---

1033; jüngst *VTB Capital plc v Nutritek International Corp and others* [2013] UKSC 5; *Petrodel Resources Ltd v Prest* [2013] UKSC 34; siehe auch *Krebs/Stiegler*, in: Jung/Krebs/Stiegler, Gesellschaftsrecht in Europa, § 12 England Rn. 523 m.w.N.

788 *Christ*, Englische Private Limited und französische Société à Responsabilité Limitée, S. 176; *Heinz/Hartung*, Die englische Limited, 3. Aufl., 6.4 Rn. 48; V § 3 Rn. 94; *Mayson, French & Ryan*, Company Law, 36th Ed., 5.1; *Servatius*, in: Henssler/Strohn, Gesellschaftsrecht, 5. Aufl., IntGesR Rn. 109.*Ringe/Otte*, in: Triebel et al, Englisches Handels- und Wirtschaftsrecht, 3. Aufl., Kap.

789 *Mülhens*, Der sogenannte Haftungsdurchgriff im deutschen und englischen Recht, S. 43.

790 *Davies/Worthington*, Gower's Principles of Modern Company Law, 10th Ed., S. 191.

791 *Davies/Worthington*, Gower's Principles of Modern Company Law, 10th Ed., S. 191.

792 *Heinz/Hartung*, Die englische Limited, 3. Aufl., 6.4 Rn. 48; *Ringe/Otte*, in: Triebel et al, Englisches Handels- und Wirtschaftsrecht, 3. Aufl., Kap. V § 3 Rn. 94; *Servatius*, in: Henssler/Strohn, Gesellschaftsrecht, 5. Aufl., IntGesR Rn. 109.

793 *Schall*, in: Schall, Companies Act, sec 3 Rn. 2.

794 Vgl. *Dimbleby and Sons Ltd v National Union of Journalists* [1984] 1 WLR 427 (p. 435): "*The 'corporate veil' in the case of companies incorporated under the Companies Act is drawn by statute and it can be pierced by some other statute if such other statute so provides…*"; *Mayson, French & Ryan*, Company Law, 36th Ed., 5.3.2; *Krebs/Stiegler*, in: Jung/Krebs/Stiegler, Gesellschaftsrecht in Europa, § 12 England Rn. 525.

es vereinzlt solche Ausnahmen,[795] die eine Haftung (auch) für die Gesellschafter ausdrücklich anordnen.

Sec 51 (1) CA 2006 regelt ein absolutes Vorbelastungsverbot im Vorstadium der Gesellschaftsgründung mit der Sanktion der Handelndenhaftung.[796] Derjenige, der im Namen der noch nicht existenten Gesellschaft einen Vertrag abschließt (*preincorporation contracts*), haftet aus dem Inhalt dieses Vertrages persönlich, selbst dann, wenn die Gesellschaft zwischenzeitlich existiert.[797] Diese Haftung kann folglich auch den Gründungsgesellschafter treffen, wenn dieser vor Neugründung der Tochtergesellschaft in ihrem Namen Verträge mit Dritten abgeschlossen hat. Die Haftung kann jedoch im Wege der Novation des Vertrages zwischen Drittem und der jetzt existierenden Gesellschaft umgangen werden.[798]

Wichtigste Anknüpfung für eine Gesellschafterhaftung, die das Gesetz vorsieht, ist eine mögliche Qualifizierung der Muttergesellschaft als *de facto* oder *shadow director*.[799] Grundsätzlich obliegen den bestellten *directors* gegenüber ihrer Gesellschaft die Pflichten aus ssec 171-177 CA 2006. Diese *general duties* gelten aber auch für solche Personen, die als *director* auftreten, ohne formal bestellt zu sein (sog. *de facto directors*).[800] Hierfür spricht auch der Wortlaut in sec 250 CA 2006, wonach jede Person als „*director*" im Sinne des Companies Act anzusehen ist, die die Position eines *directors* in Anspruch nimmt, unabhängig davon, wie diese jeweils genannt wird.[801] Für die Einstufung als *de facto director* kommt es nach den Umständen des Einzelfalls darauf an, ob die jeweilige Person Teil der Geschäftsführung ist („*part of the corporate governing structure*")[802] oder sich den Status und die Funktion eines *directors* („*assumed the status and functions of a company director*")[803] angemaßt

795 Im Fokus der Betrachtung stehen nur Regelungen, die sich auf Gesellschafter beziehen.
796 *Schall*, in: Schall, Companies Act, sec 51 Rn. 6.
797 *Levedag*, in: Süß/Wachter, Hdb. des internat. GmbHR, 3. Aufl., England Rn. 105.
798 *Schall*, in: Schall, Companies Act, sec 51 Rn. 7.
799 Vgl. *Wimmer-Leonhardt*, Konzernhaftungsrecht, S. 527 f.
800 *Davies/Worthington*, Gower's Principles of Modern Company Law, 10th Ed., S. 470: "*There seems to be no doubt that the general statutory duties apply to de facto directors*".
801 *Doralt*, in: Schall, Companies Act, sec 250 Rn. 1; vgl. *Davies/Worthington*, Gower's Principles of Modern Company Law, 10th Ed. S. 470 Fn. 26.
802 *Secretary of Stade for Trade and Industry v Tjolle* [1998] BCC 282 (p. 290).
803 *Re Kaytech International Plc* [1999] BCC 390 (p. 402) CA.

hat.[804] Im Bezug auf die Muttergesellschaft gilt dies als absolute Ausnahme, denn diese müsste nach außen den Anschein erweckt haben, eine Direktorenstellung ihrer Tochter innezuhaben.[805] Erst recht gilt dies, wenn mit sec 87 (2) des Small Business, Enterprise and Employment Act 2015 die Regelung des sec 115 CA 2006 gestrichen wurde, sodass fortan die Bestellung einer juristischen Person als *director* ohnehin nicht mehr zulässig ist.

Neben den *de jure* und *de facto director* kennt das englische Recht in sec 251 (1) CA 2006 auch den *shadow director*. Als solcher gilt eine Person, die nicht formal zum *director* bestellt wurde, aber deren Weisungen von den formal bestellten *directors* der Gesellschaft gewöhnlich befolgt werden.[806] Die Rechtsprechung ist in der Frage des Verhältnisses von *shadow* und *de facto directors* uneinheitlich.[807] Per definitionem kann somit eine Muttergesellschaft grundsätzlich als *shadow director* angesehen werden.[808] Nach sec 170 (5) CA 2006 treffen den *shadow director* dieselben Geschäftsführerpflichten wie *de jure directors*. Durch sec 89 (1) des Small Business, Enterprise and Employment Act 2015 wurde sec 170 (5) CA 2006 dahingehend ergänzt, dass die *general duties* den *shadow director* nur insofern treffen, als dass die jeweilige Pflicht ihrem Wesen nach auf diese Person anwendbar ist („*capable of so applying*").[809]

---

804 *Doralt*, in: Schall, Companies Act, sec 250 Rn. 4; ausführlich hierzu *Davies/Worthington*, Gower's Principles of Modern Company Law, 10th Ed., S. 470 m.w.N. aus der Rechtsprechung.

805 Vgl. *Wimmer-Leonhardt*, Konzernhaftungsrecht, S. 528.

806 *Davies/Worthington*, Gower's Principles of Modern Company Law, 10th Ed., S. 472.

807 Einerseits wird von einem Exklusivitätsverhältnis ausgegangen, *Re Hydrodam (Corby) Ltd* [1994] 2 BCLC 180 (p 183): "*A de facto director…is one who claims to act and purports to act as a director, although not validly appointed as such. A shadow director, by contrast, does not claim or purport to act as a director. On the contrary, he claims not to be a director. He lurks in the shadows, sheltering behind others who, he claims, are the only directors of the company to the exclusion himself*"; andererseits wird in *McKillen v Misland (Cyprus) Investments Ltd* [2012] EWHC 521 (paras [32]-[34]) keine trennscharfe Linie zwischen beiden Klassen gesehen; ähnlich *Smithton Ltd v Naggar* [2014] EWCA Civ 939 (paras [33]-[45]); siehe hierzu *Davies/Worthington*, Gower's Principles of Modern Company Law, 10th Ed., S. 473 f.

808 *Just*, Die englische Limited in der Praxis, V Rn. 142; *Ringe/Otte*, in: Triebel et al, Englisches Handels- und Wirtschaftsrecht, 3. Aufl., Kap. V § 7 Rn. 219; *Servatius*, in: Henssler/Strohn, Gesellschaftsrecht, 5. Aufl., IntGesR Rn. 133.

809 Vgl. Explantory Notes on the Small Business, Enterprise and Employment Act 2015, Zif. 606.

Das Gesetz sieht jedoch zwei Ausnahmen im Bezug auf den *shadow director* vor. Gem. sec 251 (2)(a) CA 2006 ist die Erteilung eines Rats seitens professioneller Berater von der Definition ausgenommen, sowie das Handeln der Geschäftsführung aufgrund gesetzlicher Vorschriften oder amtlicher Anordnungen.[810]

Sec 251 (3) CA 2006 bestimmt dagegen, dass eine Muttergesellschaft in Bezug auf die Geschäftsführerpflichten nicht als *shadow director* ihrer Tochtergesellschaft (*subsidiary*) angesehen wird, wenn die *directors* der Tochter in Übereinstimmung mit den erhaltenen Weisungen handeln.[811] Die Muttergesellschaft trifft folglich keine Haftung gem. sec 178 i.V.m. ssec 171-177 CA 2006 für Verletzungen der *general duties*, beispielsweise wegen Verstoßes gegen die Interessen der Tochtergesellschaft (sec 172 (1) CA 2006) oder wegen Interessenkonfliktes (sec 175 (1) CA 2006). Die gesetzliche Ausnahme sec 251 (3) CA 2006 gilt dagegen nicht für herrschende Unternehmen, die keine *body corporate* sind.[812] Die Haftungsbegründung einer Muttergesellschaft als *shadow director* nach den Vorschriften des Companies Act scheidet somit in der Regel aus.[813]

II. Insolvenzrechtliche Haftungstatbestände für die Muttergesellschaft

Gerät eine Gesellschaft in die Nähe der Insolvenz, dreht sich der Blickwinkel der zu berücksichtigenden Interessen von der Gesellschafter- zur Gläubigerseite.[814] Die Pflicht zur Berücksichtigung der Gläubigerinteressen während der Insolvenz der Gesellschaft trifft wegen des Trennungsprinzips nur die Geschäftsführung und nicht die Gesellschafter einer insolventen Tochtergesellschaft.[815] Den Interessenkonflikt zwischen der Tochtergesellschaft selbst, ihrer Gläubiger und etwaiger Minderheitsgesellschafter gegenüber der Muttergesellschaft löst das englische Recht im Hinblick auf den Gläubigerschutz durch eine insolvenzrechtliche Anknüpfung.

810 *Just*, Die englische Limited in der Praxis, V Rn. 142; *Davies/Worthington*, Gower's Principles of Modern Company Law, 10th Ed., S. 474.

811 Vgl. unter Geltung des CA 1985 *Wimmer-Leonhardt*, Konzernhaftungsrecht, S. 529 Fn. 231; *Davies/Worthington*, Gower's Principles of Modern Company Law, 10th Ed., S. 474.

812 *Davies/Worthington*, Gower's Principles of Modern Company Law, 10th Ed., S. 474 Fn. 53.

813 *Wimmer-Leonhardt*, Konzernhaftungsrecht, S. 529.

814 Siehe bereits oben, Kap.III,A.II.5.c.

815 *Wimmer-Leonhardt*, Konzernhaftungsrecht, S. 529.

Die primären insolvenzrechtlichen Haftungstatbestände sind das *fraudulent trading* und das *wrongful trading*. Danach kann eine Muttergesellschaft als *shadow director* ihrer Tochtergesellschaft gem. sec 214 (7) i.V.m. sec 251 IA 1986 wegen *wrongful trading* oder gem. sec 213 IA 1986 als wissentlich beteiligte Partei (*knowingly party*) wegen *fraudulent trading* haftbar gemacht werden.

Daneben gibt es noch weitere insolvenzrechtliche Haftungstatbestände.[816]

1. Haftung wegen fraudulent trading

Auf Antrag des Liquidators kann das Gericht jede Person, die wissentlich an der Fortführung der Geschäfte, mit der Absicht die Gesellschaftsgläubiger zu betrügen oder mit betrügerischem Zweck beteiligt war, für haftbar erklären, sec 213 (1, 2) IA 1986. Erste Voraussetzung nach sec 213 (1) IA 1986 ist, dass sich die Gesellschaft in der Abwicklungsphase *(winding up)* befindet. Die Insolvenz der Gesellschaft ist keine zwingende Voraussetzung für eine Haftung wegen *fraudulent trading*, vielmehr reicht jede Form[817] eines *winding up* aus.[818]

Tatbestandlich bedarf es weiter einer Geschäftsfortführung mit der Absicht, die Gläubiger der Gesellschaft oder anderer Personen zu täuschen, oder die Gesellschaft zu einem anderen betrügerischen Zweck fortzuführen. Demnach hat die Norm drei Anwendungsfälle: die Täuschung der Gesellschaftsgläubiger, der Gläubiger anderer Personen oder die Fortführung zu einem anderen betrügerischen Zweck.[819] Die Betrugsabsicht liegt nicht schon vor, wenn ein Gläubiger im Laufe eines Geschäfts getäuscht wurde, sondern erst, wenn das Geschäft bereits mit dieser Absicht weitergeführt wurde.[820] Die Absicht der Geschäftsfortführung zu einem betrügerischen Zweck muss nicht der einzige oder der Hauptgrund des

---

816 Beispielsweise sec 238 IA 1986, ssec 216, 217 IA 1986 (*phoenix syndrome*).

817 Zu den jeweiligen Abwicklungsformen siehe *Just*, Die englische Limited in der Praxis, XI Rn. 314 ff.; *Ringe/Otte*, in: Triebel et al, Englisches Handels- und Wirtschaftsrecht, 3. Aufl., Kap. VI § 4 Rn. 54; grundsätzlich gibt es eine freiwillige und eine Zwangsabwicklung. Die freiwillige Liquidation (voluntary winding-up) kann entweder durch die Gesellschafter, solange die Gesellschaft noch zahlungsfähig ist (ssec 84 ff. IA 1986), oder bei Insolvenz der Gesellschaft durch die Gläubiger betrieben werden (ssec 97 ff. IA 1986). Die Zwangsabwicklung (*compulsory winding-up*) findet durch das Gericht auf Antrag der *directors* oder der Gläubiger statt (ssec 117 ff. IA 1986).

818 *Happ/Holler*, DStR 2004, 730 (734); *Just*, Die englische Limited in der Praxis, V Rn. 181; *Servatius*, in: Henssler/Strohn, Gesellschaftsrecht, 5. Aufl., IntGesR Rn. 182.

819 Vgl. *R v Kemp* [1988] QB 645; *Mayson, French & Ryan*, Company Law, 36th Ed., 20.11.2.

820 *Morphitis v Bernasconi* [2003] EWCA Civ 289.

Geschäfts sein.[821] Eine Betrugsabsicht liegt in der Regel vor, wenn die Geschäftsführung die Geschäfte der Gesellschaft fortsetzt, obwohl sie weiß, dass die eingegangenen Verbindlichkeiten aller Voraussicht nach nicht beglichen werden können.[822] Die englische Rechtsprechung verlangt für die Betrugsabsicht „*actual dishonesty involving, according to current notions of fair trading among commercial men, real moral blame*“[823], sodass die „Achillesferse“[824] der Haftung wegen *fraudulent trading* der Nachweis des subjektiven Tatbestandsmerkmals ist.[825]

Die Rechtsprechung billigt den *directors* zu, auf einen günstigen Ausgang der Geschäftsfortführung zu hoffen (sog. *sunshine doctrine*).[826] Demnach sind *directors* nicht haftbar, wenn sie trotz finanzieller Probleme daran glauben, dass „die Wolken verzögen und die Sonne wieder zum Vorschein käme“.[827]

Als Adressat einer etwaigen Haftung spricht sec 213 (2) IA 1986 von „*any person who were knowingly parties to the carrying on of the business*“. Somit ist der Adressatenkreis nicht auf die *directors* beschränkt, sondern betrifft auch Personen, die aktiv an der Geschäftsfortführung beteiligt sind.[828] Dies bedeutet für die Haftung einer Muttergesellschaft, dass diese aktiv an der Geschäftsfortführung

821 *Mayson, French & Ryan.*, Company Law, 36th Ed., 20.11.3.2.

822 *Re William C Leitch Brothers Ltd* (1932) 2 Ch 71, 77 ; *Wimmer-Leonhardt*, Konzernhaftungsrecht, S. 532.

823 *Re Patrick Lyon Ltd* [1933] Ch 786 (p. 790 f.).

824 *Fleischer*, DStR 2000, 1015 (1018).

825 *Just*, Die englische Limited in der Praxis, V Rn. 182; *Kunzmann*, Gläubigerschutz im englischen Limited- und im deutschen GmbH-Recht nach dem MoMiG, S. 212; Tholen, Europäisches Konzernrecht. S. 120; *Sevatius*, in: Henssler/Strohn, Gesellschaftsrecht, 5. Aufl., IntGesR Rn. 181.

826 *Heinz/Hartung*, Die englische Limited, 3. Aufl., 7.2 Rn. 60; *Just*, Die englische Limited in der Praxis, V Rn. 181 unter der Bezeichnung als "Jagd nach dem Regenbogen" (*chasing of the rainbow*); *Mayson, French & Ryan*, Company Law, 36th Ed., 20.11.3.2.

827 *Re White and Osmand (Parkstone) Ltd* (ChD 30 June 1960): "*...there is nothing to say that directors who genuinely believe that the clouds will roll away and the sunshine of prosperity will shine upon them again and disperse the fog of their depression are not entitled to incur credit to help them get over the bad time*"; siehe auch *Fleischer*, DStR 2000, 1015 (1018); *Tholen*, Europäisches Konzernrecht, S. 121; *Mayson, French & Ryan*, Company Law, 36th Ed., 20.11.3.2.

828 *R v Miles* [1992] Crim LR 657; *Wimmer-Leonhardt*, Konzernhaftungsrecht, S. 531; *Kunzmann*, Gläubigerschutz im englischen Limited- und im deutschen GmbH-Recht nach dem MoMiG, S. 212; *Mayson, French & Ryan*, Company Law, 36th Ed., 20.11.4.

teilgenommen haben muss, wofür die bloße Einflussnahme im Konzern nicht ausreicht.[829]

Wegen der Vielzahl an Möglichkeiten „sublimer" Einwirkung auf die Tochtergesellschaft wird der Nachweis der tatbestandsmäßigen aktiven Beteiligung an der Geschäftsfortführung und der Betrugsabsicht kaum gelingen.[830] Eine Haftung kommt jedenfalls dann in Betracht, wenn die Muttergesellschaft als *shadow director* an der Geschäftsfortführung teilgenommen hat.[831]

Das Gericht wird auf Antrag des Liquidators wegen *fraudulent trading* gem. sec 213 (2) IA 1986 tätig. Der von Gericht nach Ermessen festzusetzende Geldbetrag ist gem. sec 213 (2) IA 1986 in das Gesellschaftsvermögen einzuzahlen (*to the company's assets*). Das gerichtliche Ermessen soll im Sinne der Kompensation statt der Sanktion ausgeübt werden.[832] Die getäuschten Gesellschaftsgläubiger sind weder Anspruchsberechtigte noch -begünstigte.[833]

Eine Muttergesellschaft kann gem. sec 213 (2) IA 1986 von dem Gericht für haftbar erklärt werden, allerdings handelt es sich bei der Haftung wegen *fraudulent trading* um keinen Fall der Außenhaftung.[834]

2. *Haftung wegen* wrongful trading

Nach sec 214 IA 1986 kann das Gericht einen *director* einer in der Insolvenzabwicklung befindlichen Gesellschaft für haftbar erklären, wenn dieser vor Eintritt in die Abwicklung wusste oder hätte wissen müssen, dass keine vernünftigen

829 *Wimmer-Leonhardt*, Konzernhaftungsrecht, S. 534 f.; *Bicker*, Gläubigerschutz in der grenzüberschreitenden Konzerngesellschaft, S. 119 f.; *Tholen*, Europäisches Konzernrecht, S. 121.

830 *Prentice*, in: Hopt (Hrsg.), Group of Companies in European Laws, Bd. II, S. 110; *Wimmer-Leonhardt*, Konzernhaftungsrecht, S. 535; *Bicker*, Gläubigerschutz in der grenzüberschreitenden Konzerngesellschaft, S. 120; *Tholen*, Europäisches Konzernrecht, S. 121.

831 Vgl. *Mülhens*, Der sogenannte Haftungsdurchgriff im deutschen und englischen Recht, S. 165; *Christ*, Englische Private Limited und französische Société à Responsabilité Limitée, S. 164; *Kunzmann*, Gläubigerschutz im englischen Limited- und im deutschen GmbH-Recht nach dem MoMiG, S. 212.

832 *Morphitis v Bernasconi* (2003) Ch 552; *Mayson, French & Ryan*, Company Law, 36th Ed., 20.11.6.

833 Vgl. *Christ*, Englische Private Limited und französische Société à Responsabilité Limitée S. 165; *Just*, Die englische Limited in der Praxis, V Rn. 181.

834 Ebenso *Kunzmann*, Gläubigerschutz im englischen Limited- und im deutschen GmbH-Recht nach dem MoMiG, S. 213 Fn. 747.

Gründe für die Abwendung der Insolvenz bestehen und er nicht alles unternommen hat, was erforderlich gewesen wäre, um potentielle Verluste der Gläubiger zu minimieren.[835]

a. Sachlicher Anwendungsbereich

Der sachliche Anwendungsbereich beschränkt sich im Gegensatz zum *fraudulent trading* gem. sec 214 (1), (2)(a) IA 1986 auf eine Gesellschaft, die sich im Insolvenzverfahren, das auf die Abwicklung und Beendigung der Gesellschaft abzielt, befindet.[836]

Der Insolvenzbegriff im Rahmen des *wrongful trading* wird speziell durch sec 214 (6) IA 1986 definiert, wonach das Gesellschaftsvermögen nicht ausreicht, um die Verbindlichkeiten (*debts and other liabilities*) und die Kosten des Insolvenzverfahrens zu decken (sog. *balance sheet insolvency*).[837] Im Umkehrschluss findet die Haftung aus *wrongful trading* keine Anwendung für andere *winding-up* Verfahren.

b. Persönlicher Anwendungsbereich

Ist der persönliche Anwendungsbereich nach sec 213 (2) IA 1986 auf jede wissentlich beteiligte Person ausgeweitet, kann die Haftung wegen *wrongful trading* gem. sec 214 (1) IA 1986 nur amtierende oder ausgeschiedene *directors* treffen. Den *directors* im Sinne des *wrongful trading* stehen *shadow directors* gem. sec 214 (7) i.V.m. sec 251 IA 1986 und auch *de facto directors* gleich.[838]

Als *shadow director* gilt nur eine solche Person, die die Entscheidung der Geschäftsführung (*board of directors*) in einer Vielzahl von Angelegenheiten für eine bestimmte Dauer beeinflusst.[839] Als potentielle Zielgruppe, bei der eine solche Einflussnahme überhaupt möglich ist, kommen in der Regel Banken und

---

835 Siehe bereits oben Kap.III.A.I.4.b.dd.

836 *Habersack/Verse*, ZHR 2004, 174 (182); *Just*, Die englische Limited in der Praxis, V Rn. 182; .

837 *Mülhens*, Der sogenannte Haftungsdurchgriff im deutschen und englischen Recht, S. 167; *Christ*, Englische Private Limited und französische Société à Responsabilité Limitée, S. 166.

838 *Re Hydrodam (Corby) Ltd* [1994] 2 BCLC 180; *Heinz/Hartung*, Die englische Limited, 3. Aufl., 7.2. Rn. 56; *Mayson, French & Ryan*, Company Law, 36th Ed., 20.12.1.

839 *Secretary of State for Trade and Industry v Deverell* [2000] 2 BCLC 133 CA; *Secretary of State for Trade and Industry v Becker* [2003] 1 BCLC 565;; *Davies/Worthington*, Gower's Principles of Modern Company Law, 10th Ed., S. 214.

Muttergesellschaften ins Visier dieser Vorschrift.[840] Nach sec 251 (3) CA 2006 ist die Inanspruchnahme einer Muttergesellschaft als *shadow director* ausdrücklich für Verletzungen der *general duties* ausgenommen, dagegen existiert eine solche Ausnahme im Insolvenzrecht nicht.[841] Anknüpfung für eine Haftung der Muttergesellschaft wegen *wrongful trading* im Insolvenzrecht ist ihre Qualifizierung als *shadow director*.[842] Dies ist in der Regel der Fall, wenn die Muttergesellschaft die tatsächliche Kontrolle über Angelegenheiten der Tochtergesellschaft („*real influence in the corporate affairs of the company*") hat.[843] Die Qualifizierung einer Muttergesellschaft als *shadow director* hängt von den jeweiligen Umständen des Einzelfalls ab. Die bloße Aufstellung von Richtlinien für die Geschäftsführung der Tochtergesellschaft macht die Muttergesellschaft nicht zwingend zu deren *shadow director*.[844] Jedenfalls dann, wenn die Muttergesellschaft die haftungsbegründende Fortführung der Geschäfte angeordnet und auch bisher regelmäßig Weisungen an die Geschäftsführung ihrer Tochtergesellschaft erteilt hat, ist sie als *shadow director* i.S.d. sec 214 IA 1986 anzusehen.[845] Somit kann die Haftung der Muttergesellschaft als *shadow director* nach sec 214 IA 1986 als Konzernhaftungstatbestand angesehen werden.[846]

c. Materielle Voraussetzungen

Die Begründung einer Haftung nach sec 214 IA 1986 erfordert das Wissen oder das Wissenmüssen der Unvermeidbarkeit der Insolvenz und das Versäumnis des *directors*, jegliche Schritte zur Verringerung der potenziellen Verluste der Gläubiger vorgenommen zu haben.[847]

---

840 *Just*, Die englische Limited in der Praxis, V Rn. 182; *Davies/Worthington*, Gower's Principles of Modern Company Law, 10th Ed., S. 214.

841 Vgl. *Wimmer-Leonhardt*, Konzernhaftungsrecht, S. 529.

842 Hierzu *Habersack/Verse*, ZHR 2004, 174 (188 ff.); *Schmittmann/Bischoff*, ZInsO 2009, 1561.

843 *Schillig*, in: Kindler/Nachmann, Handbuch Insolvenzrecht in Europa, 2. Teil, England und Wales Rn. 419.

844 *Davies/Worthington*, Gower's Principles of Modern Company Law, 10th Ed., S. 214.

845 *Mülhens*, Der sogenannte Haftungsdurchgriff im deutschen und englischen Recht, S. 172.

846 Vgl. *Habersack/Verse*, ZHR 2004, 174 (209); *Wimmer-Leonhardt*, Konzernhaftungsrecht, S. 539 spricht davon, dass sec 214 IA 1896 konzernrechtliche Funktionen übernimmt; *Mülhens*, Der sogenannte Haftungsdurchgriff im deutschen und englischen Recht, S. 172.

847 *Mayson, French & Ryan*, Company Law, 36th Ed., 20.12.1.

aa. Wissen/Wissenmüssen von der Unvermeidbarkeit der insolvenzbedingten Abwicklung

Zunächst wird gem. sec 214 (2)(b) IA 1986 zur Haftungsbegründung zeitlich an den Moment vor Eintritt in das Insolvenzverfahren angeknüpft, zu dem der *director* wusste oder hätte wissen müssen, dass keine vernünftige Erwartung (*no reasonable prospect*) besteht, die Insolvenz ließe sich verhindern (*moment of truth*).[848]

Dieses Tatbestandsmerkmal wird durch einen „dual subjektiv-objektiven" Ansatz in sec 214 (4) IA 1986 spezifiziert.[849] Einerseits ist nach sec 214 (4)(a) IA 1986 objektiv auf das allgemeine Wissen, die Fähigkeiten und die Erfahrung, die gewöhnlich von einer Person in der Funktion eines *directors* zu erwarten sind, abzustellen. Andererseits werden subjektiv das allgemeine Wissen, die Fähigkeiten und die Erfahrung des konkreten *directors* herangezogen, sec 214 (4)(b) IA 1986. Der anzusetzende Maßstab wird durch eine Vielzahl an Kriterien beeinflusst, wie die Größe der Gesellschaft, die übertragenen Funktionen des *directors* (sec 214 (5) IA 1986) oder Spezialkenntnisse.[850] Dieser subjektiv-objektive Standard ist derselbe Standard, den die Geschäftsführer im Rahmen ihrer Sorgfaltspflichten zu beachten haben.[851] Der konkrete Maßstab für das Wissenmüssen der Muttergesellschaft als *shadow director* hängt somit ebenfalls von den jeweiligen Umständen des Einzelfalls ab.

bb. Vornahme aller Schritte „to minimise the loss"

Das Versäumnis, alles zu unternehmen, was die Verluste der Gläubiger auf ein Geringstes reduzieren würde, stellt das zweite haftungsbegründende Element dar.[852] Im Umkehrschluss ist nach sec 213 (3) IA 1986 die Haftung dann ausgeschlossen, wenn der *director* sich exkulpieren kann. Damit die Exkulpation

---

848 Vgl. *Re Purpoint Ltd* (1991) BCLC 491 (p. 498): "*Doomed to end in an insolvent winding-up*"; *Just*, Englisches Gesellschaftsrecht, V Rn. 182; *Servatius*, in: Henssler/Strohn, Gesellschaftsrecht, 5. Aufl., IntGesR Rn. 167.

849 *Mayson, French & Ryan*, Company Law, 36th Ed., 20.12.2.

850 *Re Produce Marketing Consortium Ltd (No.2),* (1989) 5 BCC 569 (594). "*Nevertheless, certain minimum standards are to be assumed to be attained*"; *Just*, Englisches Gesellschaftsrecht, V Rn. 183; *Kunzmann*, Gläubigerschutz im englischen Limited- und im deutschen GmbH-Recht nach dem MoMiG, S. 209; *Davies/Worthington*, Gower's Principles of Modern Company Law, 10th Ed., S. 213; *Servatius*, in: Henssler/Strohn, Gesellschaftsrecht, 5. Aufl., IntGesR Rn. 167.

851 *Mayson, French & Ryan*, Company Law, 36th Ed., 16.8.1, 20.12.2.

852 *Mayson, French & Ryan*, Company Law, 36th Ed., 20.12.4.

gelingt, muss er darlegen, dass alles unternommen wurde, um den Schaden der Gläubiger zu minimieren.[853]

Entsprechen die eingeleiteten Schritte zur Abwendung von Gläubigerschäden dem subjektiv-objektiven Sorgfaltsmaßstab i.S.d. sec 214 (4) IA 1986, ist ein etwaiger späterer Erfolg der Maßnahmen irrelevant.[854] Um dem gebotenen Sorgfaltsmaßstab zu genügen, sollten *directors* sich professionellen Rat einholen, dessen Umsetzung eine Haftung nach sec 214 IA 1986 im Regelfall abwenden sollte.[855] Mangels in der Praxis bekannter Fälle, in denen eine Exkulpation gelungen ist, wird insofern von einer „*probatio diabolica*“[856] gesprochen.[857]

d. Rechtsfolgen und Geltendmachung

Liegen die Voraussetzungen vor, kann das Gericht gem. sec 214 (1) IA 1986 auf Antrag des Liquidators den (*shadow*) *director* zur Zahlung eines Geldbetrages an das Gesellschaftsvermögen für haftbar erklären. Die Höhe des Geldbetrages liegt gem. sec 214 (1) letzter HS IA 1986 im Ermessen des Gerichts („*as the court thinks proper*“). Gleichsam der Haftung aus *fraudulent trading* steht beim *wrongful trading* der Kompensationscharakter im Vordergrund, sodass die Obergrenze des Ermessens der ab dem *moment of truth* durch die Insolvenzverschleppung verursachte Schaden (*increase in net deficiency*) ist.[858] Dies schließt die Festsetzung der Höhe des Geldbetrages durch das Gericht mit punitiver

---

853 Einzelheiten bei *Habersack/Verse*, ZHR 2004, 174 (193 ff.); Schall, ZIP 2005, 965 (967 f.); *Mülhens*, Der sogenannte Haftungsdurchgriff im deutschen und englischen Recht, S.169; *Just*, Englisches Gesellschaftsrecht, V Rn. 184; *Servatius*, in: Henssler/Strohn, Gesellschaftsrecht, 5. Aufl., IntGesR Rn. 167.

854 Vgl. *Re Brian D Pierson (Contractors) Ltd* [1999] BCC 26 (54): "*even if they fail to achieve the result*"; *Griffin*, Personal Liability and Disqualification of Company Directors, S. 74; *Bicker*, Gläubigerschutz in der grenzüberschreitenden Konzerngesellschaft, S. 124 f.; *Christ*, Englische Private Limited und französische Société à Responsabilité Limitée, S. 169; *Tholen*, Europäisches Konzernrecht, S. 129 f.

855 *RE DKG Contractors Ltd* [1990] BCC 903 (912 f.); *Mayson, French & Ryan*, Company Law, 36th Ed., 20.12.4.

856 *Fleischer*, AG 1999, 350 (358); *Habersack/Verse*, ZHR 2004, 174 (194).

857 *Tholen*, Europäisches Konzernrecht, S. 683.

858 *Liquidator of Marini Ltd v Dickenson* [2004] BCC 172; *Bicker*, Gläubigerschutz in der grenzüberschreitenden Konzerngesellschaft, S. 124; *Davies/Worthington*, Gower's Principles of Modern Company Law, 10th Ed., S. 215, *Servatius*, in: Henssler/Strohn, Gesellschaftsrecht, 5. Aufl., IntGesR Rn. 169.

Absicht aus.[859] Die Berechnung der Kompensation ähnelt funktional dem Quotenschaden, ein darüber hinausgehender Vertrauensschaden der Neugläubiger wird nicht ersetzt.[860] Zwischen Neu- und Altgläubigern wird nach dem englischen Recht jedoch nicht unterschieden, es gilt der Grundsatz der Gleichbehandlung aller Gläubiger.[861]

Die Geltendmachung ist gem. sec 214 (1) IA 1986 ausschließlich dem Liquidator vorbehalten. Gleichwohl bedarf es zur Geltendmachung des Anspruchs gem. ssec 165, 167 i.V.m. para. 3A Schedule 4 Part IA 1986 der Zustimmung des Liquidationsausschusses oder des Insolvenzgerichts.[862] Als bisheriger Nachteil wurde das alleinige Initiativrecht des Liquidators angesehen, denn dieser hatte das Prozessrisiko zu tragen.[863] Diesem Nachteil wurde begegnet, indem gem. sec 176ZA IA 1986 der Liquidator einen vorrangigen Anspruch auf Ersatz der Prozesskosten aus der Insolvenzmasse hat.[864] Dies gilt selbst bei Prozessverlust, sofern bei Prozessbeginn Erfolgsaussichten bestanden.[865]

Dic vom Gericht bestimmte Haftsumme ist an das Gesellschaftsvermögen zu zahlen, sodass es sich bei dem *wrongful trading* nach sec 214 IA 1986 ebenfalls um eine reine Innenhaftung handelt.[866]

---

859 Vgl. *Morphitis v Bernasconi* (2003) Ch 552 (p. 579): "*no power include a punitive element in the amount of any contribution*".

860 *Habersack/Verse*, ZHR 2004, 174 (197); *Otte*, Das Kapitalschutzsystem der englischen private limited company im Vergleich zur deutschen GmbH, S. 129; *Christ*, Englische Private Limited und französische Société à Responsabilité Limitée, S. 170; *Tholen*, Europäisches Konzernrecht, S. 131; *Servatius*, in: Henssler/Strohn, Gesellschaftsrecht, 5. Aufl., IntGesR Rn. 169.

861 *Re Purpoint Ltd* (1991) BCLC 491 (499); *Habersack/Verse*, ZHR 2004, 174 (196); *Christ*, Englische Private Limited und französische Société à Responsabilité Limitée, S. 170.

862 Vgl. *Schillig*, in: Kindler/Nachmann, Handbuch Insolvenzrecht in Europa, 2. Teil, England und Wales Rn .421; *Tholen*, Europäisches Konzernrecht, S. 130.

863 *Davies/Worthington*, Gower's Principles of Modern Company Law, 10th Ed., S. 219.

864 Zunächst durch Amendment r.4.218 (1)(a)(aa) Insolvency Rules 1986 durch The Insolvency (Amendment) (No. 2) Rules 2002 (SI 2002/2712) sodann durch die neueingefügte sec 176ZA IA 1986 auch Vorrang vor einem *floating charge* (Sicherungsmittel); vgl. *Davies/Worthington*, Gower's Principles of Modern Company Law, 10th Ed., S. 218 Fn. 55: "*Thus, the disincentive to liquidator litigation arising from the risk of the liquidator being left to bear the litigation costs personally has been considerably reduced, if not eliminated*".

865 Vgl. *Hirt*, ECFR 2004, 71 (112); *Otte*, Das Kapitalschutzsystem der englischen private limited company im Vergleich zur deutschen GmbH, S. 130.

866 Vgl. *Tholen*, Europäisches Konzernrecht, S. 130.

e. *Stellungnahme*

Durch die Einbeziehung der Muttergesellschaft als *shadow director* handelt es sich bei der Haftung aus *wrongful trading* um einen englischen Konzerntatbestand. Die rechtspraktische Realisierung der Haftung gegenüber einer Muttergesellschaft stellt die englischen Gerichte vor einige Probleme.

Einerseits stellt bereits die Qualifizierung der Muttergesellschaft als *shadow director* die Gerichte vor Beweisprobleme,[867] wenn hierfür festgestellt werden muss, dass die tatsächliche Kontrolle über die Angelegenheiten der Tochtergesellschaft in den Händen der Muttergesellschaft liegt.

Andererseits erscheint es schwierig, den subjektiv-objektiven Maßstab einer Muttergesellschaft als *shadow director* zu bestimmen. Hierfür sind objektiv gem. sec 214 (4)(a) IA 1986 das allgemeine Wissen, die Fähigkeiten und die Erfahrung eines *directors* in derselben Funktion heranzuziehen. Bezogen auf die Muttergesellschaft erscheint bereits fraglich, welches allgemeine Wissen, welche Fähigkeiten und welche Erfahrung von einer Muttergesellschaft in der Funktion als *shadow director* objektiv vernünftigerweise erwartet werden dürfen. Ebenso ist in der Konzernkonstellation das subjektive Element nicht weniger schwierig herauszuarbeiten.

Durch die genannten Schwierigkeiten ist die Bedeutung des Instituts des *wrongful trading* als Konzerntatbestand des englischen Insolvenzrechts für die Rechtspraxis (noch immer) kaum relevant.[868]

3. *Sonstige insolvenzrechtliche Haftungstatbestände*

a. *Transactions at an undervalue, sec 238 IA 1986*

Nach ssec 238, 239 IA 1986 kann das Gericht auf Antrag des Liquidators die Geschäfte einer insolventen Gesellschaft der letzten zwei Jahre, die mit einer verbundenen Person ohne angemessene Gegenleistung eingegangen wurden, für ungültig erklären mit der Rechtsfolge, dass die Leistungen zurückzugewähren sind oder der Mehrwert zu ersetzen ist.[869]

Die Schuldnergesellschaft muss sich entweder in einem Insolvenzverfahren der *administration* oder *liquidation* befinden und die Transaktion muss innerhalb von zwei Jahren vor Beginn der Insolvenz vorgenommen worden sein,

---

867 *Bicker*, Gläubigerschutz in der grenzüberschreitenden Konzerngesellschaft, S. 133; *Tholen*, Europäisches Konzernrecht, S. 132.

868 Vgl. *Servatius*, in: Henssler/Strohn, Gesellschaftsrecht, 5. Aufl., IntGesR Rn. 171.

869 Vgl. *Wimmer-Leonhardt*, Konzernhaftungsrecht, S. 545.

wobei der relevante Zeitpunkt gem. sec 240 (3) IA 1986 durch die jeweilige insolvenzrechtliche Verfahrensart definiert wird.[870]

Eine Muttergesellschaft wird gem. sec 249 i.V.m. sec 435 (7) IA 1986 als verbundene Person (*connected with the company*) i.S.d. sec 240 (1) IA 1986 angesehen, sodass für Transaktionen mit ihr die zwei Jahresfrist gilt. Die weitere Tatbestandsvoraussetzung der Zahlungsunfähigkeit der Tochtergesellschaft wird bei Geschäften mit verbundenen Personen gem. sec 240 (2) IA 1986 vermutet, bis das Gegenteil bewiesen ist (*the requirements of this subsection are persumed to be satisfied, unless contrary is shown*).[871] Als Geschäfte ohne angemessenen Gegenwert können auch Garantieerklärungen der Tochtergesellschaft gegenüber konzernangehörigen Gesellschaften angesehen werden, wenn diese keine angemessene Gegenleistung erlangt hat.[872]

Als subjektives Tatbestandsmerkmal verlangen ssec 239 (5), 340 (4) IA 1986 eine Begünstigungsabsicht der Schuldnerin bei Abschluss des Geschäfts. Vor dem Hintergrund von konzerninternen Transaktionen erscheint der Nachweis der Begünstigungsabsicht schwierig, weshalb bei solchen Transaktionen, bei denen der Begünstigte eine verbundene Person ist, eine widerlegliche Vermutung der Begünstigungsabsicht besteht.[873] Gleichzeitig sieht das Gesetz in sec 238 (5) IA 1986 vor, dass das Gericht eine Transaktion dann nicht für ungültig erklärt, wenn nachgewiesen wird, dass die Gesellschaft das Geschäft in gutem Glauben und zum Zweck der Geschäftsfortführung abgeschlossen hat (sec 238 (5)(a) IA 1986) und zu diesem Zeitpunkt vernünftige Gründe bestanden, als Gesellschaft anzunehmen, dass das Geschäft ihr zu Gute komme.[874] Dies wird in der Regel dann anzunehmen sein, wenn die Tochtergesellschaft vom konzernimmanenten

---

870 Siehe hierzu *Schillig*, in: Kindler/Nachmann, Handbuch Insolvenzrecht in Europa, 2. Teil, England und Wales Rn. 458.

871 *Wimmer-Leonhardt*, Konzernhaftungsrecht, S. 545 Fn. 351; *Schillig*, in: Kindler/Nachmann, Handbuch Insolvenzrecht in Europa, 2. Teil, England und Wales Rn. 456.

872 Vgl. *Bicker*, Gläubigerschutz in der grenzüberschreitenden Konzerngesellschaft, S. 134 mit Verweis in Fn. 348 auf die Entscheidung *Re MC Bacon Ltd* [1990] BCLC 324 (p. 340) zur allgemeinen Bewertung einer Transaktion ohne angemessenen Gegenwert; zur Entscheidung siehe auch *Davies/Worthington*, Gower's Principles of Modern Company Law, 10th Ed., S. 1165 f.

873 *Fletcher*, The Law of Insolvency, S. 26-31; *Schillig*, in: Kindler/Nachmann, Handbuch Insolvenzrecht in Europa, 4. EL, 2. Teil, England und Wales Rn. 463.

874 *Wilkinson*, Comp. Law. 1987, 124 (128).

good will profitiert.[875] Dieser *good will* lässt sich von konzerninternen Transaktionen nur schwer herauslösen und haftet diesen vielmehr an, sodass die Tochtergesellschaft, sofern sie glaubte von diesem zu profitieren, unter die Ausnahme in sec 238 (5) IA 1986 fällt.[876]

Der Insolvenzanfechtungstatbestand der ssec 238 ff. IA 1986 zeigt seine Schwäche bei Konzernsach-verhalten in zweierlei Hinsicht: zum einen lässt sich nur schwer feststellen, ob eine konzerninterne Transaktion bei der Vielzahl an möglichen Konzernvorteilen tatsächlich *„at an undervalue“* erfolgte und zum zweiten wird im Regelfall eine Tochtergesellschaft davon ausgehen, dass sie einen Vorteil i.S.d. sec 238 (5) IA 1986 erlangt hätte.

b. Phoenix Company, ssec 216, 217 IA 1986

Nach ssec 216, 217 IA 1986 haftet, wer 12 Monate vor dem Insolvenzverfahren einer Gesellschaft deren *directors* oder *shadow directors* war und innerhalb der nächsten fünf Jahre entweder *director* einer Gesellschaft mit derselben Firma ist (sec 216 (3)(a) IA 1986), unmittelbar oder mittelbar bei der Gründung einer Gesellschaft mit derselben Firma mitwirkt (sec 216 (3)(b) IA 1986) oder unmittelbar oder mittelbar an der Geschäftsfortsetzung der Gesellschaft mit gleicher Firma teilnimmt (sog. *Phoenix syndrome*).[877] Sinn und Zweck dieser Regelung ist es zu vermeiden, dass diejenigen, die für die Insolvenz der bisherigen Gesellschaft verantwortlich sind, eine neue Gesellschaft mit gleichem oder ähnlichem Namen als Plattform zur Fortführung alter Geschäftsaktivitäten nutzen (*„using the vehicle of a new company“*).[878] Das Gesetz sanktioniert die widerrechtliche „Auferstehung des Phoenixs“ sowohl gem. sec 216 (4) IA 1986 strafrechtlich als auch gem. sec 217 (1), (3)(a) IA 1986 zivilrechtlich mit einer persönlichen Durchgriffshaftung auf die beteiligten *directors/shadow directors*.[879]

---

875 *Prentice*, in: Goode (Hrsg.), Group Trading and the Lending Banker, S. 84; *Muscat*, The Liability of the Holding Company for the Debts of its Insolvent Subsidiaries, 1996, S. 236 ff.; *Wimmer-Leonhardt*, Konzernhaftungsrecht, S. 546.

876 Vgl. *Muscat*, The Liability of the Holding Company for the Debts of its Insolvent Subsidiaries, 1996, S. 236 ff.; *Tholen*, Europäisches Konzernrecht, S. 135.

877 Ausführlich *Mayson, French & Ryan*, Company Law, 36th Ed., 20.14; vgl. *Tolstov*, IILR 2013, 268 (281 Fn. 63).

878 Hierzu *Company Law Review Steering Group*, Modern company law for a competitive economy: Final Report, para 15.55; *Milman*, Insolv. L. 2001, 199.

879 *Milman*, Insolv. L. 2001, 199; *Otte*, Das Kapitalschutzsystem der englischen private limited company im Vergleich zur deutschen GmbH, S. 131.

III. Der Haftungsdurchgriff im common law

1. *Das Trennungsprinzip*

Ausgangspunkt des Haftungsdurchgriffs im englischen Recht ist das seit der *Salomon*-Entscheidung[880] entwickelte Trennungsprinzip, wonach jeder *company* eine eigenständige Rechtspersönlichkeit als Haftungssubjekt anerkannt wird.[881] Wurde gem. sec 3 (1) CA 2006 die Haftung in der Satzung beschränkt, fällt mit Registrierung bildlich der schützende Schleier (*veil of incorporation*) zwischen Gesellschaft und ihrer Gesellschafter.[882] Das Prinzip der selbstständigen juristischen Person *(seperate entity principle)*[883] und der beschränkten Haftung mit dem jeweiligen Gesellschaftsvermögen gilt insbesondere auch in Konzernstrukturen für die jeweilige Mutter- und Tochtergesellschaft.[884] Die *Salomon doctrine* bildet bis heute ein „mächtiges Bollwerk"[885] gegen Ansätze eines haftungsrechtlichen Durchgriffs im englischen *common law*. Den Ansätzen im englischen *common law* zur Begründung einer Haftung unter dem Stichwort des *lifting* bzw. *piercing of the corporate veil* ist der Gerechtigkeitsgedanke gemein.[886]

---

880 *Salomon v A Salomon & Co Ltd* [1897] AC 22 (HL).

881 *Fleischer*, DStR 2000, 1015 (1017); *Christian*, Englische Ltd. und deutsche GmbH, S. 179; *Ringe/Otte*, in: Triebel et al, Englisches Handels- und Wirtschaftsrecht, 3. Aufl., Kap. V § 3 Rn. 94.

882 Vgl. *Heinz/Hartung*, Die englische Limited, 3. Aufl., 6.4 Rn. 48; *Just*, Die englische Limited in der Praxis, III Rn. 91.

883 Siehe oben, Kap.III.B.

884 *Salomon v A Salomon & Co Ltd* [1897] AC 22 (HL); bestätigt durch *Ord v Belhaven Pubs Ltd* (1998) BCC 607: „*A holding company is a shareholder and, like other shareholders, enjoys limited liability in respect of the debts of the companies whose shares it owns, that is, its subsidiary companies*"; vgl. *Wimmer-Leonhardt*, Konzernhaftungsrecht, S. 552 f.

885 *Fleischer*, DStR 2000, 1015 (1017).

886 *Wedderburn*, M.L.R. 1960, 663 (p. 667): "*...limited liability is a privilege which can be removed if injustice is worked by its use*"; *Gallagher/Ziegler*, J.B.L. 1990, 292 (p. 312): "*...the major common law exceptions to the seperate entity principle traditionally proposed, viz. agency, avoidance of obligations, fraud, prevention of injustice, and imputation of member's characteristics to the company, are all part of the one general exception: the prevention of injustice*"; vgl. *Christian*, Englische Ltd. und deutsche GmbH, S. 181.

2. *Der Haftungsdurchgriff*: Piercing of the corporate veil

Im englischen *common law* haben sich maßgeblich drei Fallgruppen herausgebildet, in denen die Rechtsprechung aus Gerechtigkeitserwägungen das Durchbrechen des die Haftung trennenden Schleiers diskutiert, um eine persönliche Haftung der Gesellschafter begründen zu können.[887]

a. The „single economic unit" argument

Dieser Ansatz knüpft an Konzernsachverhalte an, in denen verschiedene *companies* eines Konzerns als eine wirtschaftliche Einheit (*single economic unit*) angesehen werden, um somit haftungsrechtlich auf die Muttergesellschaft als Kern dieser Einheit durchgreifen zu können.[888] Allerdings gilt im englischen Gesellschaftsrecht das Prinzip, dass selbst innerhalb eines Konzerns jede *company* als selbständige Rechtspersönlichkeit mit eigenen Rechten und Haftungsverpflichtungen anzusehen ist.[889] Bisher wurde nur in der Entscheidung *DHN Food Distributors Ltd v Tower Hamlets LBC*[890] ein Haftungsdurchgriff gegenüber einer Muttergesellschaft, geleitet von dem Ansatz der wirtschaftlichen Einheit, angenommen.[891] Auf die rechtliche Selbstständigkeit der konzernangehörigen Gesellschaften verweisend, lehnte der *Court of Appeal* in *Adams v Cape Industries Plc*[892] einen Haftungsdurchgriff gegenüber der Konzernmuttergesellschaft in Ansehung einer wirtschaftlichen Einheit als allgemeines Haftungsinstitut ab.[893] Der *Court of Appeal* setzte sich auch mit weiteren Entscheidungen

---

887 Eine Zusammenstellung der Fallgruppen bei *Merkt/Spindler*, in: Lutter (Hrsg.), Das Kapital der Aktiengesellschaft in Europa, ZGR-Sonderheft 17, 2006, S. 241 ff.

888 *DHN Food Distributors Ltd v Tower Hamlets LBC* [1976) 1 WLR 852 CA; *Otte*, Das Kapitalschutzsystem der englischen private limited company im Vergleich zur deutschen GmbH, S. 120; *Levedag*, in: Süß/Wachter, Hdb. des internat. GmbHR, 3. Aufl., England Rn. 352.

889 *Adams v Cape Industries Plc* [1990] Ch 433 (532); *Davies/Worthington*, Gower's Principles of Modern Company Law, 10th Ed., S. 201.

890 *DHN Food Distributors Ltd v Tower Hamlets LBC* [1976) 1 WLR 852 CA.

891 *Davies/Worthington*, Gower's Principles of Modern Company Law, 10th Ed., S. 201 Fn. 36.

892 *Adams v Cape Industries Plc* [1990] Ch 433 (536).

893 Zur Begründung wird in *Adams v Cape Industries Plc* [1990] Ch 433 (477) die Stellungnahme von *Goof LJ* in *Bank of Tokyo Ltd v Karoon* [1987] A.C. 45 (p. 64) zitiert: "*Mr. Hoffmann [Counsel] suggested beguilingly that it would be technical for us to distinguish between parent and subsidiary company in this context; economically, he said, they were one. But we are concerned not with economics but with law. The distinction between the tow is, in law, fundamental and cannot here be bridged*"; *Bicker*,

auseinander,[894] die auf das Argument der *single economic unit* rekurrieren und stellte fest, dass der Haftungsdurchgriff jeweils die Folge der Auslegung gesetzlicher und vertraglicher Bestimmungen war.[895] Als eigenständiges Haftungsinstitut kann der Ansatz des *single economic unit argument* nicht angesehen werden, allenfalls kann er als Hilfsmittel für die Auslegung herangezogen werden.[896]

b. The corporate veil argument

In der Entscheidung *Adams v Cape Industries Plc*[897] erkannte das Gericht den Fall einer *company* als bloße Fassade (*mere façade*) grundsätzlich als Rechtsfertigung für einen Druchgriff an.[898] Ein Haftungsdurchgriff ist nach dem *corporate veil argument* in Fällen des Missbrauchs der Rechtsform gerechtfertigt. Die englische Rechtsprechung nimmt einen Missbrauch der Rechtsform an, wenn die Gesellschaft zu Umgehungszwecken gegründet wird, um als „Fassade" die Haftung auf sich zu ziehen.[899] Nutzt ein Gesellschafter bewusst eine *company*, um persönliche Verpflichtungen zu umgehen oder sich vor solchen zu verstecken (*evasion principle*), kann das Gericht sowohl die Gesellschaft, als auch die

---

Gläubigerschutz in der grenzüberschreitenden Konzerngesellschaft, S. 98; *Tholen*, Europäisches Konzernrecht, S. 115.

894 *The Roberta* (1937) 58 LRR 159; *Holdsworth & Co v Caddies* [1955] 1 WLR 352 HL; *Scottish Co-operative Wholesale Society Ltd v Meyer* [1959] AC 324 HL; *Instituto Chemioterapic Italiano Spa and Commercial Solvents Corporation v Commission of the European Communities* (Cases 6 and 7/73) [1974] ECR 223; *Revlon Inc v Cripp & Lee Ltd* [1980] FSR 85.

895 Vgl. *Otte*, Das Kapitalschutzsystem der englischen private limited company im Vergleich zur deutschen GmbH, S. 120 f.; *Christ*, Englische Private Limited und französische Société à Responsabilité Limitée, S. 177 f.; *Davies/Worthington*, Gower's Principles of Modern Company Law, 10th Ed., S. 201.

896 Vgl. *Christ*, Englische Private Limited und französische Société à Responsabilité Limitée, S. 178.

897 *Adams v Cape Industries Plc* [1990] Ch 433 (p. 539): "*there is one well-recognised exception to the rule prohibiting the piercing of the corporate veil*".

898 *Davies/Worthington*, Gower's Principles of Modern Company Law, 10th Ed., S. 202.

899 *Gilford Motor Co v Horne* (1933) Ch 935; *Jones v Lipman* (1962) 1 WLR 832 (p. 836): "[*It was*] *the creature of the first defendant, a device and a sham, a mask which he holds before his face an attempt to avoid recognition by the eye of equity*"; *Wimmer-Leonhardt*, Konzernhaftungsrecht, S. 570; *Christ*, Englische Private Limited und französische Société à Responsabilité Limitée, S. 178.

hinter ihr stehende Person haftbar machen.[900] Allerdings muss die Gesellschaft ausschließlich zu Betrugs- oder Umgehungszwecken gegründet worden sein.[901] Gleichzeitig wurde eine Haftung wegen Missbrauchs der Rechtsform in der Entscheidung *Adams v Cape Industries Plc*[902] mit der Begründung abgelehnt, dass eine etwaige Haftung erst zukünftiger Konzerntätigkeiten eine andere konzernangehörige Gesellschaft trifft und diese Möglichkeit dem englischen Gesellschaftsrecht inhärent sei.[903]

Zur Annahme eines Haftungsdurchgriffes im Sinne des *corporate veil argument* bedarf es somit folgender Voraussetzungen: die Gesellschaft muss entweder zum Zweck der Umgehung bereits bestehender Verpflichtungen oder zum Zweck, einen Betrug erst zu ermöglichen, gegründet worden sein; zwischen den Gesellschaftern und der Gesellschaft muss ein erhebliches Beherrschungsverhältnis bestehen[904] und subjektiv muss mit der Gründung die Verfolgung

---

900 *Trustor AB v Smallbone (No 2)* [2001] 1 WLR 1177; *Mayson, French & Ryan*, Company Law, 36th Ed., 5.3.6.1; *Levedag*, in: Süß/Wachter, Hdb. des internat. GmbHR, 3. Aufl., England Rn. 350.

901 *Gilford Motor Co v Horne* (1933) Ch 935; *Jones v Lipman* (1962) 1 WLR 832; in der Entscheidung *Re H (Restraint Order Realisable Property)* [1996] 2 All ER 391 durchbrach das Gericht den „*corporate veil*", weil die Gesellschaft zur Verschleierung krimineller Tätigkeiten genutzt wurde; vgl. *Nakajima*, Comp.Law. 1996, 187 (188); *Otte*, Das Kapitalschutzsystem der englischen private limited company im Vergleich zur deutschen GmbH, S. 121; *Heinz/Hartung*, Die englische Limited, 3. Aufl., 6.4 Rn. 52; *Levedag*, in: Süß/Wachter, Hdb. des internat. GmbHR, 3. Aufl., England Rn. 350.

902 *Adams v Cape Industries Plc* [1990] Ch 433 (p. 543): "*...we do not accept as a matter of law that the court is entitled to lift the corporate veil as against a defendant company which is the member of a corporate group merely because the corporate structure has been used so as to ensure that the legal liability (if any) in respect of particular future activities of the group (and correspondingly the risk of enforcement of that liability) will fall on another member of the group rather than the defendant company. Whether or not this is desirable, the right to use a corporate structure in this manner is inherent in our corporate law*".

903 *Otte*, Das Kapitalschutzsystem der englischen private limited company im Vergleich zur deutschen GmbH, S. 121; *Davies/Worthington*, Gower's Principles of Modern Company Law, 10th Ed., S. 203.

904 Hierzu eindrucksvoll *Wallersteiner v Moir* (1974) 1 WLR 991 (p. 1013): "*Even so, I am quite clear that they were just the puppets of Dr. Wallersteiner. He controlled their every movement. Each danced to his bidding. He pulled the strings. No one else got within reach of them. Transformed into legal language, they were his agents to do as he commanded. He was the principal behind them. I am of the opinion that the court*

fradulöser Absichten gewollt sein.[905] Ein kumulatives Vorliegen wird nur in extremen und offensichtlichen Ausnahmefällen des Missbrauchs der Rechtsform gegeben sein, sodass der Haftungsdurchgriff wegen der strengen Anforderungen weiterhin restriktiv seitens der Rechtsprechung angewendet wird.

c. *The agency argument*

Grundsätzlich kann eine Tochtergesellschaft Vertreterin (*agent*) ihrer Muttergesellschaft als Vertretene (*principal*) sein und diese vertraglich mit Dritten binden, sodass die Haftung der Muttergesellschaft sich aus Stellvertretungsrecht (*agency law*) ergibt, welches insofern nicht zwischen natürlichen und juristischen Personen unterscheidet.[906] Ob die Tochtergesellschaft tatsächlich als *agent* ihrer Muttergesellschaft auftritt, kann sich aus den jeweiligen Umständen ergeben, allerdings kann ein Stellvertretungsverhältnis nicht ohne Übereinstimmung beider Parteien begründet werden.[907] Liegt kein ausdrückliches oder konkludentes Stellvertretungsverhältnis vor, folgt allein aus dem Umstand, dass eine Person Gesellschafter einer *company* ist, noch nicht deren Stellung als *agent* gegenüber dieser Person.[908] Dies gilt gleichsam für den Fall, dass die Person selbst eine Gesellschaft ist, sodass die Tochtergesellschaft nicht automatisch als *agent* ihrer Muttergesellschaft fungiert.[909]

---

should pull aside the corporate veil and treat these concerns as being his creatures — for whose doings he should be, and is, responsible".

905 Vgl. *Bauschke*, Grenzen der Rechtspersönlichkeit juristischer Personen im englischen Gesellschaftsrecht, S. 95 ff.; zusammenfassend *Wimmer-Leonhardt*, Konzernhaftungsrecht, S. 572; *Bicker*, Gläubigerschutz in der grenzüberschreitenden Konzerngesellschaft, S. 98 f.; *Tholen*, Europäisches Konzernrecht, S. 115.

906 Ausführlich *Mayson, French & Ryan*, Company Law, 36th Ed., 5.3.4.

907 *Garnac Grain Co Inc v H M F Faure and Fairclough Ltd* [1968] AC 1130; *Mayson, French & Ryan*, Company Law, 36th Ed., 5.3.4.1; *Davies/Worthington*, Gower's Principles of Modern Company Law, 10th Ed., S. 203.

908 Begründet durch die *Salomon-doctrine*, *Salomon v A Salomon & Co Ltd* [1897] AC 22 (HL); *Gas Lighting Improvement Co Ltd v Commissioners of Inland Revenue* [1923] AC 723 (p. 735): "*... the business and profits of a limited company are not the business or profits of the shareholders; and it would be an infringement of that principle to treat the appellant company as continuing to carry on its Belgian business through the agency of the Belgian company. The appellants ceased in 1908 to have any business in Belgium and became shareholders in the Belgian Benzine Company and nothing more.*"; *Mayson, French & Ryan*, Company Law, 36th Ed., 5.3.4.1.

909 *Ebbw Vale Urban District Council v South Wales Traffic Area Licensing Authority* [1951] 2 KB 366 (p. 370): "*Under the ordinary rules of law, a parent company and a subsidiary*

Ein faktisches Stellvertretungsverhältnis wird jedoch mit dem *agency argument* für den Fall angenommen, wenn die Tochtergesellschaft unter dem Einfluss ihrer Muttergesellschaft faktisch deren Geschäfte führt und somit als *agent* ihrer Gesellschafterin auftritt.[910] In der Entscheidung *Smith, Stone & Knight Ltd v Birmingham Corporation*[911] wurde hierfür die Frage gestellt, ob die beherrschte Gesellschaft ein eigenes Geschäft oder ein solches der Muttergesellschaft führt.[912] Hierfür stellte das Gericht auf die Intensität der Beziehungen der beiden *companies* ab[913] und kam unter Anwendung des *agency arguments* zu dem Ergebnis, dass das Geschäft der Tochtergesellschaft von der Muttergesellschaft betrieben wird und jene mehr einer Abteilung (*department*) der Muttergesellschaft gleicht als einem eigenen Geschäftsbetrieb.[914]

---

company, even a 100 per cent subsidiary company, are distinct entities, and in the absence of an agency contract between the two companies one cannot be said to be the other"; siehe auch *Tomlin J* in *British Thomson-Houston Co Ltd v Sterling Accessories Ltd* [1924] 2 Ch 33 (p. 38): "*I do not think that any such inference can be or ought to be drawn. It has been made plain by the House of Lords that for the purpose of establishing contractual liability it is not possible, even in the case of the so-called one man companies, to go behind the legal corporate entity of the company and treat the creator and controller of the company as the real contractor merely because he is the creator and controller. If he is to be fixed with liability as principal, the agency of the company must be established substantively and cannot be inferred from the holding of director's office and the control of the shares alone: see Salomon v. Salomon & Co. Any other conclusion would have nullified the purpose for which the creation of limited companies was authorized by the Legislature*"; *Mayson, French & Ryan*, Company Law, 36th Ed., 5.3.4.1.

910 Als Leiturteil gilt die Entscheidung *Smith, Stone & Knight Ltd v Birmingham Corporation* [1939] 4 All ER 116, in der eine komplett dominierte Tochtergesellschaft, den Geschäftsbetrieb der Muttergesellschaft führte, ohne dass Betrieb und Betriebsgelände im Eigentum der Tochter standen und der gesamte Gewinn an die Mutter abgeführt wurde; *Firestone Tyre & Rubber Co v Lewellin* (1957) 37 TLR 111 (HL); ausführlich *Wimmer-Leonhardt*, Konzernhaftungsrecht, S. 579 ff.; *Christ*, Englische Private Limited und französische Société à Responsabilité Limitée, S. 179, *Servatius*, in: Henssler/Strohn, Gesellschaftsrecht, 5. Aufl., IntGesR Rn. 110.

911 *Smith, Stone & Knight Ltd v Birmingham Corporation* [1939] 4 All ER 116.

912 *Solomon Woolfson and Solfred Holdings Ltd v Glasgow Corp* (1975) 30 P & CR 505 (507): "*The claimants' pleadings were somewhat lacking in specification and seeing that in Smith it had been observed by the learned judge that it was a question of fact and circumstances in each case whether a controlled company was carrying on a business as its own or as the claimant's...*".

913 *Kahn-Freund*, MLR 3 (1940), S. 226, unterscheidet zwischen "*capitalist control*" und "*functional control*".

914 *Wimmer-Leonhardt*, Konzernhaftungsrecht, S. 580.

Das *agency argument* wurde im Fall *Firestone Tyre & Rubber Co v Lewellin*[915] angewendet, um innerhalb eines grenzüberschreitenden Konzernsachverhalts die Steuerpflichtigkeit einer ausländischen Muttergesellschaft im England zu begründen.[916]

Demgegenüber lehnte das Gericht im Fall *Adams v Cape Industries Plc*[917] eine Vermutungsregel zugunsten eines stillschweigenden Vertretungsverhältnisses (*implied agency*) zwischen beiden konzernangehörigen Gesellschaften, selbst im Falle einer hundertprozentigen Tochtergesellschaft, ab.[918]

Dogmatisch wird eine Durchgriffshaftung unter Anwendung des *agency arguments* auf die Muttergesellschaft damit gerechtfertigt, dass die Tochtergesellschaft im Verhältnis zu ihr, mangels eines eigenen Geschäftsbetriebs und eigener Organisation, nicht mehr als eigenständige *legal entity* angesehen wird.[919] Zur wirksamen Stellvertretung braucht es aber eines Vertreters mit eigenständiger Rechtspersönlichkeit. Vor diesem Hintergrund erscheint es fragwürdig, wenn sich im Rahmen des *agency arguments* darum bemüht wird, die Rechtspersönlichkeit der beherrschten Gesellschaft zu negieren, eine Identität durch wirksame Stellvertretung (*agency*) mit der Muttergesellschaft zu begründen.[920]

Bereits wegen der dogmatischen Fragwürdigkeit des Instituts der *agency*, aber auch wegen des kaum nachweisbaren faktischen Vertretungsverhältnisses, wird eine Durchgriffshaftung auf die Muttergesellschaft in der englischen Rechtsprechung sehr restriktiv angewendet und stellt einen absoluten Ausnahmefall dar.[921]

---

915 *Firestone Tyre & Rubber Co v Lewellin* (1957) 37 TLR 111 (HL).

916 *Wimmer-Leonhardt*, Konzernhaftungsrecht, S. 581.

917 *Adams v Cape Industries Plc* [1990] Ch 433.

918 Bestätigt durch *Re Polly Peck International plc (in administration)* [1996] 2 All ER 433; *Yukong Line Ltd of Korea v Rendsburg Investments Corporation of Liberia (No 2)* [1998] 1 WLR 294; *Bicker*, Gläubigerschutz in der grenzüberschreitenden Konzerngesellschaft, S. 99; *Tholen*, Europäisches Konzernrecht, S. 115; *Davies/Worthington*, Gower's Principles of Modern Company Law, 10th Ed., S. 203.

919 Zur dogmatischen Schwäche des agency-Instituts siehe *Wimmer-Leonhardt*, Konzernhaftungsrecht, S. 582 f.

920 Vgl. *Bauschke*, Grenzen der Rechtspersönlichkeit juristischer Personen im englischen Gesellschaftsrecht, S. 80; *Wimmer-Leonhardt*, Konzernhaftungsrecht, S. 583.

921 *Fleischer*, DStR 2000, 1015 (1017); *Heinz/Hartung*, Die englische Limited, 3. Aufl., 6.4. Rn. 53; *Levedag*, in: Süß/Wachter, Hdb. des internat. GmbHR, 3. Aufl., England Rn. 352; *Rothenburg/Walter/Platts*, in: Wegen/Spahlinger/Barth, Gesellschaftsrecht des Auslands, Vereinigtes Königreich, 3. EL, Rn. 74; *Servatius*, in: Henssler/Strohn, Gesellschaftsrecht, 5. Aufl., IntGesR Rn. 110.

3. *Zwischenergebnis*

Auch wenn es in der Vergangenheit Entscheidungen englischer Gerichte gab,[922] in denen der „vor der Haftung schützende Schleier" zur Inanspruchnahme des Gesellschafters gelüftet wurde, ist die englische Rechtsprechung restriktiv im Umgang mit dem *common law* Institut des *piercing/lifting of the corporate veil*. Dies lässt sich auf die strenge Einhaltung des Trennungsprinzips gemäß der englischen *stare decisis-doctrine*,[923] verbunden mit der Respektierung der gesetzgeberischen Entscheidung durch die englische Gerichtsbarkeit zurückführen.[924] Die englische Rechtsprechung sieht in Konzernsachverhalten die bewusste Ausnutzung des durch das englische Gesellschaftsrecht gegebenen Spielraums zur Reduzierung der konzerninternen Haftung sogar für inhärent an.[925]

---

922 Eine Durchgriffshaftung wurde in folgenden Fällen wegen unterschiedlicher Ansätze angenommen, siehe etwa in *Gilford Motor Co v Horne* (1933) Ch 935; *Smith, Stone & Knight Ltd v Birmingham Corporation* [1939] 4 All ER 116; *Firestone Tyre & Rubber Co v Lewellin* (1957) 37 TLR 111 (HL); *Jones v Lipman* (1962) 1 WLR 832; *DHN Food Distributors Ltd v Tower Hamlets LBC* [1976) 1 WLR 852 CA; *Re H (Restraint Order Realisable Property)* [1996] 2 All ER 391΄.

923 Vgl. *London Tramways v London City Council* [1898] AC 375 (HL); zur *stare decisis-doctrine* im englischen *common law* Rechtskreis ausführlich *Zweigert/Kötz*, Einführung in die Rechtsvergleichung, 3. Aufl., S. 253 ff.

924 Die Entscheidung eines Haftungsdurchgriffs obliegt dem englischen Gesetzgeber, siehe *Lord Diplock* in *Dimbleby & Sons Ltd v National Union of Journalists* [1984] 1 WLR 425 (p. 435): "*My Lords, the reason why English statutory law, and that of all other trading countries, has long permitted the creation of corporations as artificial persons distinct from their individual shareholders and from that of any other corporation even though the shareholders of both corporations are identical, is to enable business to be undertaken with limited financial liability in the event of the business proving to be a failure. The "corporate veil" in the case of companies incorporated under the Companies Act is drawn by statute and it can be pierced by some other statute if such other statute so provides; but in view of its raison d'etre and its consistent recognition by the courts since Salomon v. Salomon and Co. Ltd. [1897] A.C. 22, one would expect that any parliamentary intention to pierce the corporate veil would be expressed in clear and unequivocal language. I do not wholly exclude the possibility that even in the absence of express words stating that in specified circumstances one company, although separately incorporated, is to be treated as sharing the same legal personality of another, a purposive construction of the statute may nevertheless lead inexorably to the conclusion that such must have been the intention of Parliament*"; *Prentice*, Florida Journal of International Law 1995, 469 (484); *Tholen*, Europäisches Konzernrecht, S. 116.

925 *Adams v Cape Industries Plc* [1990] Ch 433 (p. 538): "*Whether or not this is desirable, the right to use a corporate structure in this manner is inherent in our corporate law*";

Im Gegensatz zum US-amerikanischen Gesellschaftrecht spielt die Doktrin des *piercing/lifting the veil* somit im englischen Recht eine untergeordnete oder kaum eine Rolle.[926] Im US-amerikanischen Recht wird der „Schleier" in Fällen der materiellen Unterkapitalisierung (*inadequate capitalisation*) der Tochtergesellschaft gelüftet, um einen Haftungsdurchgriff gegenüber der Muttergesellschaft zu rechtfertigen.[927] Ein solcher, die Kapitalausstattung der Tochtergesellschaft betreffender Ansatz, ist der englischen Rechtsprechung bislang fremd.[928]

IV. Zusammenfassung der Haftung der Muttergesellschaft nach englischem Recht

Der englische Gesetzgeber löst den immanenten Interessenkonflikt im Konzern zugunsten des Gläubigerschutzes mit dem Schwert des Insolvenzrechts. Gesetzliche Haftungstatbestände sind das *fraudulent* und *wrongful trading*, die einen Durchgriff rechtfertigen, wenn der Gesellschafter als *shadow director* qualifziert werden kann. Dies gilt unabhängig von der Rechtsform des Gesellschafters, sodass auch eine Muttergesellschaft als *shadow director* ihrer beherrschten Tochtergesellschaft angesehen werden kann.

Genau eine solche Anknüpfung verbietet dagegen sec 251 (3) CA 2006, der eine Qualifizierung der Muttergesellschaft als *shadow director* im Rahmen der Haftung für Treuepflichtverletzungen ausdrücklich ausnimmt.[929] Zeitlich wird ein Gläubigerschutz somit erst ab dem „*moment of truth*" im Sinne des *wrongful*

Bicker, Gläubigerschutz in der grenzüberschreitenden Konzerngesellschaft, S. 102, führt hierfür sog. Vermögenstrennungstheorie von *Hansmann/Kraakman*, Yale Law Journal 2000, S. 387 (393 ff.) an, wonach die konzernimmanente Haftungsbeschränkung sowohl die Gläubiger der Tochter-, als auch die der Muttergesellschaft schützen soll; *Tholen*, Europäisches Konzernrecht, S. 116; *Davies/Worthington*, Gower's Principles of Modern Company Law, 10th Ed., S. 203.

926 *Davies/Worthington*, Gower's Principles of Modern Company Law, 10th Ed., S. 205.

927 *von Arnim*, NZA 2000, 1001 (1007); *Otte*, Das Kapitalschutzsystem der englischen private limited company im Vergleich zur deutschen GmbH, S. 122; *Davies/Worthington*, Gower's Principles of Modern Company Law, 10th Ed., S. 206.

928 Vgl. *Atlas Maritime Co SA v Avalon Maritime Ltd, The Coral Rose* [1991] 4 All ER 769; *Re Polly Peck International plc* [1996] 2 All ER 4333; *Fleischer*, DStR 2000, 1015 (1017); *Rehm*, in: Eidenmüller, Ausländische Kapitalgesellschaften, § 10 Rn. 66; *Ringe/Otte*, in: Triebel et al, Englisches Handels- und Wirtschaftsrecht, 3. Aufl., Kap. V § 3 Rn. 95.

929 Siehe oben, Kap.III.B.I.

trading, sec 214 IA 1986, gewährt. Dies ist im englischen Recht insofern konsequent, als dass bis zur Insolvenz die Geschäftsführung einer *company* lediglich deren Interessen und die der Gesellschafter berücksichtigen muss, dagegen bei Insolvenznähe die Perspektive auf die Gläubigerinteressen wechselt.[930]

Demgegenüber gelangt das englische *common law* wegen der strengen Anforderungen an das Institut des „*piercing/lifting of the corporate veil*" nur selten zur Inanspruchnahme einer Muttergesellschaft für die Verbindlichkeiten ihrer Tochtergesellschaft.[931]

930 Siehe oben, Kap.III.A.II.5.c.; *Doralt*, in: Schall, Companies Act, sec 172 Rn. 20; *Davies/Worthington*, Gower's Principles of Modern Company Law, 10th Ed., S. 501 ff., 512 f.

931 Vgl. *Wimmer-Leonhardt*, Konzernhaftungsrecht, S. 587; *Ringe/Otte*, in: Triebel et al, Englisches Handels- und Wirtschaftsrecht, 3. Aufl., Kap. V § 3 Rn. 95.

Kapitel IV Die Konzernhaftung nach französischem Recht

Abstract: The shareholder's liability according to French law in chapter IV follows the structure of Chapter III. At first the SARL as the most common private limited company in France is presented focussing its organisation, financial constitution and its strict division of power between members and directors. The French company law which is written down in the Code Commerce does not provide a specific group law. A member of a SARL does not have an instruction right given by law to the company's director. Controlling the subsidiary in consideration of the group's interest is only allowed under the strict conditions of the jurisdiction based on the case *Rozenblum*. The liability of a shareholder in France is mostly limited to cases concerning the company's insolvency such as the *responsabilité pour insuffisance d'actif* and the *extension de procédure*.

Keywords: Rozenblum, responsabilité pour insuffisance d'actif, extension de procédure, confusion de patrimoine

A. Grundlagen

I. Die französische *Société à responsabilité limitée*

Innerhalb des französischen Rechts liegt der Fokus der Untersuchung auf der Gesellschaftsform der *société à responsabilité limitée* (im Folgenden: SARL) als zentraler Baustein innerhalb eines Konzerns in Frankreich.

1. Allgemeines

Die SARL wurde durch Gesetz 1925 auf Vorbild der deutschen Gesellschaft mit beschränkter Haftung, die bis dahin bereits in Elsaß-Lothringen existierte, eingeführt[932] und ist heute die häufigste und beliebteste Rechtsform in Frankreich.[933]

932 *Cozian/Viandir/Deboissy*, Droit des Sociétés, 31. éd., Rn. 1426: "*La SARL est née avec le charleston en 1925*".

933 Zur Entstehungsgeschichte der SARL ausführlich *Koberg*, Die Entstehung der GmbH in Deutschland und Frankreich, S. 267 ff.; *Feuerbach/Victor-Granzer*, in: Ars Legis (Hrsg.), Das Recht der Kapitalgesellschaften in Europa, S. 71; *Mestre/Velardocchio*, Lamy Sociétés Commerciales, 2010, Rn. 2923; *Fleischer*, in: MüKo zum GmbHG, Bd. I, 3. Aufl., Einl Rn. 237.

Die SARL wird als eine „*société hybride*" angesehen, weil sie sowohl charakteristische Merkmale einer Personengesellschaft (*société de personnes*) als auch solche einer Kapitalgesellschaft (*société de capitaux*) aufweist.[934] Als personalistischer Einschlag (sog. *intuitus personae*) gelten die Einteilung des Kapitals in Gesellschaftsanteile, die unzulässige Handelbarkeit dieser Anteile (Art. L. 223-12 CCom) und die eingeschränkte Übertragbarkeit der Gesellschaftsanteile (*parts sociales*) an gesellschaftsfremde Dritte (*tiers étrangers à la société*), Art. L. 223-14 CCom.[935] Dagegen spiegeln einerseits die beschränkte Haftung der Gesellschafter auf den Nominalbetrag der übernommenen Einlagen und andererseits der Fortbestand der SARL bei Tod, Konkurs oder Geschäftsunfähigkeit ihrer Gesellschafter die Charakteristika einer Kapitalgesellschaft wider.[936]

Die SARL hat abhängig von der Gesellschafterzahl zwei Varianten. Hat die SARL lediglich einen Gesellschafter, wird sie als *entreprise unipersonnelle à responsabilité limitée* (EURL) bezeichnet, hat sie mindestens zwei Gesellschafter, als *société à responsabilité limitée pluripersonnelle*.[937]

Als Gründe für die Popularität der SARL gelten primär die Haftungsbeschränkung ihrer Gesellschafter bei fehlendem Erfordernis eines Mindestkapitals, ein großzügiger Gestaltungsspielraum und eine kompakte Organstruktur.[938] Obligatorische Organe sind der Geschäftsführer (*gérant*) und die Gesellschafterversammlung (*assemblée*). Nicht zwingend vorgesehen ist ein Aufsichtsrat, der fakultativ durch die Satzung errichtet werden kann, dessen klassische Überwachungsfunktion bereits durch einen Rechnungsprüfer (*commissaire aux comptes*) ausgeübt wird.[939]

---

934 *Mestre/Velardocchio*, Lamy Sociétés Commerciales, 2010, Rn. 2923; *Cozian/Viandir/Deboissy*, Droit des Sociétés, 31. éd., Rn. 1426.

935 Vgl. *Mestre/Velardocchio*, Lamy Sociétés Commerciales, 2010, Rn. 2923; *Cozian/Viandir/Deboissy*, Droit des Sociétés, 31. éd., Rn. 1426; *Fleischer*, in: MüKo zum GmbHG, Bd. I, 3. Aufl., Einl Rn. 239; *Le Cannu/Dondero*, Droit des Sociétés, 7. éd., S. 39.

936 *Mestre/Velardocchio*, Lamy Sociétés Commerciales, 2010, Rn. 2923.

937 *Cozian/Viandir/Deboissy*, Droit des Sociétés, 31. éd., Rn. 1425.

938 *Delpech*, Société à responsabilité limitée SARL, 27. éd., 01.11; *Fleischer*, in: MüKo zum GmbHG, Bd. I, 3. Aufl., Einl Rn. 240.

939 Vgl. *Sonnenberger/Dammann*, Französisches Handels- und Wirtschaftsrecht, 3. Aufl., Kap. III Rn. 246; *Fleischer*, in: MüKo zum GmbHG, Bd. I, 3. Aufl., Einl Rn. 240; *Le Cannu/Dondero*, Droit des Sociétés, 7. éd., S. 875; *Basuyaux/Delpech/de Labrouhe*, in: Wegen/Spahlinger/Barth, Gesellschaftsrecht des Auslands, Frankreich, 3. EL, Rn. 89 ff.

2. *Rechtsquellen*

Das französische Gesellschaftsrecht sieht kein eigenes GmbH-Gesetz vor, dagegen finden sich in den Artt. 1832 ff. Code Civil (CCiv) allgemeine Bestimmungen, die gem. Art. 1834 CCiv für alle Gesellschaftsformen gelten, sofern keine spezielleren Vorschriften bestehen.[940] Spezielle Bestimmungen zur SARL finden sich in den Artt. L. 223-1 bis L. 223-43 Code de Commerce (CCom), sowie strafrechtliche Bestimmungen in den Artt. L.241-241-9 CCom.[941] Innerhalb des Verordnungsteils des Code de Commerce (*partie réglementaire du code commerce*) finden sich speziell für die SARL die Artt. R. 223-1 bis R. 223-36 CCom.[942]

Das Insolvenzrecht wird ebenfalls innerhalb des Code de Commerce geregelt, somit finden beispielsweise die insolvenzrechtlichen Vorschriften der Artt. L. 631-1 ff. CCom für das Sanierungsverfahren, der Artt. L. 640-1 ff. CCom für das Liquidationsverfahren und des Art. L. 651-1 f. CCom für die insolvenzrechtliche Haftung ebenfalls auf die SARL Anwendung.

3. *Gründung*

Die Gründung einer französischen SARL kann sowohl durch rechtliche als auch wirtschaftliche Neugründung (Mantelkauf) erfolgen.

a. *Neugründung*

Die Gründung der SARL erfolgt durch Abschluss eines Gesellschaftsvertrages (*contrat de société*) i.S.d. Art. 1832 CCiv durch die Gesellschafter (*associés*).[943]

---

940 *Döbereiner*, in: Süß/Wachter, Hdb. des internat. GmbHR, 3. Aufl., Frankreich Rn. 1.

941 *Delpech*, Société à responsabilité limitée SARL, 27. éd., 01.17; *Basuyaux/Delpech/de Labrouhe*, in: Wegen/Spahlinger/Barth, Gesellschaftsrecht des Auslands, Frankreich, 3. EL, Rn. 72.

942 Zum Gesetzesaufbau des Code de Commerce siehe *Döbereiner*, in: Süß/Wachter, Hdb. des internat. GmbHR, 3. Aufl., Frankreich Rn. 1 Fn. 2. Der CCom untergliedert sich in einen Gesetzesteil (*partie législative*) und einen Verordnungsteil. Der vorangestellte Buchstabe "L." weist auf ein Gesetz (Loi) hin, der Buchstabe "R." auf eine Rechtsverordnung vom Conseil d'État (R. = *Réglement*) und der Buchstabe "D." auf eine Rechtsverordnung von der Regierung (D. = *Décret*).

943 *Feuerbach/Victor-Granzer*, in: Ars Legis (Hrsg.), Das Recht der Kapitalgesellschaften in Europa, S. 75; *Döbereiner*, in: Süß/Wachter, Hdb. des internat. GmbHR, 3. Aufl., Frankreich Rn. 8; ausführlich zum Gesellschaftsvertrag s. *Cozian/Viandir/Deboissy*, Droit des Sociétés, 31. éd., Rn.157 ff.

Gesellschafter können sowohl natürliche wie juristische Personen sein.[944] Dies gilt auch für ausländische natürliche und juristische Personen.[945] Die Gesellschaftsgründung durch nur einen Gesellschafter erfolgt durch eine einseitige Willenserklärung (*acte unilatéral de volonté*).[946] Der Gesellschaftsvertrag bedarf der Schriftform und ist von sämtlichen Gründungsgesellschaftern oder deren Vertretern zu unterzeichnen.[947] Zwischen dem Zeitpunkt der Unterzeichnung des Gesellschaftsvertrages und der Eintragung in das Handelsregister besteht bereits eine Gesellschaft in Gründung (*société en formation*).[948]

Die SARL kann von einer oder mehreren Personen gegründet werden, Art. 1832 al. 2 CCiv i.V.m. Art. L. 223-1 CCom.[949] Als Variante der SARL ist die Einpersonen-SARL als *entreprise unipersonnelle à responsabilité limitée* (EURL) zu bezeichnen.[950]

Einen Sonderfall für die SARL sieht Art. L. 223-3 CCom vor, wonach die Höchstzahl von einhundert Gesellschaftern nicht überschritten werden darf.[951] Wird die Höchstzahl überschritten, hat dies gem. Art. L. 223-3 CCom die Auflösung zur Folge, es sei denn, binnen eines Jahres wurde die Anzahl der Gesellschafter auf die gesetzlich zulässige Höchstzahl reduziert oder die SARL wurde in eine andere Gesellschaftsform umgewandelt.[952]

Die Satzung (*statuts*) muss gem. Art. L. 210-2 CCom die Rechtsform, die Dauer, die Firma (*dénomination sociale*), den Gesellschaftssitz (*siège sociale*), den Gegenstand (*l'objet social*) und den Betrag des Nominalkapitals (*capital social*) bestimmen.[953] Die *statuts* materialisieren den *contrat de*

944 *Sonnenberger/Dammann*, Französisches Handels- und Wirtschaftsrecht, Kap. III, Rn. 24; *Döbereiner*, in: Süß/Wachter, Hdb. des internat. GmbHR, 3. Aufl., Frankreich Rn. 17.

945 *Mestre/Velardocchio*, Lamy Sociétés Commerciales, 2010, Rn. 2940; *Saß*, in: MHdb. GesR, Bd. VI, § 47 Rn. 112 f.

946 *Mestre/Velardocchio*, Lamy Sociétés Commerciales, 2010, Rn. 3265.

947 *Mestre/Velardocchio*, Lamy Sociétés Commerciales, 2010, Rn. 368, 2954; *Saß*, in: MHdb. GesR, Bd. VI, § 47 Rn. 112; *Kroh*, KSzW 2014, 94 (96).

948 *Döbereiner*, in: Süß/Wachter, Hdb. des internat. GmbHR, 3. Aufl., Frankreich Rn. 8.

949 *Mestre/Velardocchio*, Lamy Sociétés Commerciales, 2010, Rn. 217.

950 Siehe oben, Kap.IV.A.I.1.

951 *Mestre/Velardocchio*, Lamy Sociétés Commerciales, 2010, Rn. 218; *Basuyaux/Delpech/de Labrouhe*, in: Wegen/Spahlinger/Barth, Gesellschaftsrecht des Auslands, Frankreich, 3. EL, Rn. 75.

952 *Cozian/Viandir/Deboissy*, Droit des Sociétés, 31. éd., Rn. 1431; *Döbereiner*, in: Süß/Wachter, Hdb. des internat. GmbHR, 3. Aufl., Frankreich Rn. 23; *Fleischer*, in: MüKo zum GmbHG, Bd. I, 3. Aufl., Einl Rn. 239.

953 *Mestre/Velardocchio*, Lamy Sociétés Commerciales, 2010, Rn. 371.

société.[954] Die Bestimmung einer SARL als Rechtsform hat mit Gründung die beschränkte Haftung der Mitglieder in Höhe der übernommenen Einlagen gem. Art. L. 223-1 CCom zur Folge.[955]

Nach Art. L. 210-2 CCom darf die Dauer von 99 Jahren nicht überschritten werden. Die Dauer kann jedoch durch Gesellschafterbeschluss beliebig oft für jeweils weitere 99 Jahre verlängert werden, Art. 2 D. 67-236.[956]

Die Wahl der Firma für die SARL ist grundsätzlich frei, allerdings müssen die Gründer vor der Namensgebung überprüfen, ob die gewünschte Firma nicht bereits von einer anderen Gesellschaft geführt wird.[957] Der Rechtsformzusatz „Société à responsabilité limitée" oder abgekürzt SARL muss gem. Art. L. 223-1 al. 4 CCom der Firma vorangestellt werden oder nachfolgen.[958] Die Firma mit Rechtsformzusatz sowie der Betrag des Stammkapitals sind nach Art. L. 223-1 al. 4, Art. R. 123-238 CCom auf Urkunden und Dokumenten der Gesellschaft, die Dritten gegenüber bestimmt sind, anzugeben.[959] Der Gesellschaftssitz als *„centre de la vie juridique de la société"* bestimmt die Nationalität der Gesellschaft, die Anwendbarkeit des materiellen Rechts, die Zuständigkeit der Gerichte und des Handelsregisters und den Ort, an dem im Regelfall die Versammlungen stattfinden oder Informationsdokumente für die Gesellschafter hinterlegt werden.[960]

Als Unternehmensgegenstand kann jede wirtschaftliche Tätigkeit frei gewählt werden, sofern diese bestimmt genug ist und nicht gegen die guten Sitten verstößt.[961]

---

954 *Delpech*, Société à responsabilité limitée SARL, 27. éd., 16.13.

955 *Christ*, Englische Private Limited und französische Société à Responsabilité Limitée, S. 36.

956 *Christ*, Englische Private Limited und französische Société à Responsabilité Limitée, S. 36; zur Fortführung der Gesellschaft (*prorogation de la société*) ausführlich *Mestre/Velardocchio*, Lamy Sociétés Commerciales, 2010, Rn. 544 f.

957 *Mestre/Velardocchio*, Lamy Sociétés Commerciales, 2010, Rn. 501, 2956.

958 *Mestre/Velardocchio*, Lamy Sociétés Commerciales, 2010, Rn. 2956; *Charvériat/Couret/Sébire/Zabala*, Sociétés commerciales, 49. éd., Rn. 30320; *Basuyaux/Delpech/de Labrouhe*, in: Wegen/Spahlinger/Barth, Gesellschaftsrecht des Auslands, Frankreich, 3. EL, Rn. 79.

959 *Mestre/Velardocchio*, Lamy Sociétés Commerciales, 2010, Rn. 2956.

960 *Christ*, Englische Private Limited und französische Société à Responsabilité Limitée, S. 37; *Mestre/Velardocchio*, Lamy Sociétés Commerciales, 2010, Rn. 510 f.

961 *Döbereiner*, in: Süß/Wachter, Hdb. des internat. GmbHR, 3. Aufl., Frankreich Rn. 32; *Cozian/Viandir/Deboissy*, Droit des Sociétés, 31. éd., Rn. 1430.

Der unbeschränkte Unternehmensgegenstand gilt gem. Art. L. 223-1 al. 2 CCom nicht für Versicherungsgesellschaften und Sparkassen.[962]

Letztlich ist gem. Art. 223-2 CCom der Betrag des Nominalkapitals von den Gesellschaftern zu bestimmen.[963] Das einstige festgesetzte Mindestkapital in Höhe von 7.500 EUR zur Gründung einer SARL wurde mit dem Gesetz n°2003-721 zum 1. August 2003 abgeschafft.[964] Somit obliegt die Bestimmung des Mindestkapitals frei der vertraglichen Festsetzung durch die Gesellschafter im Gesellschaftsstatut.[965] Der gewählte Kapitalbetrag ist gem. Art. L. 223-2 S. 2 CCom in gleich große Gesellschaftsanteile zu unterteilen und entsprechend der Einlagenhöhe auf die Gesellschafter zu verteilen.[966] Im französischen Recht sind als Einlagearten sowohl die Bar- (*apport en numéraire*), Sach- (*apport en nature*) als auch die Dienstleistungseinlage (*apport en industrie*) zulässig, Art. L. 223-7 al. 1, 2 CCom.[967] Werden Sacheinlagen erbracht, muss die Bewertung einer jeden Sacheinlage gem. Art. L. 223-9 CCom als Anlage der *statuts* erfasst werden.[968]

Neben den obligatorischen Inhalten, die das Gesetz vorschreibt, können die Gesellschafter fakultativ weitere Bestimmungen in die *statuts* aufnehmen, sofern diese nicht in Widerspruch mit dem Gesetz stehen.[969] Durch die Unterzeichnung des *contrat de société* wird die SARL gegründet.[970] Ihre Rechtspersönlichkeit erlangt die SARL erst mit konstitutiver Eintragung in das zuständige *registre du commerce*

---

962 *Kroh*, KSzW 2014, 94 (96); *Cozian/Viandir/Deboissy*, Droit des Sociétés, 31. éd., Rn. 1430.

963 *Charvériat/Couret/Sébire/Zabala*, Sociétés commerciales, 49. éd., Rn. 30140; *Basuyaux/Delpech/de Labrouhe*, in: Wegen/Spahlinger/Barth, Gesellschaftsrecht des Auslands, Frankreich, 3. EL, Rn. 83.

964 Umfassend zur Abschaffung des Mindestkapitalerfordernisses s. *Couret/Le Nabasque*, Quel avenir pour le capital social?, 2004; ferner *Mestre/Velardocchio*, Lamy Sociétés Commerciales, 2010, Rn. 2943; *Fleischer*, in: MüKo zum GmbHG, Bd. I, 3. Aufl., Einl Rn. 241.

965 *Pfeifer*, GmbHR 2007, 1208 (1209); *Fleischer*, in: MüKo zum GmbHG, Bd. I, 3. Aufl., Einl Rn. 241.

966 *Pfeifer*, GmbHR 2007, 1208 (1209); *Döbereiner*, in: Süß/Wachter, Hdb. des internat. GmbHR, 3. Aufl., Frankreich Rn. 36.

967 Vgl. *Pfeifer*, GmbHR 2007, 1208 (1209 f.); *Sonnenberger/Dammann*, Französisches Handels- und Wirtschaftsrecht, Kap.III Rn. 248.

968 *Saß*, in: MHdb. GesR, Bd. VI, § 47 Rn. 116; *Kroh*, KSzW 2014, 94 (96).

969 Vgl. *Christ*, Englische Private Limited und französische Société à Responsabilité Limitée, S. 38; *Mestre/Velardocchio*, Lamy Sociétés Commerciales, 2010, Rn. 2955, 2957.

970 *Karst*, NotBZ 4/2006, 119 (125); *Döbereiner*, in: Süß/Wachter, Hdb. internat. GmbHR, 3. Aufl., Frankreich Rn. 8.

et des sociétés (RCS).[971] Zuvor ist der Gründungsakt innerhalb eines Monats wegen etwaiger Registersteuern auf bestimmte Sacheinlagen der zuständigen Steuerbehörde anzuzeigen.[972] Zudem ist nach Art. R. 210-3 al. 1 CCom eine Mitteilung über die Gesellschaftsgründung in einem amtlichen Mitteilungsblatt im Département des Gesellschaftssitzes zu veröffentlichen.[973] Die Gründungsanzeige im örtlichen Mitteilungsblatt unterliegt keiner Frist, der Nachweis der Veröffentlichung ist jedoch eine Eintragungsvoraussetzung für das Handelsregister.[974]

Im Anschluss folgt die Anmeldung zum Handelsregister und der Antrag auf Eintragung (*demande d'immatriculation*).[975] Der Antrag wird in der Regel beim zuständigen *Centre de Formalités des Entreprises* (CFE) eingereicht, bei dem gebündelt sämtliche Formerfordernisse rein formell geprüft werden.[976] Das CFE leitet nach formeller Prüfung innerhalb eines Tages den Antrag an das zuständige Handelsregister weiter.[977] Ist der Antrag vollständig, erfolgt gem. Art. R. 123-97 CCom innerhalb eines Tages durch einen Rechtspfleger (*greffier*) die Eintragung in das Handelsregister, die der Gesellschaft den Genuss der eigenen Rechtspersönlichkeit (*personalité morale*) verleiht.[978] Nach Eintragung in das Handelsregister veröffentlicht der *greffier* gem. Artt. R. 123-155 f., 210-8 CCom innerhalb von acht Tagen die Neugründung im *Bulletin officiel des annonces civiles et commerciales* (*BODACC*).[979]

---

971 *Michalski*, DStR 1991, 1563; *Karst*, NotBZ 4/2006, 119 (125); *Delpech*, Société à responsabilité limitée SARL, 27. éd., 17.11; *Döbereiner*, in: Süß/Wachter, Hdb. des internat. GmbHR, 3. Aufl., Frankreich Rn. 12; dies gilt auch für die Gründung einer EURL, vgl. *Pfeifer*, GmbHR 2009, 1145 (1148).

972 *Karst*, NotBZ 4/2006, 119 (125); *Döbereiner*, in: Süß/Wachter, Hdb. des internat. GmbHR, 3. Aufl., Frankreich Rn. 9.

973 *Mestre/Velardocchio*, Lamy Sociétés Commerciales, 2010, Rn. 406, 2963; *Döbereiner*, in: Süß/Wachter, Hdb. des internat. GmbHR, 3. Aufl., Frankreich Rn. 10; *Charvériat/Couret/Sébire/Zabala*, Sociétés commerciales, 49. éd., Rn. 3060.

974 Vgl. *Karst*, NotBZ 4/2006, 119 (125 Fn. 126); *Mestre/Velardocchio*, Lamy Sociétés Commerciales, 2010, Rn. 413; *Döbereiner*, in: Süß/Wachter, Hdb. des internat. GmbHR, 3. Aufl., Frankreich Rn. 11.

975 *Döbereiner*, in: Süß/Wachter, Hdb. des internat. GmbHR, 3. Aufl., Frankreich Rn 12.

976 *Delpech*, Société à responsabilité limitée SARL, 27. éd., 21.20 bezeichnet wegen der gebündelten Prüfung das CFE als "*guichet unique*"; siehe auch *Cozian/Viandir/Deboissy*, Droit des Sociétés, 31. éd., Rn. 285.

977 *Döbereiner*, in: Süß/Wachter, Hdb. des internat. GmbHR, 3. Aufl., Frankreich Rn 12; *Cozian/Viandir/Deboissy*, Droit des Sociétés, 31. éd., Rn. 286.

978 *Mestre/Velardocchio*, Lamy Sociétés Commerciales, 2010, Rn. 446; *Döbereiner*, in: Süß/Wachter, Hdb. des internat. GmbHR, 3. Aufl., Frankreich Rn. 15.

979 *Cozian/Viandir/Deboissy*, Droit des Sociétés, 31. éd., Rn. 292; *Le Cannu/Dondero*, Droit des Sociétés, 7. éd., S. 265.

b. *Mantelkauf*

Statt der rechtlichen Neugründung besteht auch die Möglichkeit der Neugründung durch Erwerb von Geschäftsanteilen einer Mantelgesellschaft (*coquille*).[980] Die wirtschaftliche Neugründung zieht keine Besonderheiten nach sich, insbesondere finden die Gründungsvorschriften keine erneute Anwendung.[981]

4. *Organisation der SARL*

Die zwei obligatorischen Organe einer SARL sind die *assemblée* (Gesellschafterversammlung) und die *gérance* als Geschäftsführungs- und Vertretungsorgan.[982] Als weiteres Organ kann ein Aufsichtsrat (*conseil de surveillance*) freiwillig durch Satzungsbestimmung etabliert werden, dessen Überwachungsfunktion regelmäßig aber ein Wirtschaftsprüfer (*commissaire aux comptes*) wahrnimmt.[983] Die französische SARL handelt als eigenständige juristische Rechtspersönlichkeit durch ihren oder ihre *gérants* (Geschäftsführer).[984]

a. *Les associés*

aa. *Gesellschafterstellung*

Grundsätzlich entsteht die Stellung als Gesellschafter durch Zeichnung (*souscription*) oder Erwerb (*acquisition*) von Geschäftsanteilen.[985] Die Gesellschafterstellung entsteht originär durch die Übernahme von Anteilen bei der Gründung durch Unterzeichnen des Gesellschaftsvertrages oder durch die Übernahme emittierter Anteile im Wege einer Kapitalerhöhung.[986]

---

980 *Karst*, NotBZ 4/2006, 119 (125).

981 Vgl. *Christ*, Englische Private Limited und französische Société à Responsabilité Limitée, S. 40.

982 Dies gilt auch für die EURL selbst im Fall der Personalidentität von Geschäftsführer und Alleingesellschafter, siehe *Pfeifer*, GmbHR 2009, 1145 (1148).

983 *Christ*, Englische Private Limited und französische Société à Responsabilité Limitée, S. 74; *Sonnenberger/Dammann*, Französisches Handels- und Wirtschaftsrecht, Kap. III Rn. 247.

984 *Feuerbach/Victor-Granzer*, in: Ars Legis (Hrsg.), Das Recht der Kapitalgesellschaften in Europa, S. 71; *Delpech*, Société à responsabilité limitée SARL, 27. éd., 61.11; *Saß*, in: MHdb. GesR, Bd. VI, § 47 Rn. 126.

985 *Cozian/Viandir/Deboissy*, Droit des Sociétés, 31. éd., Rn. 445.

986 Zur Unterscheidung von originärem und derivativem Erwerb ausführlich *Christ*, Englische Private Limited und französische Société à Responsabilité Limitée, S. 84 ff.; *Mestre/Velardocchio*, Lamy Sociétés Commerciales, 2010, Rn. 2939; zur Kapitalerhöhung, siehe *Döbereiner*, in: Süß/Wachter, Hdb. des internat. GmbHR, 3. Aufl., Frankreich

Demgegenüber ist auch ein derivativer Erwerb durch Rechtsnachfolge von Todes wegen oder durch Rechtsgeschäft unter Lebenden, Artt. L. 223-13 ff. CCom möglich.[987] Nach Art. L. 223-13 al. 1 CCom sind die Anteile einer SARL frei vererblich, wobei von diesem Grundsatz dadurch abgewichen werden kann, dass entweder gem. Art. L. 223-13 al. 2 CCom die Rechtsnachfolge von der Zustimmung der übrigen Gesellschafter abhängt oder gem. Art. L. 223-14 al. 3 CCom die Gesellschaft nur mit den überlebenden Gesellschaftern fortgeführt wird.[988] Das französische Gesellschaftsrecht geht bei der SARL von einer geschlossenen Gesellschaft aus,[989] sodass die Anteilsübertragung an Gesellschaftsfremde gem. Art. L. 223-14 CCom der Zustimmung der Gesellschafter bedarf.[990]

Gesellschafter können sowohl inländische wie ausländische als auch natürliche wie juristische Personen sein.[991] Nach französischem Verständnis gilt als Gesellschafter, wer in sich die drei charakteristischen Merkmale des Gesellschaftsvertrages vereint: wer Eigenkapital erbracht hat (*fait un apport*), wer sowohl am Profit als auch an den Verlusten beteiligt ist und wer im Sinne des *affectio societatis*[992] handelt.[993]

bb. Gesellschafterrechte

Zu den wichtigsten Rechten eines Gesellschafters einer französischen SARL zählen Informations- und Überwachungsrechte, sein Gewinnbezugsrecht und zur

---

Rn. 63 f.; *Basuyaux/Delpech/de Labrouhe*, in: Wegen/Spahlinger/Barth, Gesellschaftsrecht des Auslands, Frankreich, 3. EL, Rn. 18, 86.

987 *Christ*, Englische Private Limited und französische Société à Responsabilité Limitée, S. 85; zur Übertragung von Anteilen ausführlich *Charvériat/Couret/Sébire/Zabala*, Sociétés commerciales, 49. éd., Rn. 34410 ff.

988 *Döbereiner*, in: Süß/Wachter, Hdb. des internat. GmbHR, 3. Aufl., Frankreich Rn. 103 f.

989 *Feuerbach/Victor-Granzer*, in: Ars Legis (Hrsg.), Das Recht der Kapitalgesellschaften in Europa, S. 72.

990 *Saß*, in: MHdb. GesR, Bd. VI, § 47 Rn. 120; *Charvériat/Couret/Sébire/Zabala*, Sociétés commerciales, 49. éd., Rn. 34430; *Le Cannu/Dondero*, Droit des Sociétés, 7. éd., Rn. 1312.

991 *Mestre/Velardocchio*, Lamy Sociétés Commerciales, 2010, Rn. 2940; *Delpech*, Société à responsabilité limitée SARL, 27. éd., 44.11 ff., 42.11 ff.

992 Der *affectio societatis* ist nicht ausdrücklich in der Definition des Art. 1832 CCiv aufgeführt. Die französische Rechtstradition macht diesen dennoch zum Bestandteil des *contrat de société*. „Die Rolle als lateinischer Rechtsbegriff kann sich nicht mit der Stellung des Lateins bei den Stücken des französischen Schauspielers *Molière* vergleichen", vgl. *Cozian/Viandir/Deboissy*, Droit des Sociétés, 31. éd., Rn. 230.

993 CA Paris, 16.04.1985, BRDA, n° 12, p. 18; *Mestre/Velardocchio*, Lamy Sociétés Commerciales, 2010, Rn. 216.

Ausübung dieser Rechte das Teilnahme- und Stimmrecht auf der Gesellschafterversammlung (*assemblée*).[994] Den Gesellschaftern sind all jene Entscheidungen vorbehalten, die über die Kompetenzen der Geschäftsführer hinausgehen, vornehmlich die Genehmigung von Jahresabschlüssen, die Gewinnverteilung, die Übertragung von Anteilen, Satzungsänderungen, Kapitalerhöhung und -herabsetzung, Gesellschaftsumwandlungen und -auflösung sowie die Bestellung und Abberufung von Geschäftsführern.[995]

Die Ausübung der Gesellschafterrechte erfolgt grundsätzlich im Rahmen einer Gesellschafterversammlung. Für die Entscheidungen über den Geschäftsbericht und Jahresabschluss (*approbation annuelle des comptes*) ist dies gem. Art. L. 223-27 al. 1 i.V.m. Art. 223-26 al. 1 S. 1 CCom auch obligatorisch.[996] Alle anderen Rechte können von den Gesellschaftern gem.

Art. L. 223-27 al. 1 S. 2 CCom, sofern die *statuts* dies vorsehen, auch durch eine *consultation écrite* oder durch eine niedergefasste Zustimmung aller Gesellschafter (*consentement de tous les associés dans un acte*) ausgeübt werden.[997] Die Einberufung der Gesellschafterversammlung erfolgt primär gem. Art. L.223-20 al. 1 CCom durch den oder die Geschäftsführer.[998] Alternativ kann gem. Art. L. 223-27 al. 4 CCom jeder Gesellschafter, der mindestens ein Zehntel der Anteile hält, die Einberufung der Gesellschafterversammlung verlangen.[999] Berufen die Geschäftsführer die Versammlung auf dieses Verlangen nicht ein, steht jedem Gesellschafter gem. Art. L. 223-27 al. 7, Art. R. 223-20 CCom das Recht zu, die

994 *Döbereiner*, in: Süß/Wachter, Hdb. des internat. GmbHR, 3. Aufl., Frankreich Rn. 84 ff.; ; *Le Cannu/Dondero*, Droit des Sociétés, 7. éd., Rn. 1328 ff.*Cozian/Viandir/Deboissy*, Droit des Sociétés, 31. éd., Rn. 1465 ff.

995 Vgl. *Saß*, in: MHdb. GesR, Bd. VI, § 47 Rn. 121; *Kroh*, KSzW 2014, 94 (98); *Döbereiner*, in: Süß/Wachter, Hdb. des internat. GmbHR, 3. Aufl., Frankreich Rn. 90; *Basuyaux/Delpech/de Labrouhe*, in: Wegen/Spahlinger/Barth, Gesellschaftsrecht des Auslands, Frankreich, 3. EL, Rn. 89.

996 *Charvériat/Couret/Sébire/Zabala*, Sociétés commerciales, 49. éd., Rn. 32300; *Cozian/Viandir/Deboissy*, Droit des Sociétés, 31. éd., Rn. 1468, 1471.

997 *Mestre/Velardocchio*, Lamy Sociétés Commerciales, 2010, Rn. 3144; zu den beiden Alternativformen der Entscheidungsfindung siehe *Le Cannu/Dondero*, Droit des Sociétés, 7. éd., Rn. 1349 f.

998 *Mestre/Velardocchio*, Lamy Sociétés Commerciales, 2010, Rn. 3123; *Döbereiner*, in: Süß/Wachter, Hdb. des internat. GmbHR, 3. Aufl., Frankreich Rn. 110.

999 *Le Cannu/Dondero*, Droit des Sociétés, 7. éd., Rn. 1340.

assemblée über einen *mandataire* (z.B. *president du tribunal de commerce statuant en référé*) einzuberufen.[1000]

Die Gesellschafter üben ihre Kontrollfunktion durch ihre weitgehenden Informationsrechte aus. Als wichtigstes Informationsrecht steht ihnen gem. Art. L. 223-26 al. 4, Art. R. 223-15 CCom das Recht zu, jederzeit persönlich am Sitz der Gesellschaft Einsicht in die Bilanz, Jahresabschlüsse, Inventarverzeichnisse, Geschäftsführungsberichte und Protokolle zu nehmen.[1001]

b. Gérants

Die Geschäftsführer verleihen einer französischen SARL ihre Handlungsfähigkeit, indem sie als natürliche Personen die Gesellschaft vertreten.[1002] In Art. L. 223-18 al. 1 CCom heißt es schlicht: „*La société à responsabilité limitée est gérée par une ou plusieurs personnes physiques*“. Die französische Jurisprudenz sieht die Person des *gérant* als einen gesetzlichen bzw. gesellschaftlichen Vertreter der Gesellschaft (*mandataire légal/social*) an.[1003] Der *gérant* hat in seiner unternehmerischen Rolle die Initiative, die entscheidenden Befugnisse und die Verantwortung in der Leitung der Gesellschaftsangelegenheiten.[1004]

aa. Bestellung

Zur Bestellung als *gérant* muss eine Person gewisse Bedingungen erfüllen und von dem oder den Gesellschaftern ernannt werden.[1005] Nach Art. L. 223-18

1000 Ausführlich *Mestre/Velardocchio*, Lamy Sociétés Commerciales, 2010, Rn. 3123; *Cozian/Viandir/Deboissy*, Droit des Sociétés, 31. éd., Rn. 1470.

1001 *Mestre/Velardocchio*, Lamy Sociétés Commerciales, 2010, Rn. 3103; *Döbereiner*, in: Süß/Wachter, Hdb. des internat. GmbHR, 3. Aufl., Frankreich Rn. 86.

1002 *Karst*, NotBZ 4/2006, 119 (123); *Mestre/Velardocchio*, Lamy Sociétés Commerciales, 2010, Rn. 2965; *Kroh*, KSzW 2014, 94 (97).

1003 Als *mandataire légal*: vgl. Cass. com., 07.04.1967, n° 64-14.121, Bull. civ. III, n° 129, D. 1967, jur., p. 618; Cass. com., 27.11.1973, n° 72-14.646, Bull. civ. IV, n° 343; als *mandataire social*: vgl. Cass. com. 01.02.1972, n° 70-92.146, Bull. crim., n° 38, JCP 1973, II, n° 17304; Die Qualifizierung als *mandataire* wird beiläufig an anderer Stelle in Art. L. 223-22 al. Dernier CCom bestätigt: "*Aucune décision de l'assemblée ne peut avoir pour effet d'éteindre une action en responsabilité contre les gérants pour faute comise dans l'accomplissement de leur mandat*", siehe hierzu *Mestre/Velardocchio*, Lamy Sociétés Commerciales, 2010, Rn. 2966.

1004 *Le Cannu/Dondero*, Droit des Sociétés, 7. éd., Rn. 1351.

1005 *Mestre/Velardocchio*, Lamy Sociétés Commerciales, 2010, Rn. 2993; *Le Cannu/Dondero*, Droit des Sociétés, 7. éd., Rn. 1355.

al. 1 CCom können nur natürliche Personen *gérants* einer SARL sein.[1006] EU-Ausländer können ohne Beschränkungen das Amt eines *gérants* ausüben.[1007] Seine Qualifikation als *mandataire* schließt gleichzeitig eine solche als Angestellter (*salarié*) der Gesellschaft aus.[1008] Gleichwohl kann die gesellschaftliche Organstellung als *gérant* unter bestimmten Voraussetzungen mit einem Abschluss eines *contrat de travail* kumulieren.[1009] Die Anzahl der *gérants* kann frei in den *statuts* bestimmt werden.[1010] Im französischen Recht gilt ebenfalls das Prinzip der Fremdorganschaft, sodass nicht zwingend Gesellschafter zum *gérant* bestellt werden müssen.[1011] Allerdings ist eine Beschränkung in den *statuts* wirksam, die den Kreis auf Gesellschafter beschränkt und somit eine Fremdorganschaft ausschließt.[1012]

Die Bestellung der *premiers gérants* erfolgt durch Nennung in den statuts, sodann durch einen nachfolgenden Akt (*acte postérieur*) durch die Gesellschafterversammlung oder durch *consultation écrite* mit Mehrheitsbeschluss, Art. L. 223-18 al. 2 i.V.m. Art. L. 223-29 CCom.[1013] Im Innenverhältnis wird die Bestellung zum *gérant* mit Annahme wirksam.[1014] Dagegen entfaltet die Bestellung im Außenverhältnis erst Wirksamkeit mit Veröffentlichung in einem amtlichen Mitteilungsblatt am Sitz der Gesellschaft, im BODACC und mit der Eintragung im Handelsregister.[1015]

1006 *Charvériat/Couret/Sébire/Zabala*, Sociétés commerciales, 49. éd., Rn. 31020.

1007 *Karst*, NotBZ 4/2006, 119 (123); *Charvériat/Couret/Sébire/Zabala*, Sociétés commerciales, 49. éd., Rn. 31021.

1008 *Mestre/Velardocchio*, Lamy Sociétés Commerciales, 2010, Rn. 2968.

1009 Dies ist heftig umstritten, siehe *Le Cannu/Dondero*, Droit des Sociétés, 7. éd., Rn. 1358: "Une des question le plus souvent agitées devant les tribunaux…"; zu den Voraussetzungen ausführlich *Mestre/Velardocchio*, Lamy Sociétés Commerciales, 2010, Rn. 2969 ff.; *Charvériat/Couret/Sébire/Zabala*, Sociétés commerciales, 49. éd., Rn. 31060; ferner *Cozian/Viandir/Deboissy*, Droit des Sociétés, 31. éd., Rn. 1451 ff.

1010 *Charvériat/Couret/Sébire/Zabala*, Sociétés commerciales, 49. éd., Rn. 31000.

1011 *Sonnenberger/Dammann*, Französisches Handels- und Wirtschaftsrecht, Kap. III Rn. 252; *Basuyaux/Delpech/de Labrouhe*, in: Wegen/Spahlinger/Barth, Gesellschaftsrecht des Auslands, Frankreich, 3. EL, Rn. 92.

1012 *Charvériat/Couret/Sébire/Zabala*, Sociétés commerciales, 49. éd., Rn. 31010.

1013 *Delpech*, Société à responsabilité limitée SARL, 27. éd., Rn. 61.40; *Charvériat/Couret/Sébire/Zabala*, Sociétés commerciales, 49. éd., Rn. 31070.

1014 Cass. com., 08.12.1980, n° 79-11.666, Bull. Joly 1981, p. 61; *Mestre/Velardocchio*, Lamy Sociétés Commerciales, 2010, Rn. 2997.

1015 Vgl. *Mestre/Velardocchio*, Lamy Sociétés Commerciales, 2010, Rn. 2999; *Delpech*, Société à responsabilité limitée SARL, 27. éd., 61.44; *Döbereiner*, in: Süß/Wachter, Hdb. des internat. GmbHR, 3. Aufl., Frankreich Rn. 143.

Daneben kennt auch das französische Gesellschaftsrecht die Figur des faktischen Geschäftsführers (*gérant de fait*). Der *gérant de fait* wird definiert als natürliche oder juristische Person, die die gleichen Funktionen und Befugnisse wie ein *gérant de droit* erfüllt und die tatsächlich, eigenständig, unmittelbar oder mittelbar in die Leitung der Gesellschaft eingreift.[1016]

bb. Geschäftsführung

Als Leitungsorgan der SARL obliegt die umfassende Geschäftsführung grundsätzlich den *gérants*. Gem. Art. L. 223-18 al. 4 CCom können die Befugnisse der Geschäftsführer (*pouvoirs des gérants*) in den *statuts* eingeschränkt werden.[1017] In Abwesenheit einer solchen Beschränkung stehen dem *gérant* gem. Art. 223-18 al. 4 i.V.m. Art. L. 221-4 CCom[1018] alle Befugnisse im Sinne des Gesellschaftsinteresses zu, welches seinerseits durch den Gesellschaftsgegenstand (*object social*) definiert und abgesteckt wird.[1019] Dies gilt nicht für die Angelegenheiten die qua Gesetz oder durch die Satzung ausdrücklich den Gesellschaftern vorbehalten sind, Art. L. 223-18 al. 5 S. 1 CCom.[1020]

Dritten gegenüber sind die Beschränkungen nach Art. L. 223-18 al. 6 CCom unbeachtlich,[1021] vielmehr ist der Geschäftsführer gem. Art. L. 223-18 al. 5 CCom „*investi des pouvoirs les plus étendus pour agir en toute circonstance au nom de la société*". Dies soll gleichsam für den Fall gelten, dass der Dritte Kenntnis von der Satzungsbestimmung, die den Spielraum des Geschäftsführers beschränkt, hat.[1022]

1016 Vgl. Cass. com., 26.06.2001, Dr. sociétés oct. 2001, n°140; Cass. com., 17.12.2003/ 12.10.2004, Dr. sociétés 2005, comm. 46; *Delpech*, Société à responsabilité limitée SARL, 27. éd., Rn. 66.12.

1017 *Mestre/Velardocchio*, Lamy Sociétés Commerciales, 2010, Rn. 3024; *Charvériat/Couret/Sébire/Zabala*, Sociétés commerciales, 49. éd., Rn. 31240.

1018 Art. 223-18 al. 4 i.V.m. Art. L. 221-4 CCom: "*Dans les rapports entre associés, et en l'absence de la détermination de ses pouvoirs par les statuts, le gérant peut faire tous actes de gestion dans l'intérêt de la société*".

1019 *Delpech*, Société à responsabilité limitée SARL, 27. éd., Rn. 63.17; *Cozian/Viandir/Deboissy*, Droit des Sociétés, 31. éd., Rn. 1459.

1020 *Mestre/Velardocchio*, Lamy Sociétés Commerciales, 2010, Rn. 3024.

1021 Vgl. *Mestre/Velardocchio*, Lamy Sociétés Commerciales, 2010, Rn. 3027; *Döbereiner*, in: Süß/Wachter, Hdb. des internat. GmbHR, 3. Aufl., Frankreich Rn. 148.

1022 Cass. com., 02.06.1992, n° 90-18.313, Bull. civ. IV, n° 213; *Charvériat/Couret/Sébire/Zabala*, Sociétés commerciales, 49. éd., Rn. 31330: "*Toute clause statutaire limitant ses pouvoirs est inopposable aux tiers, même si ces derniers avaient connaissance de l'existence d'une telle clause*".

Bei mehreren *gérants* ist vorbehaltlich abweichender Bestimmungen jeder Geschäftsführer sowohl alleingeschäftsführungsbefugt als auch einzelvertretungsberechtigt.[1023] Ein etwaiger Widerspruch eines Geschäftsführers gegenüber einer Handlung eines anderen Geschäftsführers ist gem. Art. 223-18 al. 7 S. 2 CCom im Außenverhältnis Dritten gegenüber unbeachtlich, es sei denn diese hatten davon Kenntnis.[1024]

Schließlich ist der französische Geschäftsführer gegenüber den Gesellschaftern nicht weisungsgebunden.[1025]

cc. Geschäftsführerpflichten

Einen Geschäftsführer einer französischen SARL treffen eine Vielzahl verschiedener Aufgaben (*tâches variées*) und damit verbundene Pflichten.[1026] Der *gérant* hat eine dreifache Rolle innerhalb der SARL inne: die Rolle der Leitung (*d'animation*), der Informationsauskunft (*d'information*) und des Exekutivorgans (*d'exécution*).[1027] Hieraus resultieren als wichtige Pflichten die Anmeldung publizitätspflichtiger Maßnahmen zum *registre du commerce et des sociétés*, das Einfordern von den Gesellschaftern, ihre übernommenen Einlagen zu leisten (Art. L. 223-7 al. 1 S. 4 CCom), die Buchführung sowie die Aufstellung wie auch Vorlage des Jahresabschlusses (Artt. L. 123-12 al. 1; L. 232-1 Nr. I; L. 223-26 CCom) und Informationspflichten gegenüber den *associés* und den *commissaires aux comptes*.[1028]

dd. Geschäftsführerhaftung

Grundsätzlich haftet auch nach französischem Recht nur die Gesellschaft selbst für eingegangene Verbindlichkeiten, der *gérant* handelt vielmehr nur im Namen der Gesellschaft als ihr Vertreter.[1029] Unter besonderen Umständen

---

1023 *Saß*, in: MHdb. GesR, Bd. VI, § 47 Rn. 127; *Döbereiner*, in: Süß/Wachter, Hdb. des internat. GmbHR, 3. Aufl., Frankreich Rn. 144, 146.

1024 *Mestre/Velardocchio*, Lamy Sociétés Commerciales, 2010, Rn. 3029; *Döbereiner*, in: Süß/Wachter, Hdb. des internat. GmbHR, 3. Aufl., Frankreich Rn. 148; *Cozian/Viandir/Deboissy*, Droit des Sociétés, 31. éd., Rn. 1460.

1025 Vgl. *Karst*, NotBZ 4/2006, 119 (123); *Kroh*, KSzW 2014, 94 (97).

1026 *Le Cannu/Dondero*, Droit des Sociétés, 7. éd., Rn. 1373.

1027 Vgl. *Le Cannu/Dondero*, Droit des Sociétés, 7. éd., Rn. 1373.

1028 Vgl. *Christ*, Englische Private Limited und französische Société à Responsabilité Limitée, S. 80 f.; ausführlich *Mestre/Velardocchio*, Lamy Sociétés Commerciales, 2010, Rn. 3034 ff.; *Döbereiner*, in: Süß/Wachter, Hdb. des internat. GmbHR, 3. Aufl., Frankreich Rn. 156 ff.

1029 *Delpech*, Société à responsabilité limitée SARL, 27. éd., Rn. 71.11.

kann es jedoch zur *responsabilité civile, pénale* oder *fiscale* kommen.[1030] Ausgangsnorm für die Haftung eines Geschäftsführers einer SARL ist Art. 223-22 CCom. Danach haften *gérants* einzeln oder gesamtschuldnerisch gegenüber der Gesellschaft oder gegenüber Dritten für die Verletzung gesetzlicher Regelungen (*des infractions aux dispositions législatives ou réglementaires applicables aux sociétés à responsabilité limitée*), gesellschaftsvertraglicher Bestimmungen (*des violations des statuts*) sowie für Fehler in der Geschäftsführung (*des fautes commises dans leur gestion*).[1031] Trotz des eindeutigen Wortlauts schränkt die französische Rechtsprechung eine Außenhaftung für Fälle ein, in denen die Schädigung des Dritten durch Überschreitung der organschaftlichen Funktion als *gérant* erfolgte.[1032] Ebenso entschied die französische Rechtsprechung, dass Art. 223-22 CCom nur auf den rechtmäßig bestellten Geschäftsführer anzuwenden ist und somit keine Anwendung auf den faktischen Geschäftsführer (*gérant au fait*) findet.[1033] Die Haftung nach Art. 223-22 CCom hat eine *fonction réparatrice* und ist darauf angelegt, die erlittenen Schäden der Gesellschaft, der Gesellschafter und auch Dritter zu begleichen.[1034]

Die zivilrechtliche Haftung (*responsabilité civile*) umfasst die in Art. 223-22 al. 1 CCom genannten Fallgruppen. Die erste Fallgruppe im Sinne des Art. 223-22 al. 1 CCom erfasst Verstöße gegen Gesetze, die speziell die Gesellschaftsform der SARL betreffen, das heißt im Konkreten die Artt. L. 223-1 ff. Com und Artt. R. 223-1 ff. CCom.[1035]

1030 *Delpech*, Société à responsabilité limitée SARL, 27. éd., Rn. 71.11; *Cozian/Viandir/Deboissy*, Droit des Sociétés, 31. éd., Rn. 1455.

1031 *Saß*, in: MHdb. GesR, Bd. VI, § 47 Rn. 129; *Döbereiner*, in: Süß/Wachter, Hdb. des internat. GmbHR, 3. Aufl., Frankreich Rn. 151; *Charvériat/Couret/Sébire/Zabala*, Sociétés commerciales, 49. éd., Rn. 31640.

1032 Cass. com., 22.01.1991, n° 89-11.650, RF compt 1991, n° 223, p. 62; Cass. com., 20.05.2003, n° 99-17.092, Bull. civ. IV, n° 84; siehe hierzu *Pfeifer*, GmbHR 2007, 1208 (1211); *Mestre/Velardocchio*, Lamy Sociétés Commerciales, 2010, Rn. 3048: "*La faute permettant d'engager la responsabilité personelle du dirigeant à l`égard des tiers est une faute intentionelle d'une particulière gravité, incompatible avec l'exercice normal des fonçtions sociales*"; *Döbereiner*, in: Süß/Wachter, Hdb. des internat. GmbHR, 3. Aufl., Frankreich Rn. 151.

1033 Cass. com., 06.10.1981, n° 77-15.264, JCP G 1982, II, n° 19891; Cass.com., 21.03.1995, n° 93-13.872, Bull. civ. IV, n° 98, p. 87; *Pfeifer*, GmbHR 2007, 1208 (1211); *Mestre/Velardocchio*, Lamy Sociétés Commerciales, 2010, Rn. 3047.

1034 *Delpech*, Société à responsabilité limitée SARL, 27. éd., Rn. 71.12.

1035 *Delpech*, Société à responsabilité limitée SARL, 27. éd., Rn. 71.14.

Die zweite Fallgruppe betrifft Satzungsverstöße. Wenngleich Beschränkungen der Geschäftsführungsbefugnisse gem. Art. L. 223-18 al. 6 CCom Dritten gegenüber unbeachtlich sind, kann der *gérant* im Innenverhältnis für seine Kompetenzüberschreitungen haftbar gemacht werden.[1036] Häufigster Anwendungsfall dieser Fallgruppe sind Überschreitungen des in den *statuts* hinterlegten Gesellschaftsgegenstandes (*object social*).[1037]

Wegen der Vielzahl der denkbaren Geschäftsführungsfehler ist die dritte Fallgruppe subsidiär gegenüber den beiden anderen.[1038] Deshalb hält sich die Gerichtsbarkeit für jeden Fall eine souveräne Einzelbetrachtung der jeweiligen Umstände vor.[1039] Die Haftung wegen *faute gestion* trifft einen *gérant*, der das gebotene Verhalten und die Sorgfalt in der Leitung der gesellschaftlichen Angelegenheiten missachtet hat.[1040]

Der *gérant* haftet grundsätzlich nicht persönlich für die Steuerlast der Gesellschaft.[1041] Eine Ausnahme zu diesem Grundsatz bildet Art. L. 267 *Livre des procédures fiscales* (LPF).[1042] Danach haftet der *dirigeant* einer Gesellschaft, einer juristischen Person und jeder anderen *groupement* für Steuerausfälle des Fiskus wegen betrügerischer Handlungen (*manœuvre frauduleuses*) sowie für schwerwiegende wiederholte Verletzungen von Steuergesetzen (*inobservation grave et répétée des obligations fiscales*).[1043] Dies gilt entsprechend

---

1036 *Mestre/Velardocchio*, Lamy Sociétés Commerciales, 2010, Rn. 3051; *Delpech*, Société à responsabilité limitée SARL, 27. éd., 71.15.

1037 *Mestre/Velardocchio*, Lamy Sociétés Commerciales, 2010, Rn. 3051.

1038 *Delpech*, Société à responsabilité limitée SARL, 27. éd., Rn. 71.16.

1039 Hierzu *Charvériat/Couret/Sébire/Zabala*, Sociétés commerciales, 49. éd., Rn. 31645 mit Verweis auf Rn. 13952 ff. mit folgenden Beispielen der *faute gestion*: *Manquement à l'obligation de loyauté, Négligence ou défaut de surveillance, Défaut de consultation des associés, Mauvais résultats de gestion, Politique commerciale ou financière contestable.*

1040 *Delpech*, Société à responsabilité limitée SARL, 27. éd., Rn. 71.16: "*La faute de gestion renvoit au gérant qui ne s'est pas conduit de manière suffisamment prudente et diligente dans la conduite des affaires sociales; en d'autres termes au gérant qui n'a pas adopté un comportement de bon père de famille*".

1041 *Mestre/Velardocchio*, Lamy Sociétés Commerciales, 2010, Rn. 3053.

1042 Ausführlich *Mestre/Velardocchio*, Lamy Sociétés Commerciales, 2010, Rn. 701 ff., 3053; *Le Cannu/Dondero*, Droit des Sociétés, 7. éd., Rn. 1365, 1375.

1043 Zu den einzelnen Tatbestandsvoraussetzungen, siehe *Delpech*, Société à responsabilité limitée SARL, 27. éd., Rn. 73.12 ff.; *Döbereiner*, in: Süß/Wachter, Hdb. des

für nicht ordnungsgemäß abgeführte Sozialabgaben (*cotisations de sécurité sociale*).[1044]

Des Weiteren kann der *gérant* einer SARL auch strafrechtlich haftbar gemacht werden, sog. *responsabilité pénale*.[1045] Hierfür normiert Art. L. 241-3 Nr. 2-5 CCom[1046] Delikte, wie die vorsätzliche Verschleierung der wirtschaftlichen Lage gegenüber den Gesellschaftern, vorsätzliche Wettbewerbsverstöße im eigenen Interesse oder die rechtsmissbräuchliche Überschreitung der Geschäftsführerbefugnisse, in denen einem *gérant* strafrechtliche Sanktionen drohen.[1047]

Eine Geschäftsführerhaftung kann auch aus Gesichtspunkten des gesetzten Rechtsscheins begründet werden. Wenn der Geschäftsführer gegenüber Dritten den Anschein erweckt, selbst als Vertragspartner und nicht als Vertreter der Gesellschaft zu handeln, behandelt ihn die Rechtsprechung als Vertragspartei, die zur Vertragserfüllung gegenüber dem Dritten verpflichtet ist.[1048]

---

internat. GmbHR, 3. Aufl., Frankreich Rn. 152; *Charvériat/Couret/Sébire/Zabala*, Sociétés commerciales, 49. éd., Rn. 31800.

1044 Vgl. *Mestre/Velardocchio*, Lamy Sociétés Commerciales, 2010, Rn. 3053; *Döbereiner*, in: Süß/Wachter, Hdb. des internat. GmbHR, 3. Aufl., Frankreich Rn. 152.

1045 Ausführlich zur *responsabilité pénale Mestre/Velardocchio*, Lamy Sociétés Commerciales, 2010, Rn. 3058 ff.

1046 Zu den relevanten Fallgruppen des Art. L. 241-3 Nr. 2-5, siehe *Charvériat/Couret/Sébire/Zabala*, Sociétés commerciales, 49. éd., Rn. 31730:
- les gérants qui, en l'absence d'inventaire ou au moyen d'inventaires frauduleux, auront opéré entre les associés la répartition de dividendes fictifs;
- les gérants qui, même en l'absence de toute distribution de dividendes, auront présenté aux associés des comptes annuels ne donnant pas, pour chaque exercice, une image fidèle du résultat des opérations de l'exercice, de la situation financière et du patrimoine à l'expiration de cette période en vue de dissimuler la véritable situation de la société;
- les gérants qui, de mauvaise foi, auront fait des biens ou du crédit de la société, un usage qu'ils savent contraire à l'intérêt de celle-ci, à des fins personnelles ou pour favoriser une autre société ou entreprise dans laquelle ils sont intéressés directement ou indirectement;
- les gérants qui, de mauvaise foi, auront fait des pouvoirs qu'ils possèdent ou des voix dont ils disposent, en cette qualité, un usage qu'ils savent contraire aux intérêts de la société, à des fins personnelles ou pour favoriser une autre société ou une autre entreprise dans laquelle ils sont intéressés directement ou indirectement.

1047 Umfassend *Delpech*, Société à responsabilité limitée SARL, 27. éd., Rn. 72.11; vgl. *Döbereiner*, in: Süß/Wachter, Hdb. des internat. GmbHR, 3. Aufl., Frankreich Rn. 153.

1048 Cass. com., 28.06.1988, n° 86-16.991, Bull. 1988, n° 219; vgl. *Pfeifer*, GmbHR 2007, 1208 (1211).

Schließlich sieht das französische Recht für den *gérant* im Rahmen der Gesellschaftsinsolvenz zwei besondere Haftungstatbestände vor: der Ausfallhaftung nach Art. L. 651-2 CCom (*responsabilité pour insuffisance d'actif*) und der Insolvenzerstreckung (*extension de procédure*) nach Art. L. 621-2 al. 2 CCom.[1049] Die insolvenzrechtlichen Haftungstatbestände werden im Rahmen der Haftung der Muttergesellschaft durch Anknüpfung an die Qualifizierung als *gérant de fait* näher erläutert.

5. *Finanzverfassung*

a. *Kein Mindestkapital*

Das französische Gesellschaftsrecht sieht für die Gesellschaftsform der SARL – im Gegensatz zur *sociéte anonyme* (SA)[1050] - kein Mindestkapital vor. Das früher festgesetzte Mindestkapital in Höhe von 7.500 EUR zur Gründung einer SARL wurde mit dem Gesetz n° 2003-721 zum 1. August 2003 abgeschafft.[1051] Hauptargument des französischen Gesetzgebers für die Abschaffung des Mindestkapitals ist, dass ein solches ohnehin nur ein geringes Maß an Gläubigerschutz vermittele.[1052] Seit der Abschaffung obliegt die Bestimmung des Mindestkapitals nach Art. L. 223-2 CCom frei der vertraglichen Festsetzung durch die Gesellschafter im Gesellschaftsstatut.[1053] Der gewählte Betrag des Mindestkapitals ist nach Art. L. 210-2 CCom in den *statuts* der SARL aufzuführen.[1054]

Eine Besonderheit der SARL ist die Möglichkeit eines *capital variable*, bei dem die Gründungsgesellschafter sowohl ein Mindest- als auch Maximalkapital

---

1049 *Pfeifer*, GmbHR 2007, 1208 (1211); *Saß*, in: MHdb. GesR, Bd. VI, § 47 Rn. 129.

1050 Das Mindestkapital einer französischen Aktiengesellschaft beträgt 37.000 EUR (Art. L. 224-1 al. 1 CCom, vgl. *Charvériat/Couret/Sébire/Zabala*, Sociétés commerciales, 49. éd., Rn. 37550; *Basuyaux/Delpech/de Labrouhe*, in: Wegen/Spahlinger/Barth, Gesellschaftsrecht des Auslands, Frankreich, 3. EL, 17; bei börsennotierten Aktiengesellschaften beträgt das Mindestkapital 225.000 EUR, siehe *Saß*, in: MHdb. GesR, Bd. VI, § 47 Rn. 132.

1051 Umfassend zur Abschaffung des Mindestkapitalerfordernisses s. *Couret/Le Nabasque*, Quel avenir pour le capital social?, 2004; ferner *Mestre/Velardocchio*, Lamy Sociétés Commerciales, 2010, Rn. 2943; *Fleischer*, in: MüKo zum GmbHG, Bd. I, 3. Aufl., Einl Rn. 241.

1052 Projet de loi pour l'initiative économique, Assemblée nationale v. 18.12.2002, S. 6; vgl. *Kroh*, KSzW 2014, 94 (97).

1053 *Pfeifer*, GmbHR 2007, 1208 (1209); *Fleischer*, in: MüKo zum GmbHG, Bd. I, 3. Aufl., Einl Rn. 241.

1054 *Mestre/Velardocchio*, Lamy Sociétés Commerciales, 2010, Rn. 2945.

der Gesellschaft festlegen.[1055] Der Vorteil liegt in geringeren Form- und Publizitätspflichten: die Kapitalherabsetzung oder -erhöhung innerhalb der festgelegten Kapitalgrenzen bedarf keines Gesellschafterbeschlusses.[1056] Dies bietet sich primär für eine solche SARL an, bei der einige Gesellschafterwechsel stattfinden, mit denen im Regelfall auch Kapitalveränderungen einhergehen.[1057]

b. *Kapitalaufbringung*

Das Gesellschaftskapital setzt sich aus den Einlagen der Gesellschaft zusammen.[1058] Die von den Gesellschaftern zu leistende Einlage kann gem. Art. L. 223-7 al. 1, 2 CCom als Bareinlage (*apport en numéraire*), als Sacheinlage (*apport en nature*) und – dem deutschen Recht fremd – als Dienstleistung (*apport en industrie*) erbracht werden.[1059] Bareinlagen müssen bei der Gesellschaftsgründung zu einem Fünftel eingezahlt werden, der Restbetrag muss innerhalb von fünf Jahren nach der Gründung erbracht werden.[1060] Die Sacheinlagen müssen gem. Art. L. 223-7 al. 1 CCom bereits bei der Gründung voll eingezahlt werden.[1061] Die Wertung der Sacheinlagen muss gem. Art. L. 223-9 al. 1 CCom durch die Gesellschafter auf der Grundlage eines Berichts eines *commissaire aux apports* festgelegt werden.[1062] Die Bewertung der Sacheinlage muss in den *statuts* selbst, der Bericht des *commissaire* im Anhang aufgeführt werden.[1063] Für Dienstleistungseinlagen gilt die Beschränkung des Art. 1843-2 al. 2 CCiv,

---

1055 Ausführlich *Pfeifer*, GmbHR 2007, 1208 (1209).

1056 *Pfeifer*, GmbHR 2007, 1208 (1209); *Mestre/Velardocchio*, Lamy Sociétés Commerciales, 2010, Rn 5143.

1057 *Pfeifer*, GmbHR 2007, 1208 (1209); *Mestre/Velardocchio*, Lamy Sociétés Commerciales, 2010, Rn 5143.

1058 *Mestre/Velardocchio*, Lamy Sociétés Commerciales, 2010, Rn. 2946.

1059 Ausführlich zu den verschiedenen Möglichkeiten der Einlageerbringung, siehe *Pfeifer*, GmbHR 2007, 1208 (1209 f.); ebenso *Mestre/Velardocchio*, Lamy Sociétés Commerciales, 2010, Rn. 2946-2952; *Kroh*, KSzW 2014, 94 (97); *Cozian/Viandir/Deboissy*, Droit des Sociétés, 31. éd., Rn. 1432.

1060 *Cozian/Viandir/Deboissy*, Droit des Sociétés, 31. éd., Rn. 1433; *Basuyaux /Delpech/de Labrouhe*, in: Wegen/Spahlinger/Barth, Gesellschaftsrecht des Auslands, Frankreich, 3. EL, Rn. 84.

1061 *Cozian/Viandir/Deboissy*, Droit des Sociétés, 31. éd., Rn. 1435; *Basuyaux /Delpech/de Labrouhe*, in: Wegen/Spahlinger/Barth, Gesellschaftsrecht des Auslands, Frankreich, 3. EL, Rn. 84.

1062 *Mestre/Velardocchio*, Lamy Sociétés Commerciales, 2010, Rn 2949.

1063 *Mestre/Velardocchio*, Lamy Sociétés Commerciales, 2010, Rn. 2949; *Saß*, in: MHdb. GesR, Bd. VI, § 47 Rn. 116.

wonach diese nicht auf das Stammkapital angerechnet werden, sodass diese nicht zur Deckung des Mindestkapitals herangezogen werden können.[1064]

c. *Kapitalerhaltung*

Kapitalerhaltende Regelungen des französischen Rechts sind Auszahlungsverbote, das Verbot des Erwerbs eigener Anteile sowie Regeln zur Kapitalherabsetzung.[1065]

Das System der Kapitalerhaltung und Gewinnausschüttung der SARL orientiert an dem System der SA.[1066]

Die Teilhabe eines jeden Gesellschafters an den Gewinnen und Verlusten der Gesellschaft ist die Essenz des *contrat de société*.[1067] Die jährliche Gesellschafterversammlung (*assemblée annuelle*) entscheidet über die Ausschüttung und Verteilung der Gewinne (*répartition des bénéfices*).[1068] Ausschüttungsfähig sind nach Art. L. 232-11 CCom nur bilanzmäßig ausgewiesene Gewinne, abzüglich etwaiger Verluste und der aufgrund von Gesetz oder Satzung zu bildenden Reserve.[1069] Eine SARL muss nach Art. L. 232-10 CCom obligatorisch eine Reserve von 5 % des Gewinns bilden, bis die Kapitalreserve 10 % des Nominalkapitals erreicht.[1070] Solche Dividenden, die gegen diese gesetzlichen Regelungen verstoßen, sind als *dividende fictif* zu behandeln und entsprechend von den Gesellschaftern zurückzuzahlen.[1071]

1064 *Seseke/Fangmann*, IStR 2002, 851 (859); *Meyer/Ludwig*, GmbHR 2005, 346 (347); *Pfeifer*, GmbHR 2007, 1208 (1210).

1065 Vgl. *Kroh*, KSzW 2014, 94 (97).

1066 *Grimm*, Die Finanzverfassung der kleinen Kapitalgesellschaft, S. 135 ff.; *Fleischer*, in: MüKo zum GmbHG, Bd. I, 3. Aufl., Einl Rn. 241.

1067 *Delpech*, Société à responsabilité limitée SARL, 27. éd., Rn. 47.32.

1068 *Delpech*, Société à responsabilité limitée SARL, 27. éd. Rn. 47.35; *Kroh*, KSzW 2014, 94 (97).

1069 Die sociéte anonyme betreffend *Mestre/Velardocchio*, Lamy Sociétés Commerciales, 2010, Rn. 2303; *Basuyaux/Delpech/de Labrouhe*, in: Wegen/Spahlinger/Barth, Gesellschaftsrecht des Auslands, Frankreich, 3. EL, Rn. 27; zur SARL, vgl. *Christ*, Englische Private Limited und französische Société à Responsabilité Limitée, S. 136; *Delpech*, Société à responsabilité limitée SARL, 27. éd., Rn. 47.36; *Fleischer*, in: MüKo zum GmbHG, Bd. I, 3. Aufl., Einl Rn. 241.

1070 Hierzu *Christ*, Englische Private Limited und französische Société à Responsabilité Limitée, S. 136; *Delpech*, Société à responsabilité limitée SARL, 27. éd., Rn. 47.37.

1071 Vgl. *Delpech*, Société à responsabilité limitée SARL, 27. éd.,Rn. 47.42; *Fleischer*, in: MüKo zum GmbHG, Bd. I, 3. Aufl., Einl Rn. 241; *Basuyaux /Delpech/de Labrouhe*, in: Wegen/Spahlinger/Barth, Gesellschaftsrecht des Auslands, Frankreich, 3. EL, Rn. 29.

Eine weitere kapitalerhaltende Regelung ist das Verbot des Erwerbs eigener Anteile. Der Erwerb eigener Anteile durch eine französische SARL ist nach Art. L. 223-34 al. 4 S. 1 CCom grundsätzlich verboten. Der Erwerb eigener Anteile ist ausnahmsweise gem. Art. L. 223-34 al. 1 S. 2 CCom im Rahmen einer Kapitalherabsetzung, die nicht aufgrund von Verlusten erfolgt, möglich.[1072]

Die Regelungen zur Kapitalerhaltung beabsichtigen ebenfalls den Gläubigerschutz.[1073] Die Kapitalherabsetzung (*réduction du capital*) erfolgt nach Art. L. 223-34 al. 1 Com durch die Gesellschafterversammlung mit satzungsänderndem Beschluss (Drei-Viertel-Mehrheit).[1074] Wurde ein *commissaire aux comptes* bestellt, muss diesem nach Art. L. 223-34 al. 2 CCom die Absicht der Kapitalherabsetzung binnen 45 Tagen mitgeteilt und die Gelegenheit einer Stellungnahme dazu gegeben werden.[1075] Die Kapitalherabsetzung ist zum Handelsregister anzumelden und dort einzutragen.[1076] Sie erfolgt entweder durch Herabsetzung des Nennwerts der Anteile oder durch Verminderung der Anzahl der Anteile.[1077]

Besonders hervorzuheben ist die Möglichkeit der Gläubiger nach Art. L. 223-34 al. 3, Art. 223-35 CCom einer Kapitalherabsetzung, die nicht wegen Verlusten erfolgt, innerhalb eines Monats nach Einreichung der Niederschrift über den Beschluss der Gesellschaft beim Handelsregister zu widersprechen.[1078] Der bei der Gesellschaft oder der Geschäftsstelle des Handelsregisters eingegangene

---

1072 *Saß*, in: MHdb. GesR, Bd. VI, § 47 Rn. 118; *Döbereiner*, in: Süß/Wachter, Hdb. des internat. GmbHR, 3. Aufl., Frankreich Rn. 62.

1073 Vgl. *Kroh*, KSzW 2014, 94 (97), die deren gläubigerschützende Wirkung vor dem Hintergrund des fehlenden Mindestkapitalerfordernisses in Frage stellt; ebenso: *Delpech*, Société à responsabilité limitée SARL, 27. éd.,Rn. 47.42: "*elle est même soumise à d'importantes restrictions, car elle est contraire aux intérêts des créanciers sociaux dont elle diminue le gage*".

1074 *Delpech*, Société à responsabilité limitée SARL, 27. éd., Rn. 122.17; *Döbereiner*, in: Süß/Wachter, Hdb. des internat. GmbHR, 3. Aufl., Frankreich Rn. 69.

1075 *Christ*, Englische Private Limited und französische Société à Responsabilité Limitée, S. 141; *Mestre/Velardocchio*, Lamy Sociétés Commerciales, 2010, Rn 3178; *Döbereiner*, in: Süß/Wachter, Hdb. des internat. GmbHR, 3. Aufl., Frankreich Rn. 69; *Charvériat/Couret/Sébire/Zabala*, Sociétés commerciales, 49. éd., Rn. 33040.

1076 *Döbereiner*, in: Süß/Wachter, Hdb. des internat. GmbHR, 3. Aufl., Frankreich Rn. 69.

1077 *Christ*, Englische Private Limited und französische Société à Responsabilité Limitée, S. 141; *Mestre/Velardocchio*, Lamy Sociétés Commerciales, 2010, Rn. 3178.

1078 *Mestre/Velardocchio*, Lamy Sociétés Commerciales, 2010, Rn. 3180; *Delpech*, Société à responsabilité limitée SARL, 27. éd., Rn. 122.19; *Döbereiner*, in: Süß/Wachter, Hdb. des internat. GmbHR, 3. Aufl., Frankreich Rn. 72.

Widerspruch bezweckt, dass nach Art. L. 223-34 al. 3 S. 3 CCom die Kapitalherabsetzung erst durchgeführt werden darf, wenn über den Widerspruch entschieden wurde.[1079]

II. Französisches Konzernrecht

1. Allgemeines

Das französische Recht begegnet dem Konzernphänomen nicht einheitlich, die Konzernsachverhalte werden durch eine Vielzahl von Teilregelungen erfasst.[1080] Ausgangspunkt für die Erfassung konzernrechtlicher Sachverhalte im französischen Recht ist der Begriff der „*groupe de sociétés*".[1081] Dabei hat Begriff „*groupe de sociétés*" eine größere wirtschaftliche als weniger eine juristische Bedeutung.[1082] Die Gesellschaftsgruppe als solche hat demnach auch keine eigene Rechts-persönlichkeit.[1083] Dies entspricht auch dem Grundsatz der Autonomie der juristischen Person im französischen Recht.[1084] Dies gilt gerade auch für konzernabhängige Gesellschaften, sodass grundsätzlich jede Gesellschaft nur mit ihrem Gesellschaftsvermögen haftet.[1085] Im Folgenden werden der Konzernbegriff, die zulässigen Formen des Konzerns und die Möglichkeiten der Einflussnahme im französischen Konzern behandelt.

1079 *Christ*, Englische Private Limited und französische Société à Responsabilité Limitée, S. 142; *Delpech*, Société à responsabilité limitée SARL, 27. éd., Rn. 112.19; *Döbereiner*, in: Süß/Wachter, Hdb. des internat. GmbHR, 3. Aufl., Frankreich Rn. 72.

1080 Vgl. *Maul*, NZG 1998, 965-973; *Le Cannu/Dondero*, Droit des Sociétés, 7. éd., Rn 57 spricht bei dem *phénomène des groupes* von der "*société de sociétés*".

1081 *Wolf*, Konzernhaftung in Frankreich und England, S. 5; *Bruhns*, Das Verfahrensrecht der internationalen Konzernhaftung, S. 65.

1082 *Delpech*, Société à responsabilité limitée SARL, 27. éd., Rn. 123.11; *Charvériat/Couret/Sébire/Zabala*, Sociétés commerciales, 49. éd., Rn. 79000.

1083 Cass. com., 02.04.1996, Bull. IV, n° 301; *Charvériat/Couret/Sébire/Zabala*, Sociétés commerciales, 49. éd., Rn. 79000.

1084 *Kuckertz*, Der Haftungsdurchgriff auf ausländische Unternehmen und Geschäftsleiter nach französischem Recht, S. 29; *Le Cannu/Dondero*, Droit des Sociétés, 7. éd., Rn. 57.

1085 Cass. com., 04.01.1982, Rev. soc. 1983, 95; Cass. com., 05.04.1994, Rev. soc. 1994, 318; *Bruhns*, Das Verfahrensrecht der internationalen Konzernhaftung, S. 66.

2. *Konzernbegriff*

Der maßgebliche Begriff der *groupe de sociétés* findet im französischen Recht weder eine eine allgemeine Definition,[1086] noch hat sich bis heute eine einheitliche Definition herausgebildet.[1087] Dennoch sind Konzerne im Wirtschaftsleben der Gesellschaften anerkannt und die Mehrzahl der französischen Gesellschaften sind Teil einer Gruppe.[1088] In einem ersten Ansatz kann eine Gruppe als Zusammenkunft mehrerer verschiedener Gesellschaften angesehen werden, die unter Bewahrung ihrer jeweiligen Selbstständigkeit eine mehr oder weniger starke vertragliche Bindung derart zueinander haben, sodass eine von ihnen als Muttergesellschaft die Kontrolle ausübt, die Unternehmenspolitik bestimmt und sogar ihre Entscheidungen den anderen aufdrängt.[1089] Allerdings finden sich konzernrechtliche Bestimmungen in den Artt. L. 223-1 bis L. 223-31 CCom, die jedoch keine einheitlichen Definitionen konzernrechtlicher Begrifflichkeiten liefern, sondern primär die Anwendbarkeit von Informations- und Notifikationspflichten bestimmen.[1090] Wenn nach Art. L. 233-1 CCom eine Gesellschaft mehr als die Hälfte des Kapitals einer anderen besitzt, wird diese als Tochtergesellschaft (*filiale*) jener angesehen. Besitzt eine Gesellschaft Kapitalanteile zwischen 10 % und 50 % einer anderen Gesellschaft, liegt nach Art. L. 233-2 CCom nur eine Beteiligung (*participation*) jener an der anderen vor. Das französische Gesellschaftsrecht knüpft die Anwendung konzernrechtlicher Regelungen an den Begriff der „Kontrolle" (*contrôle*) an.[1091] Der Begriff der *contrôle* wird in

1086 *Maul*, NZG 1998, 965; *Kuckertz*, Der Haftungsdurchgriff auf ausländische Unternehmen und Geschäftsleiter nach französischem Recht, S. 29; *Basuyaux/Delpech/de Labrouhe*, in: Wegen/Spahlinger/Barth, Gesellschaftsrecht des Auslands, Frankreich, 3. EL, Rn. 231.

1087 *Maul*, NZG 1998, 965.

1088 Siehe nur *Le Cannu/Dondero*, Droit des Sociétés, 7. éd., Rn. 1502 m.w.N.

1089 Vgl. *Delpech*, Société à responsabilité limitée SARL, 27. éd., Rn. 123.11: "*Dans une première approche, un groupe est un ensemble qui comprend diverses sociétés, conservant leur personalités juridiques, mais ayant entre elles des liens juridiques plus ou moins étroits, en capital voire contractuels, de sorte que l'une d'elles, dite "société mère" exerce un contrôle, définit une politique, voire impose ses décisions aux autres*".

1090 Vgl. *Kuckertz*, Der Haftungsdurchgriff auf ausländische Unternehmen und Geschäftsleiter nach französischem Recht, S. 31; *Delpech*, Société à responsabilité limitée SARL, 27. éd., Rn. 123.12; *Le Cannu/Dondero*, Droit des Sociétés, 7. éd., Rn. 79013.

1091 *Wolf*, Konzernhaftung in Frankreich und England, S. 7 ff.; *Maul*, NZG 1998, 965; *Basuyaux/Delpech/de Labrouhe*, in: Wegen/Spahlinger/Barth, Gesellschaftsrecht des Auslands, Frankreich, 3. EL, Rn. 232.

Art. L. 233-3 al. 1 CCom aufgegriffen. Danach kontrolliert eine Gesellschaft eine andere (*en contrôlant une autre)*, wenn sie (al. 1 n°1) direkt oder indirekt einen solchen Anteil am Kapital besitzt, der ihr die Mehrheit der Stimmrechte innerhalb der Gesellschafterversammlung dieser Gesellschaft einräumt (*rechtliche Kontrolle*); oder wenn sie (al. 1 n°2) über die Mehrheit der Stimmrechte durch Gesellschaftervereinbarungen verfügt (*gemeinsame Kontrolle*); oder wenn (al. 1 n°3) feststeht, dass sie faktisch durch ihre gehaltenen Anteile die Entscheidungen in der Gesellschafterversammlung bestimmt (*de facto Kontrolle*); oder wenn (al. 1 n° 4) sie Gesellschafterin dieser Gesellschaft ist und sie die Möglichkeit hat, die Mehrheit der Mitglieder des Leitungsorgans oder des Aufsichtsorgans zu bestellen oder abzuberufen.[1092] Hieraus ergeben sich drei mögliche Strukturen, die eine Gruppe abbilden können: eine pyramidale (*le groupe de type pyramidal*), eine radiale (*de type radial*) und eine Gruppe in Ringstruktur (*de type circulaire*).[1093] Bei einer pyramidalen Struktur hat die Muttergesellschaft unter ihrem Dach eigene Tochtergesellschaften, die ihrerseits Beteiligungen an nachgeordneten Tochtergesellschaften haben (*sous-filiales*).[1094] Bei einem radialen Gruppenaufbau befindet sich die Muttergesellschaft im Zentrum und kontrolliert als einzige alle anderen Gesellschaften.[1095] Bei der Ringstruktur kontrollieren sich die Gesellschaften gegenseitig (*les sociétés se contrôlant mutuellement*).[1096] In der Praxis kombinieren die Gruppenstrukturen häufig diese drei strukturgebenden Ansätze, die insofern auch nicht abschließend sind.[1097]

1092 Vgl. *Charvériat/Couret/Sébire/Zabala*, Sociétés commerciales, 49. éd., Rn. 79013; *Basuyaux/Delpech/de Labrouhe*, in: Wegen/Spahlinger/Barth, Gesellschaftsrecht des Auslands, Frankreich, 3. EL, Rn. 233.

1093 *Champaud*, RTD com. 1967, 1003 ff.; *Kuckertz*, Der Haftungsdurchgriff auf ausländische Unternehmen und Geschäftsleiter nach französischem Recht, S. 30; ausführlich *Mestre/Velardocchio*, Lamy Sociétés Commerciales, 2010, Rn. 2047.

1094 *Kuckertz*, Der Haftungsdurchgriff auf ausländische Unternehmen und Geschäftsleiter nach französischem Recht, S. 30; *Le Cannu/Dondero*, Droit des Sociétés, 7. éd., Rn. 1520.

1095 *Mestre/Velardocchio*, Lamy Sociétés Commerciales, 2010, Rn. 2047; *Le Cannu/Dondero*, Droit des Sociétés, 7. éd., Rn. 1520.

1096 Für ein Beispiel eines Ringstrukturaufbaus siehe *Mestre/Velardocchio*, Lamy Sociétés Commerciales, 2010, Rn. 2047: "*le groupe de type* ***circulaire****: la société* ***A*** *participe au capital d'une société* ***B****, qui détient une participation dans la société* ***C****, laquelle est elle-même présente dans le capital de la société* ***A***"; *Le Cannu/Dondero*, Droit des Sociétés, 7. éd., Rn. 1520.

1097 *Le Cannu/Dondero*, Droit des Sociétés, 7. éd., Rn. 1520.

3. *Französischer Vertragskonzern*

Nach französischem Recht bestehen drei Möglichkeiten der Entstehung einer *groupe de sociétés*: die Muttergesellschaft beteiligt sich am Kapital einer Tochtergesellschaft (*groupe financier*); es werden sowohl in der Mutter- als auch in der Tochtergesellschaft gemeinsame Geschäftsleiter beschäftigt (*groupe personnel*); oder durch vertragliche Bindung (*groupe contractuel*).[1098] Demnach kann eine Gruppe sogar aus Gesellschaften bestehen, deren Zusammenhalt nur aus engen Vertragsbeziehungen resultiert, und einer Gesellschaft, der durch Vertrag beherrschender wirtschaftlicher Einfluss eingeräumt wird.[1099] Diese vertraglichen Beziehungen sind aber nicht im Sinne von Beherrschungs- oder Gewinnabführungsverträgen zu verstehen, vielmehr handelt es sich um vertriebsrechtliche Verträge, wie Liefer-, Franchise- oder Vertriebsverträge.[1100]

Allerdings erhielt der Beherrschungsvertrag mit der Umsetzung der Verordnung Nr. 139/2004 des Rates vom 20.01.2004 über die Kontrolle von Unternehmenszusammenschlüssen in den Artt. L. 430 1, L. 430-2 CCom gewissermaßen Einzug in das französische Recht.[1101] Nach Art. 3 der VO Nr. 139/2004 wird ein Zusammenschluss als eine dauerhafte Veränderung der Kontrolle definiert. Somit ist der Begriff *contrôle* ebenfalls Anknüpfungspunkt. Nach Art. L. 430-1 al. 3 CCom wird Kontrolle durch Rechte, Verträge oder andere Mittel bestimmt, die jeweils allein oder im Zusammenspiel unter Berücksichtigung aller tatsächlichen oder rechtlichen Umstände die Möglichkeit gewähren, bestimmenden Einfluss auf die Tätigkeiten eines anderen Unternehmens auszuüben, insbesondere durch Rechte oder Verträge, die einen bestimmenden Einfluss auf die Zusammensetzung (*composition*), die Beratungen (*délibérations*) oder die Entscheidungen (*décisions*) der Organe des Unternehmens gewähren.[1102]

Auch wenn es sich hierbei um eine Vorschrift der Fusionskontrolle handelt, wird nach französischem Recht die Möglichkeit der Gruppenbegründung durch Vertrag anerkannt.

1098 Vgl. *Bauvert/Siret*, Droit des sociétés et autres groupements, 2. éd., S. 417; *Kuckertz*, Der Haftungsdurchgriff auf ausländische Unternehmen und Geschäftsleiter nach französischem Recht, S. 30.

1099 *Guyon*, ZGR 1991, 218 (219).

1100 *Guyon*, ZGR 1991, 218 (219); *Kuckertz*, Der Haftungsdurchgriff auf ausländische Unternehmen und Geschäftsleiter nach französischem Recht, S. 30.

1101 Ausführlich *Mestre/Velardocchio*, Lamy Sociétés Commerciales, 2010, Rn. 2058 ff.

1102 Vgl. Art. 3 Abs. 2 lit. b) VO Nr. 139/2004.

4. *Faktischer Konzern*

Das französische Gesellschaftsrecht definiert die *groupe* bzw. den Konzern nicht. Insofern liegt ein deutlicher Widerspruch zwischen dem rechtlichen Leitbild der Unabhängigkeit der Gesellschaften und der faktischen Situation.[1103] In der wirtschaftlichen Realität weisen die Gruppen die unterschiedlichsten Formen und variable Größen auf, an die das französische Gesellschafts-, Steuer- oder Bilanzrecht jeweils zur Anwendung einzelner Bestimmungen anknüpfen muss.[1104] Als einheitlicher Anknüpfungspunkt ist der Begriff der Kontrolle von der jeweiligen Form und Größe einer Gruppe unabhängig.[1105] Liegt eine Kontrolle einer Gesellschaft durch Kapitalbeteiligung oder durch sonstige Instrumentarien über eine andere Gesellschaft vor, wird von einer *groupe* gesprochen. Die Obergesellschaft muss faktisch die Kontrolle innehaben, sodass es auf die Art der Mittel nicht ankommt. Folglich ist der faktische Konzern bzw. die faktische Gruppe das Leitbild im französischen Recht, auf die sich die einzelnen Regelungen beziehen.

5. *Gruppenleitung im französischen Konzern*

a. *Möglichkeiten der Einflussnahme*

Den Gesellschaftern einer französischen SARL steht kein Weisungsrecht gegenüber den Geschäftsführern zu.[1106] Nach Art. L. 221-4 CCom können die *gérants* ohne ausdrückliche Einschränkungen ihrer Befugnisse grundsätzlich alle Geschäftsführungshandlungen im Interesse der Gesellschaft vornehmen.[1107] Zwar können die Gesellschafter die Geschäftsführerbefugnisse durch Satzungsbestimmung (*clauses statutaires limitant les pouvoirs*) einschränken, diese entfalten aber gem. Art. L. 223-18 al. 6 CCom keine Wirkung gegenüber Dritten.[1108]

Nicht nur Gesellschafter können den Geschäftsführern keine Weisungen innerhalb der Gesellschaft erteilen, auch der Muttergesellschaft steht aufgrund der formalen Selbstständigkeit einer jeden Gesellschaft kein Weisungsrecht im

---

1103 *Mestre/Velardocchio*, Lamy Sociétés Commerciales, 2010, Rn. 2038: "*il y a donc une nette opposition entre la situation de droit (indépendance des sociétés) et la situation de fait (convergence des objectifs et centralisation du pouvoir de décision)*".

1104 *Guyon*, ZGR 1991, 218 (219).

1105 Siehe oben, Kap. IV.A.II.2.

1106 Vgl. Vgl. *Karst*, NotBZ 4/2006, 119 (123); *Kroh*, KSzW 2014, 94 (97); *Didier/Didier*, Droit commercial, Tome 2, Rn. 881.

1107 *Didier/Didier*, Droit commercial, Tome 2, Rn. 881.

1108 *Delpech*, Société à responsabilité limitée SARL, 27. éd., Rn. 63.12.

Verhältnis zu ihrer Tochtergesellschaft zu.[1109] Insofern muss auch eine Muttergesellschaft den „Dienstweg einhalten" und über die Organe der Tochter handeln.[1110] Im Regelfall ist die Muttergesellschaft selbst Mehrheitsgesellschafterin und kann durch die Gesellschafterversammlung Einfluss auf die Geschäftsführung, insbesondere durch Drohung mit der Abberufung, nehmen.[1111] Nach Art. L. 223-25 al. 1 CCom i.V.m. Art. L. 223-29 CCom kann ein *gérant* jederzeit durch Gesellschafterbeschluss ohne wichtigen bzw. rechtfertigenden Grund (*juste motif*) abberufen werden.[1112] Erfolgt die Abberufung ohne *juste motif*, wirkt dies sich nicht auf die Wirksamkeit der Abberufung aus, sondern nach Art. L. 223-25 al. 1 CCom kann dem abberufenen *gérant* ein etwaiger Schadenersatzanspruch zustehen.[1113]

Eine weitere Möglichkeit der Einflussnahme ist die identische Besetzung der Leitungsorgane von Mutter- und Tochtergesellschaft (*groupe personnel*). Das französische Gesellschaftsrecht steht einer Häufung gesellschaftlicher Ämter (*cumul de mandats sociaux*) grundsätzlich nicht entgegen.[1114] Es gilt somit keine gesetzliche Begrenzung der Geschäftsführungsmandate für natürliche Personen bei Gesellschaften der gleichen Gruppe.[1115]

b. Gruppeninteresse

Grundsätzlich kann nach Art. L. 221-4 CCom ein *gérant* alle Geschäfte im Interesse der Gesellschaft vornehmen. Dies bedeutet im Umkehrschluss, dass er dazu verpflichtet ist, im Interesse der Gesellschaft, die ihn bestellt hat, zu handeln und diese zu wahren. Hinzu kommt, dass jede Gesellschaft trotz der wirtschaftlichen Einbindung in die Gruppe rechtliche Selbstständigkeit genießt,[1116] sodass auch für jede Gesellschaft ein eigenes Interesse definiert wird. Somit hat der *gérant* einer Tochtergesellschaft primär deren Interessen und nicht die der Muttergesellschaft bzw. der Gruppe zu berücksichtigen. Gleichsam darf die

---

1109 *Guyon*, ZGR 1991, 218 (223).

1110 *Guyon*, ZGR 1991, 218 (223).

1111 *Guyon*, ZGR 1991, 218-234; *Kroh*, KSzW 2014, 94 (97).

1112 *Christ*, Englische Private Limited und französische Société à Responsabilité Limitée, S. 78; *Didier/Didier*, Droit commercial, Tome 2, Rn. 894; *Charvériat/Couret/Sébire/Zabala*, Sociétés commerciales, 49. éd., Rn. 31150.

1113 *Christ*, Englische Private Limited und französische Société à Responsabilité Limitée, S. 78; *Charvériat/Couret/Sébire/Zabala*, Sociétés commerciales, 49. éd., Rn. 31150.

1114 *Charvériat/Couret/Sébire/Zabala*, Sociétés commerciales, 49. éd., Rn. 11400.

1115 Zur alten Rechtslage *Guyon*, ZGR 1991, 218 (223).

1116 Siehe nur *Mestre/Velardocchio*, Lamy Sociétés Commerciales, 2010, Rn. 2039 m.w.N.

kontrollierende Muttergesellschaft ihre Mehrheitsposition in der Gruppe nicht dazu missbrauchen (*abus de majorité*), ein Handeln bei der Tochtergesellschaft im Namen des allgemeinen Gruppeninteresses entgegen ihrer eigenen Interessen durchzusetzen.[1117]

Allerdings urteilte die Strafkammer des französischen Obersten Gerichts, die Cour de cassation, in der *Rozenblum*-Entscheidung[1118], dass der Geschäftsführer einer Tochtergesellschaft bei Entscheidungen, welche diese beeinträchtigen, unter gewissen Voraussetzungen das Gruppeninteresse berücksichtigen darf.[1119] Hierbei ging es um die Frage der Anwendbarkeit des Straftatbestandes der „*abus de biens sociaux*" (Veruntreuung/Missbrauch von Gesellschaftsvermögen) auf Konzernsachverhalte, die grundsätzlich auch Organmitglieder einer deutschen Muttergesellschaft treffen können, sofern diese als faktische Geschäftsführer (*gérant/dirigeant de fait*) der Tochtergesellschaft handeln.[1120] Die Cour de cassation räumte dem Konzerninteresse unter bestimmten Voraussetzungen Vorrang vor dem Interesse der abhängigen Gesellschaft ein und lehnte somit eine uneingeschränkte Anwendbarkeit auf Konzernsachverhalt und eine Strafbarkeit ab.[1121]

Für die Anerkennung des Gruppeninteresses hat die Cour de cassation[1122] folgende Bedingungen, die kumulativ vorliegen müssen definiert: „Die finanzielle Unterstützung, die ein faktischer oder legaler Geschäftsführer einer anderen Gesellschaft innerhalb derselben Gruppe, an der die Geschäftsführer direkt oder indirekt ein Interesse haben, gewährt, muss von einem gemeinsamen

1117 *Charvériat/Couret/Sébire/Zabala*, Sociétés commerciales, 49. éd., Rn. 80140: "*La majorité qui contrôle un groupe de sociétés ne peut abuser de sa position pour imposer à une des sociétés contrôlées, au nom des intérêts généraux du groupe, une décision contraire aux intérêts particuliers de cette société*".

1118 Cass. crim., 04.02.1985, Rev. soc. 1985, 648 – Rozenblum.

1119 *Conac*, in: Hommelhoff/Lutter/Teichmann (Hrsg.), Corporate Governance im grenzüberschreitenden Konzern, ZGR-Sonderheft, 2017, S. 91.

1120 *Maul*, NZG 1998, 965 (966).

1121 *Maul*, NZG 1998, 965 (966).

1122 Cass. crim., 04.02.1985, Rev. soc. 1985, 648 – Rozenblum: "*Le concours financier apporté, par des dirigeants de fait ou de droit d'une société à une autre entreprise d'une même groupe dans lequel ils sont intéressés directement ou indirectement doit être dicté par un intérêt économique, social ou financier commun, apprécié au regard d'une politique élaborée pour l'ensemble de ce groupe, et ne doit ni être démuni de contrepartie ou rompre l'équilibre entre les engagements respectifs des diverses sociétés concernées, ni excéder les possibilités financières de celle qui en supporte la charge*".

wirtschaftlichen, sozialen oder finanziellen Interesse bestimmt sein, welches unter Bezugnahme der Strategie der Gruppe als Ganzes zu würdigen ist und soll weder ohne einen Ausgleich bleiben oder die Ausgewogenheit der gegenseitigen Verpflichtungen zwischen den betroffenen Gesellschaften verletzen, noch die Möglichkeiten der Gesellschaft überschreiten, die den Nachteil tragen."[1123]

Zunächst müssen beide Gesellschaften einem Konzern bzw. einer Gruppe angehören, die sich in der Regel durch Kapitalbeteiligungen auszeichnet.[1124] Zweitens bedarf es der engen Einbindung der Konzerngesellschaften in ein kohärentes Gruppeninteresse, das sowohl wirtschaftlicher, sozialer oder finanzieller Natur sein kann.[1125] Drittens darf die Handlung der Gesellschaft nicht ohne wirtschaftliches Äquivalent erfolgt sein und darf das Gleichgewicht gegenseitiger gruppeninterner Verpflichtungen nicht beeinträchtigen.[1126] Dieses wirtschaftliche Äquivalent ist jedoch nicht im Sinne der deutschen Ausgleichspflicht nach § 311 AktG zu verstehen, vielmehr kann der Ausgleich auch in Zukunft erfolgen oder anderer als finanzieller Art sein.[1127] Viertens darf die gewährte Unterstützung nicht die finanzielle Leistungsfähigkeit der Gesellschaft derart beeinträchtigen, dass dieser eine Insolvenz droht.[1128] Der Begriff des Gruppeninteresses erhielt somit erst durch die Entscheidungspraxis der Gerichte Einzug ins französische Recht.[1129]

1123 Hierzu *Mestre/Velardocchio*, Lamy Sociétés Commerciales, 2010, Rn. 2180; mit deutscher Übersetzung des Urteils der Cour de cassation siehe *Conac*, in: Hommelhoff/Lutter/Teichmann (Hrsg.), Corporate Governance im grenzüberschreitenden Konzern, ZGR-Sonderheft, 2017, S. 92.

1124 Nicht ausreichend ist insofern eine persönliche Beziehung der Gesellschafter beider Gesellschaften, Cass. crim., 29.10.1984, BRDA 3/1985, 12; vgl. *Maul*, NZG 1998, 965 (966); *Conac*, in: Hommelhoff/Lutter/Teichmann (Hrsg.), Corporate Governance im grenzüberschreitenden Konzern, ZGR-Sonderheft, 2017, S. 92.

1125 *Maul*, NZG 1998, 965 (966); *Conac*, in: Hommelhoff/Lutter/Teichmann (Hrsg.), Corporate Governance im grenzüberschreitenden Konzern, ZGR-Sonderheft, 2017, S. 93.

1126 *Maul*, NZG 1998, 965 (966); *Conac*, in: Hommelhoff/Lutter/Teichmann (Hrsg.), Corporate Governance im grenzüberschreitenden Konzern, ZGR-Sonderheft, 2017, S. 93.

1127 *Conac*, in: Hommelhoff/Lutter/Teichmann (Hrsg.), Corporate Governance im grenzüberschreitenden Konzern, ZGR-Sonderheft, 2017, S. 93.

1128 Vgl. *Maul*, NZG 1998, 965 (966), die diese Voraussetzung mit der Dritten zusammenführt; *Conac*, in: Hommelhoff/Lutter/Teichmann (Hrsg.), Corporate Governance im grenzüberschreitenden Konzern, ZGR-Sonderheft, 2017, S. 93.

1129 Vgl. *Mestre/Velardocchio*, Lamy Sociétés Commerciales, 2010, Rn. 2041.

6. *Zusammenfassung*

Das französische Recht greift durch eine Vielzahl unterschiedlicher Regelungen verschiedener Rechtsgebiete Konzernsachverhalte auf. Gleich der Unterschiedlichkeit der Regelungen ist gemeinsamer Angelpunkt jeweils der Begriff der *contrôle,* der zur jeweiligen Bestimmung des Vorliegens eines Konzerns bzw. einer Gruppe herangezogen wird.[1130]

In der Regel nimmt die Muttergesellschaft durch ihre Möglichkeiten Einfluss, die ihr aus ihrer Kapitalbeteiligung als Mehrheitsgesellschafterin zustehen. Sie kann jederzeit den Geschäftsführern ihrer Tochtergesellschaft mit einer wirksamen Abberufung drohen, selbst ohne Vorliegen eines *juste motif.* Dieses Recht der jederzeitigen Abberufung kommt trotz fehlenden Weisungsrechts einer faktischen Weisungsgebundenheit der Geschäftsführer gegenüber den Gesellschaftern gleich.[1131]

Eine weitere Möglichkeit der Einflussnahme ist die personelle Verflechtung auf Ebene der Leitungsorgane beider Gesellschaften. Die Geschäftsführer können in Einzelfällen sogar unter Berücksichtigung des Gruppeninteresses handeln. Die französische Rechtsprechung erkennt unter bestimmten Voraussetzungen an, dass die Geschäftsführer der Tochtergesellschaft - trotz des Grundsatzes der Selbstständigkeit der juristischen Person - die Gruppeninteressen vor denen und sogar zum scheinbaren Nachteil der eigenen Gesellschaft berücksichtigen dürfen.

B. Die Haftung der Muttergesellschaft nach französischem Recht

Nach der Eintragung der SARL ins Handelsregister haften die Gesellschafter nach Art. L. 223-1 al. 1 CCom grundsätzlich nur beschränkt in Höhe ihrer Einlagen.[1132] Es gilt im Grundsatz ein strenges Trennungsprinzip, das einerseits die eigenständige Tochtergesellschaft vor der Einflussnahme der Muttergesellschaft bzw. der Mehrheitsgesellschafter schützen soll, andererseits einen „Schutzschild" vor Haftungsdurchgriffen für die Gesellschafter darstellt.[1133]

1130 *Guyon*, ZGR 1991, 218 (220).

1131 *Kroh*, Der existenzvernichtende Eingriff, S. 241 f.; *dies.*, KSzW 2014, 94 (97).

1132 *Jung/Kühl/Wohlgemuth*, in: Jung/Krebs/Stiegler, Gesellschaftsrecht in Europa, § 13 Frankreich Rn. 403.

1133 *Jung/Kühl/Wohlgemuth*, in: Jung/Krebs/Stiegler, Gesellschaftsrecht in Europa, § 13 Frankreich Rn. 404.

Dieser Grundsatz gilt allerdings nicht uneingeschränkt. Eine Reihe von Ausnahmen ordnen eine persönliche Haftung der Gesellschafter an. Diese Ausnahmefälle knüpfen primär an die Qualifizierung der Muttergesellschaft als faktische Geschäftsführerin (*dirigeant/gérant de fait*) an oder beziehen sich auf die Insolvenz der Tochtergesellschaft.[1134]

I. Haftungstatbestände außerhalb der Insolvenz

1. Haftung für Geschäftsführerfehler

Nach Art. L. 223-22 CCom haften die Geschäftsführer einer SARL der Gesellschaft sowie Dritten gegenüber für Gesetzes- und Satzungsverstöße sowie für Geschäftsführerfehler (*faute de gestion*). Der persönliche Anwendungsbereich dieser allgemeinen Haftungsnorm ist nach der französischen Rechtsprechung auf formelle Geschäftsführer beschränkt.[1135] Eine Haftung der Muttergesellschaft als faktischer Geschäftsführer (*gérant de fait*) ist somit ausgeschlossen.

2. Haftung während der Gründung

Nach Abschluss des Gesellschaftsvertrages und vor Eintragung in das Handelsregister verfügt die sich in Gründung befindende Gesellschaft (*société en formation*) noch über keine eigene Rechtspersönlichkeit.[1136] Nach Art. L. 210-6 al. 2 CCom haften Personen, die vor der Eintragung im Namen und auf Rechnung der Gesellschaft im Gründungsstadium Rechtsgeschäfte abschließen, für deren Erfüllung persönlich, unbeschränkt und gesamtschuldnerisch.[1137]

Abhilfe schafft eine Vereinbarung im Gesellschaftsvertrag, wonach die Haftung mit Eintragung auf die Gesellschaft übertragen wird, sofern nach Art. R. 210-5 al. 1, 2 CCom die konkreten Rechtsgeschäfte als Anlage dem Gesellschaftsvertrag beigefügt sind.[1138]

1134 Vgl. *Pfeifer*, GmbHR 2007, 1208 (1212).

1135 Cass. com., 06.10.1981, n° 77-15.264, JCP G 1982, II, n° 19891; Cass.com., 21.03.1995, n° 93-13.872, Bull. civ. IV, n° 98, p. 87; Cass.com., 20.11.2007, n° 06-16-933, Dr. sociétés, n°14; vgl. *Pfeifer*, GmbHR 2007, 1208 (1211); *Kroh*, Der existenzvernichtende Eingriff, S. 293; *Mestre/Velardocchio*, Lamy Sociétés Commerciales, 2010, Rn. 3047.

1136 Vgl. *Pfeifer*, GmbHR 2007, 1208 (1212) .

1137 *Pfeifer*, GmbHR 2007, 1208 (1212); *Döbereiner*, in: Süß/Wachter, Hdb. des internat. GmbHR, 3. Aufl., Frankreich Rn. 54.

1138 *Döbereiner*, in: Süß/Wachter, Hdb. des internat. GmbHR, 3. Aufl., Frankreich Rn. 55.

Fehlt eine solche Vereinbarung, bleibt es bei der persönlichen Haftung der Gesellschafter auch nach Eintragung der SARL ins Handelsregister, sodass dann nur etwaige Regressansprüche der Gesellschafter gegen die Gesellschaft Abhilfe schaffen können.[1139]

3. *Haftung wegen Veruntreuung von Gesellschaftsvermögen (*abus de biens sociaux*)*

Der *abus de biens sociaux* ist der relevanteste französische Straftatbestand der Geschäftsführerhaftung.[1140] Nach Art. L. 241-3 al. 1 n° 4 CCom haftet derjenige Geschäftsführer, der für persönliche Zwecke oder zur Bevorzugung einer anderen Gesellschaft, an der er mittelbar oder unmittelbar beteiligt ist, Gesellschaftsvermögen entgegen dem Gesellschaftsinteresse verwendet.[1141] Bei Veruntreuung von Gesellschaftsvermögen drohen Geschäftsführern eine Geldstrafe von 375.000 EUR oder eine bis zu fünfjährige Gefängnisstrafe.[1142]

Der persönliche Anwendungsbereich der strafrechtlichen Geschäftsführerhaftung erstreckt sich auch auf Organe einer Muttergesellschaft in der Position eines faktischen Geschäftsführers.[1143] Grundsätzlich erfasst die Definition des faktischen Geschäftsführers sowohl natürliche wie juristische Personen.[1144] Im Rahmen der *abus de biens sociaux* als strafrechtliche Geschäftsführerhaftung wird je doch nur das Verhalten natürlicher Personen sanktioniert.[1145] Somit scheidet eine Haftung der Muttergesellschaft als juristische Person grundsätzlich nach Art. L. 241-3 al. n° 4 CCom aus, wenngleich die Haftung natürliche Personen in Organfunktion der Muttergesellschaft als faktische Geschäftsführer der Tochtergesellschaft erfassen kann.

1139 Ein etwaiger Rückgriff kann unter dem Gesichtspunkt einer Geschäftsführung ohne Auftrag oder nach Bereicherungsrecht in Betracht kommen, vgl. *Lacorne*, GmbHR 1996, 594 (595); *Pfeifer*, GmbHR 2007, 1208 (1212).

1140 *Jung/Kühl/Wohlgemuth*, in: Jung/Krebs/Stiegler, Gesellschaftsrecht in Europa, § 13 Frankreich Rn 320.

1141 Vgl. *Didier/Didier*, Droit commercial, Tome 2, Rn. 888; *Delpech*, Société à responsabilité limitée SARL, 27. éd., Rn. 72.20; nach der Übersetzung von *Jung/Kühl/Wohlgemuth*, in: Jung/Krebs/Stiegler, Gesellschaftsrecht in Europa, § 13 Frankreich Rn 320.

1142 *Didier/Didier*, Droit commercial, Tome 2, Rn. 888; *Basuyaux/Delpech/de Labrouhe*, in: Wegen/Spahlinger/Barth, Gesellschaftsrecht des Auslands, Frankreich, 3. EL, Rn. 237.

1143 *Maul*, NZG 1998, 965 (966).

1144 *Pfeifer*, GmbHR 2007, 1208 (1212).

1145 *Maul*, NZG 1998, 965 (966 f.).

Tatbestandlich verstößt die Verwendung von Gesellschaftsvermögen gegen das Gesellschaftsinteresse, wenn dieses ohne äquivalente wirtschaftliche Gegenleistung erfolgt oder solche Rechtsgeschäfte eingegangen werden, die für die Gesellschaft ein unangemessenes Risiko mit sich bringen.[1146] Allerdings wird nach der *Rozenblum*-Entscheidung[1147] der Cours de cassation der Anwendungsbereich des *abus de biens sociaux* für Konzernsachverhalte ausgenommen, soweit die Verwendung bei kumulativen Vorliegen bestimmter Voraussetzungen dem Gruppeninteresse entspricht.[1148]

Neben der strafrechtlichen Sanktion können sowohl von der abhängigen Gesellschaft als auch von den (Minderheits-)Gesellschaftern zivilrechtlich Schadensersatzklagen (*action civile*) geltend gemacht werden, sofern diesen ein eigener Schaden (z.B. Wertminderung ihrer Anteile) entstanden ist.[1149]

4. *Allgemeine Haftungsnorm des Art. 1240 CCiv*

Nach Art. 1240 CCiv[1150] wird jede Person, durch deren Handlung ein verschuldeter Schaden entstanden ist, zum Schadensersatz verpflichtet. Die allgemeine Haftungsnorm des Art. 1240 CCiv ist grundsätzlich subsidiär gegenüber den spezielleren, insbesondere den insolvenzrechtlichen Vorschriften.[1151] Die französische Rechtsprechung bejahte sehr restriktiv eine Haftung der Muttergesellschaft nach Art. 1240 CCiv, etwa für den Fall, dass die Muttergesellschaft ihre Tochtergesellschaft zu einem Vertragsbruch veranlasst.[1152]

Eine Haftung der Muttergesellschaft als Gesellschafterin soll jedoch nur in solchen Fällen angenommen werden können, in denen die unerlaubte Handlung von der Stellung als Gesellschafter zu trennen ist, also ein solch schwerwiegender Fehler vorliegt, der mit der Ausübung der Befugnisse als Gesellschafter nicht zu vereinbaren ist.[1153]

1146 Cass. com., 08.12.1971, Rev. soc. 1972, 514 (517 f.), Anm. *Bouloc*; *Jung/Kühl/Wohlgemuth*, in: Jung/Krebs/Stiegler, Gesellschaftsrecht in Europa, § 13 Frankreich Rn. 321.

1147 Cass. crim., 04.02.1985, Rev. soc. 1985, 648.

1148 Zu den Voraussetzungen siehe oben, Kap.IV.A.II.5.b.

1149 Vgl. *Maul*, NZG 1998, 965 (966); *Delpech*, Société à responsabilité limitée SARL, 27. éd., Rn. 72.29.

1150 Art. 1240 (= Art. 1382 CCiv a.F.): „*Tout fait quelconque de l'homme, qui cause à autrui un dommage, oblige celui par la faute duquel il est arrivé à le réparer*".

1151 Jeweils zum identischen, aber neu nummerierten Art. 1382 CCiv a.F., vgl. *Maul*, NZG 1998, 965 (968); *Kroh*, Der existenzvernichtende Eingriff, S. 297.

1152 CA Versailles, 27. 10. 1988, unveröffentlicht; si auch *Maul*, NZG 1998, 965 (968).

1153 Vgl. *Kroh*, Der existenzvernichtende Eingriff, S. 299.

Der Anwendungsbereich einer Haftung für Geschäftsführungsfehler nach Art. L. 223-22 CCom ist für faktische Geschäftsführer ausgeschlossen.[1154] Allerdings schließt dies eine mögliche Haftung der Gesellschafter als faktische Geschäftsführer gegenüber der Gesellschaft, den Minderheitsgesellschaftern oder Dritten nach Art. 1240 CCiv nicht aus.[1155] Resultieren folglich aus Geschäftsführungsfehlern eines Gesellschafters in der Rolle als faktischem Geschäftsführer Schäden, so haftet dieser nach Art. 1240 CCiv auf Ersatz.[1156] Eine Außenhaftung als faktischer Geschäftsführer kann parallel zur Haftung formeller Geschäftsführer nur dann angenommen werden, wenn der Geschäftsführungsfehler sich von der faktischen Geschäftsführung trennen lässt.[1157]

II. Insolvenzrechtliche Haftungstatbestände

Für eine Muttergesellschaft sind primär die insolvenzrechtlichen Haftungstatbestände der Ausfallhaftung nach Art. L. 651-2 CCom (*responsabilité pour insuffisance d'actif*) und der Insolvenzerstreckung (*extension de procédure*) nach Art. L. 621-2 al. 2 CCom wegen Vermögensvermischung (*confusion de patrimoine*) oder wegen der Fiktivität der juristischen Person (*fictivité de la personne morale*) relevant.

1. *Ausfallhaftung* – responsabilité pour insuffisance d'actif

Befindet sich eine juristische Person in einem Insolvenzverfahren und wird ein Vermögensrückstand, der sich auf einen Geschäftsführungsfehler (*faute de gestion*) zurückführen lässt, festgestellt, kann das Gericht nach Art. L. 651-2 al. 1 CCom den formellen oder faktischen Geschäftsführer teilweise oder ganz für den Vermögensrückstand für haftbar erklären. Die Ausfallhaftung sanktioniert die Geschäftsführer für deren Fehler, die Auslöser der Insolvenz ihrer Gesellschaft sind.[1158] Dies ist regelmäßig dann der Fall, wenn das Vermögen der

1154 *Delpech*, Société à responsabilité limitée SARL, 27. éd., Rn. 66.16.

1155 *Delpech*, Société à responsabilité limitée SARL, 27. éd., Rn. 66.16: "*Le dirigeant de fait peut toutefois être condamné civilement sur le fondement du droit commun, c'est-à-dire en application de l'article 1382* [heute Art. 1240] *du code civil*".

1156 Vgl. *Kroh*, Der existenzvernichtende Eingriff, S. 298.

1157 Cass. com., 10.07.2007, n° 06-16.165, D. affaires, 2007, S. 33; *Kroh*, Der existenzvernichtende Eingriff, S. 298.

1158 *Delpech*, Société à responsabilité limitée SARL, 27. éd., Rn. 144.14: "*Le droit des entreprises en difficultés continue à sanctionner, par le biais d'une action en responsabilité civile dont le régime est d'une orginialité certaine, les dirigeants d'une personne morale*

Gesellschaft nicht ausreichend ist, um ihre Gläubiger zu befriedigen.[1159] Die Geschäftsführer haften sodann auf Schadensersatz (*dommages-intérêts*) derart, dass sie zur vollständigen oder teilweisen Übernahme der Schulden der Gesellschaft verpflichtet werden, die diese nicht mehr im Stande ist zu begleichen.[1160]

Diese Ausfallhaftung wird seit Inkrafttreten des Gesetzes vom 25. Juli 2005 (Loi de sauvegarde des entreprises) am 01. Januar 2006 von der früheren Bezeichnung als *action en comblement du passif* in *responsabilité pour insuffisance d'actif* umbenannt und wurde bis heute durch weitere Vorschriften modifiziert.[1161]

Die Geschäftsführer schulden die ausgefallenen Verbindlichkeiten zwar der Gesellschaft als eigentliche Schuldnerin, aber nach Art. 651-2 al. 4 CCom ist der zu zahlende Betrag anteilsmäßig unter allen Gläubigern zu verteilen, sodass die *responsabilité pour insuffisance d'actif* eine Schadensersatzhaftung zugunsten der Gläubigergesamtheit darstellt.[1162]

a. Anwendungsbereich

aa. Sachlicher Anwendungsbereich

Nach Art. L. 651-1 CCom finden die Vorschriften der *responsabilité pour insuffisance d'actif* grundsätzlich Anwendung im Insolvenzfall (*procédure collective*) der SARL.[1163] Art. L. 651-2 CCom präzisiert den Anwendungsbereich ausdrücklich auf die Insolvenzverfahrensart der insolvenzbedingten Abwicklung (*liquidation judiciaire*).[1164] Stellt sich die Zahlungsunfähigkeit heraus und hat eine Sanierung offensichtlich keine Aussicht auf Erfolg, eröffnet das Gericht ein Liquidationsverfahren.[1165] Diese Entscheidung hat die Beendigung des Geschäftsbetriebes

---

lorsqu'ils ont commis une faute qui est à l'origine du déclenchement de la procédure collective ouverte contre cette personne morale".

1159 *Delpech*, Société à responsabilité limitée SARL, 27. éd., Rn. 144.14.

1160 *Delpech*, Société à responsabilité limitée SARL, 27. éd., Rn. 144.14.

1161 *Mestre/Velardocchio*, Lamy Sociétés Commerciales, 2010, Rn. 2583 f.; *Delpech*, Société à responsabilité limitée SARL, 27. éd., Rn. 144.14.

1162 Vgl. *Soinne*, Traité des procédures collectives, 2. éd., Nr. 2582; *Kroh*, Der existenzvernichtende Eingriff, S. 249 m.w.N.

1163 *Saß*, in: MHdb. GesR, Bd. VI, § 47 Rn. 129; *Charvériat/Couret/Sébire/Zabala*, Sociétés commerciales, 49. éd., Rn. 91540.

1164 Vgl. *Mestre/Velardocchio*, Lamy Sociétés Commerciales, 2010, Rn. 2583 f.; *Kroh*, Der existenzvernichtende Eingriff, S. 249; *Charvériat/Couret/Sébire/Zabala*, Sociétés commerciales, 49. éd., Rn. 91540.

1165 *Meyer/Gros*, GmbHR, 1032 (1034).

zur Folge und führt gegebenenfalls zur Auflösung der Gesellschaft, Art. 1844-7 Nr. 7 CCiv.[1166]

Zur Haftung müssen sich folglich die Aktiva der Gesellschaft als unzureichend erweisen (*insuffisance d'actif*). Dies bedeutet, dass die Ausfallhaftung dann anwendbar ist, wenn im Rahmen der insolvenzbedingten Abwicklung eine Unterdeckung der Passiva festgestellt wird, die durch einen Geschäftsführungsfehler (mit-)verursacht wurde.[1167]

bb. Haftungsadressaten

Haftungsadressaten der *responsabilité pour insuffisance d'actif* sind gem. Art. L. 651-2 CCom sowohl die formellen Geschäftsführer (*dirigeants de droit*) als auch die faktischen Geschäftsführer (*dirigeants de fait*).

Als *dirigeant de droit* werden sämtliche Geschäftsführer bezeichnet, die das Gesetz als solche für die Geschäftsführung einer Gesellschaft vorsieht.[1168] Dies sind Personen, die nach Art. L. 223-18 CCom entweder durch Satzung oder durch Gesellschafterbeschluss als Geschäftsführer der SARL bestellt werden.[1169]

Im Regelfall sind das die Personen, die zum Zeitpunkt der Insolvenzeröffnung das Amt des *gérant* innehaben.[1170] Allerdings gilt eine etwaige Ausfallhaftung auch für frühere Geschäftsführer (*anciens dirigeants*), falls zum Zeitpunkt ihres Ausscheidens eine *insuffisance d'actif* bereits bestand.[1171]

Auch faktische Geschäftsführer sind Haftungsadressaten der Ausfallhaftung. Die Qualifizierung als *dirigeant de fait* ist auch Anknüpfungspunkt für den Haftungsdurchgriff auf die Muttergesellschaft. Per definitionem kann jede Person, also jede natürliche oder juristische Person, faktischer Geschäftsführer sein. Fungiert die Muttergesellschaft als faktische Geschäftsführerin ihrer Tochtergesellschaft, kann jener die vollständige oder teilweise Übernahme der

---

1166 *Meyer/Gros*, GmbHR, 1032 (1034).

1167 *Christ*, Englische Private Limited und französische Société à Responsabilité Limitée, S. 189; *Kroh*, Der existenzvernichtende Eingriff, S. 248.

1168 *Jeantin/Le Cannu*, Droit commercial: entreprises en difficulté, 7. éd., S. 766 f.; *Mestre/Velardocchio*, Lamy Sociétés Commerciales, 2010, Rn. 2578; *Kroh*, Der existenzvernichtende Eingriff, S. 249 m.w.N.

1169 *Kroh*, Der existenzvernichtende Eingriff, S. 249 f.

1170 *Charvériat/Couret/Sébire/Zabala*, Sociétés commerciales, 49. éd., Rn. 91490.

1171 Cass. com., 22.06.2010, n° 09-14.486, RJDA 10/10, 988; Cass. com., 27.01.2015, n° 13-12.430, RJDA 5/15, 367; Cass. com., 05.04.2016, n° 14-13.843, RJDA 6/16, 467; *Mestre/Velardocchio*, Lamy Sociétés Commerciales, 2010, Rn. 2581; *Charvériat/Couret/Sébire/Zabala*, Sociétés commerciales, 49. éd., Rn. 91490.

Verbindlichkeiten der Tochtergesellschaft aufgetragen werden.[1172] Dies gilt auch dann, wenn die Muttergesellschaft selbst unter der faktischen Leitung der Holdinggesellschaft des Konzerns steht.[1173]

Die französische Rechtsprechung[1174] hat eine ausländische Gesellschaft als faktische Geschäftsführerin qualifiziert, die eine strenge Kontrolle über die Tätigkeiten einer Gruppe französischer Unternehmen ausübte, indem sie Richtlinien über die Verwaltung und die Führung der Buchhaltung erließ und die Kontrolle des Bankkapitals hatte.[1175] Demgegenüber lehnte die Rechtsprechung[1176] die Qualität als faktische Geschäftsführerin bei einer Muttergesellschaft ab, die bloß die Geschäftsführer ihrer Tochtergesellschaft bei hohen Investitionen ab einem bestimmten Betrag überwacht hatte.

b. Tatbestand

In Übereinstimmung mit dem französischen Deliktsrecht folgt der Haftungstatbestand des Art. L. 651-2 CCom dem Dreiklang aus *faute*, *dommage* und *lien de causalité entre la faute et le dommage*.[1177] Voraussetzungen des Tatbestandes des Art. L. 651-2 CCom sind somit eine *faute de gestion*, eine *insuffisance d'actif* als Schaden und ein Kausalzusammenhang zwischen dem Geschäftsführungsfehler und dem Schaden.

aa. Faute de gestion

Nach Art. L. 651-2 CCom muss ein Geschäftsführungsfehler zur *insuffisance d'actif* beigetragen haben.[1178] Hierfür muss der Fehler einerseits zeitlich vor der Eröffnung des gerichtlichen Liquidationsverfahrens liegen und andererseits

---

1172 *Charvériat/Couret/Sébire/Zabala*, Sociétés commerciales, 49. éd., Rn. 81300: "*En cas de mise en liquidation judiciaire d'une société filiale, la société mère peut être condamnée a supporter tout ou partie des dettes de sa filiale si elle s'est comportée comme un dirigeant de fait de celle-ci*".

1173 CA Paris, 23.05.1997, RJDA 10/97, 1277; *Charvériat/Couret/Sébire/Zabala*, Sociétés commerciales, 49. éd., Rn. 81300.

1174 CA Aix, 15.12.1978, Bull. d'Aix 4/1978, p. 89.

1175 Eine Rechtsprechungsübersicht findet sich bei *Charvériat/Couret/Sébire/Zabala*, Sociétés commerciales, 49. éd., Rn. 91481 f.

1176 Cass.com., 19.11.2013, n° 12-28.367, RJDA 3/14, 221.

1177 Siehe nur *Delpech*, Société à responsabilité limitée SARL, 27. éd., Rn. 114.16; *Kroh*, Der existenzvernichtende Eingriff, S. 253.

1178 Art. L. 651-2 CCom: "*...en cas de faute gestion ayant contribué à cette insuffisance d'actif*".

zur Firmeninsolvenz (*défaillance de l'entreprise*) geführt haben.[1179] Im Rahmen des Insolvenzrechtes ist Begriff der *faute de gestion* weiter als im Gesellschaftsrecht.[1180] Grundsätzlich fallen hierunter alle Verstöße gegen die für das betreffende Unternehmen geltenden Gesetze und Vorschriften sowie Verstöße gegen die Satzung der Gesellschaft.[1181]Die französische Rechtsprechung füllt das Tatbestandsmerkmal mit einer Vielzahl von Fallentscheidungen (*illustrations jurisprudentielles*) aus.[1182]

Hierzu haben sich drei Fallgruppen herausgebildet, die die möglichen Geschäftsführungsfehler zu kategorisieren und einzuordnen versuchen.[1183]

Die erste Fallgruppe stellt Verletzungen gegen die Geschäftsführerpflichten dar: Verstöße gegen Gesetz und Satzungen, gegen die Pflicht zum Schutz des Nennkapitals, Buchführungs- und Insolvenzantragspflichten, insbesondere die Pflicht bei Verlusten von mehr als der Hälfte des Nennkapitals einen Beschluss der Gesellschafter über eine Kapitalherabsetzung oder die Auflösung der Gesellschaft herbeizuführen, Artt. L. 223-42, L. 225-248 CCom.[1184]

Die zweite Fallgruppe umfasst Fälle, in denen die Geschäftsführer gegen anerkannte und praktisch bewährte betriebswirtschaftliche Erkenntnisse verstoßen haben.[1185] Ein solcher Verstoß liegt beispielsweise vor, wenn der Geschäftsleiter Darlehen aus dem Gesellschaftsvermögen in „exorbitanter Höhe" gewährt, obwohl die Rückzahlung unwahrscheinlich erscheint und auch nicht ausreichend durch Sicherheiten abgedeckt ist,[1186] oder Waren bestellt werden, obwohl diese Verbindlichkeiten zum Zeitpunkt der Bestellung kaum finanziell mehr gedeckt sind, oder wenn die Geschäftstätigkeit trotz drohender Insolvenz der Gesellschaft künstlich aufrechterhalten wird.[1187]

1179 *Delpech*, Société à responsabilité limitée SARL, 27. éd., Rn. 144.17.

1180 Vgl. *Delpech*, Société à responsabilité limitée SARL, 27. éd., Rn. 144.17; *Kroh*, Der existenzvernichtende Eingriff, S. 256.

1181 *Delpech*, Société à responsabilité limitée SARL, 27. éd., Rn. 144.17.

1182 Eine umfassende Übersicht zur Rechtsprechung zur Annahme und Ablehnung des Vorliegens eines Geschäftsführungsfehlers bei *Mestre/Velardocchio*, Lamy Sociétés Commerciales, 2010, Rn. 2588 f.; *Charvériat/Couret/Sébire/Zabala*, Sociétés commerciales, 49. éd., Rn. 91551 f.

1183 Zu den Fallgruppen vgl. *Meyer/Gros*, GmbHR 2006, 1032 (1036).

1184 *Meyer/Gros*, GmbHR 2006, 1032 (1036); *Kroh*, Der existenzvernichtende Eingriff, S. 256.

1185 Siehe hierzu *Meyer/Gros*, GmbHR, 1032 (1036) m.w.N.

1186 CA Paris, 04.02.1944, Rev. soc. 1994, 336 m. Anm. *Guyon*.

1187 CA Paris, 10.04.1934, DH 1934, 337; Vgl. *Meyer/Gros*, GmbHR 2006, 1032 (1036).

Die dritte Fallgruppe bezieht sich auf die passive Geschäftsführung bzw. das Desinteresse der Geschäftsleitung, bei der die Geschäftsleiter ihrer Pflicht zur aktiven Geschäftsführung nicht nachkommen.[1188] Eine *faute de gestion* wird von der französischen Rechtsprechung bejaht, wenn der Geschäftsführer fällige und durchsetzbare Forderungen nicht geltend macht und diese verjähren,[1189] oder er keine Maßnahmen einleitet, die zur Wiederherstellung der Vermögensverhältnisse der Gesellschaft erforderlich sind.[1190]

Wegen der schier undenkbaren Zahl an etwaigen Geschäftsführungsfehlern wurden die Haftungsgefahren von Geschäftsleitern einer französischen SARL nach Art. L. 651-2 eingeschränkt. Mit dem sogenannten „*Sapin 2*" Gesetz vom 09. Dezember 2016[1191] wurde Art. L. 651-2 CCom in seinem Absatz 1 um folgenden Wortlaut ergänzt: „*simple négligence du dirigeant de droit ou de fait dans la gestion de la société, sa responsabilité au titre de l'insuffisance d'actif ne peut être engagée*".[1192] Somit scheidet eine Haftung wegen *insuffisance d'actif* bei Geschäftsführungsfehlern, die auf einer einfachen Fahrlässigkeit (*simple négligence*) des Geschäftsführers beruhen, zukünftig aus. Der objektiv weit gefasste Tatbestand des Art. 651-2 CCom wurde auf subjektiver Ebene auf die Fälle der groben Fahrlässigkeit und des Vorsatzes beschränkt.

bb. Insuffisance d'actif

Die zweite Haftungsvoraussetzung ist eine *insuffisance d'actif* als entsprechender Schaden (*dommage*). Der Schaden einer *insuffisance d'actif* besteht für die Gesellschaftsgläubiger darin, dass ein Teil der Verbindlichkeiten nicht aus dem Vermögen der Gesellschaft beglichen werden kann.[1193] Somit ist die *insuffisance d'actif* die Differenz zwischen den Passivvermögen (*montant du passif*) und Aktivvermögen (*montant de l'actif*) einer insolventen Gesellschaft.[1194] Die Aktiva

---

1188 Zum Desinteresse der Geschäftsführung siehe Cass. com., 25.03.1997, 95-10.995, Bull. Joly 1997, n° 292; vgl. *Meyer/Gros*, GmbHR 2006, 1032 (1036); *Kroh*, Der existenzvernichtende Eingriff, S. 256.

1189 Cass. com., 04.02.1980, Bull. civ., IV, Rn. 55.

1190 Cass. com., 23.06.1998, Bull. Joly 1988, 1287 m. Anm. *Pétel*; Cass. com., 07.07.1998, Bull. Joly 1998, 1297 m. Anm. *Le Cannu*; *Meyer/Gros*, GmbHR 2006, 1032 (1036)

1191 Loi n° 2016-1691 du 9 décembre 2016.

1192 Vgl. *Cozian/Viandir/Deboissy*, Droit des Sociétés, 31. éd., Rn. 433.

1193 *Delpech*, Société à responsabilité limitée SARL, 27. éd., Rn. 144.18.

1194 CA Paris, 15.11.2007, Rev. proc. coll. 2008, n° 88; *Delpech*, Société à responsabilité limitée SARL, 27. éd., Rn. 144.18; *Kroh*, Der existenzvernichtende Eingriff, S. 254.

müssen sich gegenüber den Verbindlichkeiten der Gläubiger der Gesellschaft als unzureichend erweisen.[1195]

Allerdings werden zur Feststellung der Differenz als Passiva nur diejenigen Verbindlichkeiten eingestellt, die bereits vor Eröffnung des Insolvenzverfahrens gegenüber der Gesellschaft entstanden sind.[1196] Solche Gesellschaftsschulden, die nach der Eröffnung des Insolvenzverfahrens entstehen, bleiben bei der Bestimmung des Fehlbetrages unberücksichtigt.[1197]

cc. Lien de causalité

Schließlich muss ein Kausalzusammenhang (*lien de causalité*) zwischen der *faute de gestion* und der *insuffisance d'actif* bestehen. Für die Annahme eines Kausalzusammenhangs ist es nicht erforderlich, dass der Fehler die Hauptursache für den Schaden ist.[1198] Es genügt, dass der Geschäftsführungsfehler zum Schaden beigetragen hat, unabhängig davon, ob andere Faktoren eine entscheidende Mitursächlichkeit gespielt haben.[1199] Gleichwohl kann eine nur teilweise Ursächlichkeit für den Schaden dazu führen, dass ein Geschäftsleiter für den vollen Ausfall haften muss.[1200] Insofern folgt die Ausfallhaftung nach Art. L. 651-2 CCom dem System der äquivalenten Bedingungen („*système de l'équivalence des conditions*").[1201] Dies führt zu einer effektiveren Verfolgung und zur Vermeidung von Straflosigkeit für die Geschäftsleiter.[1202]

c. Rechtsfolge und Geltendmachung

Liegen die Voraussetzungen des Art. L. 651-2 CCom vor, kann das Gericht die Geschäftsleiter dazu verurteilen, den Fehlbetrag ganz oder teilweise zu leisten.[1203]

1195 *Meyer/Gros*, GmbHR 2006, 1032 (1035).

1196 *Delpech*, Société à responsabilité limitée SARL, 27. éd., Rn. 144.18; *Kroh*, Der existenzvernichtende Eingriff, S. 254.

1197 Cass. com., 28.04.1998, RJDA 8-9/98, 1000; Cass. com., 18.03.2008, 02-21.616, RJDA 7/08, 832; *Kroh*, Der existenzvernichtende Eingriff, S. 254; *Charvériat/Couret/Sébire/Zabala*, Sociétés commerciales, 49. éd., Rn. 91541.

1198 Cass. com., 30.11.1993, 91-20.554, Bull. Joly 1994, 410 m. Anm. *Pétel*; *Delpech*, Société à responsabilité limitée SARL, 27. éd., Rn. 144.19; *Kroh*, Der existenzvernichtende Eingriff, S. 254.

1199 Cass. com., 21.06.2005, 04-12.087, Dr. sociétés 2005, 193 m. Anm. *Legros*; *Delpech*, Société à responsabilité limitée SARL, 27. éd., Rn. 144.19.

1200 *Delpech*, Société à responsabilité limitée SARL, 27. éd., Rn. 144.19.

1201 *Delpech*, Société à responsabilité limitée SARL, 27. éd., Rn. 144.19.

1202 *Delpech*, Société à responsabilité limitée SARL, 27. éd., Rn. 144.19.

1203 *Meyer/Gros*, GmbHR 2006, 1032 (1037).

Für die Ausfallhaftung ist nach Art. R. 651-1 CCom das Gericht zuständig, das auch das Insolvenzverfahren der *liquidation judiciaire* eröffnet hat.[1204]

Dem Gericht steht im Rahmen der *responsabilité pour insuffisance d'actif* ein weites Ermessen zu; es kann entweder den Geschäftsleiter sowohl ganz oder teilweise zur Haftung verurteilen als auch von einer Sanktion absehen, obwohl die Voraussetzungen eigentlich vorliegen.[1205] Insofern handelt es sich bei der Ausfallhaftung um eine fakultative Sanktion (*sanction facultative*).[1206] Hinsichtlich der Höhe sind die Gerichte durch die Höhe des Ausfallbetrages (*montant de l'insuffisance d'actif*) beschränkt.[1207]

Bei mehreren verantwortlichen Geschäftsleitern steht es ebenso im Ermessen des Gerichts alle oder nur einzelne Geschäftsleiter bzw. einzelne Geschäftsleiter in unterschiedlicher Höhe zu verurteilen und eine gesamtschuldnerische Haftung nach Art. L. 651-2 al. 1 S. 2 CCom anzuordnen.[1208] Der durch das Gericht bestimmte Betrag fließt gem. Art. L. 651-2 al. 4 CCom zunächst der Gesellschaft selbst zu und wird sodann an die Gläubiger ausgeschüttet, die entsprechend der relativen Höhe ihrer Forderungen (*au marc le franc*) an dem Betrag partizipieren.[1209]

Kommt ein Geschäftsleiter seiner durch das Gericht festgelegten Zahlungsverpflichtung nicht nach, kann das Gericht ihn zusätzlich mit einer persönlichen Insolvenzächtung (*faillité personnelle*) oder dem Verbot der Geschäftsleitung oder Kontrolle (*interdiction de diriger*) sanktionieren, Artt. L. 654-6, L. 654-8 CCom.[1210] Darüber hinaus kann das Gericht den Geschäftsleiter dazu anweisen,

---

1204 *Mestre/Velardocchio*, Lamy Sociétés Commerciales, 2010, Rn. 2590; *Delpech*, Société à responsabilité limitée SARL, 27. éd., Rn. 144.20.

1205 *Charvériat/Couret/Sébire/Zabala*, Sociétés commerciales, 49. éd., Rn. 91660.

1206 Vgl. *Charvériat/Couret/Sébire/Zabala*, Sociétés commerciales, 49. éd., Rn. 91660.

1207 *Meyer/Gros*, GmbHR 2006, 1032 (1037); *Kroh*, Der existenzvernichtende Eingriff, S. 254.

1208 Vgl. *Meyer/Gros*, GmbHR 2006, 1032 (1037); *Delpech*, Société à responsabilité limitée SARL, 27. éd., Rn. 144.23.

1209 Art. L. 651-2 al. 4 CCom: "*Les sommes versées par les dirigeants ou l'entrepreneur individuel à responsabilité limitée entrent dans le patrimoine du débiteur. Elles sont réparties au marc le franc entre tous les créanciers*"; siehe *Meyer/Gros*, GmbHR 2006, 1032 (1037).

1210 *Meyer/Gros*, GmbHR 2006, 1032 (1037); *Charvériat/Couret/Sébire/Zabala*, Sociétés commerciales, 49. éd., Rn. 91680; zur *faillite personelle* und der *interdiction de gérer* ausführlich *Delpech*, Société à responsabilité limitée SARL, 27. éd., Rn. 144.26 ff.

seine Gesellschaftsanteile der Gesellschaft zu übertragen oder das Gericht kann die Zwangsübertragung anordnen.[1211]

Zur Geltendmachung der *responsabilité pour insuffisance d'actif* ist gem. Art. 651-3 al. 1 CCom der Liquidator oder die Staatsanwaltschaft (*ministère public*) zuständig. Nach Art. 651-3 al. 2 CCom besteht darüber hinaus die Möglichkeit, dass die Mehrheit der als Kontrolleure bestellten Gläubiger im gemeinsamen Interesse das Gericht anrufen kann, wenn der Liquidator einer Aufforderung innerhalb einer Frist und unter den Bedingungen, die der Conseil d'État durch Dekret festgelegt hat, nicht nachgekommen ist.[1212] Das heißt im Umkehrschluss, dass ein einzelner Gläubiger nicht zur Geltendmachung der Ausfallhaftung vor Gericht berechtigt ist.[1213]

2. *Insolvenzerstreckung* – extension de procédure

Eine weitere Ausnahme vom Trennungsprinzip ist die sog. Insolvenzerstreckung (*extension de procédure*) nach Art. L. 621-2 al. 2 CCom auf eine oder mehrere Personen, wenn deren Vermögen mit dem der Schuldnerin vermischt (*confusion de patrimoine*) oder die Schuldnerin eine Scheingesellschaft (*fictivité de la personne morale*) ist. Der Wortlaut des Art. L. 621-2 al. 2 CCom spricht von einer oder mehreren Personen, sodass auch eine Muttergesellschaft als juristische Person tauglicher Adressat der Insolvenzerstreckung sein kann, wenn ihr Vermögen mit dem ihrer Tochtergesellschaft vermischt ist oder sie ihre Tochtergesellschaft als bloßen Schein nutzt.

a. Anwendungsbereich

Der Anwendungsbereich der Insolvenzerstreckung bezieht sich grundsätzlich auf das Insolvenzverfahren der *procédure de sauvegarde*, das dazu dienen soll, noch vor dem Zeitpunkt der Zahlungsunfähigkeit ein Sanierungskonzept für die Gesellschaft zu erstellen.[1214] Die Insolvenzerstreckung findet durch Verweis auch für Insolvenzverfahren der *redressement judiciaire* (Art. L. 631-7 al. 1 CCom)

1211 *Charvériat/Couret/Sébire/Zabala*, Sociétés commerciales, 49. éd., Rn. 91680.

1212 Art. L. 651-3 al. 2 CCom: „*Dans l'intérêt collectif des créanciers, le tribunal peut également être saisi par la majorité des créanciers nommés contrôleurs lorsque le liquidateur n'a pas engagé l'action prévue au même article, après une mise en demeure restée sans suite dans un délai et des conditions fixés par décret en Conseil d'État*".

1213 Vgl. *Mestre/Velardocchio*, Lamy Sociétés Commerciales, 2010, Rn. 2594.

1214 *Pfeifer*, GmbHR 2007, 1208 (1212).

und der *liquidation judiciaire* (Art. L. 641-1 Nr. 1 CCom) Anwendung.[1215] Denklogisch kann das Insolvenzverfahren jedoch nur erstreckt werden, wenn das zu erstreckende Verfahren noch nicht beendet ist.[1216] Ausweislich des Wortlauts der Norm spricht Art. L. 621-2 al. 2 CCom von *une ou plusieurs autres personnes*, sodass in den persönlichen Anwendungsbereich der Insolvenzerstreckung jede natürliche wie juristische Person fällt.[1217] Somit kann die Insolvenz sowohl auf eine andere Konzerngesellschaft (*autre société du groupe*) als auch auf ihre Gesellschafter oder ihre Geschäftsleiter erstreckt werden, wenn deren Vermögen mit dem der insolventen Tochtergesellschaft vermischt ist oder diese hinter der Scheingesellschaft stehen.[1218] Insofern ist der persönliche Anwendungsbereich weiter als der der *responsabilité pour insuffisance d'actif*, der auf den gesetzlichen und faktischen Geschäftsleiter beschränkt ist.

b. Tatbestand

Eine Muttergesellschaft haftet, wenn tatbestandlich ihr Vermögen mit dem der insolventen Tochtergesellschaft vermischt ist (*confusion de patrimoine*) oder sie die Tochtergesellschaft mit ihrer beschränkten Haftung nur zum Schein gebraucht, sog. Fiktivität der Gesellschaft (*fictivité de la personne morale*). Wird eine Fiktivität der Gesellschaft nachgewiesen, ist es nicht erforderlich, dass zusätzlich auch eine Vermögensvermischung vorliegt,[1219] sodass es sich um zwei eigenständige Tatbestandsalternativen handelt, die nicht kumulativ vorliegen müssen.[1220] Die Tatbestandsalternativen knüpfen jeweils an das Prinzip der Selbstständigkeit der juristischen Person, das sich in einem eigenen Vermögen und im Eigeninteresse der Gesellschaft widerspiegelt, an.[1221]

1215 *Meyer/Gros*, GmbHR 2006, 1091 (1093); *Delpech*, Société à responsabilité limitée SARL, 27. éd., Rn. 123.16; *Charvériat/Couret/Sébire/Zabala*, Sociétés commerciales, 49. éd., Rn. 81280.

1216 *Kroh*, Der existenzvernichtende Eingriff, S. 254.

1217 Vgl. *Le Corre*, Droit et pratique des procédures collectives, 5. éd., Rn. 213.42; *Kroh*, Der existenzvernichtende Eingriff, S. 275.

1218 Vgl. *Meyer/Gros*, GmbHR 2006, 1091 (1093); *Charvériat/Couret/Sébire/Zabala*, Sociétés commerciales, 49. éd., Rn. 81280, 91300, 91440.

1219 Vgl. Cass. com., 08.02.1994; Bull. Joly 1994, 394.

1220 *Charvériat/Couret/Sébire/Zabala*, Sociétés commerciales, 49. éd., Rn. 81280.

1221 *Barbiéri*, Confusion des patrimoines et fictivité des sociétés, Les Petites affiches 25.10.1996, p. 9; *Meyer/Gros*, GmbHR 2006, 1091 (1093).

aa. Vermögensvermischung – confusion de patrimoine

Der Tatbestand der Vermögensvermischung sanktioniert die fehlende Vermögenstrennung, die Grundvoraussetzung für die Zuordnung der Haftungsmassen als Rechtfertigung für die Haftungsbeschränkung ist.[1222] Lässt sich die Haftungsmasse wegen der Vermischung nicht mehr den jeweiligen Haftungssubjekten zuweisen, unterläuft dies den Gegenwert für das Privileg der Haftungsbeschränkung. Die französische Rechtsprechung hat zwei alternative Kriterien zur Charakterisierung einer Vermögensvermischung aufgestellt:[1223]

Einerseits eine untrennbare Verflechtung der Vermögenswerte und Schulden jedes Unternehmens (*imbrication inextricable des éléments d'actif et de passif*), sodass es unmöglich erscheint, zwischen den betroffenen Unternehmen festzustellen, wer Eigentümer der Vermögenswerte ist und wer für welche Schulden haftet;[1224] andererseits, wenn ungewöhnliche finanzielle Beziehungen bzw. anormale Finanzströme zwischen den Unternehmen (*relations financières/flux financiers anormaux*) bestehen.[1225] Eine untrennbare Verflechtung liegt regelmäßig bei einer undurchsichtigen Buchführung (*confusion des comptes*) vor, sodass die einzelnen Vermögenswerte nicht mehr eindeutig zuzuordnen sind.[1226]

Die französische Rechtsprechung nimmt eine *relation financière anormal* im Regelfall dann an, wenn Vermögenswerte ohne entsprechende Gegenleistung auf eine andere Person übertragen werden.[1227] Eine solche anormale finanzielle Beziehung liegt auch bei der Tilgung von Verbindlichkeiten durch eine andere Person, ohne eine angemessene Gegenleistung dafür zu erhalten, vor.[1228]

1222 *Meyer/Gros*, GmbHR 2006, 1091 (1093).

1223 Vgl. *Kroh*, Der existenzvernichtende Eingriff, S. 276; *Delpech*, Société à responsabilité limitée SARL, 27. éd., Rn. 123.16.

1224 Cass. com., 28.11.2000, n° 98-10.083, D. 2001, 309; *Kroh*, Der existenzvernichtende Eingriff, S. 276; *Delpech*, Société à responsabilité limitée SARL, 27. éd., Rn. 123.16.

1225 Cass. com., 10.01.2006, 04-18.917, Rev. soc. 2006, 629; *Mestre/Velardocchio*, Lamy Sociétés Commerciales, 2010, Rn. 483; *Delpech*, Société à responsabilité limitée SARL, 27. éd., Rn. 123.16; *Charvériat/Couret/Sébire/Zabala*, Sociétés commerciales, 49. éd., Rn. 81282.

1226 Vgl. *Mestre/Velardocchio*, Lamy Sociétés Commerciales, 2010, Rn. 483; *Kroh*, Der existenzvernichtende Eingriff, S. 276.

1227 Cass. com., 08.01.2002, n° 98-23.177, Act. proc. coll. 2002, 70; Cass. com., 07.12.2004, n° 03-12.030, Bull. Joly 2005, 130; *Delpech*, Société à responsabilité limitée SARL, 27. éd., Rn. 123.16.

1228 Cass. com., 02.02.1999, n° 96-13.678, Act. proc. coll. 1999, 75; Cass. com., 19.02.2002, n° 99-12.776, RJDA 2002, 653; *Kroh*, Der existenzvernichtende Eingriff, S. 277.

Schließlich reichen im Rahmen eines Konzerns das bloße Bestehen eines Gruppeninteresses, das über die jeweiligen Interessen einer jeden Gesellschaft hinausgeht, das Bestehen vertraglicher und finanzieller Beziehungen oder gemeinsamer Rechte (z.B. gemeinsamer Gesellschaftssitz oder ein gemeinsames Logo) nicht aus, um eine Vermögensvermischung zu begründen.[1229]

bb. *Scheingesellschaft* – fictivite de la personne morale

Die Fiktivität der juristischen Person ist die zweite Tatbestandsalternative der Insolvenzerstreckung, die als Haftungsinstrument von der französischen Rechtsprechung entwickelt wurde, bevor sie in Art. L. 621-2 al. 2 CCom Niederschlag gefunden hat.[1230] Eine juristische Person gilt als fiktiv, wenn eines der konstitutiven Elemente (*absence d'un élément constitutif*) fehlt.[1231] An einem solchen Element fehlt es im Regelfall, wenn die Gesellschaft nicht den gemeinsamen, sondern einen von den einzelnen Gesellschaftern losgelösten Zweck (*affectio societatis*) verfolgt.[1232] Die Verfolgung einer reinen Beschränkung der Haftung (*responsabilité limitée*) oder der bloße Genuss von Steuervorteilen reichen zur Begründung eines gemeinsamen Gesellschaftszweckes nicht aus.[1233]

Ebenso wird eine juristische Person als Scheingesellschaft qualifiziert, wenn ihr jede Entscheidungsautonomie, insbesondere die Entscheidungsbefugnis über ihre Liquidation oder ihr Überleben, entzogen wird und diese Macht tatsächlich die hinter der Gesellschaft stehende Person in den Händen hält.[1234] Eine

---

1229 *Delpech*, Société à responsabilité limitée SARL, 27. éd., Rn. 123.16: "*Enfin dans les groupes de sociétés, l'existence d'une communauté d'intérêts- en d'autres termes un intérêt de groupe qui transcende l'intérêt de chaque entité -, ainsi que l'existence de relations contractuelles entre les sociétés du groupe, même à caractère financier (par exemple sous forme d'une convention de trésorerie), ou encore l'existence de liens étroits entre les entités (communautés de dirigeants et d'associés, identité de siège social, logo commun, etc.) ne suffisent pas à établir la confusion des partrimoines*".

1230 *Pfeifer*, GmbHR 2007, 1208 (1213).

1231 Vgl. Commentaire d'arrêt de Droit des Sociétés de 1ère Chambre civile de la Cour de cassation, 13 décembre 2005, S. 4; *Meyer/Gros*, GmbHR 2006, 1091 (1094).

1232 Vgl. Cass. com., 15.05.2007, n°; Commentaire d'arrêt de Droit des Sociétés de 1ère Chambre civile de la Cour de cassation, 13 décembre 2005, S. 4; *Meyer/Gros*, GmbHR 2006, 1091 (1094 Fn. 28); *Pfeifer*, GmbHR 2007, 1208 (1213); *Kroh*, Der existenzvernichtende Eingriff, S. 277.

1233 *Pfeifer*, GmbHR 2007, 1208 (1213)

1234 Commentaire d'arrêt de Droit des Sociétés de 1ère Chambre civile de la Cour de cassation, 13 décembre 2005, p. 4: "*une société apparait comme fictive lorsqu'elle est dépourvue de toute autonomie décisionnelle et notamment de la faculté de décider de*

Gesellschaft besteht nicht allein deshalb nur zum Schein, weil diese wirtschaftlich abhängig von einer Person ist oder mit dieser eng wirtschaftlich zusammenarbeitet.[1235] Ebenso genügt die Identität des Geschäftsleiters bei beiden Gesellschaften oder ein identischer Gesellschaftssitz nicht aus.[1236]

c. Rechtsfolge und Geltendmachung

Liegt eine der beide Tatbestandsalternativen der Vermögensvermischung oder der Fiktivität der juristischen Person vor, kann das Gericht nach Art. L. 621-2 al. 2 CCom das bereits eröffnete Verfahren der Tochtergesellschaft (*procédure ouverte*) auf die eine oder die mehreren Personen, die den Tatbestand jeweils erfüllt haben, erstrecken.

Bei der Insolvenzerstreckung gehen die französischen Gerichte von einer einheitlichen Vermögensmasse aus, die bisher nur zum Schein unterschiedlichen Rechtsträgern zugeordnet wurde, sodass eine gesonderte Feststellung der Zahlungsunfähigkeit der Zielperson der Erstreckung nicht notwendig ist.[1237] Die Vermögensmassen der insolventen Gesellschaft und der Muttergesellschaft werden zu einer einheitlichen Insolvenzmasse verknüpft.[1238] Trotz der Annahme der Einheitlichkeit gilt die Insolvenzerstreckung im Sinne des Schutzes seiner bisherigen Gläubiger erst *ex nunc* und nicht *ex tunc* mit Beginn der Eröffnung des Insolvenzverfahrens über die Gesellschaft.[1239]

Im Einzelfall können sich wegen der unterschiedlichen Verfahren des französischen Insolvenzrechts Besonderheiten ergeben, wenn beispielsweise im Laufe des Verfahrens ein Sanierungsverfahren (*procédure de sauvegarde*) wegen Unzulänglichkeit der vereinigten Vermögensmasse, in ein anderes Verfahren (*redressement judiciaire* oder eine *liquidation judiciare*) umgewandelt werden muss,[1240]

---

sa liquidation ou de sa survie, cette faculté appartenant en fait au véritable maître de l'affaire".

1235 Siehe CA Montpellier, 31.07.1991, D. 1991, 474; Cass. com., 20.10.1992, n° 90-21.070, Bull. civ. IV, 314; *Kroh*, Der existenzvernichtende Eingriff, S. 277

1236 *Charvériat/Couret/Sébire/Zabala*, Sociétés commerciales, 49. éd., Rn. 81281.

1237 Vgl. Cass. com., 11.10.1994, Bull. civ., IV, 280; Cass. com., 07.01.2003, Bull. civ., IV, 2; *Meyer/Gros*, GmbHR 2006, 1091 (1094).

1238 Siehe Cass. civ., 1ère ch., 13.02.2001, n° 98-16.109, Dr. sociétés 2001, 112; Cass. com. 07.01.2003, n° 99-16.204, Bull. civ., IV, 4; *Le Corre*, Droit et pratique des procédures collectives, 5. éd., Rn. 213.42; *Kroh*, Der existenzvernichtende Eingriff, S. 280

1239 Cass. com., 16.06.2004, n° 01-17.234, Act. proc. coll. 2004, 193; Cass. com., 28.09.2004, n° 02-12.552, Bull. civ., IV, 170; *Kroh*, Der existenzvernichtende Eingriff, S. 280.

1240 Vgl. *Le Corre*, Droit et pratique des procédures collectives, 5. éd., Rn. 213.34.

oder wenn sich die Zielperson der Insolvenzerstreckung bereits in einem eigenständigen Insolvenzverfahren befindet.[1241]

Nach Art. L. 621-2 al. 2 CCom sind ausdrücklich der *administrateur*, der *mandataire judiciaire*, der Schuldner (*débiteur*) - die Gesellschaft selbst - oder die Staatsanwaltschaft antragsberechtigt. Nach Art. L. 622-20 CCom vertritt zwar grundsätzlich nur der *mandataire judiciaire* die Gläubigerinteressen, allerdings können die als *contrôleur* ernannten Gläubiger im Fall eines Unterlassens durch ihn gleichfalls die Interessen der Gläubigergesamtheit verfolgen.[1242] Im Umkehrschluss bedeutet dies, dass ebenso wie im Rahmen der Ausfallhaftung nach Art. L. 651-2 CCom der einzelne Gläubiger nicht antragsberechtigt ist.

3. Stellungnahme

Die insolvenzrechtlichen Haftungstatbestände der Ausfallhaftung (*responsabilité pour insuffisance d'actif*) nach Art. L. 651-2 al. 1 CCom und die Insolvenzerstreckung (*extension de procédure*) gem. Art. L. 621-2 al. 2 CCom sind die primären Anknüpfungspunkte im französischen Recht, um eine Haftung der Muttergesellschaft herzuleiten. Angeknüpft wird hierfür im Rahmen der Ausfallhaftung an die Stellung als faktische Geschäftsführerin (*dirigeant/gérant de fait*), die eine *insuffisance d'actif* als Folge eines Geschäftsführungsfehlers (*faute de gestion*) zu vertreten hat. Im Gegensatz hierzu kann die Insolvenz nach Art. L. 621-2 al. 2 CCom auf jede Person erstreckt werden, deren Vermögen mit der insolventen Gesellschaft vermischt ist oder die diese nur zum Schein unter Ausnutzung der Haftungsbeschränkung benutzt hat. Insofern ist der persönliche Anwendungsbereich des Art. L. 621-2 al. 2 CCom wesentlich weiter als die auf die Geschäftsführer beschränkte Ausfallhaftung. Beiden Regelungen sind die weiten Ermessensspielräume der Insolvenzgerichte auf Tatbestands- und Rechtsfolgenseite gemein.[1243]

III. Zusammenfassung

Ein fehlendes Mindestkapitalerfordernis und der einfache Organisationsaufbau machen die SARL ähnlich wie die *private limited* für die Wahl als Gesellschaftsform interessant. Im Hinblick auf ein fehlendes kodifiziertes Konzernrecht steht

1241 Ausführlich hierzu unter Differenzierung nach den jeweiligen Verfahrenstypen siehe *Kroh*, Der existenzvernichtende Eingriff, S. 282 ff.

1242 Vgl. *Kroh*, Der existenzvernichtende Eingriff, S. 285.

1243 Vgl. *Meyer/Gros*, GmbHR 2006, 1091 (1096).

in Frankreich der Begriff der „*contrôle*" zur Beurteilung von Konzernsachverhalten im Vordergrund. Gleichzeitig herrscht der Grundsatz der Autonomie jeder juristischen Person vor. Dies hat zur Folge, dass sich die weder Muttergesellschaft innerhalb der Organkompetenz mit einem Weisungsrecht gegenüber der Geschäftsführung noch als herrschende Gesellschaft ihr Interesse bzw. das des Konzerns gegenüber ihrer Tochtergesellschaft durchsetzen kann.

Haftungsrechtlich gilt zunächst wegen des Grundsatzes der Eigenständigkeit der juristischen Person ein striktes Trennungsprinzip, sodass eine Muttergesellschaft im Regelfall nicht für die Verbindlichkeiten ihrer französischen Tochtergesellschaft haften muss. Dieser Grundsatz kann im Rahmen einer Insolvenz durchbrochen werden, wenn entweder die Muttergesellschaft als faktische Geschäftsführerin qualifiziert wird und die Voraussetzungen der Ausfallhaftung vorliegen oder entweder das Vermögen von Mutter- und Tochtergesellschaft vermischt wurde oder die Mutter- ihre Tochtergesellschaft bloß zum Schein gegründet hat.

Somit wird der konzernrechtliche Diskurs in Frankreich von einem strengen Trennungsprinzip, keiner unmittelbaren Einflussmöglichkeit des Gesellschafters auf die Geschäftsführung der Gesellschaft und der Verlagerung der Haftungsfragen auf die Insolvenzebene beherrscht.

Kapitel V Ländervergleich

Abstract: Chapter V draws a comparison of the German, English and French jurisdiction concerning the different aspects of shareholder's liability. Therefore, it is necessary to establish categories of the specific national rules as methodological basis for the following comparison. The fist category shown deals with the different characteristics of the GmbH in Germany, the Limited in England and the SARL in France. Afterwards the possibilities of group control are compared, extensive regulations in Germany on the one side, sporadic rules in England and France on the other side. Both, German as well as English and French legislative authority have to deal with the company group's immanent conflict: on the one hand the Group's interest versus the interest of the controlled company, the creditor's interests and the interests of possible minority shareholder on the other hand. The French and English legislatives solved the problem on the level of the company's insolvency. But all three jurisdictions have strict exceptions of the principle of limited liability in common.

Keywords: comparison, comparative law, company group's immanent conflict

A. Einführung

In den voranstehenden Kapiteln wurden die konzernrechtlichen Regelungen, die jeweiligen Haftungsinstitute und Konzeptionen eines Haftungsdurchgriffs auf die Muttergesellschaft in Deutschland, England und Frankreich dargestellt. Diese Darstellungen bilden das Grundgerüst und schaffen das Verständnis für die anstehende Rechtsvergleichung. Methodisch werden relevante Vergleichspaare der drei Rechtsordnungen gebildet, anhand derer die Gemeinsamkeiten und Unterschiede herausgearbeitet werden. Etwaige Gemeinsamkeiten stellen sodann einen Ausgangspunkt für eine mögliche Vereinheitlichung eines konzernrechtlichen Haftungssystems dar.

B. Vergleichspaare

Die Vergleichspaare orientieren sich an der bisherigen Gliederung der Länderberichte. Ausgangspunkt der Rechtsvergleichung stellen die Unterschiede und Gemeinsamkeiten der jeweiligen Gesellschaftsformen hinsichtlich der Finanzverfassung, Organisation und Kompetenzverteilung zwischen Geschäftsführung und Gesellschaftern der deutschen Aktiengesellschaft und der Gesellschaft mit beschränkter Haftung, der englischen *private limited* und der französischen *société à responsabilité limitée* dar. Mit dem Verständnis der unterschiedlichen Einflussmöglichkeiten der Gesellschafter auf die Geschäftsführung als Grundlage, können die konzernspezifischen Regelungen in England und Frankreich untersucht werden. Die nationalen Regelungen bilden die Prinzipen ab, nach denen der jeweilige Gesetzgeber den Interessenkonflikt zwischen dem Bedürfnis der Muttergesellschaft an einer einheitlichen Leitung gegenüber den Interessen der Tochtergesellschaft selbst und ihrer Gläubiger gelöst hat.

I. Besonderheiten der Gesellschaftsformen

1. Finanzverfassung

Die Finanzverfassung einer juristischen Person ist für die den Gläubigern zur Verfügung stehende Haftsumme grundlegend. Nach § 7 AktG beträgt der Mindestbetrag des Grundkapitals einer deutschen AG 50.000 EUR, entsprechend nach § 5 Abs. 1 GmbHG der des Stammkapitals einer deutschen GmbH 25.000 EUR. Mit der Einführung der Unternehmergesellschaft (haftungsbeschränkt) ist aber bereits eine Gründung ab 1 EUR Mindestkapital möglich, wobei nach § 5a Abs. 3 GmbHG 25 % des Jahresüberschusses als gesetzliche Rücklage gebildet werden muss. Nach deutschem Verständnis ist das Stammkapitalerfordernis die Lösesumme, mit der die rechtliche Selbstständigkeit und die beschränkte Haftung der juristischen Gesellschaft erkauft werden.[1244] Der Gläubigerschutz ist die Maßgabe für das Erfordernis, wonach den Gläubigern im Haftungsfall zumindest eine bestimmte Haftsumme zur Verfügung stehen soll.[1245]

Demgegenüber weisen sowohl die englische *private limited* als auch die französische *société à responsabilité limitée* die Gemeinsamkeit eines fehlenden Mindestkapitalerfordernisses auf. Vielmehr muss lediglich jedem Gesellschaftsanteil ein Nennwert zugewiesen sein.[1246] Der englische und französische Gesetzgeber sehen in dem Erfordernis eines Mindestkapitals kein adäquates Mittel des Gläubigerschutzes[1247] und versuchen vielmehr den gebotenen Gläubigerschutz durch die ausgestalteten Haftungstatbestände im Rahmen des Insolvenzrechts zu gewährleisten.[1248]

1244 Vgl. *Heinz/Hartung*, Die englische Limited, 3. Aufl., 9.1 Rn. 2.

1245 Vgl. *Heinz/Hartung*, Die englische Limited, 3. Aufl., 9.1 Rn. 2.

1246 Zur *Limited* siehe oben, Kap.III.A.5.a., zur SARL siehe oben, Kap.IV.A.I.5.a.

1247 Für Frankreich vgl. Projet de loi pour l'initiative économique, Assemblée nationale v. 18.12.2002, S. 6.

1248 Vgl. *Bachner*, in: Lutter (Hrsg.), Das Kapital der Aktiengesellschaft in Europa, ZGR-Sonderheft 17, 2006, S.527 ff.; *Heinz/Hartung*, Die englische Limited, 3. Aufl.,

Insofern besteht ein Unterschied hinsichtlich der Finanzverfassungen der Gesellschaftsformen. Allerdings relativiert sich dieser Unterschied des deutschen Kapitalerfordernisses für die AG und die GmbH gegenüber dem Fehlen eines solchen bei der Limited und der SARL vor dem Hintergrund der Einführung der UG (haftungsbeschränkt) in Deutschland. Mit der Einführung verfolgt der deutsche Gesetzgeber bewusst eine Annäherung an die vereinfachten Gründungsverfahren ausländischer Gesellschaftsformen.[1249]

2. *Organisation*

a. *Aufbau*

Sowohl die GmbH, die Limited als auch die SARL haben als obligatorische Hauptorgane die Gesellschafterversammlung und das Geschäftsführungs- und Vertretungsorgan. Fakultativ kann jeweils aber auch ein Aufsichtsrat errichtet werden, der die Überwachungsfunktion übernimmt. Insofern weisen die drei Gesellschaftsformen den gleichen zwingenden Aufbau aus Gesellschaftern einerseits und der Geschäftsführung andererseits auf.

b. *Kompetenzverteilung*

Die Geschäftsführung übernimmt jeweils die Aufgabe, der juristischen Person ihre Handlungsfähigkeit zu geben, indem sie die täglichen Geschäfte ausführt und als Vertretungsorgan der Gesellschaft fungiert. Die Geschäftsführung obliegt primär auch nur den Geschäftsführern, dagegen sind die Gesellschafter an der direkten Geschäftsführung nicht beteiligt. Dies ist Ausdruck des Prinzips der „*division of power between members and directors*“ im Sinne der „*separation of ownership and control*“.[1250]

Die Gesellschafter üben ihre Rechte in der Gesellschafterversammlung aus. Zu ihrem vornehmsten Recht zählt das Recht auf Gewinnbeteiligung. Die Gesellschafter übernehmen mangels Aufsichtsrates die Überwachungsfunktion und genehmigen die von der Geschäftsführung vorgelegten Jahresabschlüsse. Gleichzeitig steht den Gesellschaftern einer deutschen GmbH, einer englischen Limited und einer französischen SARL jeweils das Recht zu, über

---

9.1. Rn. 3; *Grimm*, Die Finanzverfassung der kleinen Kapitalgesellschaft, S. 126 ff.; *Fleischer*, in: MüKo zum GmbHG, Bd. I, 3. Aufl., Einl Rn. 241.

1249 Vgl. BT-Drucks. 16/6140 S. 31; *Heinz/Hartung*, Die englische Limited, 3. Aufl., 9.1 Rn. 1.

1250 *Mayson, French & Ryan*, Company Law, 36th Ed., 15.9.1.

die Bestellung und die Abberufung der Geschäftsführer zu bestimmen. Auch hinsichtlich der grundsätzlichen Kompetenzverteilung gleichen sich die Gesellschaftsformen, wenn im Grundprinzip die Geschäftsführung den Geschäftsführern und die Kontrolle den Gesellschaftern vorbehalten ist.

c. *Einflussmöglichkeiten*

Bereits im Rahmen der Organisation der Gesellschaftsformen stellt sich die Frage, welchen Einfluss die Gesellschafter auf die Geschäftsführer nehmen können, um so die Geschäftsführung zu kontrollieren. Das deutsche Gesellschaftsrecht gewährt gem. § 37 Abs. 1 GmbHG den Gesellschaftern einer GmbH ein Weisungsrecht gegenüber dem Geschäftsführer.[1251] Durch die Weisungen können die Gesellschafter direkten Einfluss auf die Tätigkeiten der Geschäftsführung nehmen.[1252] Die Erteilung einer Weisung folgt durch einen Gesellschafterbeschluss im Sinne von §§ 47, 48 GmbHG, sodass solche, die ohne einen entsprechenden Beschluss erfolgen, lediglich einen unverbindlichen Hinweis darstellen.[1253] Bei einem Alleingesellschafter stellt das Erfordernis einer Beschlussfassung zur Weisungserteilung aber eine bloße Förmelei dar, sodass es eines Beschlusses nicht bedarf.[1254] Das Weisungsrecht findet dort seine Grenzen, wo die Befolgung einer Weisung einen Gesetzesverstoß bedeuten würde.[1255] Somit kann im deutschen Recht die Muttergesellschaft als Gesellschafterin durch die Erteilung von Weisungen an die Geschäftsführer ihrer Tochtergesellschaft bereits erheblichen und unmittelbaren Einfluss nehmen.

Darüber hinaus können die Gesellschafter einer GmbH auch mittelbar Einfluss nehmen, indem sie für die Bestellung und die jederzeit mögliche Abberufung der Geschäftsführer nach § 38 Abs. 1, § 46 Nr. 5 GmbHG zuständig sind. Dies bedeutet für die Geschäftsführer, dass sie während ihrer Amtszeit das

---

1251 *Lenz*, in: Michalski/Heidinger/Leible/Schmidt, GmbHG, Bd. II, 3. Aufl., § 37 Rn. 16.

1252 *Stephan/Tieves*, in: MüKo zum GmbHG, Bd. II, 3. Aufl., § 37 Rn. 115.

1253 *Lenz*, in: Michalski/Heidinger/Leible/Schmidt, GmbHG, Bd. II, 3. Aufl., § 37 Rn. 16; *Altmeppen*, in: Altmeppen, GmbHG, 10. Aufl., § 37 Rn. 15.

1254 Vgl. BGH, Urt. v. 25.02.1991 – II ZR 76/90, NJW 1991, 1681; *Altmeppen*, ZIP 2001, 1837 (1842); *Lenz*, in: Michalski/Heidinger/Leible/Schmidt, GmbHG, Bd. II, 3. Aufl., § 37 Rn. 16.

1255 BGH, Urt. v. 14.12.1959 – II ZR 187/57, BGHZ 31, 258 (278) = NJW 1960, 285 (289); BGH, Urt. v. 14.03.1983 – II ZR 103/82, NJW 1983, 1856; VGH BW, Beschl. v. 08.11.2004 – 6 S 593/04, NJOZ 2006, 48 (50 f.); OLG Naumburg, Urt. v. 10.02.1999 – 6 U 1566/97, NJW-RR 1999, 1343; *Stephan/Tieves*, in: MüKo zum GmbHG, Bd. II, 3. Aufl., § 37 Rn. 118.

Vertrauen der Gesellschafter aufrechterhalten müssen. Der Grundsatz der freien Abberufbarkeit komplettiert mit dem Grundsatz der Weisungsabhängigkeit des Geschäftsführers die Einflussmöglichkeiten der Gesellschafter einer GmbH.[1256]

Dem englischen Gesellschaftsrecht ist grundsätzlich ein Weisungsrecht fremd, sodass die Geschäftsführer einer Limited, dem englischen Leitbild nach, den Gesellschaftern gegenüber nicht weisungsgebunden sind.[1257] Dieser Grundsatz kann in England durch die Implementierung eines Weisungsrechts in den *articles of association* in zulässiger Weise umgangen werden.[1258] Die Aufnahme eines Weisungsrechts in die Satzung einer englischen Limited ist Ausdruck der großzügigen Satzungsfreiheit des englischen Gesellschaftsrechts. Somit ist ein Abweichen vom gesetzlichen Leitbild der „*division of power between members and directors*" durch die Aufnahme eines Weisungsrechts in die Satzung möglich. Ebenso wie im deutschen Recht steht dem englischen *shareholder* eine mittelbare Einflussnahme über die Bestellung und Abberufung der *directors* zu.

Auch in Frankreich gilt der Grundsatz, dass der *gérant* den *associés* gegenüber nicht weisungsgebunden ist.[1259] Im Gegensatz zum englischen Gesellschaftsrecht sieht das französische Recht keine Möglichkeit eines Weisungsrechts in der Satzung vor, sodass die Gesellschafter einer SARL lediglich im Innenverhältnis die Befugnisse der Geschäftsführer beschränken können. Gleichwohl können die Gesellschafter nach Art. L. 223-25 al. 1 CCom i.V.m. Art. L. 223-29 CCom jederzeit einen Geschäftsführer durch Gesellschafterbeschluss abberufen, sodass sie mit der Drohung einer Abberufung mittelbar Einfluss auf die Geschäftsführung nehmen können.[1260]

Somit stehen sich konzeptionell hinsichtlich der Einflussmöglichkeiten der Gesellschafter die deutsche GmbH und die französische SARL gegenüber, indem das deutsche Leitbild ein Weisungsrecht vorsieht, dem französischen Recht ein solches fremd ist. Zwischen diesen beiden Polen liegt die englische Limited, bei der dem *shareholder* kein Weisungsrecht qua Gesetz zusteht, aber aufgrund der Satzungsfreiheit ein solches in die *articles of association* aufgenommen werden kann. Allen Gesellschaftsformen ist die Zuständigkeit der Gesellschafter für die

---

1256 *Kleindiek*, in: Lutter/Hommelhoff, GmbHG, 20. Aufl., § 38 Rn. 2; *Terlau*, in: Michalski/Heidinger/Leible/Schmidt, GmbHG, Bd. II, 3. Aufl., § 38 Rn. 3.

1257 Siehe oben, Kap.III.A.I.4.a.bb.

1258 Vgl. *Teichmann*, NJW 2014, 3561 (3564); *Beck*, in: Hommelhoff/Lutter/Teichmann (Hrsg.), Corporate Governance im grenzüberschreitenden Konzern, ZGR-Sonderheft, 2017, S. 40, hierzu bereits oben Kap.III.A.II.5.a.

1259 Siehe oben, Kap. IV.A.I.4.b.cc.

1260 Siehe oben, Kap. IV.A.I.4.b.cc.

Bestellung und Abberufung des Geschäftsführungsorgans gemeinsam, sodass die Gesellschafter der GmbH, der Limited und der SARL hierüber mindestens mittelbaren Einfluss nehmen können.

II. Konzernrecht

1. Allgemeines

England und Frankreich haben kein kodifiziertes einheitliches Konzernrecht im Sinne des deutschen Aktiengesetzes. Gleichwohl erkennen das englische und das französische Recht das Bestehen von Konzernen an und knüpfen vereinzelte Rechtsfolgen an das Bestehen eines Konzernsachverhaltes an. Fernab solcher Regelungen finden jeweils auf die Mutter- und die Tochtergesellschaft das allgemeine Gesellschaftsrecht Anwendung. Hintergrund ist das in England und Frankreich ausgeprägte Prinzip der Selbstständigkeit der juristischen Person bzw. das Prinzip der Unabhängigkeit eines Unternehmens, wonach die Tochtergesellschaft als unabhängige rechtliche Einheit zu betrachten ist, obwohl sie im Regelfall von der Muttergesellschaft gegründet wurde.[1261]

Das englische Recht hat für Konzerne den Begriff der *corporate groups* bzw. *groups*, entsprechend das französische Recht den Begriff der „*groupe de sociétés*". Insofern unterscheidet sich das deutsche Recht erheblich durch sein kodifiziertes Konzernrecht bzw. seinem Recht der verbundenen Unternehmen mit seinem allgemeinen Teil der §§ 15 ff. AktG und dem besonderen Teil der §§ 291 ff. AktG.

2. Konzernbegriff

Die nationalen Rechtsordnungen definieren mit dem Konzernbegriff, welche Sachverhalte sie als Konzernbeziehung ansehen, um so den Anwendungsbereich konzernrechtlicher Regelungen abzustecken.

In Deutschland ist Ausgangspunkt des Konzernrechts § 15 AktG, der auf ein Unternehmen im Sinne des teleologischen Unternehmensbegriffs Bezug nimmt, denn nur ein solches kann Konzernbeteiligte sein.[1262] Liegen zwei Unternehmen im Sinne des § 15 AktG vor, wird das Bestehen eines Konzernsachverhalts anhand der Systematik der §§ 16, 17, 18 AktG untersucht. Grundlage bildet der

---

1261 Vgl. *Adams v Cape Industries plc* [1990] Ch 433 (536); *Wimmer-Leonhardt*, Konzernhaftungsrecht, S. 513; *Kuckertz*, Der Haftungsdurchgriff auf ausländische Unternehmen und Geschäftsleiter nach französischem Recht, S. 39.

1262 Siehe oben, Kap.II.A.I.1.

Begriff der Abhängigkeit im Sinne des § 17 AktG, wonach abhängige Unternehmen rechtlich selbstständige Unternehmen sind, auf die ein anderes Unternehmen unmittelbar oder mittelbar beherrschenden Einfluss ausüben kann. Ein solcher beherrschender Einfluss und somit eine Abhängigkeit, wird im Regelfall nach § 17 Abs. 2 AktG i.V.m. § 16 Abs. 1 AktG in der Regel vermutet, wenn einem Unternehmen die Mehrheit der Anteile eines anderen selbstständigen Unternehmens gehören, sog. Mehrheitsbeteiligung. Des Weiteren wird sodann nach § 18 Abs. 1 AktG vermutet, dass ein abhängiges und ein herrschendes Unternehmen einen Konzern im Sinne des § 18 AktG bilden, also eine einheitliche Leitung besteht.

Folglich gibt es im deutschen Recht keinen allgemein gültigen Konzernbegriff, vielmehr lässt sich aus der Gesamtschau der §§ 15 ff. AktG herauslesen, unter welchen Umständen zwei oder mehrere Unternehmen einen Konzern bilden. Zentrale Begrifflichkeit ist hier die der Abhängigkeit nach § 17 AktG.

Ein solches ausgeklügeltes System weist das englische Recht nicht auf. Ausgangsnorm ist sec 1159 (1) CA 2006, wonach eine Gesellschaft als *subsidiary* einer anderen Gesellschaft als *holding company* angesehen wird, wenn diese die Stimmenmehrheit hat, als Gesellschafterin das Recht über die Bestellung oder Abberufung der Mehrheit der *directors* hat oder durch Vereinbarung mit einem anderem Gesellschafter die Stimmenmehrheit ausübt.[1263] Auch im englischen Recht ist der Begriff der „*company*" sehr weit gefasst, um auf möglichst viele Sachverhalte den Anwendungsbereich konzernrechtlicher Regelungen auszudehnen. Insofern liegt eine Parallele zum rechtsformneutralen deutschen Unternehmensbegriff des § 15 AktG vor.[1264]

Eine weitere Definition findet sich in sec 1162 CA 2006, der auch auf die Begriffe der *parent* und *subsidiary undertaking* abstellt. Hiernach ist ein Unternehmen eine Muttergesellschaft, wenn dieses aufgrund von Satzungsbestimmung der Tochtergesellschaft oder durch Beherrschungsvertrag *dominant influence* auf diese ausüben kann.

Konzernbegrifflich stehen somit in England primär die Stimmenmehrheit als Ausdruck einer möglichen Einflussnahme durch den Gesellschafter und der beherrschende Einfluss i.S.v. sec 1162 CA 2006 im Vordergrund.

In Frankreich findet sich ebenfalls keine allgemeine Definition für den Begriff der *groupe de sociétés*.[1265] Für die Bestimmung von Konzernsachverhalten

---

1263 Siehe oben, Kap.III.A.II.2.

1264 Vgl. *Korom*, in: Schall, Companies Act, sec 1159 Rn. 4.

1265 Vgl. *Basuyaux/Delpech/de Labrouhe*, in: Wegen/Spahlinger/Barth, Gesellschaftsrecht des Auslands, Frankreich, 3. EL, Rn. 231.

stellt das französische Recht auf den Begriff der *contrôle* ab. In der Regelung des Art. L. 233-3 al. 1 CCom wird von der Kontrolle einer Gesellschaft über eine andere ausgegangen, wenn ihr Anteilsbesitz ihr die Mehrheit der Stimmrechte in der Gesellschafterversammlung einräumt, sie die Mehrheit der Stimmrechte durch Gesellschaftervereinbarungen ausüben kann oder sie faktisch die Entscheidungen der Gesellschafterversammlung bestimmt. Das französische Recht geht somit dann von einer Kontrolle aus, wenn die Entscheidungen in der Gesellschafterversammlung unmittelbar oder mittelbar, rechtlich oder faktisch bestimmt werden.

Somit ist den drei Rechtsordnungen einerseits gleich, dass sie keine einheitliche allgemeingültige Definition für Konzerne aufweisen, andererseits dann jedenfalls einen Konzern annehmen, wenn ein Unternehmen die Möglichkeit hat, durch Stimmenmehrheit in der Gesellschafterversammlung eines anderen Unternehmens die Geschicke dieses zu bestimmen. Sowohl das deutsche Recht in § 16 AktG, das englische Recht in sec 1159 (1)(a) CA 2006 als auch das französische Recht in Art. L. 233-3 al. 1 CCom stellen auf eine Mehrheitsbeteiligung ab.

Das deutsche Recht rückt den Begriff der Abhängigkeit nach § 17 AktG in den Fokus der konzernrechtlichen Anknüpfung. In England und Frankreich wird dagegen auf die Kontrolle abgestellt.[1266] Der marginale Unterschied liegt darin, dass im deutschen Recht bereits die Möglichkeit der Ausübung beherrschenden Einflusses für die Vermutung einer einheitlichen Leitung ausreichend ist, dagegen im englischen und französischen Recht eine rechtlich gesicherte Möglichkeit der Einflussnahme bestehen muss.[1267] Allerdings erkennt das französische Recht nach Art. L. 223-3 a. 1 (n° 3) CCom auch die *de facto*-Kontrolle an, sodass inhaltlich die Begriffe der Abhängigkeit und der Kontrolle mehr eint als trennt.[1268]

3. *Vertragskonzern*

In Deutschland kann ein Vertragskonzern durch einen Beherrschungsvertrag nach § 291 Abs. 1 S. 1 Alt. 1 AktG oder durch Eingliederung nach § 319 AktG begründet werden. Mangels praktischer Relevanz wird bei der vergleichenden Betrachtung die Eingliederung ausgeblendet und der Fokus auf den Beherrschungsvertrag gelegt.

1266 Ebenso *Lübking*, Ein einheitliches Konzernrecht für Europa, S. 27.
1267 Vgl. *Lübking*, Ein einheitliches Konzernrecht für Europa, S. 26 f.
1268 Siehe auch *Lübking*, Ein einheitliches Konzernrecht für Europa, S. 27.

Die Begründung eines Vertragskonzerns durch Beherrschungsvertrag ist somit ausdrücklich im Aktiengesetz vorgesehen. Hierbei ist die Unterstellung der Leitung der Gesellschaft an das herrschende Unternehmen eine essentiale negotii des Beherrschungsvertrages. Vornehmste Rechtsfolge des Abschlusses eines Beherrschungsvertrages für das herrschende Unternehmen ist der Erwerb eines Weisungsrechts nach § 308 AktG gegenüber der Geschäftsführung der abhängigen Gesellschaft. Der Abschluss eines Beherrschungsvertrages erscheint somit in der Konstellation einer GmbH als Untergesellschaft als überflüssig, wenn ohnehin nach § 37 Abs. 1 GmbHG dem Gesellschafter ein Weisungsrecht gegenüber der Geschäftsführung zusteht.

In England findet sich der Begriff des *control contract* in sec 1162 (2)(c)(ii) CA 2006 als ein Fall der Qualifizierung eines Unternehmens als Muttergesellschaft. Durch die nähere Begriffsbestimmung in Schedule 7 sec 4 (4) CA 2006 steht die Anerkennung eines Beherrschungsvertrages unter dem Vorbehalt des Sitzstaates der Tochtergesellschaft.[1269] Nach Schedule 7 sec (1) CA wird der *control contract* als Vertrag definiert, der die Geschäftsführung des beherrschten Unternehmens dazu verpflichtet, den Weisungen des herrschenden Unternehmens zu folgen. Eine uneingeschränkte Befolgung von Weisungen, entgegen der Interessen des beherrschten Unternehmens, verstößt jedoch gegen das strikte englische Prinzip der Selbstständigkeit der juristischen Person und stellt eine Pflichtverletzung dar. Werden nachteilige Weisungen ausdrücklich als Gegenstand des Weisungsrechts ausgenommen, könnte dies eine mögliche Heilung des Beherrschungsvertrages darstellen. Ein solcher Beherrschungsvertrag dürfte inhaltlich zurecht die Frage aufwerfen, ob hierin noch ein Mehrwert besteht. Fehlt eine solche Einschränkung, ist ein Vertragskonzern nach englischem Recht jedenfalls unzulässig.

Das französische Recht erkennt eine *groupe contractuel* an.[1270] Allerdings ist diese vertragliche Bindung nicht im Sinne des deutschen Beherrschungsvertrages zu verstehen, als vielmehr durch eine starke vertriebsrechtliche Einbindung beispielsweise durch einen Franchisevertrag oder sonstige Vertriebsverträge.[1271] Für die Bestimmung von konzernrechtlichen Sachverhalten stellt das französische Recht auf die Kontrolle ab. Nach Art. L. 430-1 al. 3 CCom kann die Kontrolle auch durch Rechte oder Verträge erreicht werden, wenn diese einem Unternehmen einen bestimmenden Einfluss auf die Tätigkeiten und Organe eines anderen

---

1269 Siehe hierzu im Folgenden oben, Kap.III.II.3.a.
1270 Siehe hierzu im Folgenden oben, Kap.IV.II.4.
1271 Vgl. *Guyon*, ZGR 1991, 218 (219).

Unternehmens gewähren. Wenngleich die Regelung des Art. L. 430-1 al. 3 CCom aus dem Recht der französischen Fusionskontrolle herrührt, ist die Begründung einer *groupe des sociétés* nach französischem Recht zumindest zulässig.

Die Begründung eines Vertragskonzerns ist somit in Deutschland ausdrücklich durch den Abschluss eines Beherrschungsvertrages möglich, in England und Frankreich unter sehr eingeschränkten Bedingungen. Allerdings ist die Begründung durch einen Beherrschungsvertrag nur in Deutschland derart eindeutig. In Frankreich dagegen ist vielmehr die Stärke der vertraglichen Bindungen ein Indiz für das Vorliegen eines Konzerns. Zudem ist der Vertragskonzern in England und Frankreich jeweils vor dem Hintergrund des stärker ausgeprägten Prinzips der Selbstständigkeit der juristischen Person zu sehen. Ein Vertragskonzern nach deutschem Verständnis durch die Begründung eines Beherrschungsvertrages, der dem herrschenden Unternehmen weitgehenden Einfluss durch ein Weisungsrecht gewährt, ist somit nur in Deutschland möglich und effektiv umsetzbar.

4. Faktischer Konzern

In der Regel handelt es sich bei dem Verhältnis von Mutter- zur Tochtergesellschaft um einen faktischen Konzern. Die Abgrenzung zum Vertragskonzern besteht gerade darin, dass es keine ausdrückliche vertragliche Grundlage im Sinne eines Beherrschungsvertrages gibt, der das Bestehen eines Konzerns statuiert. Vielmehr ergibt sich das faktische Konzernverhältnis aus den jeweiligen Umständen des Einzelfalls.

In Deutschland liegt ein faktischer Konzern vor, wenn eine Abhängigkeit zwischen einem herrschenden und einem anderen Unternehmen besteht und diese Abhängigkeit nicht auf einem Beherrschungsvertrag oder einer Eingliederung besteht.[1272] Der Dreh- und Angelpunkt ist somit das Bestehen einer Abhängigkeit nach § 17 AktG.[1273]

Mangels Zulässigkeit eines Vertragskonzerns nach englischem Recht, stellt der faktische Konzern auch die einzige Erscheinungsform dar. Somit beziehen sich die Begriffsbestimmungen in sec 1159 CA 2006 auf die Erfassung und Definition eines faktischen Konzerns.[1274] Liegen die dort genannten Varianten der tatsächlichen Möglichkeit der Einflussnahme vor, handelt es sich nach englischem Recht um einen (faktischen) Konzern.

1272 Siehe hierzu im Folgenden oben, Kap.II.A.II.2.c.

1273 Siehe zur Abhängigkeit oben, Kap.II.A.II.2.c.

1274 Siehe oben, Kap.III.A.II.4.

In Frankreich definiert sich das Bestehen einer *groupe des sociétés* allein nach dem Anknüpfungsmerkmal der Kontrolle. Hat eine Gesellschaft, losgelöst von vertraglichen Bindungen, die Möglichkeit der tatsächlichen Kontrolle, liegt ein faktischer Konzern vor. Der faktische Konzern ist somit auch nach französischem Recht Leitbild und Regelfall einer *groupe des sociétés*.[1275]

Der faktische Konzern stellt in den drei Rechtsordnungen den Regelfall und das Leitbild eines Konzernsachverhaltes dar. In Deutschland erklärt sich dies aus dem Umstand, dass im Regelfall eine GmbH als Tochtergesellschaft dient und zur Begründung eines Weisungsrechts nicht eigens ein Beherrschungsvertrag verlangt wird. Es kommt somit auf die Voraussetzungen eines konzernrechtlichen Unternehmens und der Abhängigkeit für die Begründung eines faktischen Konzerns an. In England und Frankreich liegt ein faktischer Konzern im Regelfall vor, wenn die tatsächliche Möglichkeit der Einflussnahme zur Begründung der Kontrolle besteht.

5. *Gruppenleitung*

Im Folgenden werden die jeweiligen Möglichkeiten der Gruppenleitung und der Durchsetzung des Konzerninteresses dargestellt und miteinander verglichen.

Die Gruppenleitung in Deutschland erfolgt entweder durch das gesetzlich vorgesehene Weisungsrecht nach § 37 Abs. 1 GmbHG der Gesellschafter gegenüber dem Geschäftsführer oder im Vertragskonzern durch ein Weisungsrecht, das durch den Beherrschungsvertrag begründet wird. Das Weisungsrecht findet seine Grenze dort, wo die Befolgung einer Weisung einen Gesetzesverstoß darstellt.[1276] Im faktischen GmbH-Konzern werden dem Weisungsrecht durch die gesteigerte Treuepflicht nach Maßstab des § 43 GmbHG weitere Einschränkungen gesetzt, sodass sich das herrschende Unternehmen als Gesellschafterin unter besonderen Umständen auch an den legitimen Interessen der abhängigen Gesellschaft orientieren muss.[1277] Ausfluss der Treuepflicht ist das sog. Schädigungsverbot, welches das abhängige Unternehmen vor schädigenden Eingriffen schützen soll und solche Eingriffe auch nicht im Sinne des § 311 AktG durch eine nachträgliche Ausgleichsgewährung legitimiert.[1278]

1275 Siehe oben, Kap.IV.A.II.4.

1276 Siehe oben, Kap.V.B.I.2.c.

1277 Siehe oben, Kap.II.D.I.

1278 *Emmerich/Habersack*, Konzernrecht, 11. Aufl., § 30 Rn. 15; *Emmerich*, in: Scholz, GmbHG, 12. Aufl., Anh § 13 Rn. 85.

Im faktischen Aktienkonzern ist eine nachteilige Einflussnahme nach § 311 Abs. 1 AktG grundsätzlich nicht zulässig, wird aber durch einen Ausgleich dieser Nachteile legitimiert, § 311 Abs. 1 letzter HS. AktG. Demnach kann ein herrschendes Unternehmen seine Interessen selbst zum Nachteil des abhängigen Unternehmens durchsetzen, sofern es etwaige Nachteile ausgleicht. Somit besteht in Deutschland ein relativ weiter Spielraum der Muttergesellschaft, ihre Interessen effektiv durchzusetzen und somit die Gruppe nach ihrem Gusto zu leiten.

Die Einflussnahme der Muttergesellschaft auf die englische Tochtergesellschaft ist einerseits wegen des Grundsatzes der „*division of power between members and directors*" und andererseits durch das Prinzip der Selbstständigkeit der juristischen Person grundsätzlich eingeschränkt.[1279] Das englische Gesellschaftsrecht ermöglicht aufgrund seiner großen Satzungsfreiheit, ein Weisungsrecht in die Satzung einer Limited aufzunehmen. Die Ausübung eines solchen Weisungsrechts ist jedoch wenig praktikabel. Neben der mittelbaren Einflussnahme durch die Möglichkeit der jederzeitigen Abberufung, wird dem Gesellschafter einer englischen Limited so ein weiteres Instrumentarium an die Hand gegeben, auch unmittelbar Einfluss auf die Geschäftsleitung der Tochtergesellschaft zu nehmen.

Durch die Entscheidungen *Solomon v A Salomon & Co Ltd*[1280]und *Smith v Fawcett Ltd*[1281] wird dieses Weisungsrecht gleichzeitig eingeschränkt, indem die Geschäftsführung nur gegenüber ihrer Gesellschaft verpflichtet ist und sich bei der Ermessensausübung auch nur an deren Vorteil zu orientieren hat.

Die Interessenausrichtung einer Gesellschaft orientiert sich während der Solvenz der Gesellschaft an der Gesellschaftergesamtheit,[1282] sodass die Interessen einer 100%-igen Tochtergesellschaft durch ihre Muttergesellschaft definiert werden können. Diese Ausrichtung findet ihrerseits durch einen etwaigen Vorwurf des Rechtsformmissbrauchs seine Grenzen. Demnach ist auch in England unter einer Vielzahl besonderer Voraussetzungen, in Abweichung vom eigentlichen Grundsatz eine Gruppenleitung durch Ausrichtung auf die Muttergesellschaft möglich.

Dagegen sieht das französische Recht kein Weisungsrecht vor. Lediglich die Geschäftsführerbefugnisse können ohne Drittwirkung im Innenverhältnis

---

1279 Siehe im Folgenden, Kap.III.A.II.5.

1280 Salomon v A. Salomon & Co Ltd [1897] AC 22 (HL).

1281 *Smith v Fawcett* [1942] Ch. 304 (p. 306).

1282 *Brady v Brady* [1988] BCLC 20 (p. 40).

eingeschränkt werden. Handelt jedoch ein Geschäftsleiter gegen interne Einschränkungen seiner Befugnisse, dürfte dies regelmäßig ein *juste motif* darstellen, sodass die Gesellschafter etwaige Schadensersatzansprüche nach Art. L. 223-25 al. 1 CCom bei seiner Abberufung nicht zu befürchten haben.[1283]

Die Geschäftsleiter einer französischen *société* haben sich an den Interessen dieser Gesellschaft und nicht an denen einer anderen Gesellschaft oder eines Konzerns zu orientieren. Gleichzeitig darf eine die Kontrolle innehabende Muttergesellschaft ihre Position gegenüber der Tochtergesellschaft nicht missbrauchen, um ihre Interessen durchzusetzen.[1284] Unter dem engen durch die *Rozenblum*-Entscheidung[1285] gesteckten Spielraum kann ausnahmsweise ein Geschäftsleiter einer französischen Gesellschaft die Gruppeninteressen berücksichtigen. Eine Muttergesellschaft hat in Frankreich kaum direkte Einflussmöglichkeiten, ihre Tochtergesellschaft auf die Interessen der Gruppe auszurichten und diese entsprechend zu leiten.

Die ausdifferenzierten Mechanismen des deutschen Konzernrechts und das Weisungsrecht in der GmbH gewähren der Muttergesellschaft ein gewisses Repertoire an mittelbaren wie unmittelbaren Möglichkeiten der Einflussnahme im Sinne einer Gruppenleitung. Im Vergleich hierzu sind diese Möglichkeiten in England weniger stark ausgeprägt und erfordern einer Vielzahl von Voraussetzungen, die überhaupt erst dem Gesellschafter ein Weisungsrecht zugestehen. Allerdings ist die Ausrichtung der Tochtergesellschaft auf die Konzerninteressen zumindest nicht unzulässig.

Ein fehlendes Weisungsrecht einerseits und die durch die *Rozenblum*-Entscheidung vorgegebenen engen Grenzen der Konzernausrichtung andererseits, gewähren kaum Möglichkeiten der Gruppenleitung in Frankreich. Die Einflussnahme der Muttergesellschaft beschränkt sich im Regelfall auf die Abberufung und Bestellung der Geschäftsleiter.

Somit stehen sich im Hinblick auf die Gruppenleitung das deutsche Recht und das französische Recht als Extreme gegenüber. Das englische Recht findet sich zwischen den beiden Rechtsordnungen, weil die Gesellschafter durch die großzügige Satzungsfreiheit auf die Gruppenleitung bezogen entsprechend jonglieren können, indem sie ein Weisungsrecht in der Satzung etablieren oder in der Satzung eine Konzernausrichtung als Gesellschaftszweck festlegen.

1283 Siehe oben, Kap.IV.A.II.5.a.

1284 *Charvériat/Couret/Sébire/Zabala*, Sociétés commerciales, 49. éd., Rn. 80140.

1285 Cass. crim., 04.02.1985, Rev. soc. 1985, 648 – Rozenblum.

6. Zusammenfassung

Die englische und die französische Rechtsordnung weisen jeweils kein kodifiziertes Konzernrecht im deutschen Sinne auf. Vielmehr greifen vereinzelte Regelungen, die auf das Vorliegen eines Konzerns unter Rückgriff auf den Begriff der Kontrolle abstellen, solche Sachverhalte auf und knüpfen hieran bestimmte Rechtsfolgen. Der Fokus liegt hierbei in der grundsätzlichen Selbstständigkeit der einzelnen juristischen Person und in der Haftungstrennung von Mutter- und Tochtergesellschaft.

Durch das jeweils geltende Prinzip der Trennung von Geschäftsführung und Gesellschaftern fehlt den Gesellschaftern einer englischen Limited und einer französischen SARL ein Weisungsrecht. Die schärfste Klinge, um die Tochtergesellschaft auf Konzernlinie zu halten, ist somit grundsätzlich nur die Drohung mit der jederzeitigen Abberufung der Geschäftsleiter. Wegen der weiten Satzungsfreiheit in England kann unter bestimmten Voraussetzungen ein Weisungsrecht in die Satzung einer Limited aufgenommen werden, als zusätzliches Mittel der Gruppenleitung. Allerdings kann ein solches Weisungsrecht nicht uneingeschränkt ausgeübt werden und muss sich im Zweifel an den Interessen der Tochtergesellschaft selbst orientieren.

In Frankreich dagegen ist ein Weisungsrecht unzulässig und auch die Berücksichtigung des Gruppeninteresses ist nur unter besonderen engen Voraussetzungen möglich, sodass hier eine Gruppenleitung im Sinne des reinen Konzerninteresses wenig handhabbar erscheint. Im Hinblick auf die Einflussnahme der Muttergesellschaft auf ihre Tochtergesellschaft ist das französische Recht somit das strengste und gewährt kaum Möglichkeiten, eine Leitung im Sinne der Muttergesellschaft auszuüben. Das englische Recht ist in den Grundzügen wegen des Grundsatzes der Selbstständigkeit der juristischen Person und des Gebots der Geschäftsausrichtung an den Interessen der eigenen Gesellschaft ähnlich streng. Diese Strenge kann jedoch durch die Satzungsfreiheit in weiten Teilen aufgeweicht werden, sodass sogar ein Weisungsrecht unter bestimmten Voraussetzungen zulässig ist und im Fall des Alleingesellschafters praktikabel gemacht werden kann.

In Deutschland dagegen ermöglichen die konzernrechtlichen Regelungen und die Verflechtung von Geschäftsführung und Gesellschaftern in der GmbH einen weiten Spielraum der Muttergesellschaft, als Gesellschafterin die Geschäftsführung der Tochtergesellschaft auf sich auszurichten und in diesem Sinne zu leiten.

III. Die Haftungstatbestände

Vor dem Hintergrund des bestehenden konzernimmanenten Interessenkonfliktes haben die jeweiligen nationalen Gesetzgeber unterschiedliche Lösungswege dieses Konfliktes gewählt. Die tendenziell in der Ausgangssituation des Interessenkonfliktes schwächeren Parteien – die Gläubiger und die Tochtergesellschaft selbst – sollen durch die Schaffung von Haftungstatbeständen zu Lasten der Muttergesellschaft geschützt werden.

Im Folgenden werden die relevanten Haftungstatbestände der drei Rechtsordnungen zur jeweiligen Begründung einer Haftung der Muttergesellschaft als Gesellschafterin der Tochtergesellschaft verglichen. Hierbei wird der Fokus der rechtsvergleichenden Betrachtung auf den Anwendungsbereich der Norm, die spezifischen Tatbestandsvoraussetzungen und die Rechtsfolgen gelegt.

1. England

Das englische Recht begründet eine Haftung der Muttergesellschaft durch das common law Institut des *piercing of the corporate veil* und durch die Insolvenztatbestände des *fraudulent trading* und *wrongful trading.*

a. Piercing of the corporate veil

Trotz des strengen Trennungsprinzips hat die englische Rechtsprechung Fallgruppen entwickelt, bei deren Vorliegen sie den „Schleier der Haftungsbeschränkung lüftet" und eine Haftung gegen die Muttergesellschaft statuiert.[1286]

Mit dem Argument einer *single economic unit* hat ein englisches Gericht in dem Fall *DHN Food Distributors Ltd v Tower Hamlets LBC*[1287] einen Haftungsdurchgriff auf die Muttergesellschaft als Kopf dieser Einheit begründet. Allerdings stellt dieser Ansatz nach neuer Rechtsprechung kein eigenständiges Haftungsinstrument dar.[1288] In derselben Entscheidung wurde jedoch ein Haftungsdurchgriff mit dem Missbrauch der Rechtsform bzw. dem *„mere façade-*Argument" begründet.[1289]

Objektiv wird für die Begründung eines Haftungsdurchgriffs die Gründung einer Gesellschaft zum Zwecke der Umgehung bestehender Verpflichtungen (*evasion principle*) oder zur Betrugsermöglichung, sowie ein erhebliches

---

1286 Siehe im Folgenden oben, Kap.III.B.III.2.

1287 *DHN Food Distributors Ltd v Tower Hamlets LBC* [1976] 1 WLR 852 CA.

1288 *Adams v Cape Industries Plc* [1990] Ch 433 (536).

1289 *Adams v Cape Industries Plc* [1990] Ch 433 (539).

Beherrschungsverhältnis verlangt. Subjektiv bedarf es der Verfolgung frauduloser Absichten mit der gegründeten Gesellschaft.[1290] Wegen des subjektiven Erfordernisses zur Haftungsbegründung wird dieser Haftungsansatz von der englischen Rechtsprechung restriktiv verfolgt.

In Deutschland wird der Missbrauch der Rechtsform seit der „Trihotel"-Entscheidung[1291] des BGH als eine Fallgruppe nach § 826 BGB und somit als Innenhaftung sanktioniert.[1292] Die Ausgestaltung als tatbestandliche Fallgruppe des § 826 BGB soll eine „dysfunktionale Berufung auf die korporative Haftungsbeschränkung"[1293] verhindern.

Beiden Rechtsordnungen ist somit gleich, dass sie sich den Fall des Missbrauchs der Rechtsform vor Augen führen und diesen auch entsprechend sanktionieren. Allerdings werden solche Fälle von der englischen Rechtsprechung und im deutschen Recht vor dem Hintergrund des § 826 BGB jeweils restriktiv betrachtet.

b. *Fraudulent trading*

Nach sec 213 IA 1986 sanktioniert das *fraudulent trading* jede Person, die an der Fortführung der Gesellschaft mit Betrugsabsicht beteiligt ist.[1294] Als vergleichbares Haftungsinstitut kann die deutsche Existenzvernichtungshaftung herangezogen werden. Diese erfasst tatbestandlich jedoch nicht die Fortsetzung der Gesellschaft zum Missbrauch, sondern die Existenzvernichtung der Gesellschaft, indem diese in die Insolvenz geführt wird.[1295]

Auf subjektiver Ebene verlangt das *fraudulent trading* die Absicht, mit der Fortführung die Gesellschaftsgläubiger zu betrügen oder betrügerische Zwecke zu verfolgen. Wegen der Einstufung des existenzvernichtenden Eingriffs als Fallgruppe des § 826 BGB erfordert der subjektive Tatbestand mindestens Eventualvorsatz hinsichtlich der Existenzvernichtung als voraussehbare Folge und die billigende Inkaufnahme durch den Gesellschafter.[1296]

1290 Siehe oben Kap.III.B.III.2.b.

1291 BGH, Urt. 16.07.2007 – II ZR 3/04, BGHZ 173, 243 = NJW 2007, 2689 – Trihotel

1292 Siehe zur Rechtsvergleichung *Kroh*, Der existenzvernichtende Eingriff, S. 192.

1293 *Wagner*, in: MüKo BGB, Bd. VI, 7. Aufl., § 826 Rn. 187.

1294 Siehe oben Kap.III.B.II.1.

1295 Zu den rechtsvergleichenden Anmerkungen des fraudulent trading zur Existenzvernichtungshaftung siehe ausführlich *Kroh*, Der existenzvernichtende Eingriff, S. 163.

1296 BGH, Urt. 16.07.2007 – II ZR 3/04, BGHZ 173, 243 (246) = NJW 2007, 2689 (2692) – Trihotel; *Vogt*, in: Beck'sches Handbuch der GmbH, 4. Aufl., § 17 Rn. 332 f.; *Koch*, in: Hüffer/Koch, AktG, 14. Aufl., § 1 Rn. 26.

Haftungsadressat nach sec 213 (2) IA 1986 ist „*any person*", die an der missbräuchlichen Geschäftsfortführung beteiligt ist, dagegen ist die deutsche Existenzvernichtungshaftung primär an die Gesellschafter und Geschäftsführer adressiert. Allein der Liquidator ist für eine Haftung wegen *fraudulent trading* antragsberechtigt, sodass den Gläubigern der englischen Tochtergesellschaft kein Haftungszugriff nach sec 213 IA 1986 zusteht.[1297] Der Schadensersatzanspruch wegen existenzvernichtenden Eingriffs nach § 826 BGB steht originär der Gesellschaft zu, sodass dieser im Rahmen der Insolvenz vom Insolvenzverwalter geltend zu machen ist.[1298] Außerhalb der Insolvenz besteht für die Gesellschaftsgläubiger jedoch die Möglichkeit der Pfändung und Überweisung des Anspruchs.[1299]

Auf der Rechtsfolgenseite des englischen *fraudulent trading* legt das Gericht im Sinne des Kompensationsgedankens nach Ermessen einen Geldbetrag fest,[1300] sodass dies der deutschen Existenzvernichtungshaftung ähnelt, die auf den Ausgleich des durch den Eingriff adäquat kausal entstandenen Schadens gerichtet ist.[1301]

Der schmalere Anwendungsbereich des *fraudulent trading* wird durch den sehr weit gefassten Adressatenkreis jeder an der Geschäftsfortführung aktiv beteiligten Person kompensiert. Die Unterschiede des insolvenzrechtlichen *fraudulent trading* und der deutschen Existenzvernichtungshaftung liegen somit vornehmlich auf Tatbestandsebene. Hinsichtlich der Rechtsfolge dürften das *fraudulent trading* mit der Zielrichtung der Kompensation und die Existenzvernichtungshaftung als Schadensersatzanspruch des § 826 BGB zu sehr ähnlichen Ergebnissen kommen.

c. *Wrongful trading*

Die Haftungsandrohung wegen *wrongful trading* dient unter anderem dem Schutz der Gesellschaftsgläubiger zum Zeitpunkt einer unausweichlichen Insolvenz.[1302] Die Haftung eines Geschäftsführers nach § 64 S. 3 GmbHG kann als

---

1297 Hierzu *Kroh*, Der existenzvernichtende Eingriff, S. 163.

1298 BGH, Urt. 16.07.2007 – II ZR 3/04, BGHZ 173, 243 (247) = NJW 2007, 2689 (2693) – Trihotel; *Vogt*, in: Beck'sches Handbuch der GmbH, 4. Aufl., § 17 Rn. 336.

1299 BGH, Urt. 16.07.2007 – II ZR 3/04, BGHZ 173, 243 (247) = NJW 2007, 2689 (2693) – Trihotel; *Vogt*, in: Beck'sches Handbuch der GmbH, 4. Aufl., § 17 Rn. 336; *Solveen*, in: Hölters, AktG, 3. Aufl., § 1 Rn. 19.

1300 Siehe oben, Kap.III.B.II.1.

1301 *Vogt*, in: Beck'sches Handbuch der GmbH, 4. Aufl., § 17 Rn. 337.

1302 *Davies/Worthington*, Gower's Principles of Modern Company Law, 10th Ed., Rn. 9-11.

deutsches Gegenstück herangezogen werden. Der durch das MoMiG eingeführte § 64 S. 3 GmbHG wird unter anderem als deutsche Antwort auf die englische *wrongful trading rule* bezeichnet.[1303] Die Norm verlagert die Haftungsandrohung des § 64 S. 1 GmbHG zeitlich nach vorne, um die Beeinträchtigungen der vorrangigen Befriedigung der Gläubigergesamtheit durch Ausschüttungen der Geschäftsführer an die Gesellschafter im Sinne eines Missbrauchs zu bekämpfen.[1304]

Hinsichtlich des sachlichen und persönlichen Anwendungsbereichs ist das *wrongful trading* enger als das *fraudulent trading*, wenn sachlich der Anwendungsbereich auf die *insolvent liquidation* und persönlich auf die *directors*, einschließlich der *shadow directors* und der *de facto directors*, beschränkt ist.[1305]

Die deutsche Insolvenzverursachungshaftung knüpft sachlich an die Zahlungsunfähigkeit im Sinne von § 17 InsO an und entsteht mit der Eröffnung des Insolvenzverfahrens, wenngleich auch Zeiträume vor der eigentlichen Insolvenz von der Vorschrift erfasst sein können.[1306] Ein Gesellschafter wird vom persönlichen Anwendungsbereich des § 64 S. 3 GmbHG erfasst, wenn er als faktischer Geschäftsführer zu qualifizieren ist, indem er die Geschicke der GmbH lenkt, ohne als Geschäftsführer rechtlich bestellt worden zu sein.[1307] Der Gesellschafter kann auch als Teilnehmer nach § 830 Abs. 2 BGB i.V.m. § 823 Abs. 2 BGB i.V.m. § 15a InsO haften, wenn er neben der Einflussnahme auch subjektiv Kenntnis von der vorsätzlichen Verletzung der Pflichten durch den Geschäftsführer als Haupttäter hat.[1308] Dieses subjektive Kriterium macht diese Haftung jedoch praktisch untauglich. Somit gleichen sich der sachliche und der persönliche Anwendungsbereich des englischen *wrongful trading* und der deutschen Insolvenzverursachungshaftung.

Das *wrongful trading* verlangt tatbestandlich ein Wissen oder Wissenmüssen des *directors* zum Zeitpunkt vor Eintritt des Insolvenzverfahrens, dass für ein Verhindern der Insolvenz keine vernünftigen Gründe vorliegen.[1309] Liegt dieses

---

1303 Siehe RegE-MoMiG 2007, S. 127; *Knof*, DStR 2007, 1536 (1537); *Haas*, in: Baumbach/Hueck, GmbHG, 22. Aufl., § 64 Rn. 6.

1304 *Kleindiek*, in: Lutter/Hommelhoff, GmbHG, 20. Aufl., § 64 Rn. 49; *Haas*, in: Baumbach/Hueck, GmbHG, 22. Aufl., § 64 Rn. 7.

1305 Siehe oben, Kap.III.B.II.2.b.

1306 *Haas*, in: Baumbach/Hueck, GmbHG, 22. Aufl., § 64 Rn. 6.

1307 *Altmeppen*, in: Altmeppen, GmbHG, 10. Aufl., Vor § 64 Rn. 55.

1308 Zur Haftung des Gesellschafters als Teilnehmers siehe *Altmeppen*, in: Altmeppen, GmbHG, 10. Aufl., Vor § 64 Rn. 145.

1309 Siehe oben, Kap.III.B.II.2.c.

Wissenselement vor, muss der *director* es zudem versäumt haben, alles ihm Mögliche zu versuchen, um die Gläubigerverluste auf ein Minimum zu reduzieren.

Tatbestandlich verlangt die Insolvenzverursachungshaftung dagegen, dass der Geschäftsführer Zahlungen an die Gesellschafter vorgenommen hat, die zur Zahlungsunfähigkeit der Gesellschaft führen mussten.[1310] Dies umfasst grundsätzlich alle Zahlungen im Sinne des weiten Zahlungsbegriffs des § 64 S. 1 GmbHG, die das Aktivvermögen der Gesellschaft mindern, wobei Gegenleistungen zu berücksichtigen sind.[1311] Insofern sind die tatbestandlichen Ansätze des englischen *wrongful trading* und des deutschen § 64 S. 3 GmbHG unterschiedlich, wenn das *wrongful trading* auf ein Erkennen der Unabwendbarkeit der Insolvenz und in einem zweiten Schritt auf ein Verhindern Gläubiger beeinträchtigender Folgen abstellt, dagegen die deutsche Insolvenzverursachungshaftung auf Zahlungen der Geschäftsführer an die Gesellschafter, die die Insolvenz der Gesellschaft zur Folge haben.

Als Rechtsfolge des *wrongful trading* obliegt die Festsetzung der Haftsumme, die der *director* der Gesellschaft zu leisten hat, dem freien Ermessen der englischen Gerichte.[1312] Hierbei orientiert sich das Gericht im Sinne eines angemessenen Schadensersatzes an den Verlusten, die seit der Insolvenzverschleppung eingetreten sind.[1313] Dies entspricht funktional dem Quotenschaden, ist hierauf aber nicht zwingend begrenzt.[1314] Der Liquidator ist für die Geltendmachung des Anspruchs zuständig.[1315] Der Anspruch wegen Insolvenzverursachung nach § 64 S. 3 GmbHG ist auf Erstattung der geleisteten Zahlungen im Sinne eines Ersatzanspruches eigener Art abzüglich etwaiger zugeflossener Vorteile.[1316] Die Geltendmachung des Anspruchs nach § 64 S. 3 GmbHG setzt die Eröffnung des Insolvenzverfahrens voraus und ist entsprechend von dem Insolvenzverwalter geltend zu machen.[1317] Auf Rechtsfolgenseite unterscheiden sich die beiden

1310 *Haas*, in: Baumbach/Hueck, GmbHG, 22. Aufl., § 64 Rn. 122.

1311 Vgl. *Knof*, DStR 2007, 1536 (1537 f.); *Haas*, in: Baumbach/Hueck, GmbHG, 22. Aufl., § 64 Rn. 125; *Müller*, in: MüKo zum GmbHG, Bd. II, 3. Aufl., § 64 Rn. 182.

1312 *Servatius*, in: Henssler/Strohn, Gesellschaftsrecht, 5. Aufl., IntGesR Rn. 169.

1313 *Servatius*, in: Henssler/Strohn, Gesellschaftsrecht, 5. Aufl., IntGesR Rn. 169.

1314 *Schall*, ZIP 2005, 965 (967); *Verse*, in: Henssler/Strohn, Gesellschaftsrecht, 5. Aufl., IntGesR rn. 169.

1315 *Just*, Die englische Limited in der Praxis, V Rn. 185.

1316 *Haas*, in: Baumbach/Hueck, GmbHG, 22. Aufl., § 64 Rn. 108; *Müller*, in: MüKo zum GmbHG, Bd. II, 3. Aufl., § 64 Rn. 198.

1317 *Haas*, in: Baumbach/Hueck, GmbHG, 22. Aufl., § 64 Rn. 141; *Müller*, in: MüKo zum GmbHG, Bd. II, 3. Aufl., § 64 Rn. 198.

Haftungsinstitute insofern, dass den deutschen Gerichten im Rahmen der Höhe der Erstattung kein Ermessen zusteht und sich die Höhe allein an dem objektiven Wert der Zahlungen an die Gesellschafter bemisst, dagegen beim *wrongful trading* alle Verluste im Sinne eines angemessenen Schadensersatzes[1318] einbezogen werden, die zeitlich seit der Verschleppung der Insolvenz eingetreten sind.

Aufgrund der Unterschiedlichkeiten auf Tatbestands- und Rechtsfolgenseite hinkt der Vergleich des § 64 S. 3 GmbHG als deutsche Version der *wrongful trading* Haftung. Lediglich hinsichtlich der Schutzrichtung, der Verhinderung einer Beeinträchtigung der Gläubigermehrheit, gleichen sich die beiden Haftungsinstitute.

2. *Frankreich*

In Frankreich herrscht noch stärker als in England das Prinzip der Selbstständigkeit der juristischen Person. Die Haftung von Gesellschaftern allgemein, konkreter die Haftung der Muttergesellschaft im Konzern wird nach französischem Recht auf die insolvenzrechtliche Ebene verlagert. Die beiden relevanten Haftungsinstitute sind die Ausfallhaftung nach Art. L. 651-2 CCom und die Insolvenzerstreckung nach Art. L. 621-2 al. 2 CCom.

a. *Responsabilité pour insuffisance d'actif, Art. L. 651-2 CCom*

Die Ausfallhaftung nach Art. L. 651- 2 CCom sanktioniert Geschäftsführer für solche Fehler ihrer Geschäftsführung, die die Insolvenz der Gesellschaft zur Folge hatten.[1319] Wegen des dreigliedrigen Tatbestandes der *responsabilité pour insuffisance d'actif*, bestehend aus Geschäftsführungsfehler, der *insuffisance d'actif* als Schaden und der Kausalität, kann als deutsches Gegenstück der existenzvernichtende Eingriff als Fallgruppe des deliktsrechtlichen § 826 BGB herangezogen werden. Beide Haftungstatbestände haben als Schutzsubjekt die Gläubiger einer insolventen Gesellschaft. Die Existenzvernichtungshaftung reicht aber funktional weiter, indem sie nicht allein die Verursachung der Insolvenz, sondern generell die vorrangige Befriedigung der Gläubiger vor Beeinträchtigungen zu schützen versucht.[1320]

1318 *Servatius*, in: Henssler/Strohn, Gesellschaftsrecht, 5. Aufl., IntGesR Rn. 169.

1319 Siehe oben, Kap.IV.B.II.1.

1320 Ein ausführlicher Rechtsvergleich der französischen Ausfallhaftung und der deutschen Existenzvernichtungshaftung bei *Kroh*, Der existenzvernichtende Eingriff, S. 269 ff.

Der sachliche Anwendungsbereich der französischen Ausfallhaftung liegt nach Art. L. 651-2 CCom in der *liquidation judiciare*.[1321] Hinsichtlich des Haftungsadressaten werden sowohl der *dirigeant de droit* als auch der *dirigeant de fait* umfasst. Demnach haftet eine Muttergesellschaft, wenn sie als *dirigeante de fait* qualifiziert werden kann und sie den Tatbestand erfüllt hat.

Bei der deutschen Existenzvernichtungshaftung ist der sachliche Anwendungsbereich dagegen eröffnet, wenn die Gesellschaft wegen Zahlungsunfähigkeit oder Überschuldung insolvent ist (materielle Insolvenz).[1322] Haftungsadressat ist nicht der Geschäftsführer, sondern sind primär die Gesellschafter.[1323] Geschäftsführer können dagegen allenfalls als Anstifter oder Gehilfen gem. § 830 Abs. 2 BGB haften.[1324] In der unterschiedlichen Anknüpfung der Haftungsadressaten unterscheiden sich die beiden Haftungstatbestände.

Die französische Ausfallhaftung bedarf tatbestandlich einer *faute de gestion*, die kausal zu einem Schaden in Form der *insuffisance d'actif* geführt hat. Die Existenzvernichtungshaftung verlangt als Fallgruppe des § 826 BGB tatbestandlich einen Eingriff in das Gesellschaftsvermögen, der kausal zur Insolvenz geführt oder diese vertieft hat.[1325]

Als Schaden setzt die *responsabilité pour insuffisance d'actif* jedoch zwingend eine Überschuldung voraus, wobei diese engere Voraussetzung durch den weit gefassten Geschäftsführungsfehler als Pflichtverletzung gegenüber der Existenzvernichtungshaftung aufgewogen wird.[1326] Für das Kausalitätserfordernis der französischen Haftung nach Art. L. 651-2 CCom ist es bereits ausreichend, wenn die *faute de gestion* zur Überschuldung nur beigetragen hat.[1327] Dagegen

1321 Zum sachlichen Anwendungsbereich und Haftungsadressaten siehe bereits oben, Kap.IV.B.II.1.a.

1322 *Kroh*, Der existenzvernichtende Eingriff, S. 270; *Servatius*, in: Michalski/Heidinger/Leible/Schmidt, GmbHG, Bd. I, 3. Aufl., Syst. Dars. 4 Rn. 406.

1323 *Servatius*, in: Michalski/Heidinger/Leible/Schmidt, GmbHG, Bd. I, 3. Aufl., Syst. Dars. 4 Rn. 460.

1324 Hierzu *Servatius*, in: Michalski/Heidinger/Leible/Schmidt, GmbHG, Bd. I, 3. Aufl., Syst. Dars. 4 Rn. 461; *Merkt*, in: MüKo zum GmbHG, Bd. I, 3. Aufl., Anh § 13 Rn. 599 ff.

1325 BGH, Urt. 16.07.2007 – II ZR 3/04, BGHZ 173, 243 = NJW 2007, 2689 – Trihotel; *Liebscher*, in: MüKo zum GmbHG, Bd. I, 3. Aufl., Anh § 13 Rn. 558 f.; *Altmeppen*, in: Altmeppen, GmbHG, 10. Aufl., § 13 Rn. 82.

1326 *Kroh*, Der existenzvernichtende Eingriff, S. 271 f.

1327 *Kroh*, Der existenzvernichtende Eingriff, S. 272.

erfordert die deutsche Existenzvernichtungshaftung, dass die Insolvenz oder die Insolvenzvertiefung adäquat kausale Folge des tatbestandlichen Eingriffs ist.[1328]

Die französische Ausfallhaftung verlangt über den Geschäftsführungsfehler als solchen hinaus keine weiteren subjektive Tatbestandsmerkmale.[1329] Die Existenzvernichtungshaftung verlangt insofern zumindest Eventualvorsatz hinsichtlich der Existenzvernichtung.[1330] Auf Tatbestandsebene verfolgen die französische Ausfallhaftung und die deutsche Haftung wegen existenzvernichtenden Eingriffs jeweils verschiedene Anknüpfungspunkte und unterscheiden sich somit erheblich.

Liegen die Tatbestandsvoraussetzungen der französischen Ausfallhaftung vor, muss der Geschäftsleiter Schadensersatz nach Ermessen des Gerichts, beschränkt auf die Höhe des Ausfallbetrages, an die Gesellschaft selbst leisten.[1331] Der Anspruch ist als Innenhaftung konzipiert, sodass der Geschäftsleiter an die Gesellschaft leistet, der geleistete Betrag sodann aber gem. Art. L. 651-2 al. 4 CCom an die Gläubiger ausgeschüttet wird. Neben der eigentlichen Haftung kann das Gericht darüber hinaus den Geschäftsleiter mit der *faillité personnelle* oder der *interdiction de diriger* sanktionieren.[1332] Nach Art. 651-3 al. 1 CCom ist der Liquidator oder die Staatsanwaltschaft dafür zuständig, den Anspruch der *responsabilité pour insuffisance d'actif* geltend zu machen. Einzelne Gläubiger sind nicht zur Geltendmachung des Anspruchs berechtigt.

Der Anspruch wegen existenzvernichtenden Eingriffs ist auf Schadensersatz in Form des Vermögensentzuges, der insolvenzbedingten Verluste im Wege der Zerschlagung und des entgangenen Gewinns gerichtet.[1333] Die Geltendmachung obliegt allein dem Insolvenzverwalter.[1334]

Wenngleich beide Haftungstatbestände auf Schadensersatz gerichtet sind, unterscheiden sie sich dadurch, dass die Haftungsfestsetzung der Ausfallhaftung im Ermessen der Gerichte steht und diese nur durch die Höhe des Ausfallbetrages begrenzt wird, sodass diese weiter ist als die Haftung nach § 826 BGB.[1335]

1328 *Lieder*, DZWir 2008, 145 (148 f.); *Bayer*, in: Lutter/Hommelhoff, GmbHG, 20. Aufl., § 13 Rn. 38; *Lieder*, in: Michalski/Heidinger/Leible/Schmidt, GmbHG, Bd. I, 3. Aufl., § 13 Rn. 457; *Altmeppen*, in: Altmeppen, GmbHG, 10. Aufl., § 13 Rn. 89, 94 ff.

1329 *Kroh*, Der existenzvernichtende Eingriff, S. 272.

1330 Siehe oben, Kap.V.B.III.1.b.

1331 Siehe oben, Kap.IV.B.II.1.c.

1332 Siehe oben, Kap.IV.B.II.1.c.

1333 BGH, Urt. 16.07.2007 – II ZR 3/04, BGHZ 173, 243 = NJW 2007, 2689 – Trihotel; *Wagner*, in: MüKo BGB, Bd. VI, 7. Aufl., § 826 Rn. 170.

1334 *Vogt*, in: Beck'sches Handbuch der GmbH, 4. Aufl., § 17 Rn. 337.

1335 Siehe *Kroh*, Der existenzvernichtende Eingriff, S. 273.

Sowohl die französische Ausfallhaftung als auch die deutsche Existenzvernichtungshaftung sind als Innenhaftungstatbestände ausgestaltet. Allerdings wird die Haftungssumme der *responsabilité pour insuffisance d'actif* nach Zahlung an die Gesellschaft an die Gläubiger ausgeschüttet.

b. Extension de procédure, Art. L. 621-2 al. 2 CCom

Der zweite französische insolvenzrechtliche Haftungstatbestand ist die *extension de procédure* nach Art. L. 621-2 al. CCom, bei der in Fällen der Vermögensvermischung und des Missbrauchs der Tochtergesellschaft als Scheingesellschaft die Insolvenz auf die dahinterstehende Person erstreckt werden kann. Die *extension de procédure* hat somit zwei Tatbestandsalternativen, die jeweils einem Vergleichspaar des deutschen Rechts zugeordnet werden müssen.

Der Tatbestandsalternative der *confusion de patrimoine* steht die in Deutschland anerkannte Durchgriffshaftung wegen Vermögensvermischung nach § 128 HGB analog gegenüber.[1336] Der *fictivité de la personne morale* entsprechend der Missbrauch der juristischen Person als Fallgruppe des § 826 BGB.[1337]

Für den Anwendungsbereich der *extension de procédure* muss sachlich die Gesellschaft sich in den Insolvenzverfahren der *procédure de sauvegarde,* der *redressement judiciaire* oder der *liquidation judiciaire* befinden und persönlich kann es sich sowohl um eine natürliche oder um eine juristische Person handeln, auf die das Insolvenzverfahren erstreckt werden kann. Bei der deutschen Durchgriffshaftung wegen Vermögensvermischung handelt es sich um eine Verhaltenshaftung,[1338] sodass jede Person, die für die Vermögensvermischung verantwortlich ist, in den persönlichen Anwendungsbereich fällt. Der Missbrauch der juristischen Person bzw. der korporativen Haftungsbeschränkung trifft persönlich dagegen im Regelfall die Gesellschafter oder die Geschäftsführer der Gesellschaft, die den Sinn und Zweck der Haftungsbeschränkung umgehen.[1339]

Die französische Insolvenzerstreckung sieht tatbestandlich die Alternativen der Vermögensvermischung und des Missbrauchs der Gesellschaft zum Schein vor. Eine Vermögensvermischung im Sinne der *extension de procédure* liegt vor, wenn die Haftungsmasse nicht mehr den jeweiligen Haftungssubjekten zugewiesen werden kann, indem eine untrennbare Verflechtung der Vermögenswerte

---

1336 Siehe oben, Kap.I.B.II.3.a.

1337 Vgl. *Wagner*, in: MüKo BGB, Bd. VI, 7. Aufl., § 826 Rn. 187.

1338 BGH, Urt. v. 14.11.2005, BGHZ 165, 85 = NJW 2006, 1344; *Verse*, in: *Henssler/Strohn*: GmbHG, 3. Aufl., § 13 Rn. 39.

1339 *Wagner*, in: MüKo BGB, Bd. VI, 7. Aufl., § 826 Rn. 187 ff.

und Schulden (*imbrication inextricable des elements d'actif et de passif*) vorliegt oder ungewöhnliche und anormale finanzielle Beziehungen zwischen zwei Unternehmen bestehen (*relations financières/flux financiers anormaux*).[1340]

Die Fiktivität der juristischen Person als zweite Tatbestandsalternative liegt im Regelfall vor, wenn ein konstitutives Element der juristischen Person fehlt.[1341] An einem solchen Element fehlt es, wenn ein fremder Zweck verfolgt wird oder Hauptzielrichtung der Gesellschaft die reine Beschränkung der Haftung ist. Des Weiteren gilt sie dann als Scheingesellschaft, wenn die Hauptbefugnisse der Gesellschaft entzogen sind und diese andere eine Person innehat.

Eine Vermögensvermischung im Sinne der deutschen Durchgriffshaftung liegt vor, wenn ein Gesellschafter durch seine Einflussnahme dafür verantwortlich ist, dass Gesellschafts- und Privatvermögen durch eine undurchsichtige Buchführung derart vermischt sind, sodass die Beachtung der Kapitalerhaltungsvorschriften unkontrollierbar wird (sog. Waschkorblage).[1342] Als Verhaltenshaftung wird die Einflussnahme bzw. Verantwortlichkeit des Gesellschafters für den Zustand der Vermögensvermischung verlangt.[1343]

Die Fallgruppe des Missbrauchs der juristischen Person des § 826 BGB verlangt auf Ebene des Tatbestandes, dass die Gesellschaft zu einem Zweck gegründet oder fortgeführt wird, um Dritte zu schädigen.[1344] Als Fallgruppe des § 826 BGB braucht es neben der objektiven Schädigung als subjektives Element mindestens Eventualvorsatz hinsichtlich der Inkaufnahme des Schadenseintritts durch Zweckentfremdung der Gesellschaft.

Liegt eine der Tatbestandsalternativen der *extension de procédure* vor, kann nach Art. L. 621-2 al. 2 CCom das Gericht über die Gesellschaft hinaus das bereits eröffnete Verfahren auf die Person erstrecken, die den Tatbestand erfüllt.[1345] Die Vermögensmassen der Tochter- und Muttergesellschaft werden

---

1340 Siehe oben, Kap.IV.B.II.2.b.aa.

1341 Siehe oben, Kap.IV.B.II.2.b.bb.

1342 BGH, Urt. v. 16.09.1985 – II ZR 275/84, BGHZ 95, 330 (334) = NJW 1986, 188; BGH, Urt. v. 14.11.2005 – II ZR 178/03, NJW 2006, 1344 = ZIP 2006, 467; *Stimpel*, in: FS Goerdeler, 1987, 606 f.; *Fastrich*, in: Baumbach/Hueck, GmbHG, 22. Aufl., § 13 Rn. 45; *Verse*, in: *Henssler/Strohn*: GmbHG, 3. Aufl., § 13 Rn. 38 f.; *Heider*, in: MüKo zum AktG, Bd. I, 5. Aufl., § 1 Rn. 71.

1343 BGH, Urt. v. 14.11.2005 – II ZR 178/03, NJW 2006, 1344 = ZIP 2006, 467; *Fastrich*, in: Baumbach/Hueck, GmbHG, 22. Aufl., § 13 Rn. 45; *Verse*, in: Henssler/Strohn, Gesellschaftsrecht, 5. Aufl., § 13 Rn. 39; *Heider*, in: MüKo zum AktG, Bd. I, 5. Aufl., § 1 Rn. 72.

1344 *Wagner*, in: MüKo BGB, Bd. VI, 7. Aufl., § 826 Rn. 187.

1345 Siehe oben, Kap.VI.B.II.2.c.

zu einer einheitlichen Insolvenzmasse zusammengefasst. Antragsberechtigte für die Insolvenzerstreckung sind der *mandataire judiciaire*, die Gesellschaft als Schuldnerin selbst oder die Staatsanwaltschaft. Der einzelne Gläubiger ist nicht antragsberechtigt.

Als Rechtsfolge der deutschen Durchgriffshaftung wegen Vermögensvermischung gelten die §§ 128, 129 HGB entsprechend, sodass der verantwortliche Gesellschafter persönlich für die Verbindlichkeiten der Gesellschaft haftet.[1346] Jeder Gesellschaftsgläubiger ist somit auch Anspruchsberechtigter des Haftungsanspruches. Befindet sich die Tochtergesellschaft in der Insolvenz, obliegt die Geltendmachung entsprechend § 93 InsO dem Insolvenzverwalter.[1347]

Erfüllen Geschäftsführer oder Gesellschafter sittenwidrig den Tatbestand des Missbrauchs der juristischen Person, fällt das gesellschaftsrechtliche Haftungsprivileg weg und sie haften nach § 826 BGB den geschädigten Dritten gegenüber persönlich.[1348] Anders als der existenzvernichtende Eingriff, der gegen die Tochtergesellschaft selbst gerichtet und somit als Innenhaftung konzipiert ist, wird hier die Gesellschaft als Werkzeug eingesetzt, um Dritte zu schädigen. Demnach ist eine Außenhaftung nach § 826 BGB des die Gesellschaft missbrauchenden Gesellschafters nur konsequent und hinsichtlich der Schutzrichtung geboten.

Die französische Insolvenzerstreckung findet kein Pendant im deutschen Recht und wird vor dem Hintergrund des Schutzzweckes durch die deutsche Durchgriffshaftung wegen Vermögensvermischung und die Haftung wegen Missbrauchs der juristischen Person zumindest abgedeckt. Auf Tatbestandsebene ist für die Insolvenzerstreckung die Insolvenz zwingende Voraussetzung, die bei den beiden deutschen Haftungsansätzen kein obligatorisches Kriterium darstellt. Der deutlichste Unterschied ergibt sich auf Ebene des Antragsberechtigten. Die Gläubiger einer französischen Gesellschaft haben kein individuelles Antragsrecht für die *extension de procédure*. Demgegenüber sind die Gesellschaftsgläubiger als geschädigte Dritte Anspruchsberechtigte der deutschen Durchgriffshaftung wegen Vermögensvermischung. Auf Rechtsfolgenseite ähneln sich die französische Erstreckung auf die Vermögenmasse des Gesellschafters einerseits und die persönliche Haftung des Gesellschafters nach §§ 128,

---

1346 BGH, Urt. v. 14.11.2005 – II ZR 178/03, NJW 2006, 1344 (1347); *Altmeppen*, in: Altmeppen, GmbHG, 10. Aufl., § 13 Rn. 138.

1347 BGH, Urt. v. 14.11.2005 – II ZR 178/03, NJW 2006, 1344 (1345); *Verse*, in: Henssler/Strohn, Gesellschaftsrecht, 5. Aufl., § 13 Rn. 40; *Altmeppen*, in: Altmeppen, GmbHG, 10. Aufl., § 13 Rn. 138.

1348 *Wagner*, in: MüKo BGB, Bd. VI, 7. Aufl., § 826 Rn. 187.

129 HGB analog andererseits. Dagegen ist die Haftung wegen Missbrauchs der juristischen Person als Schadensersatzanspruch im Sinne des § 826 BGB ausgestaltet.

C. Zusammenfassung

Der Rechtsvergleich der Haftungsverfassungen im Konzern in Deutschland, England und Frankreich zeigt teils große Gemeinsamkeiten, aber auch erhebliche Unterschiede auf. Die Gemeinsamkeiten erklären sich vor dem Hintergrund, dass sowohl der deutsche, der englische als auch der französische Gesetzgeber jeweils mit demselben konzernimmanenten Interessenkonflikt konfrontiert ist und diesen einer Lösung zuführen muss. Das Grundproblem ist somit gemeinsamer Ausgangspunkt in jeder der drei Rechtsordnungen. Somit ist es kaum verblüffend, dass sich bei den Lösungsansätzen auch Gemeinsamkeiten zeigen.

Die Lösungen dieses Konfliktes sind gleichzeitig aber auch vor der jeweiligen Rechtsordnung zu sehen, sodass sich hieraus auch die wesentlichen Unterschiede ergeben. In England und Frankreich gelten ein viel strengeres Trennungsprinzip, der Grundsatz der Selbstständigkeit der juristischen Person und das Prinzip der Gewaltenteilung zwischen Geschäftsführung und Gesellschaftern („*division of power between member and director*")[1349].

Die fehlenden direkten Einflussmöglichkeiten des Gesellschafters auf die Geschäftsführung, die kaum vorhandene Durchsetzbarkeit des Konzerninteresses gegenüber den Interessen der Tochtergesellschaft und die Verlagerung der Gesellschafterhaftung auf die Ebene der Insolvenz sind jeweils Ausfluss dieser Prinzipien. Gleichzeitig gilt in England aufgrund der freiheitlichen gesellschaftlichen Grundordnung eine sehr weitgehende Satzungsfreiheit, die es den Gesellschaftern einer Limited erlaubt, diese Einschränkungen durch Satzungsbestimmungen auszuhebeln. Das französische Gesellschaftsrecht ist insofern strenger, als dass es eine solche weitgehende Aushöhlung der Prinzipien nicht zulässt und beispielsweise die Einführung eines Weisungsrechts in der Satzung als unzulässig einstuft.

Die deutsche GmbH, die englische Limited und die französische SARL weisen jeweils als oberstes Organ der Kontrolle die Gesellschafterversammlung und als Leitungsorgan den oder die Geschäftsführer auf. Sowohl in Deutschland, England und Frankreich kann fakultativ ein Aufsichtsrat, der sodann weitestgehend die Kontrollfunktion übernimmt, durch Satzungsbestimmung gebildet

1349 Siehe oben, Kap.III.A.I.4.a.bb.

werden. Die größten Unterschiede der Gesellschaftsformen als solche ergeben sich in den jeweiligen Finanzverfassungen. In Deutschland wird das Stammkapital als Seriositätsschwelle im Sinne des Gläubigerschutzes wie eine Monstranz hochgehalten. Dagegen haben englische und französische Gesetzgeber das Stammkapitalerfordernis abgeschafft und versuchen durch Insolvenzhaftungstatbestände einen ausreichenden Gläubigerschutz zu gewährleisten.[1350]

Im Bezug auf die Gesellschafterhaftung zeigt sich der größte Unterschied der drei Rechtsordnungen in einem umfangreichen kodifizierten Konzernrecht in Deutschland gegenüber vereinzelten gesellschafts- oder insolvenzrechtlichen Regelungen in England und Frankreich, die allenfalls an Konzerntatbestände anknüpfen. Ausgangspunkt für die Annahme eines Konzerns bzw. einer Gruppe ist in Deutschland das Bestehen einer Abhängigkeit der Tochter- von der Muttergesellschaft, in England und Frankreich jeweils, dass die Mutter- die Tochtergesellschaft kontrolliert. Die Unterschiede zwischen dem Begriff der Kontrolle und dem der Abhängigkeit liegen im Detail.[1351]

Das deutsche Konzernrecht gibt Unternehmen unterschiedliche Instrumente an die Hand, Einfluss auf das abhängige bzw. kontrollierte Unternehmen auszuüben oder die Gruppe in ihren Interessen zu leiten. Das Fehlen entsprechender Einflussmöglichkeiten in England und Frankreich ist auch Ausdruck einer fehlenden Kodifiktation eines selbstständigen Konzernrechts. Selbst ohne Konzernrecht besteht in der deutschen GmbH durch das Weisungsrecht ein Mittel zur Leitung im Interesse des übergeordneten Konzerns. Durch die grundsätzliche strikte Trennung zwischen der Leitung und der Kontrolle besteht in England und in Frankreich dagegen nur die Möglichkeit der mittelbaren Einflussnahme über die Drohung einer Abberufung des Geschäftsführers.

Bei den relevanten Haftungstatbeständen des deutschen, englischen und französischen Rechts ergeben sich ebenfalls Gemeinsamkeiten und Unterschiede.[1352] Dem französischen Recht ist eine allgemeine vergleichbare Durchgriffshaftung fremd, sodass schwerpunktmäßig eine mögliche Haftung der Muttergesellschaft unter insolvenzrechtlichen Gesichtspunkten erfolgt. Gleichzeitig erweist sich

1350 Für England siehe hierzu *Bachner*, in: Lutter (Hrsg.), Das Kapital der Aktiengesellschaft in Europa, ZGR-Sonderheft 17, 2006, S.527 ff.; *Heinz/Hartung*, Die englische Limited, 3. Aufl., 9.1. Rn. 3; für Frankreich siehe hierzu *Pfeifer*, GmbHR 2007, 1208 (1213), der eine sehr gründungs- und gesellschafterfreundliche Finanzverfassung in seinem Fazit strengeren Haftungsregeln des Geschäftsleiters in der Insolvenz gegenüberstellt.

1351 Siehe oben, Kap.V.B.II.2.

1352 Siehe oben, Kap.V.III.

die französische *responsabilité pour insuffisance d'actif* als die strengste Sanktion auf Ebene des Insolvenzrechts für Geschäftsleiter oder die Muttergesellschaft in Qualifikation als de facto-Geschäftsleiter, da bereits ein Geschäftsführungsfehler ohne weitere subjektive Merkmale ausreichend ist, sofern dieser zum Vermögensausfall geführt hat. Demgegenüber fordern sowohl die deutsche Haftung wegen existenzvernichtenden Eingriffs nach § 826 BGB und das englische *wrongful trading* subjektive Merkmale, an deren praktischer Feststellung eine Haftung regelmäßig scheitern dürfte. Hieran scheitert regelmäßig auch eine Haftung wegen *fraudulent trading*, bei der dem Gesellschafter eine betrügerische Absicht nachgewiesen werden muss.

Die deutsche Haftung nach § 826 BGB wegen Missbrauchs der juristischen Person, das englische *piercing of the corporate veil* und die französische *extension de procédure* in einer ihrer Tatbestandsalternativen verfolgen allerdings den gleichen Ansatz. Die Haftungstatbestände beabsichtigen die Aufhebung der gesellschaftsrechtlichen Haftungsbeschränkung in Fällen, in denen durch Verschleierung entweder die Mutter- und Tochtergesellschaft sich als eine Einheit darstellen oder Vermögenmassen als nicht mehr differenzierbar erscheinen.

Die Haftung in England und Frankreich wird jeweils auf die Ebene des Insolvenzrechts verlagert, während das deutsche Recht außerhalb der Insolvenz an die konzernrechtlichen Regelungen und bei Insolvenz der Tochtergesellschaft an die Existenzvernichtungshaftung anknüpft

Kapitel VI Rechtsvereinheitlichung

Abstract: The purpose of this dissertation is to give an input for a harmonisation of the company law. In Chapter VI the results of the comparison are the basis for a possible harmonisation or unification regarding the company law. At first the past and current debate of an unification of the company law is presented. The European Comission has failed two times to introduce a harmonised private limited company under the designation *Societas Privata Europaea* (SPE) and the *Societas Unius Personae* (SUP). At present the European Model Companies Act (EMCA) as a model law and the European business law by the Association Henri Capitant are discussed. The pros and cons of the different methods and instruments of harmonisation of law are reviewed. This dissertation favours a harmonisation of the company law by introducing a European private limited company under the title *Societas Unius Personae Europaea* (SUPE), that offers a transparent, simple and advantageous component of a company in an international group. For this purpose a liberal handling of the articles of association for the inner organisation of the company and transparent rules of the shareholder's liability are required. Regarding the shareholder's liability the wrongful trading is the least common denominator of the three jurisdictions.

Keywords: Societas Privata Europaea (SPE), Societas Privata Europaea (SPE), European Model Companies Act (EMCA), Association Henri Capitant, Societas Unius Personae Europaea (SUPE)

A. Einführung

Der Rechtsvergleich der Rechtsordnungen Deutschlands, Englands und Frankreichs bezogen auf die für eine Haftung der Muttergesellschaft relevanten Untersuchungsgegenstände hat einige Gemeinsamkeiten und Unterschiede gezeigt. Die aufgezeigten Gemeinsamkeiten und Parallelen bilden den Ausgangspunkt für die folgenden Überlegungen einer etwaigen Rechtsvereinheitlichung. Die Rechtsvereinheitlichung ist untrennbar mit der Rechtsvergleichung verbunden und das eigentliche Ziel einer solchen.[1353] Die hiesige Rechtsvereinheitlichung strebt eine Intensivierung des Binnenmarktes und eine Reduzierung

---

1353 Vgl. *Sacco/Rossi*, Einführung in die Rechtsvergleichung, Kap. I § 1 Rn. 30; Anschaulich *Sarfatti*, Introduzione allo studio del diritto comparato, S. 121: "Was auch immer das Ziel sei, das sich der Rechtsvergleicher vornimmt, er muss als äußerstes Ziel die internationale Vereinheitlichung des Privatrechts vor Augen haben".

möglicher Haftungsgefahren für Unternehmer im Ausland an. Ein Standard auf Ebene der Haftungsfragen fördert die Gründung von Tochtergesellschaften im Ausland, um in den dortigen Markt einsteigen zu können. Zeitgleich ersparen einheitliche Standards eine intensive Compliance-Betreuung der ausländischen Tochtergesellschaften. Eine Harmonisierung hat somit den Anreiz, den grenzüberschreitenden Rechtsverkehr zu erleichtern und den internationalen Handel kostengünstiger zu gestalten.[1354]

Für eine Rechtsvereinheitlichung stehen verschiedene Instrumentarien zur Verfügung. Die Europäische Union bedient sich zur Harmonisierung innerhalb der Mitgliedsstaaten der Rechtsangleichungsmaßnahmen in Form der Richtlinien nach Artt. 115, 288 Abs. 3 AEUV und der Verordnungen nach Art. 288 Abs. 2 AEUV.[1355] Eine weiteres Instrumentarium ist eine abgestimmte und gemeinsame Formulierung von Gesetzen, die sodann mit gleichem Inhalt in den beteiligten Staaten umgesetzt werden, oder die bloße Nachahmung bereits bestehender fremder Modelle.[1356] Schließlich kann auch durch internationales Einheitsrecht als Sonderform der Rechtsvereinheitlichung – wie beispielsweise die UN-Kaufrechtskonvention – eine flächendeckende Harmonisierung herbeigeführt werden.[1357] Die Vereinheitlichung von grenzüberschreitenden Sachverhalten entspricht wegen einer massiven Vereinfachung einerseits der ökonomischen Vernunft, andererseits widersprechen Differenzen in nationalen und kommunalen und Rechtssystemen den Anforderungen einer modernen Wirtschaft.[1358] Allerdings stellt die Vereinheitlichung durch Einheitsrecht einen schwerfälligen und langfristigen Prozess wegen der unterschiedlichsten Interessen und Kulturen der beteiligten Staaten dar.[1359]

1354 *Kischel*, Rechtsvergleichung, § 2 Rn. 41.

1355 *Kischel*, Rechtsvergleichung, § 2 Rn. 43.

1356 Dieser Angleichungstradition folgen insbesondere die skandinavischen Staaten, die zueinander enge geschichtliche, kulturelle und wirtschaftliche Verbindungen haben, hierzu *Kischel*, Rechtsvergleichung, § 2 Rn. 44; *Sacco/Rossi*, Einführung in die Rechtsvergleichung, Kap. I § 1 Rn. 84.

1357 Hierzu *Kischel*, Rechtsvergleichung, § 2 Rn. 45.

1358 Siehe *Ancel*, From the unification of law to its harmonization, (51) Tulane Law Review 108 (1976-1977), S. 114; *Salger*, IWRZ 2018, 99 (100).

1359 Siehe *Kischel*, Rechtsvergleichung, § 2 Rn. 45; *Salger*, IWRZ 2018, 99 (99, 101) bezeichnet die nationalen Kulturen als „Hemmschuh“ von Harmonisierungsbemühungen und führt als bestes Beispiel für die Langatmigkeit der Umsetzung des Einheitsrechts die Entwicklung der UN-Kaufrechtskonvention an, deren Vorüberlegungen auf Ernst Rabels Vorschlag einer Vereinheitlichung gegenüber UNIDROIT in den zwanziger Jahren des zwanzigsten Jahrhunderts zurückgehen.

Eine Alternative zum Einheitsrecht bilden von der *United Nations Commission on International Trade Law* (UNICITRAL) international vereinbarte Modellgesetze (*Model Law*), die den jeweiligen nationalen Gesetzgebern als Muster dienen und an die länderspezifischen Gegebenheiten angepasst werden können.[1360] Selbst wenn in einigen Fällen von dem Modellgesetz als Vorbild abgewichen wird, wird durch viele Umsetzungen zumindest ein gewisser Vereinheitlichungseffekt herbeigeführt.[1361]

B. Ansätze einer Rechtsvereinheitlichung

Innerhalb des europäischen Gesellschaftsrechts wurde neben zahlreiche Richtlinien[1362] auch die Europäische Aktiengesellschaft (*Societas Europaea* (SE)) eingeführt. Derzeit werden mehrere aktuelle Ansätze einer etwaigen Vereinheitlichung des Gesellschaftsrechts diskutiert und erarbeitet. Die Europäische Kommission plante neben der SE auch die Einführung einer *Societas Privata Europaea* (SPE) als funktionales Äquivalent der GmbH mit einem geschlossenen Gesellschafterkreis, Art. 3 Abs. 2a SPE-VO-R.[1363] Hintergrund der Überlegungen einer europaweit vereinheitlichten Rechtsform ist der durch die Rechtsprechung des EuGH zur Niederlassungsfreiheit hervorgerufene Wettbewerb der Gesellschaftsformen in Europa.[1364] In dem Anhang COM(2013) 685 vom 02.10.2013 zur Mitteilung der Europäischen Kommission „Effizienz und Leistungsfähigkeit der Rechtsetzung (REFIT)“ kündigte die Kommission allerdings die Rücknahme ihres Vorschlages zur SPE an.[1365] Daraufhin legte die Europäische Kommission den Richtlinienentwurf[1366] zur Einführung einer geschlossenen Kapitalgesellschaft mit einem einzigen Gesellschafter (*Societas Unius Personae* (SUP)) vor.[1367]

1360 Vgl. *Kischel*, Rechtsvergleichung, § 2 Rn. 46; *Salger*, IWRZ 2018, 99 (100).

1361 *Kischel*, Rechtsvergleichung, § 2 Rn. 46.

1362 Als Beispiel die Richtlinie für Zweigniederlassungen, RL 89/666/EWG, Abl. EG, 21.12.1989, Nr. L 395/36.

1363 Siehe statt vieler *Servatius*, in: Henssler/Strohn, Gesellschaftsrecht, 5. Aufl., IntGesR Rn. 340.

1364 *Moench*, Die Societas Unius Personae (SUP), S. 8; *Fleischer*, in: MüKo zum GmbHG, Bd. I, 3. Aufl., Einl Rn. 227; Begr. RegE MoMiG, BT-Drucks. 16/6140, S. 59.

1365 Vgl. *Omlor*, NZG 2014, 1137 (1138); *Association Henri Capitant*, Der europäische Aufbau im Wirtschaftsrecht: Besitzstand und Perspektiven, S. 168.

1366 COM(2014) 212.

1367 *Omlor*, NZG 2014, 1137 (1138); *Servatius*, in: Henssler/Strohn, Gesellschaftsrecht, 5. Aufl., IntGesR Rn. 341.

Neben der SUP erarbeitet eine deutsch-französische Arbeitsgruppe unter dem Titel *„Société Europeenne Simplifiée“* eine supranationale Rechtsform als Prototyp für Auslandsgesellschaften.[1368] Ebenfalls außerhalb der Rechtsangleichungsmaßnahmen der Europäischen Union versucht der European Model Companies Act (EMCA) den Mitgliedsstaaten ein umfassendes Modellgesetz zu präsentieren.

I. Societas Unius Personae (SUP)

Nach Rücknahme des Verordnungsvorschlags zur Einführung einer *Societas Privata Europaea* (SPE) als eigenständige supranationale Rechtsform hat die Europäische Kommission 2014 einen Richtlinienentwurf (KOM (2014) 212) zur Harmonisierung geschlossener Einpersonen-Kapitalgesellschaften vorgelegt.[1369] Die Kommission beabsichtigt mit der Einführung der SUP eine Vereinheitlichung der Anforderungen an die Gründung beschränkt haftender Gesellschaften mit einem einzigen Gesellschafter und die Beseitigung von Gründungs- oder Verwaltungsbeschränkungen im Sinne der Niederlassungsfreiheit.[1370] Die SUP soll im Gegensatz zur SPE nicht als supranationale Rechtsform, sondern als eine nationale Rechtsform für Einpersonen-Gesellschaften eingeführt werden.[1371] Die Einführung der SUP stößt jedoch primär wegen der beabsichtigten Online-Gründung, Befürchtungen vor Missbrauch und fehlender Kontrolle auf Widerstand.[1372] Der Richtlinienvorschlag zur SUP fand im Europäischen Ministerrat zwar eine qualifizierte Mehrheit, wurde allerdings im Rahmen des „Company Law Package“[1373] durch die Europäische Kommission 2018 offiziell zurückzogen.[1374]

1368 *Teichmann/Götz*, ZEuP 2019, 260 (285).

1369 *Omlor*, NZG 2014, 1137; *Association Henri Capitant*, Der europäische Aufbau im Wirtschaftsrecht: Besitzstand und Perspektiven, S. 168; *Teichmann/Götz*, ZEuP 2019, 260 (261); *Servatius*, in: Henssler/Strohn, Gesellschaftsrecht, 5. Aufl., IntGesR Rn. 341.

1370 *Ries*, NZG 2014, 569; *Teichmann/Götz*, ZEuP 2019, 260 (264 f.); Erwägungsgründe (3), (8) COM(2014) 212.

1371 Siehe Begründung KOM (2014) 212; *Ries*, NZG 2014, 569.

1372 Eine Online-Gründung würde von der bisherigen Pflicht nach § 2 Abs. 1 S. 1 GmbHG zur notariellen Beurkundung des Gesellschaftsvertrages abweichen, siehe *Omlor*, NZG 2014, 1137 (1139); ebenso kritisch *Teichmann*, NJW 2014, 3561 (3563); *Kindler*, The Single-Member Limited Liability Company (SUP), S. 10.

1373 COM(2018) 239; COM(2018) 214.

1374 ABl. 2018/C 223/07 v. 04.07.2018; *Teichmann/Götz*, ZEuP 2019, 260 (261 f., 266).

1. Finanzverfassung

Nach Art. 16 Abs. 1 S. 1 des Richtlinienentwurfs zur SUP (SUP-RL-E) beträgt das Stammkapital der SUP mindestens 1 EUR. Dabei versteht sich das Mindestkapital als Höchststandard, von dem die Mitgliedsstaaten nicht abweichen dürfen.[1375] Die Europäische Kommission verzichtet somit auf ein Mindestkapitalerfordernis als Seriositätsschwelle.[1376] Nach dem anfänglichen Entwurf waren gesetzlich vorgeschriebene Rücklagenbildungen als Ausgleich für das fehlende Mindestkapitalerfordernis noch verboten, allerdings sieht der neuere Vorschlag vom 1.12.2014 die Möglichkeit der Bildung gesetzlicher Rücklagen vor.[1377] Gem. Art. 17 Abs. 1 SUP-RL-E muss das in der Satzung festgelegte Mindestkapital zum Zeitpunkt der Eintragung vollständig erbracht werden (Volleinzahlungsgebot).[1378]

Den fehlenden Gläubigerschutz mangels Mindestkapitalerfordernis versucht der Richtlinienentwurf durch besondere Anforderungen an die Gewinnausschüttungen im Sinne eines Bilanz- und Solvenztest auszugleichen.[1379] Art. 2 Abs. 3 SUP-RL-E definiert den Begriff der „Gewinnausschüttung" sehr weit, indem diese jeden finanziellen Vorteil umfasst, den der einzige Gesellschafter aufgrund des einzigen Anteils direkt oder indirekt aus der SUP zieht, einschließlich in Form einer Dividende, durch Immobilienerwerb oder -verkauf, oder auf jedem anderen Weg. Allgemein können Gewinnausschüttungen gem. Art. 18 Abs. 1 SUP-RL-E an den einzigen Gesellschafter vorgenommen werden, sofern sie mit den Absätzen 2 und 3 im Einklang stehen. Jede Gewinnausschüttung setzt somit eine Empfehlung des Leitungsorgans, einen Gesellschafterbeschluss, einen positiven Bilanztest und einen entsprechenden Solvenztest voraus.[1380] Art. 18 Abs. 2 SUP-RL-E regelt den Bilanztest, wonach eine SUP keine Gewinnausschüttungen

---

1375 *Kalss/Klampfl*, in: Dauses/Ludwigs Hdb. EU-WirtschaftsR, Bd. I, 47. EL., GesR Rn. 492.

1376 *Omlor*, NZG 2014, 1137 (1140); *Kindler*, The Single-Member Limited Liability Company (SUP), S. 21, bedauert ein fehlendes Mindeststammkapital.

1377 Art. 16 Abs. 4 S. 2 SUP-IT; *Teichmann/Götz*, ZEuP 2019, 260 (276 f.); *Kalss/Klampfl*, in: Dauses/Ludwigs, Hdb. EU-WirtschaftsR, Bd. I, 47. EL, GesR Rn. 492.

1378 *Kindler*, The Single-Member Limited Liability Company (SUP), S. 21; *Teichmann/Götz*, ZEuP 2019, 260 (276); *Kalss/Klampfl*, in: Dauses/Ludwigs, Hdb. EU-WirtschaftsR, Bd. I, 47. EL., GesR Rn. 492.

1379 *Omlor*, NZG 2014, 1137 (1140 f.); *Teichmann/Götz*, ZEuP 2019, 260 (277 f.); *Kalss/Klampfl*, in: Dauses/Ludwigs, Hdb. EU-WirtschaftsR, Bd. I, 47. EL., GesR Rn. 493.

1380 *Kalss/Klampfl*, in: Dauses/Ludwigs, Hdb. EU-WirtschaftsR, Bd. I, 47. EL., GesR Rn. 493.

vornehmen darf, wenn das im Jahresabschluss der SUP ausgewiesene Nettovermögen bei Abschluss des letzten Geschäftsjahres den Betrag des Stammkapitals zuzüglich der Rücklagen unterschreitet oder durch eine solche Gewinnausschüttung unterschreiten würde.[1381]

Der Solvenztest, der als Vorbild dem anglo-amerikanischen *solvency test* folgt,[1382] wird in Art. 18 Abs. 3 und 4 SUP-RL-E geregelt. Eine SUP darf keine Gewinnausschüttungen vornehmen, wenn diese dazu führen würden, dass die SUP nicht mehr in der Lage wäre, ihre nach der Gewinnausschüttung fällig werdenden Schulden zu begleichen, Art. 18 Abs. 3 S. 1 SUP-RL-E. Nach Art. 18 Abs. 3 S. 2 SUP-RL-E hat der Geschäftsführer schriftlich zu bestätigen, ob die SUP trotz einer Gewinnausschüttung prognostisch in der Lage sei, die im folgenden Jahr fälligen Verbindlichkeiten im normalen Geschäftsgang zu begleichen (sog. „Solvenzbescheinigung").[1383] Diese Solvenzbescheinigung ist nach Art. 18 Abs. 4 S. 1 SUP-RL-E zwecks Gläubigertransparenz offenzulegen.[1384]

Durch die Kopplung von Bilanz- und Solvenztest sieht der Richtlinienentwurf zwar einen gewissen Schutzstandard für die Gläubiger vor, allerdings stellt der Solvenztest strenge Maßstäbe an die Geschäftsführer, die sich somit in einer Zwickmühle zwischen dem Alleingesellschafter und einem etwaigen Haftungsrisiko befinden.[1385]

2. *Organisationsverfassung*

Die Organisation einer SUP sieht einen Alleingesellschafter als Hauptorgan und einen oder mehrere Geschäftsführer als Leitungsorgan vor.[1386] Ein Aufsichtsrat kann errichtet werden, wenn dies das jeweils anwendbare nationale Gesellschaftsrecht vorsieht.[1387] Im Folgenden werden der Alleingesellschafter als Hauptorgan der SUP, das Leitungsorgan und das Verhältnis der beiden zueinander dargestellt.

1381 *Schmidt*, in: Lutter/Koch, Societas Unius Personae, S. 13 f.

1382 *Omlor*, NZG 2014, 1137 (1140); *Schmidt*, in: Lutter/Koch, Societas Unius Personae, S. 14.

1383 *Omlor*, NZG 2014, 1137 (1140); *Moench*, Die Societas Unius Personae (SUP), S. 104.

1384 *Schmidt*, in: Lutter/Koch, Societas Unius Personae, S. 15; *Moench*, Die Societas Unius Personae (SUP), S. 104.

1385 Hierzu *Schmidt*, in: Lutter/Koch, Societas Unius Personae, S. 18 f.

1386 Gesamtschau der Artt. 4, 21, 22 SUP-RL-E.

1387 Vgl. *Jung*, GmbHR 2014, 579 (590); *Kalss/Klampfl*, in: Dauses/Ludwigs, Hdb. EU-WirtschaftsR, Bd. I, 47. EL., GesR Rn. 496.

a. Alleingesellschafter der SUP

Nach Art. 4 Abs. 1 und Abs. 2 SUP-RL-E i.V.m. Art. 21 Abs. 1 S. 1 SUP-RL-E übt der einzige Gesellschafter die Befugnisse der Gesellschafterversammlung durch Beschlüsse aus, die schriftlich niederzulegen sind. Die Aufzeichnungen der gefassten Beschlüsse sind mindestens fünf Jahre lang aufzubewahren, Art. 21 Abs. 1 S. 2 SUP-RL-E. Die Beschlüsse zur Ausübung der Befugnisse der Gesellschafterversammlung darf der Alleingesellschafter gem. Art. 21 Abs. 3 S. 1 SUP-RL-E ohne Einberufung dieser fassen. Diese Beschlussfassungsbefugnis darf auch nicht von den Mitgliedsstaaten eingeschränkt werden, Art. 21 Abs. 3 S. 2 SUP-RL-E.[1388]

Art. 21 Abs. 2 SUP-RL-E zählt ausdrücklich dem Alleingesellschafter vorbehaltene Beschlussgegenstände auf, die wegen ihrer Schwere und Bedeutung trotz der nur erwähnten Delegation an das Leitungsorgan nicht an ein anderes Organ übertragen werden dürfen.[1389] Somit ist die Beschlussfassungsbefugnis über die Bestellung und Entlassung nach Art. 21 Abs. 2 lit. e) SUP-RL-R als Einflussmöglichkeit ein ausschließliches Recht des Alleingesellschafters.

b. Leitungsorgan der SUP

In Art. 22 Abs. 1 SUP-RL-E heißt es kurz und prägnant, dass die SUP von einem Leitungsorgan geleitet wird, das einen oder mehrere Geschäftsführer umfasst. Der Richtlinienentwurf sieht als Geschäftsführer grundsätzlich natürliche Personen vor, lässt aber juristische Personen als Geschäftsführer zu, wenn dies nach dem anwendbaren nationalen Recht zulässig ist, Art. 22 Abs. 4 S. 1 SUP-RL-E.[1390] Art. 22 Abs. 4 S. 3 SUP-RL-E lässt auch die Selbstorganschaft zu, sodass auch der Alleingesellschafter Geschäftsführer der SUP sein kann. Ist eine Muttergesellschaft als juristische Person Alleingesellschafterin, müsste die Geschäftsführerstellung wiederum von dem anwendbaren nationalen Recht zugelassen sein.[1391]

1388 *Kalss/Klampfl*, in: Dauses/Ludwigs, Hdb. EU-WirtschaftsR, Bd. I, 47. EL., GesR Rn. 495.

1389 Siehe hierzu *Beurskens*, GmbHR 2014, 738 (743); *Jung*, Societas Unius Personae (SUP) – Der neue Konzernbaustein, GmbHR 2014, 579 (590); *Kalss/Klampfl*, in: Dauses/Ludwigs, Hdb. EU-WirtschaftsR, Bd. I, 47. EL., GesR Rn. 495.

1390 *Kalss/Klampfl*, in: Dauses/Ludwigs, Hdb. EU-WirtschaftsR, Bd. I, 47. EL., GesR Rn. 496.

1391 *Moench*, Die Societas Unius Personae (SUP), S. 128.

Nach Art. 24 Abs. 1 SUP-RL-E ist das Leitungsorgan einer SUP zur Vertretung der SUP gegenüber Dritten und vor Gericht befugt. Dem Leitungsorgan ordnet Art. 22 Abs. 3 SUP-RL-E eine subsidiäre Kompetenz zu, indem das Leitungsorgan alle Befugnisse der SUP ausüben kann, die weder vom Alleingesellschafter oder eines möglichen Aufsichtsrates ausgeübt werden.[1392] Die jeweiligen Geschäftsführerpflichten richten sich aber nach dem jeweils anwendbaren nationalen Recht.[1393]

c. *Einflussmöglichkeiten*

Als Eckpfeiler der Organisationsverfassung stehen sich somit der Alleingesellschafter mit seinen ausschließlichen Grundkompetenzen und der Geschäftsführer als Exekutivorgan der SUP gegenüber.[1394] Als natürliche Möglichkeit der Einflussnahme kann der Alleingesellschafter gem. Art. 22 Abs. 5 SUP-RL-E den Geschäftsführer jederzeit durch Beschluss entlassen, woraufhin dieser seine Vertretungsbefugnis verliert. Diese unbedingte Abberufungskompetenz stellt ein wichtiges Instrument der Einflussnahme des Alleingesellschafters dar.[1395] Allerdings bleiben gem. Art. 22 Abs. 5 S. 3 SUP-RL-E sonstige Rechte und Pflichten des anwendbaren nationalen Rechts unberührt, sodass sich als Folge der sofortigen Abberufung etwaige Schadensersatzansprüche ergeben können.[1396]

Als weiteres Instrument der Einflussnahme, das die Abberufungskompetenz unterstützt, sieht der Richtlinienentwurf gem. Art. 23 Abs. 1 SUP-RL-E ein Weisungsrecht des einzigen Gesellschafters gegenüber dem Leitungsorgan vor.[1397] Die Weisungen des Alleingesellschafters an das Leitungsorgan sind grundsätzlich bindend.[1398] Die Geschäftsführer sind an solche Weisungen gem. Art. 23

1392 *Moench*, Die Societas Unius Personae (SUP), S. 128 f.; *Kalss/Klampfl*, in: Dauses/Ludwigs, Hdb. EU-WirtschaftsR, Bd. I, 47. EL., GesR Rn. 496.

1393 Für eine Harmonisierung im Sinne eines einheitlichen Pflichtenprogramms und Verantwortlichkeitsregimes siehe *Beurskens*, GmbHR 2014, 738 (743); *Dreher*, NZG 2014, 967 (972); allgemein *Kalss/Klampfl*, in: Dauses/Ludwigs, Hdb. EU-WirtschaftsR, Bd. I, 47. EL., GesR Rn. 496.

1394 *Teichmann/Götz*, ZEuP 2019, 260 (269).

1395 *Teichmann*, in: Lutter/Koch, Societas Unius Personae, S. 49; *Moench*, Die Societas Unius Personae (SUP), S. 129.

1396 *Jung*, GmbHR 2014, 579 (590); *Moench*, Die Societas Unius Personae (SUP), S. 129.

1397 *Teichmann*, in: Lutter/Koch, Societas Unius Personae, S. 49; *Moench*, Die Societas Unius Personae (SUP), S. 129; *Kalss/Klampfl*, in: Dauses/Ludwigs, Hdb. EU-WirtschaftsR, Bd. I, 47. EL., GesR Rn. 497.

1398 Vgl. Erwägungsgrund 23 SUP-RL-E; *Moench*, Die Societas Unius Personae (SUP), S. 124.

Abs. 2 SUP-RL-E dann nicht gebunden, wenn diese gegen die Satzung oder das anwendbare nationale Recht verstoßen.[1399] Indem Art. 23 Abs. 2 SUP-RL-E auf das anwendbare nationale Recht als Schranke des Weisungsrechts verweist, bestimmt sich auch die Zulässigkeit nachteiliger Weisungen im Sinne des Gruppeninteresses nach dem jeweiligen nationalen Recht.[1400]

Allerdings folgen aus der Ausgestaltung des Weisungsrechts durch den Richtlinienentwurf zwei Probleme. Wegen des Vorbehalts des anwendbaren Rechts als Schranke des Weisungsrechts fehlt es an einer Harmonisierung, sodass die SUP als Konzernbaustein fraglich erscheint.[1401] Des Weiteren ist fraglich, ob das gesetzliche Weisungsrecht den Alleingesellschafter per se als *„shadow director"* im Sinne des Art. 22 Abs. 7 SUP-RL-E qualifiziert, wenn Personen, deren Anordnungen oder Weisungen die Geschäftsführer der Gesellschaft für gewöhnlich befolgen, ohne förmlich bestellt worden zu sein, in Bezug auf alle Pflichten, denen Geschäftsführer unterliegen, als Geschäftsführer gelten.[1402] Allerdings gilt der englische Companies Act als Vorlage dieser Regelung, der in sec 251 (2) CA 2006 eine Stellung der Muttergesellschaft als faktisches Organ allein kraft gesellschaftsrechtlichen Einflusses ausdrücklich ausschließt.[1403] Somit wird die Einführung eines Konzernrechts im Sinne einer automatischen Haftung des Alleingesellschafters auf Grundlage der Geschäftsführerhaftung durch die Hintertür (*„group law by the backdoor"*)[1404] verhindert.[1405] Das Weisungsrecht in Art. 23 SUP-RL-E wurde jedoch unter lettischer Ratspräsidentschaft vollständig gestrichen.[1406]

1399 *Teichmann/Götz*, ZEuP 2019, 260 (280); *Kalss/Klampfl*, in: Dauses/Ludwigs, Hdb. EU-WirtschaftsR, Bd. I, 47. EL, GesR Rn. 497.

1400 Vgl. *Teichmann/Götz*, ZEuP 2019, 260 (280); *Kalss/Klampfl*, in: Dauses/Ludwigs, Hdb. EU-WirtschaftsR, Bd. I, 47. EL., GesR Rn. 497.

1401 *Drygala*, EuZW 2014, 491 (494 f.); *Hommelhoff*, GmbHR 2014, 1065 (1070 ff.); *Teichmann/Hommelhoff*, GmbHR 2014, 177 (183); *Teichmann*, NJW 2014, 3561 (3564 f.); *ders.*, in: Lutter/Koch, Societas Unius Personae, S. 50 beschreibt den Vorbehalt des anwendbaren nationalen Rechts als ein "Verfangen in lokale Schlingpflanzen"; *Kalss/Klampfl*, in: Dauses/Ludwigs, Hdb. EU-WirtschaftsR, Bd. I, 47. EL., GesR Rn.497.

1402 Auf das Problem hinweisend *Kalss/Klampfl*, in: Dauses/Ludwigs, Hdb. EU-WirtschaftsR, Bd. I, 47. EL., GesR Rn. 498.

1403 *Drygala*, EuZW 2014, 491 (495); *Teichmann*, NJW 2014, 3561 (3565); *ders.*, in: Lutter/Koch, Societas Unius Personae, S. 51.

1404 *Davies/Rickford*, ECFR 2009, 48 (64).

1405 Vgl. *Drygala*, EuZW 2014, 491 (495); *Teichmann*, NJW 2014, 3561 (3565).

1406 *Teichmann/Götz*, ZEuP 2019, 260 (281).

3. *Stellungnahme*

Die SUP hätte das Potential gehabt, den Wettbewerb der Gesellschaftsformen in Europa zu entschärfen und grenzüberschreitenden Konzernen ein taugliches Vehikel für einheitliche Tochtergesellschaften im europäischen Ausland an die Hand zu geben. Der Hauptkritikpunkt der SUP lag weniger bei dem fehlenden Mindestkapitalerfordernis, oder dem nicht ganz ausgereiften Weisungsrecht als primär in der Befürchtung des Missbrauchs durch das Online-Gründungsverfahren. Das fehlende Mindestkapital kann insofern kein zwingendes Argument gegen die SUP sein, wenn durch die Einführung der UG (haftungsbeschränkt) auch in Deutschland eine Gesellschaftsform in – Reaktion auf die englische Limited – zur Verfügung steht, die bereits mit einem Kapital von 1 EUR gegründet werden kann. Mit der schlanken Organisationsverfassung mit nur einem einzigen Gesellschafter hätte sich die SUP als kleinster gemeinsamer Nenner angeboten.[1407] Trotz der offiziellen Rücknahme ihres Richtlinienentwurfes ist die Skizzierung der SUP vor dem Hintergrund einer vereinheitlichten Gesellschaftsform für das Verständnis grundlegend.

II. European Model Companies Act (EMCA)

Der European Model Companies Act stellt den europäischen Staaten ein eigenständiges allgemeines Modellgesetz für Kapitalgesellschaften frei zur Verfügung.[1408] Inspiriert von dem US Model Business Corporation Act (MBCA) hat eine private unabhängige Initiative von Rechtswissenschaftlern den EMCA mit dem Ziel entwickelt, den europäischen Staaten ein Werkzeug zur Integration und Harmonisierung des europäischen Gesellschaftsrechts zu geben.[1409] Wegen des Scheiterns der *Societas Privata Europaea* und der *Societas Unius Personae* versuchen seine Schöpfer mit dem EMCA weder den Weg einer klassischen europäischen Rechtsangleichungsmaßnahme im Sinne einer Verordnung oder Richtlinie noch den Weg über den bereits beschriebenen „Wettbewerb der

1407 Zum Problem der Einführung der SUP wegen fehlender Einstimmigkeit unter den Mitgliedsstaaten siehe *Teichmann/Götz*, ZEuP 2019, 260 (285).

1408 Hierzu heißt es in dem European Model Companies Act, 1st Ed., 2017, S. 1: "*The EMCA is designed as a free-standing general company statute that can be enacted by Member States either substantially in its entirety or by the adoption of selected provisions*".

1409 European Model Companies Act, 1st Ed., 2017, S. 1; *Schmidt J., ZHR* 2017, 43 (44); *Kalss/Klampfl*, in: Dauses/Ludwigs, Hdb. EU-WirtschaftsR, Bd. I, 47. EL., GesR Rn. 629.

Rechtsordnungen" zu gehen, sondern verfolgen den Weg eines Modellgesetzes auf freiwilliger Basis.[1410] Der EMCA deckt alle Fragen des Gesellschaftsrechts im Sinne einer Gesamtkodifikation mit seinen 16 Kapiteln und über dreihundert Vorschriften ab.[1411] Aufgrund der bewussten Entscheidung der Verfasser für ein allumfängliches Modelgesetz,[1412] wird zum Überblick nur auf die für die Haftung und das Konzernrecht relevanten Regelungsbereiche eingegangen.

1. *Einheitsmodell*

Dem englischen Gesellschaftsrecht als Vorbild folgend, haben sich die Verfasser des EMCA für das Einheitsmodell (*single act approach*) entschieden, indem der EMCA ein einheitliches Regelwerk für Kapitalgesellschaften in ihrer jeweiligen Form darstellt.[1413] Ausgangspunkt des Einheitsmodells ist die „*company*" als solche, die in sec 1.02 (1) EMCA als „*limited liability company formed and registered under the EMCA*" definiert ist.[1414] Sec 1.03 (1) unterteilt die *company* in eine „*private*" oder „*public company*", die sich nach sec 1.03 (2) EMCA dadurch abgrenzen, dass die Anteile der *private company* nicht öffentlich gehandelt werden dürfen.[1415] Nach sec 1.03 EMCA finden die Regelungen des EMCA sowohl auf die *private company* als auch die *public company* Anwendung, soweit nichts anderes vorgesehen ist, sodass jeweils zu prüfen ist, ob die Vorschriften für beide Unterformen der Kapitalgesellschaft gelten.[1416]

2. *Finanzverfassung*

Hinsichtlich der Finanzverfassung einer *company* unterscheidet der EMCA zwischen dem Mindestkapitalerfordernis einer *public company* von 25.000 EUR entsprechend des Art. 6 Abs. 1 der Richtlinie 2012/30/EU und dem frei wählbaren

---

1410 *Schmidt J., ZHR* 2017, 43 (44); *Baums/Teichmann*, AG 2018, 562 f.

1411 European Model Companies Act, 1st Ed., 2017, S. 12; *Schmidt J., ZHR* 2017, 43 (46).

1412 Für einen Überblick über die Regelungstechnik des EMCA siehe *Baums/Teichmann*, AG 2018, 562 (565 f.).

1413 Zu den Gründen der Entscheidung der EMCA-Gruppe jeweils *Schmidt J., ZHR* 2017, 43 (46 f.); *Baums/Teichmann*, AG 2018, 562 (566 f.).

1414 *Baums/Teichmann*, AG 2018, 562 (566).

1415 *Baums/Teichmann*, AG 2018, 562 (566 f.).

1416 Vor diesem Hintergrund könnten auch zwei getrennte Regelwerke bzw. eine gekürzte Fassung des EMCA entwickelt werden, die nur Bezug auf *private companies* nimmt, siehe *Schmidt J., ZHR* 2017, 43 (47 f.); *Baums/Teichmann*, AG 2018, 562 (567).

Kapital einer *private company*.[1417] Ebenso wie der SUP-Entwurf setzt der EMCA bei der Kapitalerhaltung nach sec 7.02 (2, 3) EMCA auf eine Kombination aus Bilanz- und Solvenztest.[1418] Gem. sec 7.02 (2) EMCA[1419] darf eine Ausschüttung (*distribution*)[1420] nur aus solchen ausschüttungsfähigen Rücklagen erfolgen, die im Jahresbericht der *company* für das von der Hauptversammlung genehmigte Geschäftsjahr als Bilanzgewinn ausgewiesen sind, sowie aus Rücklagen, die nach Gesetz oder gemäß der Satzung ausschüttungsfähig sind, abzüglich etwaiger Bilanzverluste (sog. Bilanztest). Entsprechend darf nach sec 7.02 (3) EMCA[1421] eine Ausschüttung nicht erfolgen, wenn das Unternehmen nach der Ausschüttung nicht in der Lage wäre, seine Schulden bei Fälligkeit im Rahmen des gewöhnlichen Geschäftsbetriebs zu begleichen (sog. Solvenztest). Bei der konkreten Ausgestaltung stehen sich im Ergebnis ein hohes Haftungsrisiko der Geschäftsleitung nach sec 7.02 (4) EMCA und gleichzeitig ein hoher Gläubigerschutz gegenüber.[1422]

3. *Organisationsverfassung*

Für die Organisationsverfassung einer *company* besteht nach sec 8.01 EMCA eine möglichst große Flexibilität, indem sowohl zwischen dem monistischen Modell (*one-tier system*), dem dualistischen Modell (*two-tier system*) oder einem „Misch-" bzw. „Hybridsystem" entschieden werden kann.[1423] Im Folgenden

---

1417 Vgl. *Schmidt J., ZHR* 2017, 43 (51 f.); siehe auch *Baums/Teichmann*, AG 2018, 562 (568) der für das fehlende Mindestkapitalerfordernis auf den europäischen Trend zur Abschaffung des Mindestkapitals der Privatgesellschaften verweist.

1418 *Schmidt J., ZHR* 2017, 43 (59).

1419 Sec 7.02 (2) EMCA: "*Distribution may only be made out of distributable reserves, which are amounts stated as retained earnings in the company´s annual report for the last financial period approved by the general shareholder's meeting, and reserves that are distributable by law or the company's articles of association, less retained losses*".

1420 Der Begriff der „*distribution*" ist in sec 7.01 EMCA legaldefiniert als "*any transfer of money or money's worth without due consideration directly or indirectly to a shareholder or third party in the absence of a genuine commercial purpose*".

1421 Sec 7.02 (3) EMCA: "*Distribution may not be made if the company after the distribution would not be able to pay its debts as they become due in the usual course of business*".

1422 Vgl. zu dieser Problematik *Schmidt J., ZHR* 2017, 43 (60), mit dem Wunsch einer weiteren Konkretisierung der Solvenzteststandards.

1423 *Schmidt J., ZHR* 2017, 43 (62); *Baums/Teichmann*, AG 2018, 562 (569).

werden kurz die Besonderheiten einer monistischen *private company* nach dem Konzept des EMCA dargestellt.

Für die *private company* wird in sec 11.01 (4) EMCA die Stellung der Hauptversammlung als oberstes Organ, dem die Kompetenz in allen die Gesellschaft betreffenden Angelegenheiten zusteht, sofern nicht in der Satzung davon abgewichen wird, betont.[1424] Als Ausfluss dieser Stellung sieht sec 11.01 (4) EMCA ausdrücklich ein Weisungsrecht der Hauptversammlung gegenüber dem geschäftsführenden Organ vor.[1425] Bei dem monistischen Modell bestellt die Hauptversammlung nach sec 8.02 (1) EMCA die *directors* der *company* und kann diese auch nach sec 8.06 (2) EMCA jederzeit ohne wichtigen Grund abberufen. Innerhalb der *private company* hebt der EMCA somit die Stellung der Gesellschafter als „*ultimate decision takers in companies*" hervor.

4. *Haftungsgrundsätze*

Die Geschäftsführerhaftung ist gem. secc 10.01 f. EMCA als eine gesamtschuldnerische Verschuldenshaftung nach objektivem Sorgfaltsmaßstab und der *business judgement rule* (sec 10.01 (3) EMCA) ausgestaltet.[1426] Allerdings ist diese Haftung nicht als reine Innenhaftung ausgestaltet, sondern kann auch gegenüber Gesellschaftern, Gesellschaftsgläubigern oder Dritten bestehen.[1427]

Von einer Insolvenzantragspflicht und einer damit verbundenen Insolvenzverschleppungshaftung wurde im EMCA abgesehen, stattdessen wurde aber nach englischem Vorbild eine Haftung wegen *wrongful trading* in sec 10.04 EMCA statuiert.[1428]

Abweichend vom Grundsatz der beschränkten Haftung der Gesellschafter in der Höhe der jeweils geleisteten Einlagen, sieht sec 11.36 EMCA – inspiriert von den skandinavischen Haftungsregeln für Gesellschafter – eine Haftung für die Gesellschafter vor, wenn diese der Gesellschaft selbst oder Dritten durch vorsätzliches oder grob fahrlässiges Handeln oder Unterlassen einen Schaden verursachen.[1429]

1424 *Baums/Teichmann*, AG 2018, 562 (570).

1425 Vgl. *Baums/Teichmann*, AG 2018, 562 (570).

1426 Vgl. *Schmidt J.*, *ZHR* 2017, 43 (68).

1427 Vgl. *comments* sec 10.01 EMCA; zu weiteren Unterschieden zur deutschen Haftung nach § 93 Abs. 2 AktG und § 43 Abs. 2 GmbHG siehe *Schmidt J.*, *ZHR* 2017, 43 (68 f.).

1428 *Schmidt J.*, *ZHR* 2017, 43 (69).

1429 *Schmidt J.*, *ZHR* 2017, 43 (74) bezeichnet diese Haftungsregelung aus deutscher Perspektive als befremdlich.

5. *Konzernrecht*

Nach dem Scheitern der 9. Konzernrechtsrichtlinie in den 1980ern, existiert bis heute kein einheitliches europäisches Konzernrecht.[1430] Wegen der unterschiedlichen Behandlung des Verhältnisses von Mutter- zu Tochtergesellschaft besteht bei grenzüberschreitenden Konzernsachverhalten eine erhebliche Rechtsunsicherheit, sodass die EMCA-Gruppe zur Lösung dieses Problems dem Konzernrecht ein eigenes Kapitel widmet.[1431] Der konzernrechtliche Lösungsansatz des EMCA beschränkt sich wegen dieser Erfahrung nicht auf ein umfassendes Konzernrecht, sondern als Mittelpunkt der Konzernrealität auf die Gruppenleitung.[1432]

Sec 15.01 EMCA definiert eine Gruppe als ein Unternehmen, das die Muttergesellschaft und all ihre in- und ausländischen Tochtergesellschaften oder Einheiten umfasst, sofern dem nichts entgegensteht.[1433] Als Tochtergesellschaft gilt nach sec 15.02 EMCA eine Gesellschaft, die unter der Kontrolle einer anderen Gesellschaft, der sog. Muttergesellschaft „*parent company*“ steht, sodass Muttergesellschaften im Sinne des EMCA nur juristische Personen sein können.[1434] Die EMCA-Gruppe folgt in ihrem konzernrechtlichen Ansatz dem sog. *control concept* und nicht dem deutschen Leitbild der einheitlichen Leitung gem. § 18 AktG.[1435] Den Begriff der Kontrolle definiert sec 15.04 EMCA als die Befugnis, allein oder mit anderen Gesellschaftern *de jure* oder *de facto* die Finanz- und Geschäftspolitik eines Tochterunternehmens zu bestimmen.[1436]

Zur effektiven Ausgestaltung der Konzernleitung statuiert sec 15.09 (1) EMCA ein Weisungsrecht des Mutterunternehmens gegenüber dem Geschäftsführungsorgan seiner Tochterunternehmen, dem eine Befolgungspflicht des Managements des Tochterunternehmens mit den Ausnahmen in

---

1430 Vgl. General Comments Chapter 15; *Schmidt J.*, *ZHR* 2017, 43 (82); zum Scheitern der 9. Konzernrechtslinie siehe *Lutter/Bayer/Schmidt*, Europäisches Unternehmens- und Kapitalmarktrecht, 6. Aufl., S. 174 ff.

1431 Vgl. General Comments Chapter 15; *Baums/Teichmann*, AG 2018, 562 (570).

1432 Vgl. General Comments Chapter 15; *Conac*, ECFR 2016, 301 (305); *Schmidt J.*, *ZHR* 2017, 43 (82).

1433 Sec 15.01 EMCA: "*A group is the entity comprising the parent company and all its national and foreign subsidiaries or entities, unless otherwise indicated*".

1434 Vgl. Comments sec 15.01 EMCA.

1435 Vgl. Comments sec 15.01 EMCA; *Schmidt J.*, *ZHR* 2017, 43 (82).

1436 Sec 15.04 EMCA: "*Control is the power to govern, alone or with other shareholders, the financial and operating policies of a subsidiary. It may be de jure or de facto*".

sec 15.09 EMCA korrespondiert.[1437] Die Befolgungspflicht wird jedoch durch das in sec 15.16 EMCA festgelegte Gruppeninteresse – angelehnt an die französische sog. „*Rozenblum*-Formel“[1438] – eingeschränkt.[1439] Nach sec 15.16 (1) EMCA verstößt die Leitung des Tochterunternehmens, unabhängig von etwaigen Weisungen der Muttergesellschaft, nicht gegen ihre treuhänderischen Pflichten, wenn sie entgegen der Eigeninteressen des Tochterunternehmens gehandelt hat, wenn (a) die Entscheidung im Interesse der Gesamtgruppe erfolgte, (b) die Geschäftsleitung nach Treu und Glauben auf der Grundlage zugänglicher Informationen bzw. solcher, die ihr bei sorgfältigem Handeln zur Verfügung stünden, gutgläubig davon ausgehen durfte, dass der Verlust/Schaden/Nachteil innerhalb einer angemessenen Frist durch Nutzen/Gewinn/Nachteil ausgeglichen würde und (c) der Verlust/Schaden/Nachteil den Fortbestand des Unternehmens nicht gefährden würde.[1440] Die Voraussetzung in sec 15.16 (1)(b) EMCA fällt gem. sec 15.16 (2) EMCA weg, sofern es sich um ein 100%-iges Tochterunternehmen handelt (*wholly-owned subsidiary*). Liegen die Voraussetzungen in sec 15.16 (1) EMCA nicht vor, kann gem. sec. 15.16 (3) EMCA die Geschäftsleitung des Tochterunternehmens die Befolgung der Weisungen der Muttergesellschaft verweigern.

Des Weiteren sieht sec 15.17 EMCA eine eigenständige konzerndimensionale Haftung in Anlehung an die Haftung wegen *wrongful trading* vor.[1441] Nach sec 15.17 (1) EMCA ist die Muttergesellschaft dazu verpflichtet, unverzüglich eine grundlegende Restrukturierung oder ein Liquidationsverfahren ihrer Tochtergesellschaft einzuleiten, wenn diese Tochtergesellschaft, die durch Weisungen im Sinne des Gruppeninteresses geführt wurde, aus eigener Kraft keine hinreichende Aussicht hat, eine Liquidation zu vermeiden (sog. *crisis point*). Kommt die Muttergesellschaft dieser Verpflichtung des Einleitens einer Restrukturierung oder eines Liquidationsverfahrens nicht nach, haftet sie gem. sec 15.17 (2) EMCA für alle nach dem Eintritt dieses „*crisis point*“ begründeten Verbindlichkeiten.[1442]

1437 Vgl. *Schmidt J., ZHR* 2017, 43 (83 f.); zu den Ausnahmen *Conac*, ECFR 2016, 301 (311).

1438 Cass. crim., 04.02.1985, Rev. soc. 1985, 648 – Rozenblum; zur Rozenblum-Formel ausführlich *Conac*, in: Hommelhoff/Lutter/Teichmann (Hrsg.), Corporate Governance im grenzüberschreitenden Konzern, ZGR-Sonderheft, 2017, S. 89 ff.

1439 *Schmidt J., ZHR* 2017, 43 (84); *Baums/Teichmann*, AG 2018, 562 (571).

1440 Vgl. dazu *Conac*, ECFR 2016, 301 (312 ff.); *Schmidt J., ZHR* 2017, 43 (84); ferner *Baums/Teichmann*, AG 2018, 562 (571).

1441 Siehe *Conac*, ECFR 2016, 301 (319 ff.); *Schmidt J., ZHR* 2017, 43 (85).

1442 *Schmidt J., ZHR* 2017, 43 (85).

Eine weitere Haftung sieht sec. 15.17 (3) EMCA vor, wonach eine Muttergesellschaft, die ihre Tochtergesellschaft zu ihrem Nachteil und unter Verletzung des Konzerninteresses geführt hat, für alle entstandenen Verbindlichkeiten der Tochtergesellschaft haftet, die Folge dieser nachteiligen Weisung sind.[1443]

6. Stellungnahme

Die Idee der Schaffung eines Modellgesetzes wie der European Model Companies Act basiert auf der Erkenntnis, dass es der Europäischen Union trotz zahlreicher Anläufe bisher nicht gelungen ist, ein einheitliches Gesellschaftsrecht zu schaffen. Der Weg über ein Modellgesetz hat aufgrund seiner Freiwilligkeit den Charme einer stufenweisen Vereinheitlichung unter den zunächst willigen Mitgliedsstaaten. Die unabhängige Expertengruppe fokussierte sich bei dieser erstmaligen Ausarbeitung eines umfassenden Gesetzbuches allein auf die Überzeugung der Inhalte.[1444] Gleichwohl können Regelungen, auf die sich aus dem methodischen Rechtsvergleich heraus geeinigt wurde, kritisch betrachtet werden. Die Haftungsregel nach 11.36 EMCA, die eine ausdrückliche Gesellschafterhaftung als Durchbruch des Trennungsprinzips neben den Regeln des allgemeinen zivilrechtlichen Deliktsrechts statuiert, dürfte auf Widerstand bei Ländern stoßen, denen dieser skandinavische Haftungsansatz fremd ist. Allerdings stellt der EMCA als freiwilliges Modellgesetz es den Staaten gerade frei, welche Regelungen der Staat gesetzlich übernimmt und welche nicht, sodass diese Haftungsregel nicht umgesetzt werden muss, ohne dass der Staat wegen einer streitbaren Regelung die Rechtsvereinheitlichung in Gänze scheitern lässt. Der Ansatz eines Modellgesetzes neben den klassischen Harmonisierungsmaßnahmen der EU bietet eine geeignete aber weniger effektive Möglichkeit der Rechtsvereinheitlichung.

III. Europäisches Wirtschaftsgesetzbuch

1. Allgemeines

Die neueren Reformvorhaben der Europäischen Union im Rahmen des Wirtschaftsrechts sind bisher entweder gescheitert oder gelten als ein Normendickicht, weshalb eine Forschergruppe es sich zur Aufgabe gemacht hat, das Wirtschaftsrecht der Europäischen Union mit einer Kodifikation neu aufzustellen.[1445] In

---

1443 Vgl. *Schmidt J.*, *ZHR* 2017, 43 (85).

1444 Zu der Arbeitsweise siehe *Introduction*, EMCA; *Baums/Teichmann*, AG 2018, 562 (571).

1445 Vgl. *Lehmann/Schmidt J./Schulze*, ZRP 2017, 225; *Riesenhuber*, GPR 2017, 270 (271).

dem Europäischen Wirtschaftsgesetzbuch sollen zwölf Einzelrechtsgebiete, zu denen das Markenrecht (I), das Recht des elektronischen Geschäftsverkehrs (II), das Gesellschaftsrecht (III), das Kreditsicherungsrecht (IV), das Vollstreckungsrecht (V), das Insolvenzrecht (VI), das Bankrecht (VII), das Versicherungsrecht (VII), das Recht der Finanzmärkte (IX), das geistige Eigentumsrecht (X), das Sozialrecht/Arbeitsrecht (XI) und das Steuerrecht (XII) zählen, in einem Gesamtkodex zusammengefasst werden.[1446]

Die Arbeitsgruppe beabsichtigt durch eine Kodifikation einen besseren Zugang zum Recht, Rechtsklarheit, eine bessere Übersichtlichkeit und eine Vereinfachung der Rechtsanwendung.[1447] Hierfür soll zunächst das bestehende Wirtschaftsrecht gesammelt, durch eine Klassifikation thematisch geordnet und hierdurch aufgezeigte Lücken sollen – soweit notwendig – einheitlich geschlossen werden.[1448] Zur Ordnung wird mit Verweis auf den *United States Code*, in den alle US-amerikanischen Bundesgesetze eingefügt werden, ein ähnlich ausgestalteter „EU Code" vorgeschlagen.[1449]

Das Europäische Wirtschaftsgesetzbuch könnte rechtstechnisch als Verordnung erlassen werden, von mindestens 9 Mitgliedsstaaten im Wege einer Verordnung im Rahmen einer verstärken Zusammenarbeit nach Art. 20 EUV i.V.m. Artt. 326 ff. AEUV auf den Weg gebracht werden oder bilateral durch Staatsverträge zwischen einzelnen Mitgliedsstaaten erfolgen.[1450]

2. *Gesellschaftsrecht*

Für das Gesellschaftsrecht sollen die bereits bestehenden Regelungen über die europäischen Gesellschaftsformen der Europäischen Wirtschaftlichen Interessengemeinschaft (EWIV), der Europäischen Aktiengesellschaft (Societas Europaea - SE) und die der Europäischen Genossenschaft (Societas Cooperativa

---

1446 *Association Henri Capitant*, Der europäische Aufbau im Wirtschaftsrecht: Besitzstand und Perspektiven, S. 133; *Dupichot*, ZEuP 2017, 245 f.; *Lehmann*, ZHR 2017, 9 (35 ff.); *Riesenhuber*, GPR 2017, 270 (271).

1447 *Lehmann/Schmidt J./Schulze*, ZRP 2017, 225 (226); *Lehmann*, ZHR 2017, 9 (21 f.); *ders.*, GPR 2017, 262 (265 f.).

1448 *Lehmann/Schmidt J./Schulze*, ZRP 2017, 225 (226 f.); *Lehmann*, GPR 2017, 262 (263 f.).

1449 *Lehmann/Schmidt J./Schulze*, ZRP 2017, 225 (227); *Özfirat*, NJOZ 2019, 689 (693).

1450 Hierzu *Harbarth*, GmbHR 2018, 657 (662); *Özfirat*, NJOZ 2019, 689 (696 f.).

Europaea – SCE) aufgenommen werden.[1451] Mit dem Ansatz des Europäischen Wirtschaftsgesetzbuches ist die Hoffnung verbunden, die bereits gescheiterte *Societas Privat Europaea* erneut aufzugreifen.[1452]

3. Neuanlauf einer europäischen Kapitalgesellschaft für KMU

Von den Befürwortern des Europäischen Wirtschaftsgesetzbuches wird sogar die alte Heroldsformel bemüht: „Die SUP ist tot, es lebe die SPE bzw. die SPE 2.0".[1453] Eine Arbeitsgruppe der französischen *Association Henri Capitant* gab dem Neuanlauf der Einführung einer Europa-GmbH für kleinere und mittleren Unternehmen (KMU) in Anlehnung an die französische Gesellschaftsform der „*Société par action simplifiée* (SAS)" den Titel „*Société Européenne Simplifiée* (SES)". Unter dem Titel der SES bzw. SPE 2.0 soll die Europa-GmbH eine flexible und haftungsbeschränkte Rechtsform darstellen, die als Konzernbaustein bei grenzüberschreitenden Sachverhalten eingesetzt werden kann.[1454] Im Folgenden wird die Konzeption dieser SES bzw. SPE 2.0 skizziert.[1455]

a. Gründung

Die Gründung der SES soll möglichst flexibel und sowohl *ex nihilo* als auch durch Umwandlung einer bereits existierenden Rechtsform möglich sein.[1456] Die Überprüfung der Gründungsformalitäten, die bei einer Anlaufstelle auf elektronischem Wege eingereicht werden können, soll letztlich dem Mitgliedsstaat der Registrierung – entsprechend dem Kommissionsvorschlag zur Digitalisierung des Gesellschaftsrechts – überlassen bleiben.[1457]

Neben den bereits existierenden nationalen Rechtsformen soll die SES für international tätige Unternehmen eine taugliche Rechtsform sein. Deshalb wird im Rahmen der SES diskutiert, ob ein ausdrücklicher grenzüberschreitender

---

1451 *Association Henri Capitant*, Der europäische Aufbau im Wirtschaftsrecht: Besitzstand und Perspektiven, S. 162; *Lehmann/Schmidt J./Schulze*, ZRP 2017, 225 (225 f.); *Lehmann*, ZHR 2017, 9 (37).

1452 *Lehmann/Schmidt J./Schulze*, ZRP 2017, 225 (226); *Lehmann*, ZHR 2017, 9 (37 f.); *Özfirat*, NJOZ 2019, 689 (691); kritisch dazu *Riesenhuber*, GPR 2017, 270 (273).

1453 *Harbarth*, GmbHR 2018, 657 (661).

1454 Vgl. *Harbarth*, GmbHR 2018, 657 (661 f.); *Teichmann*, GmbHR 2018, 713 (716).

1455 Siehe hierzu ausführlich *Teichmann*, GmbHR 2018, 713 (717 ff.).

1456 *Teichmann*, GmbHR 2018, 713 (719).

1457 *Teichmann*, GmbHR 2018, 713 (719); zum Kommissionsvorschlag siehe *Noack*, DB 2018, 1324 (1328).

Bezug Voraussetzung für ihre Gründung sein soll.[1458] Weder das Vorliegen eines materiellen grenzüberschreitenden Sachverhalts noch ein grenzüberschreitender Unternehmensgegenstand oder eine Absichtserklärung sind effektiv nachprüfbar.[1459] Ein grenzüberschreitendes Merkmal könnte dadurch erreicht werden, dass der Gründer als natürliche Person seinen Wohnsitz bzw. als juristische Person seinen Registersitz im Ausland haben muss.[1460]

Für die Ausgestaltung der Organisationsverfassung als Innenverhältnis der Gesellschaft soll den Gesellschaftern eine möglichst große Vertragsfreiheit gewährt werden.[1461]

b. *Finanzverfassung*

Ein Mindestkapitalerfordernis soll einerseits eine Konkurrenz der SES zu den nationalen Rechtsformen vermeiden und andererseits der SES eine gewisse einheitliche Seriosität verleihen. Hierbei soll das Mindestkapital weniger dem Gläubigerschutz dienen,[1462] als vielmehr eine Eintrittsschwelle für die Gründer darstellen, die eine einheitliche Rechtsform bei grenzüberschreitenden Tätigkeiten einer nationalen Rechtsform bevorzugen.[1463] Die Finanzverfassung der SES soll neben dem Erfordernis eines Mindestkapitals als weiteres Seriositätsmerkmal durch eine Kombination von Bilanz- und Solvenztest für Ausschüttungen, wie sie bereits im Rahmen der SPE bzw. der SUP vorgeschlagen wurde, komplettiert werden.[1464]

c. *SES als Konzernbaustein*

Grenzüberschreitend tätigen Konzernen in der Europäischen Union fehlt es bisher an Rechtssicherheit, wenn für jede ausländische Tochtergesellschaft unterschiedliche nationale Regelungen im Bezug auf das Mutter-Tochter-Verhältnis gelten.[1465] Bisher ist die Etablierung eines einheitlichen Weisungsrechts nicht

1458 Hierzu *Teichmann*, GmbHR 2018, 713 (717).

1459 *Teichmann*, GmbHR 2018, 713 (717).

1460 Vgl. *Teichmann*, GmbHR 2018, 713 (717), der auf eine mögliche Umgehung durch einen ausländischen Strohmann hinweist.

1461 *Teichmann*, GmbHR 2018, 713 (718).

1462 Zur Effektivität des Mindestkapitals für den Gläubigerschutz siehe *Grunewald/Noack*, GmbHR 2005, 189 ff.; *Drygala*, ZGR 2006, 587 ff.

1463 *Teichmann*, GmbHR 2018, 713 (717).

1464 *Teichmann*, GmbHR 2018, 713 (717 f.).

1465 Hierzu *Teichmann*, GmbHR 2018, 713 (720) m.w.N. zu den jeweiligen mitgliedsstaatlichen Regelungen.

mehrheitsfähig, sodass die Arbeitsgruppe der *Association Henri Capitant* als funktionales Äquivalent die Bestellung einer juristischen Person als Geschäftsführer vorschlägt.[1466]

Gleichwohl unbeantwortet ist die Frage der Reichweite eines Weisungsrechts oder die Festlegung des Handlungsspielraums einer als Geschäftsführer bestellten Muttergesellschaft. Eine Möglichkeit ist ein ausgeklügeltes System wie das des EMCA aus Weisungsrecht, Informationsrechten und einer Prüfung des Konzerninteresses zugunsten des Gläubigerschutzes.[1467] Eine andere Möglichkeit in Fällen einer 100%-igen Tochtergesellschaft ist eine Beschränkung des Schutzes der Tochtergesellschaft vor der Existenzvernichtung durch ihre Muttergesellschaft.[1468]

4. *Stellungnahme*

Die Zielrichtung eines einheitlichen europäischen Wirtschaftsgesetzbuches ist gleichsam sinnvoll wie ambitioniert. Für das Rechtsgebiet des Gesellschaftsrechts ist eine Ordnung der bereits bestehenden Regelungen zu den europäischen Rechtsformen unterstützenswert. Auch der Neuanlauf der SPE 2.0 bzw. der SES erscheint vor dem Hintergrund der noch immer fehlenden Rechtsvereinheitlichung trotz zahlreicher Versuche als berechtigt. Gleichwohl sollen diese vielen Akzente in die richtige Richtung nicht an einer zu großen Ambition scheitern. Insofern erscheint es vorzugswürdiger, in einem ersten Schritt die Akte zu vereinheitlichen und zu ordnen, für die bereits Zustimmung besteht, statt diese Zustimmung wegen eines nicht mehrheitsfähigen Gesamtwerkes in Gänze zu verlieren.

Der Vorschlag, diese Rechtsvereinheitlichung über den Weg der verstärkten Zusammenarbeit nach Art. 20 EUV zu erreichen, erscheint vor dem Hintergrund der Vielzahl an nationalen Befindlichkeiten ebenfalls sinnvoll. Einer Strahlkraft der Rechtsvereinheitlichung einer „Allianz der Willigen" von mindestens neun Mitgliedsstaaten können sich die restlichen Mitgliedsstaaten kaum verschließen.

1466 *Teichmann*, GmbHR 2018, 713 (721).

1467 Siehe oben, Kap.VI.B.II.5.; *Teichmann*, GmbHR 2018, 713 (721).

1468 Hierzu Forum Europaeum on Company Groups, ZGR 2015, 507 (510 ff.); *Teichmann*, GmbHR 2018, 713 (721).

IV. Eigener Ansatz

1. *Ausgangssituation*

Die dargestellten Ansätze zeigen die Unterschiedlichkeit der beschreitbaren Wege, die zu einer gewünschten Rechtsvereinheitlichung führen können. Einigkeit besteht jedoch insofern, als dass die Notwendigkeit einer Rechtsvereinheitlichung auf dem Gebiet des Gesellschaftsrechts erkannt wird. Die unterschiedlichen nationalen Haftungsansätze, die jeweils unterschiedlichen nationalen Rechtsformen, das jeweilige Bestehen oder Fehlen eines Konzernrechts machen eine Vereinheitlichung für das grenzüberschreitende Tätigwerden von Unternehmensgruppen innerhalb der Europäischen Union notwendig. Rückenwind für den Ansatz der Vereinheitlichung des Gesellschafts- und Wirtschaftsrechts kommt aus Frankreich, angefacht durch die Sorbonne-Rede[1469] des französischen Staatspräsidenten *Emmanuel Macron*.[1470]

2. *Verfahren zur Rechtsvereinheitlichung*

Das Ziel einer Rechtsvereinheitlichung kann über unterschiedliche Wege erreicht werden. Jeder dieser Harmonisierungsansätze hat seine spezifischen Vor- und Nachteile: Ein Rechtsetzungsakt der Europäischen Union durch Richtlinie oder Verordnung verspricht einen möglichst hohen Grad an Vereinheitlichung, wobei sich dieser wiederum durch die gewählte Harmonisierungsmaßnahme unterscheidet.[1471] Die Verordnung erreicht durch die Einheitlichkeit und die unmittelbare Geltung die effektivste Rechtsvereinheitlichung. Dagegen können die Mitgliedsstaaten im Rahmen der Richtlinie jeweils durch nationale Besonderheiten abweichen.[1472]

1469 „Warum nehmen wir uns nicht vor, bis 2024 unsere Märkte vollständig zu integrieren, indem wir unsere Unternehmen denselben Regeln unterwerfen, vom Gesellschaftsrecht bis hin zum Konkursrecht?" (Deutsche Fassung unter https://de.ambafrance.org/Initiative-fur-Europa-Die-Rede-von-Staatsprasident-Macron-im-Wortlaut (zul. abgerufen am 06.02.2021; französische Fassung unter https://www.elysee.fr/emmanuel-macron/2017/09/26/initiative-pour-l-europe-discours-d-emmanuel-macron-pour-une-europe-souveraine-unie-democratique (zul. abgerufen am 06.02.2021)).

1470 Vgl. *Teichmann*, GmbHR 2018, 713 (726); *Özfirat*, NJOZ 2019, 689 (693).

1471 Hierzu *Lehmann*, GPR 2017, 262 (268 f.).

1472 Vgl. *Özfirat*, NJOZ 2019, 689.

Problematisch erscheint jedoch die benötigte Einstimmigkeit unter den Mitgliedsstaaten zum Erlass einer Verordnung nach Art. 352 AEUV, die aufgrund nationaler Befindlichkeiten und unterschiedlicher Rechtstraditionen schwer für die Vereinheitlichung des Wirtschafts- und Gesellschaftsrechts zu erreichen sein dürfte.

Diesen Nachteil versucht der Ansatz eines Modellgesetzes zu umgehen, indem der Inhalt den Mitgliedsstaaten frei zur Verfügung gestellt wird und von den „willigen" Mitgliedsstaaten übernommen werden kann. Dem wohnt sogleich der Nachteil inne, dass eine Vereinheitlichung nicht flächendeckend eintritt und die Mitgliedstaaten jeweils von dem Muster regelungstechnisch abweichen können. Somit erscheint zwar der Eintritt auf einen ersten Schritt leichter, die gewünschte Rechtsvereinheitlichung bleibt aber auf der Strecke.

Innerhalb des Europäischen Wirtschaftsgesetzbuches wird der Weg einer Rechtsvereinheitlichung über eine Verordnung im Rahmen der Verstärkten Zusammenarbeit nach Art. 20 EUV i.V.m. Artt. 326 ff. AEUV durch mindestens neun Mitgliedsstaaten aufgezeigt.[1473] Eine Allianz der willigen Mitgliedsstaaten hat nach Umsetzung eines vereinheitlichten Gesellschaftsrechts eine entsprechende Strahlkraft für die übrigen Mitgliedsstaaten, sobald sich erste positive Effekte in dem vereinheitlichten Teilgebiet bemerkbar machen. In einem ersten Schritt würde mit dem Weg über die Verstärkte Zusammenarbeit eine nicht unerhebliche Vereinheitlichung innerhalb der Europäischen Union geschaffen werden.

Das Abwägen der Vor- und Nachteile der jeweiligen Harmonisierungsansätze lässt den Weg über eine Verstärkte Zusammenarbeit als den Realisierbarsten und gleichzeitig als Effektivsten erscheinen. Dieser Weg kann im Gegensatz zu einem Gesamtpaket für die Europäische Union im Wege einer Verordnung nicht an den nationalen Befindlichkeiten einzelner Mitgliedsstaaten scheitern. Die Mitgliedsstaaten, die für sich den Weg einer Rechtsvereinheitlichung entscheiden und sich auf die Eckpunkte einigen, können sich in einer Initiative der Verstärkten Zusammenarbeit zusammentun. Dagegen können zunächst skeptische Mitgliedsstaaten die Effekte der Vereinheitlichung beobachten, um sich sodann nach ersten Erfahrungswerten für oder wider die Vereinheitlichung zu entscheiden. Jedoch liegen die positiven Effekte auf der Hand und die Harmonisierungsbestreben der Europäischen Kommission mit der Einführung der SPE bzw. der

1473 *Özfirat*, NJOZ 2019, 689 (697).

SUP sind nicht an der geglaubten positiven Effektivierung der Vereinheitlichung als vielmehr an nationalen Eigenheiten gescheitert.[1474]

3. *Materielle Rechtsvereinheitlichung*

Die Darstellung der drei Rechtsordnungen entlang der Fragestellungen der Haftung der Muttergesellschaft im Konzern, der Vergleich der drei Rechtsordnungen und die aktuell diskutierten Ansätze einer Rechtsvereinheitlichung bilden gemeinsam den Ausgangspunkt für einen eigenen Ansatz einer Rechtsvereinheitlichung. Hierbei werden ebenfalls die Gründe eines Scheiterns der bisherigen Versuche einer Rechtsvereinheitlichung der Europäischen Kommission berücksichtigt, um einen kompromissfähigen Vorschlag zu entwickeln. Im Fokus der Überlegungen stehen die beabsichtigten positiven Effekte einer Rechtsvereinheitlichung: Sparpotenziale, Effizienzsteigerungen durch weniger Bürokratie, Rechtsvereinfachung, Anreize zur grenzüberschreitenden Expansion und eine größere Rechtssicherheit.

Mangels vereinheitlichtem Gesellschaftsrecht oder wegen einer noch immer fehlenden Gesellschaftsform als Konzernbaustein gilt innerhalb grenzüberschreitender Konzerne für die Konzernhaftung jeweils das Gesellschaftsrecht des Staates, in dem die Tochtergesellschaft ihren Sitz hat. Den meisten EU-Mitgliedsstaaten fehlt ein kodifiziertes Konzernrecht, sodass sich wegen der Vielzahl unterschiedlicher Herangehensweisen und Haftungsansätzen – zumeist durch die jeweilige spezifische nationale Rechtsprechung – eine Rechtsunsicherheit ergibt.[1475] Dies erfordert innerhalb des Konzerns für die Muttergesellschaft eine teils aufwendige Organisation der Compliance, was regelmäßig kleine und mittlere Unternehmen betriebswirtschaftlich gewichtiger trifft als Großunternehmen.[1476] Durch eine vereinheitlichte Gesellschaftsform entfallen einerseits für Gründungen, andererseits für die Betreuung der Konzernverhältnisse zu jeder Tochtergesellschaft erhebliche Kosten. Eine Maßnahme, die solche positiven Effekte mit sich bringen kann, ist die Einführung einer vereinheitlichten Gesellschaftsform als geeigneter Konzernbaustein für grenzüberschreitende Tätigkeiten.

Ein weiterer Ansatz steht in dem übergeordneten Schritt der Vereinheitlichung des Gesellschafts- bzw. Wirtschaftsrechts, indem sich auf einheitliche

1474 Siehe zum Scheitern der SPE und SUP *Harbarth*, GmbHR 2018, 657 ff.; *Teichmann*, GmbHR 2018, 713 (714 ff.).

1475 Vgl. *Teichmann*, GmbHR 2018, 713 (720).

1476 *Teichmann*, GmbHR 2018, 713 (720).

Haftungsfragen und konzernrechtliche Regelungen geeinigt wird. Problematischer erscheinen hier die unterschiedlichsten Ansätze, die eine Haftung für die Muttergesellschaft bzw. den Gesellschafter statuieren. Allein zwischen Ländern, die ein kodifiziertes Konzernrecht haben und solchen, die zwar wirtschaftlich das Vorhandensein von Konzernen anerkennen, aber rechtlich jede Gesellschaft innerhalb des Konzerns als völlig eigenständige juristische Rechtspersönlichkeit begreifen, besteht eine natürliche Kluft. Dies hat eine Haftungsverlagerung auf die Ebene der Insolvenz oder die Herausbildung von Richterrecht für Konzernsachverhalte zur Folge.

a. Eigener Vorschlag einer Europa-GmbH

Ein erster Schritt zur Rechtsvereinheitlichung könnte in der Einführung einer Europa-GmbH als tauglicher Konzernbaustein für grenzüberschreitend tätige Konzerne sein. Eine solche Europa-GmbH soll nicht in Konkurrenz zu den inländischen Gesellschaftsformen treten, sondern als supranationales Rechtskleid für die Tochtergesellschaften im Ausland dienen. Ein vereinfachtes entbürokratisiertes Standardverfahren zur Gründung, eine seriöse Finanzverfassung, um dem Vorwurf des Missbrauchs der Gesellschaftsform zu entgegnen, eine große Freiheit bei der Gestaltung der Gesellschaftsorganisation, klare Haftungsregeln und Bestimmungen zum Mutter-Tochter-Verhältnis sollen die Europa-GmbH als einen attraktiven Konzernbaustein ausmachen.

aa. Gründung einer Europa-GmbH

Für die Gründungsvoraussetzungen kann auf die grundsätzlichen Überlegungen zur SPE verwiesen werden, wonach eine Gründung „*ex nihilo*" und durch Umwandlung bestehender Gesellschaften erfolgen können soll.[1477] Die Gründung durch Umwandlung ermöglicht es internationalen Konzernen, dass sie ihre Tochtergesellschaften unterschiedlichster nationaler Rechtsformen jeweils in die Rechtsform der Europa-GmbH umwandeln können. Die Gründung einer Europa-GmbH darf die Gründer nicht vor allzu hohe bürokratische Hürden stellen. Ein standardisiertes Gründungsverfahren, bzw. Mustersatzungen, können dem Abhilfe schaffen, wobei eine finale Überprüfung der Gründungsvoraussetzungen durch Notare oder Register den Mitgliedsstaaten überlassen bleiben muss.[1478] Hat die Europäische Union die entsprechenden Voraussetzungen für

---

1477 Zur Gründung der SPE siehe *Arbeitskreis Europäisches Unternehmensrecht*, NZG 2008, 897 (899).

1478 Vgl. zur SPE 2.0 *Teichmann*, GmbHR 2018, 713 (719).

Gesellschaftsgründungen auf elektronischem Wege geschaffen, die sich dem Vorwurf von Missbrauch und der Ermöglichung von Geldwäsche erwehren, spricht grundsätzlich nichts gegen die Möglichkeit einer Online-Gründung der Europa-GmbH, sofern auch hier den Mitgliedsstaaten eine Überprüfung überlassen bleibt.[1479]

Schwieriger dagegen erscheint innerhalb der Gründung die Frage der Überprüfung eines etwaigen Mindestkapitals. Für Deutschland darf die Anmeldung einer GmbH nach § 7 Abs. 2 GmbHG erst erfolgen, wenn auf jeden Geschäftsanteil ein Viertel des Nennbetrages eingezahlt ist und insgesamt soviel auf das Stammkapital eingezahlt wurde, dass der Gesamtbetrag der eingezahlten Geldeinlagen zuzüglich des Gesamtnennbetrages der Geschäftsanteile, für die Sacheinlagen zu leisten sind, die Hälfte des Mindeststammkapitals erreicht. Eine jeweilige Überprüfung in den nationalen Mitgliedsstaaten führt zwar einerseits zu einer gewissen Sicherheit, andererseits aber auch zu Verzögerungen. Bereits beim Vorschlag für die SPE wurde dagegen dem Konzept gefolgt, dass die Einlagen nicht bei der Gründung erbracht werden müssen, aber die Gesellschafter nicht von ihrer Einlagepflicht befreit werden, sodass sie spätestens im Rahmen der Insolvenz zur Zahlung der Einlage herangezogen werden und die Beweislast dafür tragen, ob sie ihrer Einlagepflicht nachgekommen sind.[1480] Ein Kontrollverzicht verringert den bürokratischen Aufwand, beschleunigt das Gründungsverfahren und bietet Anreize zu einer ordnungsgemäßen Betriebsführung, sodass dieses Konzept der persönlichen Haftung der Gesellschafter, bis sie ihrer Einlagpflicht nachgekommen sind, im internationalen Kontext als vorzugswürdig erscheint.[1481]

Des Weiteren soll Gründungsvoraussetzung einer Europa-GmbH ein grenzüberschreitender Sachverhalt sein. Die Europa-GmbH soll nicht in Konkurrenz zu nationalen Rechtsformen im rein nationalen Markt treten, sondern soll als einheitliche Rechtsform für Tochtergesellschaften im Ausland dienen. Als solches grenzüberschreitende Element könnte der Wohnsitz des Gründers als natürliche Person im Ausland bzw. der Registersitz einer juristischen Person als Gründerin herangezogen werden.[1482]

1479 Zum derzeit in der Diskussion befindlichen Richtlinienvorschlag zur Digitalisierung des Gesellschaftsrechts Com (2018) 239 siehe *Noack*, DB 2019, 1324 ff.

1480 *Arbeitskreis Europäisches Unternehmensrecht*, NZG 2008, 897 (899); diesen Ansatz für die SPE 2.0. aufgreifend *Teichmann*, GmbHR 713 (719).

1481 Hierzu *Arbeitskreis Europäisches Unternehmensrecht*, NZG 2008, 897 (899).

1482 Mit Hinweisen zur Umgehung des Wohnsitzes bzw. des Registersitzes als grenzüberschreitender Bezug *Teichmann*, GmbHR 2018, 713 (719).

bb. *Finanzverfassung einer Europa-GmbH*

Die Ausgestaltung der Finanzverfassung der Europa-GmbH ist ein maßgeblicher Faktor für die Akzeptanz der Rechtsform bei Gründern und den etwaigen Vertragspartnern als Gläubiger oder Kunden der Gesellschaft. Hierbei ist auf den Sinn und Zweck der Einführung einer Europa-GmbH zu rekurrieren. Die Europa-GmbH soll das einheitliche Rechtskleid für die jeweiligen Tochtergesellschaften im Ausland darstellen, um eine gewisse Rechtssicherheit zu schaffen und Verwaltungskosten innerhalb des internationalen Konzerns zu sparen. Ein angemessenes Mindestkapital verschafft der Europa-GmbH ein gewisses Maß an Seriosität und entgegnet sofort dem Vorwurf, die Europa-GmbH könnte leicht zu Missbrauchszwecken oder zur Umgehung nationaler Rechtsformen genutzt werden.[1483] In diesem Fall dient ein Mindestkapitalerfordernis mehr zur Beschwichtigung marktpsychologischer Ängste, als weniger dem Gläubigerschutz.

Die Finanzverfassung könnte neben einem entsprechenden Mindestkapitalerfordernis durch strenge Anforderungen an Ausschüttungen komplettiert werden. Insofern kann auf die Überlegungen zur SUP und des EMCA hingewiesen werden, die jeweils einen kombinierten Solvenz- und Bilanztest als ausreichenden Gläubigerschutz vorschlagen.[1484]

Durch einen solchen Vorschlag einer Finanzverfassung wird die Europa-GmbH über die Seriositätsschwelle gehoben, indem ein Mindestkapitalerfordernis dafür Sorge trägt, dass die Gründer eine persönliche Einlagepflicht eingehen und sich bewusst für die Europa-GmbH als geeignete Rechtsform für ihre Tochtergesellschaft als Konzernbaustein entscheiden. Durch die strengen Ausschüttungsregelungen wird ebenfalls ein gewisser Gläubigerschutz geschaffen.

cc. *Haftungsverfassung einer Europa-GmbH*

Eine Europa-GmbH im Sinne einer supranationalen Rechtsform braucht klare, eindeutige Haftungsregeln zum Zwecke der Rechtssicherheit und der Attraktivität. Entgegen des Entwurfs des European Model Companies Act, der eine Abweichung vom Grundsatz der beschränkten Haftung vorsieht, muss Grundlage der Haftungsverfassung einer Europa-GmbH das Trennungsprinzip sein. Eine erste Ausnahme vom Trennungsprinzip ist die Haftung der Gesellschafter bis zum Nachweis der geleisteten Einlagen. Ansonsten muss eine Durchbrechung des die Kapitalgesellschaften prägenden Trennungsprinzips *ultima ratio* sein.[1485] Die

---

1483 Siehe hierzu *Hommelhoff*, Der Gesellschafter 2008, 337 ff.
1484 Zur SUP siehe oben Kap.VI.B.I.1. zum EMCA siehe oben Kap.VI.B.II.2.
1485 Ebenso zur SPE *Kneisel*, Die Europäische Privatgesellschaft (SPE) im Konzern, S. 247.

Gesellschafter sollen nur in Höhe ihrer übernommen Einlagen haften, ansonsten gilt eine strikte Haftungstrennung.

Dennoch kann es Fälle geben, in denen eine Durchbrechung des Trennungsprinzips angemessen erscheint. Ein solcher Fall stellt der existenzvernichtende Eingriff gegen die Europa-GmbH als Tochtergesellschaft selbst dar, der als Sanktion eine Haftung der Gesellschafter statuieren könnte. Welche Fallgruppen einen Haftungsdurchgriff nach sich ziehen sollen, hängt von der Schutzwürdigkeit der Beteiligten ab. Nach dem Scheitern der SUP wird das Aufleben der SPE als supranationale Rechtsform diskutiert.[1486] Die Grundüberlegung zur *Societas Unius Personae*, eine Rechtsform mit nur einem Gesellschafter einzuführen, erscheint für einen ersten Schritt zur Schaffung einer supranationalen Rechtsform, die sich als Konzernbaustein für Tochtergesellschaften eignet, durchaus sinnvoll. Demnach entfielen als Gruppe der Beteiligten die Minderheitsgesellschafter, sodass auf Seite der Schutzbedürftigen die Tochtergesellschaft selbst mit der Haftung wegen Existenzvernichtung genügend geschützt ist. Mit der Existenzvernichtungshaftung als Inhalt könnte ein autonomes Schutzsystem der Europa-GmbH geschaffen werden, das die Anwendung nationaler Haftungsinstitute ausschließt.[1487]

Problematisch für die Haftungsfrage ist das Insolvenzrecht. Die Konzeption der Haftungsverfassung einer Europa-GmbH ohne Mitregelung des Insolvenzrechts erscheint im Hinblick auf die Rechtssicherheit und die wahre Rechtsvereinheitlichung jedenfalls schwierig.[1488] Eine fehlende Vereinheitlichung auf Ebene des Insolvenzrechts hat zur Folge, dass innerhalb der Insolvenz die jeweiligen – zumeist durch die nationale Rechtsprechung entwickelten – Haftungsansätze gelten. Eine Muttergesellschaft als Gesellschafterin einer Tochtergesellschaft in der Rechtsform der Europa-GmbH wäre in Frankreich weiterhin einer etwaigen Haftung im Sinne der *responsabilité pour insuffisance d'actif* oder der *extension de procédure*, entsprechend in England einer Haftung wegen *fraudulent trading* oder *wrongful trading* ausgesetzt.

Ein möglicher Ansatz könnte die Aufnahme eines Haftungstatbestandes für den Eintritt der materiellen Insolvenz nach dem Vorbild der Haftung wegen *wrongful trading* in England sein. Der Fall der Geschäftsfortführung der

1486 *Harbarth*, GmbHR 2018, 657 (661); *Kumpan/Pauschinger*, EuZW 2019, 357 (364).

1487 Hierzu *Mock*, Der Konzern 2008, 539 (546); *Culmann*, Die Societas Privata Europaea in der Krise, S. 216.

1488 Siehe *Ehricke*, KSzW 2010, 6 f.; *Culmann*, Die Societas Privata Europaea in der Krise, S. 215 f.

Gesellschaft trotz Eintritts der materiellen Insolvenz, dürfte als kleinster gemeinsamer Nenner eine Haftung des Geschäftsführers bzw. der Muttergesellschaft, qualifiziert als faktische Geschäftsführerin rechtfertigen.[1489]

Die Haftungskonzeption der Europa-GmbH muss sich folglich durch ein weitestgehend striktes Trennungsprinzip auszeichnen, wonach die Haftung der Gesellschafter grundsätzlich nur auf die Höhe der Einlagen beschränkt ist. Des Weiteren müssen die Fallgruppen, die eine Durchbrechung des Trennungsprinzips gebieten, eindeutig und eingrenzend festgeschrieben werden, wie etwa eine Existenzvernichtungshaftung oder eine Haftung wegen *wrongful trading*. Eine derartige Haftungsverfassung stellt ein geeignetes Schutzsystem dar, um einerseits die Gesellschafter keinen allzu großen Haftungsrisiken auszusetzen, andererseits die Tochtergesellschaft selbst und ihre Gläubiger auf Ebene der Insolvenz zu schützen.

dd. Die Europa-GmbH als Konzernbaustein

Mit der Einführung der Europa-GmbH als einheitliche europäische Rechtsform ist die Hoffnung verbunden, dass diese den Rechtsrahmen für einen geeigneten Baustein in grenzüberschreitenden Konzerntätigkeiten bietet.[1490] Der Konzern in Gänze profitiert von einem einheitlichen Konzernnetz aus Tochtergesellschaften, die jeweils in der gleichen Rechtsform organisiert sind. Eine einheitliche Struktur der Tochtergesellschaften führt zu Kosteneinsparungen durch eine geringere Compliance-Kontrolle und weniger Rechtsberatungen.[1491]

Für die Geeignetheit einer Europa-GmbH als Konzernbaustein müssen der Muttergesellschaft effektive Kontrollinstrumente zur Verfügung stehen, um die Geschäftstätigkeiten ihrer Tochtergesellschaft im Sinne des Konzerns lenken zu können. Solche Instrumentarien zur Kontrolle sind das Recht zur Bestellung und Abberufung der Mitglieder des Geschäftsführungsorgans und ein Weisungsrecht gegenüber den Geschäftsführern und Beschränkungen innerhalb der Satzung der Tochtergesellschaft.

1489 Vgl. *Mock*, Der Konzern 2008, 539 (545); *Culmann*, Die Societas Privata Europaea in der Krise, S. 217.

1490 *Teichmann*, ZGR 2017, 485 ff.; *Harbarth*, GmbHR 2018, 657 (661).

1491 Vgl. *Kneisel*, Die Europäische Privatgesellschaft (SPE) im Konzern, S. 128.

α. Bestellung und Abberufung der Mitglieder des Geschäftsführungsorgans

Grundsätzlich sollte die Organisationsverfassung der Europa-GmbH möglichst frei gestaltbar sein, sodass es den Gründern obliegt, das Innenverhältnis bestmöglich an ihren Interessen auszurichten. Bereits im SPE-Vorschlag war eine Gestaltungsfreiheit für die innere Verfassung der Gesellschaft vorgesehen.[1492] Allerdings muss das Recht über die Besetzung des Geschäftsführungsorgans final in der Hand des Gesellschafters bzw. der Gesellschafterversammlung liegen. Den größten Einfluss auf die Geschäftsführung einer Tochtergesellschaft kann die Muttergesellschaft als Gesellschafterin nämlich durch die Bestellung und die jederzeitige Möglichkeit der Abberufung der Mitglieder jener ausüben. Durch dieses Bestellungs- und Abberufungsrecht wird das Machtverhältnis zwischen dem Gesellschafter und den Geschäftsführern deutlich. Der Gesellschafter kann durch ein jederzeitiges Drohen mit der Abberufung mittelbar Einfluss auf die der Geschäftsführung obliegenden Ausübung der täglichen Geschäfte nehmen.

Innerhalb der Arbeitsgruppe der *Association Henri Capitant* wird diskutiert, ob als funktionales Äquivalent zum Weisungsrecht die Bestellung von juristischen Personen in das Geschäftsführungsorgan möglich sein soll, die in den romanischen Rechtsordnungen als Mittel der Konzernleitung anerkannt ist.[1493] Nicht von der Hand zu weisen ist, dass durch die Möglichkeit der Eigenbestellung der Muttergesellschaft als juristische Person zur Gesellschafter-Geschäftsführerin, diese eine allumfängliche Machtposition innerhalb der Tochtergesellschaft innehat, die nur durch die Grenzen des Eigeninteresses der Tochtergesellschaft oder der Haftungstatbestände eingeschränkt wird. Allerdings setzt sich die Muttergesellschaft sodann nicht nur der Gesellschafterhaftung aus, sondern haftet auch in der Funktion als Geschäftsführerin. Für die Muttergesellschaft entstünden zusätzliche Haftungsgefahren, die sich regelmäßig für Geschäftsführer ergeben. Die eingesparten Rechtsberatungs- und Verwaltungskosten müssten sogleich in die Vermeidung und Kontrolle etwaiger Geschäftsführungsfehler fließen, um eine ebensolche Geschäftsführerhaftung der Muttergesellschaft abzuwenden.[1494] Somit erscheint die Bestellung von lediglich natürlichen Personen

---

1492 *Arbeitskreis Europäisches Unternehmensrecht*, NZG 2008, 897 (898); ausführlich *Schoenemann*, Die Organisationsverfassung der Societas Privata Europaea (SPE); *Teichmann*, GmbHR 2018, 713 (718).

1493 Hierzu *Teichmann*, GmbHR 2018, 713 (721).

1494 Zur Kostensenkung durch eine einheitliche Rechtsform siehe *Kneisel*, Die Europäische Privatgesellschaft (SPE) im Konzern, S. 132 ff.

in das Geschäftsführungsorgan für die Haftungsfrage der Muttergesellschaft als weniger risikobehaftet.

β. Weisungsrecht

Unter den Begriff der Weisung fällt jede Maßnahme des herrschenden Unternehmens, durch die dieses seine Leitungsmacht dazu gebraucht, auf die Leitung der Geschäftsführung der abhängigen Gesellschaft Einfluss zu nehmen.[1495] Somit stellt ein Weisungsrecht neben der mittelbaren Einflussnahme durch Drohen mit der Abberufung der Geschäftsführung einer Tochtergesellschaft ein unmittelbares Instrumentarium der Konzernleitung dar. Der SUP-Vorschlag sah zuletzt in Widerspruch zur Rechtspraxis kein Weisungsrecht gegenüber dem Geschäftsführungsorgan vor.[1496] Für das deutsche GmbH-Recht ist ein Weisungsrecht der Gesellschafter selbstverständlich. Der Rechtsvergleich hat im Gegensatz hierzu gezeigt, dass ein solches grundsätzlich dem in den Rechtsordnungen Englands und Frankreich geltenden Grundsatz der *„division of power between members and directors"* entgegensteht. In England kann aufgrund der Satzungsfreiheit ein Weisungsrecht in die Satzung der Tochtergesellschaft aufgenommen werden und in engen Grenzen ausgeübt werden.[1497]

Ein Weisungsrecht als Möglichkeit der unmittelbaren Einflussnahme macht die Europa-GmbH als Konzernbaustein attraktiv. Ein Kompromissvorschlag für diejenigen Teilnehmer, denen ein Weisungsrecht fremd ist, könnte so aussehen, dass ein Weisungsrecht nicht *ipso iure* besteht, sondern aufgrund einer großzügigen Satzungsfreiheit von den Gesellschaftsgründern in die Satzung der Europa-GmbH aufgenommen werden kann. Französische Gründer sehen bei ihrer Konzerngestaltung von der Aufnahme eines ihnen fremden Weisungsrechts in die Satzung ihrer Tochtergesellschaft ab. Dagegen sind deutsche Gründer nicht der Möglichkeit des ihnen bekannten Weisungsrechts beraubt und können ihren Konzern – wie gewohnt - durch Weisungen an das Geschäftsführungsorgan ihrer Tochtergesellschaften führen. An dieser Stelle zeigt sich die Notwendigkeit einer großen Flexibilität in der Gestaltung der Europa-GmbH, um den nationalen Unterschieden einvernehmlich gerecht zu werden.

An die Entscheidung für ein Weisungsrecht schließt sich untrennbar die Problematik des Konzerninteresses gegenüber dem Eigeninteresse der

---

1495 *Emmerich*, in: Emmerich/Habersack/Schürnbrand, Aktien- und GmbH-Konzernrecht, 8. Aufl., § 308 Rn. 23.

1496 Vgl. *Teichmann*, GmbHR 2018, 713 (720).

1497 Ausführlich dazu Kap.III.A.II.5.b.

Tochtergesellschaft an. Der Grundsatz ist, dass Handlungen der Geschäftsführer einer Kapitalgesellschaft dem Interesse der eigenen Gesellschaft entsprechen müssen und sie sich an diesem orientieren müssen.[1498] Leitlinie des Handelns der Geschäftsführer der Tochtergesellschaft ist die Gesellschaft selbst und nicht der Konzern oder die Muttergesellschaft.[1499] Handelt die Geschäftsführung entgegen den Interessen der Tochtergesellschaft und entsteht dieser hierdurch ein Schaden, liegt hierin in der Regel eine haftungsbegründende Pflichtverletzung.[1500]

Einen Lösungsansatz hierfür schlägt der European Companies Model Act nach dem Vorbild der französischen *Rozenblum*-Rechtsprechung vor.[1501] Zunächst sieht sec 15.09 (1) EMCA ein Weisungsrecht der Muttergesellschaft als Gesellschafterin gegenüber dem Geschäftsführungsorgan vor, das seinerseits grundsätzlich zur Befolgung der Weisungen verpflichtet ist, sec 15.09 (2) EMCA. Ein Handeln der Geschäftsführung entgegen den Interessen der Tochtergesellschaft nach sec 15.16 (1) EMCA stellt gleichwohl eine Pflichtverletzung dar. Unter den Voraussetzungen gemäß ssec 15.16 (1) (a-c) EMCA soll ein Handeln entgegen den Interessen der Tochtergesellschaften sodann ausnahmsweise keine Pflichtverletzung begründen.[1502] Als „Einpersonen-Europa-GmbH" im Sinne eines 100%-igen Tochterunternehmens lässt sec 15.16 (2) EMCA die Voraussetzung nach sec 15.16 (1)(b) EMCA entfallen, sodass die Befolgung einer Weisung, die nicht den Interessen der Tochtergesellschaft entspricht, bereits dann keine Pflichtverletzung darstellt, wenn (a) die Entscheidung im Interesse der Gesamtgruppe erfolgte und (c) der Verlust/Schaden/Nachteil den Fortbestand des Unternehmens nicht gefährden würde. Der Vorschlag des EMCA stellt ein ausgewogenes System zwischen Befolgungspflicht der Geschäftsführung der Tochtergesellschaft einerseits und ihrer Treuepflicht gegenüber dem Eigeninteresse der Gesellschaft andererseits dar.

Ein zweiter Ansatz könnte eine Nachteilsausgleichpflicht nach dem Vorbild des deutschen § 311 Abs. 1 AktG sein, wonach im faktischen Konzern eine nicht

---

1498 *Teichmann*, GmbHR 2018, 713 (721); zur Verfolgung des *company's interest* durch die *directors* siehe *Beck*, in: Hommelhoff/Lutter/Teichmann (Hrsg.), Corporate Governance im grenzüberschreitenden Konzern, ZGR-Sonderheft, 2017, S. 43.

1499 Zum englischen Recht siehe *Beck*, in: Hommelhoff/Lutter/Teichmann (Hrsg.), Corporate Governance im grenzüberschreitenden Konzern, ZGR-Sonderheft, 2017, S. 43.

1500 Vgl. *Teichmann*, GmbHR 2018, 713 (721).

1501 Vgl. Chapter 15 – Groups of Companies EMCA; hierzu *Teichmann*, GmbHR 2018, 713 (721).

1502 Hierzu bereits oben Kap.VI.B.II.5.

zulässige Erteilung einer Weisung zur Vornahme eines nachteiligen Rechtsgeschäfts für die Tochtergesellschaft durch einen Ausgleich der Nachteile durch die Muttergesellschaft an die Tochtergesellschaft geheilt wird.[1503] Ein solcher Nachteilsausgleich könnte in den Regelungen zur Europa-GmbH als zulässig deklariert werden, um dem Problem des Konzerninteresses zu entgegnen. In Anlehnung an sec 15.16 (1)(c) EMCA müsste auch hier die Grenze gezogen werden, wo die Befolgung einer nachteiligen Weisung den Fortbestand des Unternehmens vor Erfüllung des Nachteilsausgleichs gefährden würde.

Ein Weisungsrecht als unmittelbare Einflussnahme auf das Handeln der Geschäftsführung der Tochtergesellschaft ergänzt das grundsätzliche Recht zur Bestellung und Abberufung der Mitglieder des Geschäftsführungsorgans sinnvoll. Indem es den Gesellschaftern obliegt, ob sie ein Weisungsrecht in die Satzung einer Europa-GmbH aufnehmen oder nicht, können auch solche Gründer, denen ein Weisungsrecht in ihrer heimischen Rechtsordnung fremd ist, die Gesellschaft wie gewohnt leiten. Gleichzeitig kann der Vorschlag des EMCA für ein ausgewogenes System bzw. die Einführung einer Nachteilausgleichspflicht jeweils einen Lösungsansatz zu dem bisher ungeklärten Problem des Konzerninteresses liefern. Mit einem optionalen Weisungsrecht erweist sich eine Europa-GmbH tatsächlich als sinnvoller Konzernbaustein.

γ. Satzungsfreiheit

Grundlage für eine flexible Rechtsform, die für Tochtergesellschaften eingesetzt wird, ist eine entsprechende Gestaltungsfreiheit der Satzung. Die Gründer sollen die innere Organisationsstruktur der Tochtergesellschaft nach dem Vorbild der ihnen bekannten heimischen Rechtsordnung gestalten können, um den grenzüberschreitenden Konzern auf die ihnen bekannte Weise zu leiten. Dies bedeutet auch die Möglichkeit, ein optionales Weisungsrecht als Leitungsinstrument in die Satzung aufnehmen zu können.

Daneben sollen in der Satzung etwaige Beschränkungen der Geschäftsführerbefugnisse im Innenverhältnis geregelt werden können, die bei Verstößen eine Abberufung des Geschäftsführers rechtfertigen.

In Ergänzung zur vereinheitlichten Rechtsform bietet eine großzügige Gestaltungsfreiheit den nötigen Spielraum, um auf nationale Befindlichkeiten einzugehen und um die Akzeptanz bei den jeweiligen Wirtschaftsteilnehmern zu fördern. Die flexible Gestaltung der Organisationsstruktur betrifft primär allein die Gesellschaft selbst und hat keine Auswirkungen auf Dritte, sodass mangels

---

1503 Zum Haftungssystem der §§ 311, 317 AktG siehe oben Kap.II.C.II.

Schutzbedürftigkeit dies ein freies Spielfeld nach den Bedürfnissen der Gesellschafter sein darf.

b. Ergebnis

Nach dem zweimaligen Scheitern der Einführung einer vereinheitlichten Rechtsform kann ein Neuanlauf einer Europa-GmbH unter Berücksichtigung der bisherigen Erfahrungen und Bedürfnisse einen Beitrag zur Rechtsvereinheitlichung leisten. Eine Europa-GmbH bietet als vereinheitlichte Rechtsform ein taugliches Vehikel für eine einheitliche Struktur von Tochtergesellschaften im internationalen Konzern. Trotz des Charakters als vereinheitlichte Rechtsform soll eine großzügige Gestaltungsfreiheit Raum bieten, um nationalen Befindlichkeiten zu begegnen. Mit der Möglichkeit eines Weisungsrechts kann die Europa-GmbH im internationalen Kontext als Konzernbaustein dienen. Es erscheint ebenfalls sinnvoll, dass eine solche Europa-GmbH ebenso wie die Societas Unius Personae im ersten Schritt nur einen Gesellschafter zulässt. Die alleinige Gesellschafterstellung dürfte somit im Regelfall die Muttergesellschaft innehaben. Um der Historie der Namensvorschläge der Kommission für die SPE und SUP treu zu bleiben, könnte eine solche Europa-GmbH den Namen *Societas Unius Personae Europaea* (SUPE) tragen, um zu verdeutlichen, dass sie die besten Elemente beider Gesellschaften in sich vereint.

Eine eindeutige und klare Haftungsverfassung soll die notwendige Rechtssicherheit schaffen. Durch die *Societas Unius Personae Europaea* als Rechtsform können die jeweiligen unterschiedlichen nationalen Haftungsrisiken einer jeden Tochtergesellschaft minimiert, Rechtsberatungskosten reduziert und Synergieeffekte geschaffen werden. Eine *Societas Unius Personae Europaea* soll gerade auch kleineren und mittleren Unternehmen als Rechtsform zur Verfügung stehen, die nach erfolgreicher Etablierung auf dem nationalen Markt den nächsten Schritt in den europäischen Binnenmarkt wagen.

Kapitel VII Zusammenfassung

Abstract: The last chapter summarises the main theses of this dissertation. Germany has a specific group law dealing with the different possibilities of establishing and controlling a subsidiary in the parent company's interest. The English law has no specific group law but its liberal company law allows, under certain conditions, to establish an instruction right in the articles of association of the subsidiary. The shareholder's liability is linked to the insolvency of the subsidiary under the aspects of the wrongful trading and the fraudulent trading. The French law also ties the shareholder's liability up to the insolvency of the subsidiary. To lead a French subsidiary in the interest of the group presupposes the general criteria based on the case *Rozenblum*. Concerning the parent company's liability in its function as shareholder all three jurisdictions have hardly exceptional cases to the principle of limited liability in common. These different rules need to be unified. This dissertation favours, as an act of harmonisation, a new European private limited company.

Keywords: harmonisation of company law, European private limited company

A. Problembeschreibung

Bis heute finden sich keine einheitlichen Regelungen zur Haftung im Konzern. Auf europäischer Ebene sind alle Bemühungen einer Rechtsvereinheitlichung gescheitert: die Konzernrechtsrichtlinie von 1984,[1504] die *Societas Privata Europaea* (SPE) und die *Societas Unius Personae* (SUP). Mangels vereinheitlichtem Konzernrecht sind die jeweiligen Mitgliedsstaaten für die konzernrechtlichen Haftungstatbestände zuständig, deren Recht nach dem Personalstatut der Tochtergesellschaft Anwendung findet.[1505] Die rechtliche Situation der Konzernhaftung in Europa gleicht somit der Rechtszersplitterung in Deutschland zu den Zeiten der Fürstentümer. Eine Muttergesellschaft, die in jedem Mitgliedsstaat der Europäischen Union eine Tochtergesellschaft unterhält, sieht sich neben der eigenen weiteren 26 Rechtsordnungen[1506] mit jeweils unterschiedlichen Haftungsregimen gegenüber. Innerhalb des grenzüberschreitenden Konzerns folgen

1504 Zur Konzernrechtsrichtlinie von 1984 siehe *Wimmer-Leonhardt*, Konzernhaftungsrecht, S. 774 m.w.N.

1505 Siehe oben Kap.II.A.III.2.

1506 Mit dem EU-Austritt des Vereinigten Königreichs am 31.01.2020 besteht die Europäische Union noch aus 27 Mitgliedsstaaten.

alle ausländischen Tochtergesellschaften den jeweils unterschiedlichen nationalen gesellschafts- bzw. insolvenzrechtlichen Regelungen.[1507]

Hiermit verbunden sind nicht nur die anfänglichen Eintrittskosten für die Gründung einer Tochtergesellschaft im Ausland, sondern auch fortlaufende Kosten durch eine ständige Betreuung und Compliance des Mutter-Tochter-Verhältnisses im Sinne des Konzerns. Gerade kleinere und mittlere Unternehmen könnten wegen Kostengefahren von der Aufnahme grenzüberschreitender Tätigkeiten im gemeinsamen Binnenmarkt abgehalten werden. Gleichzeitig gibt es immer größere international tätige Konzerne, bei denen solche Kosten weniger ins Gewicht fallen. Der rechtliche Rahmen in Europa hängt der wirtschaftlichen Situation nach und erfordert ein Tätigwerden auf dem Gebiet des Wirtschafts- und Gesellschaftsrechts.

Der Europäischen Union fehlt sowohl eine supranationale Gesellschaftsrechtsform, der sich Konzerne als Rechtskleid für ihre grenzüberschreitenden Tochtergesellschaften bedienen können, als auch ein einheitliches Konzernrecht, das den konzernimmanenten Interessenkonflikten gerecht wird.[1508] Ein kodifiziertes Konzernrecht findet sich innerhalb der Europäischen Union lediglich in Deutschland und Portugal[1509] und seit 2004 mit einem spezifischen Haftungsrecht in Italien.[1510] Konzernrechtliche Fragestellungen werden in den übrigen Mitgliedsstaaten durch allgemeine Instrumente des Gesellschafts- und Insolvenzrechts gelöst.[1511] In solchen Mitgliedsstaaten gilt zumeist das Leitbild der unverbundenen Gesellschaft, sodass mangels eigenständiger Kodifikation eine etwaige Haftung nicht aus dem Gesetz abgeleitet werden kann, sondern von der jeweiligen Rechtsprechung entwickelt wurde.[1512] Insofern herrscht ein nicht unerhebliches Haftungsrisiko für Unternehmen, die ihre Tochtergesellschaften

---

1507 *Teichmann*, GmbHR 2018, 713 (720).

1508 Ausführlich zur Notwendigkeit eines einheitlichen Konzernrechts in der Europäischen Union *Lübking*, Ein einheitliches Konzernrecht für Europa, S. 339.

1509 *Lutter/Overrath*, ZGR 1991, 394 ff.

1510 Zur Einführung eines Konzernrechts in Italien siehe *Strnad*, Neue Konzernhaftung in Italien, RIW 2004, 255 ff.; allgemein *Veil*, in: Spindler/Stilz, AktG, Bd. II, 4. Aufl., Vorb Rn. 53.

1511 *Lübking*, Ein einheitliches Konzernrecht für Europa, S. 143 ff.; *Veil*, in: Spindler/Stilz, AktG, Bd. II, 4. Aufl., Vorb Rn. 53.

1512 Vgl. *Teichmann*, GmbHR 2018, 713 (720) m.w.N. zur konzernrechtlichen Haftung in den Mitgliedsstaaten.

im Ausland ohne die entsprechende Rechtsberatung leiten.[1513] Neben dem Haftungsproblem fehlt der Muttergesellschaft in Ländern ohne kodifiziertes Konzernrecht auch ein effektives Instrument zur Konzernleitung im Sinne eines Weisungsrechts.[1514]

B. Konzernspezifische Haftung

Der Rechtsvergleich der Haftungssysteme in Deutschland, England und Frankreich hat Gemeinsamkeiten und Unterschiede hinsichtlich der konzernspezifischen Haftung und der Konzernleitung gezeigt.

I. Deutschland

In Deutschland wird zwischen der allgemeinen Durchgriffshaftung und der Konzernhaftung unterschieden. Die allgemeine Durchgriffshaftung stellt zwar primär nur auf die Gesellschafterstellung unabhängig vom Bestehen eines Konzerns für eine Haftung ab, allerdings dürfte es sich im Regelfall auch um einen Konzernsachverhalt im Sinne der allgemeinen Vorschriften der §§ 15 ff. AktG handeln.[1515] Dagegen versucht das Konzernrecht dem Interessenkonflikt zwischen herrschenden Unternehmen einerseits und der Tochtergesellschaft selbst, ihrer Gläubiger und Minderheitsgesellschafter andererseits, gerecht zu werden.

Als allgemeine Durchgriffshaftung gilt nur der Fall der generellen Vermögensvermischung, wenn die einzelnen Vermögensgegenstände der Rechtsträger Gesellschaft und Gesellschafter nicht mehr zugeordnet werden können. Liegen die Voraussetzungen der generellen Vermögensvermischung vor, haftet der Gesellschafter den Gläubigern der Gesellschaft unmittelbar und persönlich nach außen.

Innerhalb der Konzernhaftung wird zwischen der Haftung im Vertragskonzern und der Haftung im faktischen Konzern unterschieden. Im Vertragskonzern stehen die Regelungen der §§ 302, 303 AktG im Fokus, wonach das herrschende Unternehmen bei Bestehen eines Beherrschungs- oder

---

1513 Insofern fällt eine aufwendige Rechtsberatung bei kleinen und mittleren Unternehmen betriebswirtschaftlich mehr ins Gewicht als Großunternehmen, vgl. *Teichmann*, GmbHR 2018, 713 (720).

1514 In England kann ein Weisungsrecht in der Satzung geregelt werden. Ein solches Weisungsrecht unterliegt jedoch erheblichen Einschränkungen und erweist sich als wenig praktikabel, siehe hierzu oben Kap.III.A.II.5.b.

1515 Siehe oben, Kap.I.B.II.3.a.

Gewinnabführungsvertrages einen etwaigen Jahresfehlbetrag der abhängigen Gesellschaft auszugleichen hat, bzw. nach Beendigung eines solchen Vertrages den Gläubigern der abhängigen Gesellschaft, deren Forderungen vor der Eintragung der Beendigung entstanden sind, Sicherheit leisten muss.[1516]

Die Haftung im faktischen Konzern unterscheidet sich ihrerseits danach, ob es sich bei der abhängigen Gesellschaft um eine Aktiengesellschaft oder eine Gesellschaft mit beschränkter Haftung handelt. Grundlage für die Haftung im faktischen Aktienkonzern ist das System der §§ 311 ff. AktG.[1517] Die Nachteilsausgleichspflicht für Nachteile der abhängigen Gesellschaft ist Dreh- und Angelpunkt im faktischen Aktienkonzern. Der Ausgleich eines Nachteils legitimiert die schädigende Einflussnahme. Kommt das herrschende Unternehmen seiner Pflicht zum Nachteilsausgleich bis zum Ende des Geschäftsjahres nicht nach, tritt an die Stelle eine Schadensersatzhaftung nach § 317 AktG.

Im Gegensatz zum faktischen Aktienkonzern finden die §§ 311 ff. AktG im faktischen GmbH-Konzern wegen des per legem bestehenden Weisungsrechts gegenüber dem Geschäftsführer keine Anwendung. Eine Grenze der Einflussnahme wird durch die Treuepflicht der Gesellschafter bzw. des herrschenden Unternehmens gezogen.[1518] Mangels schutzwürdiger Beteiligter ist eine Einpersonen-GmbH ausgenommen. Der Gläubigerschutz beschränkt sich hier lediglich auf die Kapitalschutzvorschriften der §§ 30, 31 GmbH und die Existenzvernichtung.[1519] Wird eine abhängige Gesellschaft zu Maßnahmen veranlasst, die mit einer ordentlichen Geschäftsführung einer unabhängigen GmbH nicht vereinbar sind, wurde die Treuepflicht verletzt. Das herrschende Unternehmen haftet dann primär der abhängigen GmbH auf Schadensersatz.

Hintergrund dieses differenzierten Haftungssystems im Konzern ist das kodifizierte Konzernrecht, das seinerseits nach den schutzbedürftigen Beteiligten unterscheidet. Ein Vertragskonzern durch Beherrschungsvertrag ermöglicht es der Muttergesellschaft als Aktionärin einer Aktiengesellschaft, direkten Einfluss auf den Vorstand der Tochter-Aktiengesellschaft zu nehmen. Andererseits ist die Grundstruktur der deutschen GmbH per se darauf angelegt, dass der

---

1516 Zur Sicherheitsleistung nach § 303 AktG siehe oben Kap.II.B.II.; zur Verlustübernahme nach § 302 AktG siehe oben Kap.II.B.III.

1517 Zum Haftungssystem im faktischen Aktienkonzern siehe oben Kap.II.C.

1518 Siehe oben Kap.II.D.II.

1519 *Tholen*, Europäisches Konzernrecht, S. 73; *Emmerich*, in: Scholz, GmbHG, 12. Aufl., Anh § 13 Rn. 90.

Gesellschafter dem Geschäftsführer Weisungen erteilen kann. Diese Möglichkeit der Einflussnahme zeichnet die GmbH als Konzernbaustein in Deutschland aus.

II. England

In England ist der konzernspezifische Ansatz ein völlig anderer. Es gilt der Grundsatz der Selbstständigkeit der juristischen Person, sodass die Konzerneinbindung der Tochtergesellschaft für deren Lebensphase grundsätzlich keine juristische Rolle spielt.[1520] Ein Perspektivenwechsel findet erst auf Ebene der Insolvenz statt, indem die Gläubigerinteressen in den Vordergrund rücken.[1521] Zentraler Begriff für die Prüfung eines Konzernsachverhaltes nach englischem Recht ist der Begriff der Kontrolle. Im Vordergrund der englischen Konzernhaftung stehen somit die insolvenzrechtlichen Haftungstatbestände des *fraudulent trading* und des *wrongful trading*. Nach sec 213 IA 1986 haftet wegen *fraudulent trading*, wer an der Geschäftsfortführung trotz Insolvenz der Gesellschaft, mit der Absicht Gläubiger zu schädigen, beteiligt ist.[1522]

Die Haftung wegen *wrongful trading* knüpft nach sec 214 IA 1986 persönlich an die Stellung des *directors* an, der vor Insolvenzeintritt wusste oder hätte wissen müssen, dass keine vernünftigen Gründe für die Abwendung der Insolvenz bestanden und er nicht alles unternommen hat, was erforderlich gewesen wäre, um potentielle Verluste der Gläubiger zu minimieren.[1523] Eine Muttergesellschaft fällt in den persönlichen Anwendungsbereich des *wrongful trading*, wenn sie als *shadow director* qualifiziert wird, indem sie eine Vielzahl von Entscheidungen der Geschäftsführung für eine bestimmte Dauer beeinflusst.

Das *common law* Institut des *piercing of the corporate veil* spielt in England für die Frage der Konzernhaftung kaum eine Rolle.[1524] Dieses Haftungsinstitut wird vor dem Hintergrund des strengen Trennungsprinzips von der englischen Rechtsprechung sehr restriktiv gehandhabt.

Die Konzernleitung in England gestaltet sich aufgrund des Prinzips der Trennung von Kontrolle und Leitung schwieriger als in Deutschland.[1525] Der gesetzlichen Grundlage ist zunächst auch ein Weisungsrecht fremd. Ein solches kann wegen der Gestaltungsfreiheit in die Satzung einer Limited aufgenommen

---

1520 Eine Ausnahme gilt für die Konzernrechnungslegung nach sec 404 ff. CA 2006.

1521 Siehe oben Kap.III.B.II.

1522 Siehe oben Kap.III.B.II.1.

1523 Siehe oben Kap.III.B.II.2.

1524 Siehe oben Kap.III.B.III.

1525 Siehe hierzu bereits oben Kap.III.A.II.

werden, jedoch unterliegt ein solches Weisungsrecht gewissen Einschränkungen. Hinsichtlich des Konzerninteresses ist ein Geschäftsführer grundsätzlich nur zur Berücksichtigung der Interessen seiner Gesellschaft verpflichtet. Eine Konzernausrichtung kann ebenfalls in die Satzung der Tochtergesellschaft als Gesellschaftszweck aufgenommen werden, bedarf zu ihrer Wirksamkeit aber einer Verpflichtung der Muttergesellschaft für Verbindlichkeiten der Tochtergesellschaft aufzukommen.[1526]

III. Frankreich

Auch das französische Recht kennt kein kodifiziertes Konzernrecht und knüpft vereinzelt an Konzernsachverhalte an. Zur Bestimmung einer „*groupe de sociétés*" stellt das französische Recht ebenso wie in England auf den Begriff der Kontrolle (*contrôle*) ab. In Frankreich gilt ebenfalls der Grundsatz der Selbstständigkeit der juristischen Person, sodass einer Muttergesellschaft keine über die Stellung als Gesellschafter hinausgehenden Rechte zustehen.

Insbesondere ist dem französischen Gesellschaftsrecht ein Weisungsrecht fremd.

Das französische Recht löst konzernhaftungsrechtliche Fragen auf der Ebene des Insolvenzrechtes. Die insolvenzrechtlichen Haftungstatbestände der *responsabilité pour insuffisance d'actif* (Art. L. 651-2 CCom) und der *extension de procédure* (Art. L. 621-2 al. 2 CCom) können für eine Muttergesellschaft relevant sein.[1527]

Anknüpfungspunkt der Ausfallhaftung ist die Qualifizierung der Muttergesellschaft als faktische Geschäftsführerin (*dirigeant de fait*). Tatbestandlich bedarf es eines Geschäftsführungsfehlers, der kausal zu einer *insuffisance d'actif* geführt hat. Die *insuffisance d'actif* als Schaden beschreibt den Zustand, dass die Aktiva der Gesellschaft nicht mehr ausreichend zur Deckung der Passiva sind. Liegen die tatbestandlichen Voraussetzungen vor, liegt es im Ermessen der Gerichte, die Höhe der Haftung, die auf die Höhe des Ausfallbetrages beschränkt ist, festzulegen.

Die Insolvenzerstreckung unterteilt sich in die Fallgruppen der Vermögensvermischung (*confusion de patrimoine*) und der Scheingesellschaft (*fictivité de la personne morale*). Der persönliche Anwendungsbereich ist nicht nur auf

---

1526 Vgl. *Wimmer-Leonhardt*, Konzernhaftungsrecht, S. 513.

1527 Zur Ausfallhaftung siehe oben Kap.IV.B.II.1; zur Insolvenzerstreckung siehe oben Kap.IV.B.II.2.

formelle wie faktische Geschäftsführer beschränkt, sondern kann jede natürliche und juristische Person treffen.

Die Zuordnung der Haftungsmassen gilt als Rechtfertigung für die Gewährung einer beschränkten Haftung. Kann die Haftungsmasse im Wege einer Vermischung nicht mehr den einzelnen Haftungssubjekten zugeteilt werden, entfällt die beschränkte Haftung, sodass die Insolvenz auch auf die Muttergesellschaft erstreckt werden kann. Besteht eine Tochtergesellschaft nur ohne selbstständigen Gesellschaftszweck (*affectio societatis*) oder fehlt ihr jegliche Entscheidungsautonomie zugunsten einer hinter ihr stehenden Person, kann eine Tochtergesellschaft als Scheingesellschaft qualifiziert werden, sodass ebenfalls eine beschränkte Haftung nicht gerechtfertigt ist.

Neben den insolvenzrechtlichen Haftungstatbeständen stand in der sog. *Rozenblum*-Entscheidung[1528] die Anwendbarkeit eines strafrechtlichen Tatbestandes des Missbrauchs bzw. der Veruntreuung von Gesellschaftsvermögens auf Konzernsachverhalte zur Diskussion.[1529] Ein Vorrang des Konzerninteresses gegenüber dem Interesse der abhängigen Gesellschaft wird unter bestimmten Grundsätzen, die von der Rechtsprechung entwickelt wurden, anerkannt. Besteht eine Gesellschaftsgruppe, in der die Gesellschaften unter einem Gruppeninteresse eingebunden sind, und erfolgte die Handlung des Tochterunternehmens zugunsten der Muttergesellschaft ohne wirtschaftliches Äquivalent und führte zur Insolvenznähe, ist das Handeln der Geschäftsführung der Tochtergesellschaft nicht strafbar. Beim kumulativen Vorliegen dieser engen Voraussetzungen kann die Geschäftsführung ausnahmsweise im Gruppeninteresse handeln und muss nicht allein die Interessen der eigenen Gesellschaft berücksichtigen.

Die Konzernleitung einer französischen Tochtergesellschaft durch den Mutterkonzern gestaltet sich mangels Zulässigkeit eines Weisungsrechts als weniger einfach.[1530] Die Einflussnahme auf die Geschäftsführung der Tochtergesellschaft ist auf die Drohung mit einer Abberufung oder die identische Besetzung des Leitungsorgans beschränkt. Unter den engen Grenzen der *Rozenblum*-Rechtsprechung kann die Geschäftsführung einer Tochtergesellschaft ausnahmsweise die Konzerninteressen berücksichtigen.

1528 Cass. crim., 04.02.1985, Rev. soc. 1985, 648 – Rozenblum.

1529 Hierzu oben Kap.IV.A.II.5.b.

1530 Siehe oben Kap.IV.A.II.5.a.

C. Rechtsvereinheitlichung als Lösungsansatz

Durch die unterschiedlichen nationalen Rechtsordnungen entstehen im grenzüberschreitenden Bezug die aufgezeigten Probleme. Eine Vereinheitlichung verschiedener nationaler Rechtsordnungen schafft Transparenz und Sicherheit und senkt die Hürden, als Unternehmen international tätig zu werden. Somit stellt die Rechtsvereinheitlichung einen Lösungsansatz für die Haftungsrisiken und die Konzernleitung im grenzüberschreitenden Konzern dar.

Auch wenn das Ziel einer Rechtsvereinheitlichung ausgegeben wurde, so bestehen unterschiedliche Varianten der Umsetzung.[1531] Innerhalb der Europäischen Union stehen Richtlinien und Verordnungen als Harmonisierungsmaßnahmen zur Verfügung. Eine Rechtsvereinheitlichung kann auch dadurch erreicht werden, dass einzelne Nationalstaaten einen gemeinsamen Inhalt abstimmen und diesen jeweils in Gesetzesform gießen. Weitaus schwieriger, wenn ungleich effektiver, ist eine Rechtsvereinheitlichung durch internationales Einheitsrecht. Als Alternative hierzu können auch ausgearbeitete Modellgesetze als Muster für die nationalen Gesetzgeber dienen.

Vorliegend erscheint der Ansatz einer Verordnung im Rahmen des Verfahrens über eine Verstärkte Zusammenarbeit nach Art. 20 EUV i.V.m. Artt. 326 ff. AEUV als sinnvollstes Instrument einer Rechtsvereinheitlichung.[1532] Dieses Verfahren bietet den Mitgliedsstaaten, die eine effektive Rechtsvereinheitlichung möchten, die Möglichkeit, diese auch umzusetzen. Eine Einstimmigkeit aller Mitgliedsstaaten wird aufgrund der nationalen Unterschiede konzernrechtlicher Regelungen und Haftungsansätze nur schwer herbeizuführen sein. Unabhängig von zurückhaltenden bzw. kritischen Mitgliedsstaaten kann eine „Allianz der Willigen" eine Rechtsvereinheitlichung im Wege der Verstärkten Zusammenarbeit erreichen, der sich sodann nach ersten positiven Erfahrungswerten auch andere Staaten anschließen können. Das Vereinigte Königreich könnte den Inhalt einer solchen Verordnung in seine nationale Rechtsordnung übernehmen, um den Anschluss an Kontinentaleuropa nicht zu verlieren.

Neben der Frage des Umsetzungsverfahrens ist der Inhalt einer etwaigen Rechtsvereinheitlichung zentral. Seitens der Europäischen Kommission wurde der aktuellste Ansatz einer Rechtsvereinheitlichung in Form des Richtlinienvorschlages zur SUP zurückgezogen.[1533] Die SUP sollte als nationale Rechtsform für

1531 Hierzu oben Kap.VI.A.

1532 Zu den jeweiligen Vor- und Nachteilen der Verfahren siehe Kap.VI.B.IV.2.

1533 Siehe oben Kap.VI.B.I.

Gesellschaften mit einem einzigen Gesellschafter eingeführt werden und nicht als supranationale Rechtsform. Der Erstentwurf zur SUP sah sogar ausdrücklich ein Weisungsrecht des alleinigen Gesellschafters gegenüber dem Leitungsorgan vor. Trotz einiger Kritikpunkte an dem fehlenden Mindestkapitalerfordernis und der Befürchtung eines Missbrauchs der Rechtsform durch Online-Gründungen, hätte die SUP einen Beitrag zur Vereinheitlichung der Rechtsformen leisten könnten.

Ein weiterer Ansatz zur Rechtsvereinheitlichung bietet der European Model Companies Act als unabhängiges Modellgesetz, das einen Vorschlag für eine umfassende gesellschaftsrechtliche Kodifikation darstellt.[1534] Der EMCA setzt sich mit dem Problem eines fehlenden europäischen Konzernrechts auseinander und bietet hierzu einen eigenen Ansatz. Zur Definition eines Konzerns wird auf den Begriff der Kontrolle abgestellt. Auch sieht sec 15.09 (1) EMCA ein Weisungsrecht vor. Gleichzeitig wurde ein „austariertes System" als Maßstab für die Geschäftsführung der Tochtergesellschaft unter Rückgriff auf die *Rozenblum*-Kriterien entwickelt,[1535] unter welchen Voraussetzungen ein Handeln gegen die Eigeninteressen der Gesellschaft keine treuhänderische Pflichtverletzung darstellt.[1536] Das Konzernrecht wird neben den Vorschriften zur Konzernleitung durch eine eigenständige konzerndimensionale Haftung nach sec 15.17 EMCA komplettiert.[1537] Ein Modellgesetz setzt auf die Freiwilligkeit der Staaten, die Regelungen in nationales Recht umzusetzen. Insofern können einzelne Regelungen bei der Umsetzung, die mit der heimischen Rechtstradition nicht kompatibel sind, ausgelassen werden. Der Ansatz eines Modellgesetzes bietet folglich eine Möglichkeit der Rechtsvereinheitlichung, die gegenüber den Harmonisierungsmaßnahmen der Europäischen Union weniger effektiv ist.

Einen ähnlichen Ansatz verfolgt das Projekt des Europäischen Wirtschaftsgesetzbuches als Grundlage für eine Neuordnung, -regelung und Ergänzung des bestehenden europäischen Wirtschaftsrechts. Ziel ist es, den bisherigen „Verordnungs- und Richtliniendschungel" zu ordnen und die Anwendung europäischen Rechts zu vereinfachen.[1538]

Innerhalb des Projekts des Europäischen Wirtschaftsgesetzbuches wird auch der Neuanlauf einer vereinheitlichten Gesellschaft für KMU unter dem

1534 Siehe oben Kap.VI.B.II.

1535 Vgl. *Teichmann*, GmbHR 2018, 713 (721).

1536 Vgl. sec. 15.16 EMCA.

1537 Hierzu *Schmidt J.*, *ZHR* 2017, 43 (85).

1538 Siehe oben Kap.VI.B.III.1.

Titel „SPE 2.0“ bzw. *Société Européenne Simplifiée* (SES)“ gestartet.[1539] Die SES soll sich durch ihre Flexibilität in der Organisationsverfassung und durch eine seriöse Finanzverfassung als geeigneter Konzernbaustein erweisen. Der Ansatz der Neuordnung der bestehenden europäischen Regelungen zur Rechtsvereinfachung erscheint geboten. Ebenfalls sinnvoll erscheint der Weg über die Verstärkte Zusammenarbeit nach Art. 20 EUV, um ein Scheitern des Projekts an wenigen kritischen Stimmen zu verhindern.

Der eigene Ansatz einer Einführung einer vereinheitlichten Rechtsform als Konzernbaustein weist sowohl Elemente der SPE als auch der SUP auf. Im Gegensatz zur SPE soll eine neue *Societas Unius Personae Europaea* eine Einpersonen-Gesellschaft sein. Im Vergleich zur SUP soll die Umsetzung nicht als Richtlinie im Sinne einer Alternative zu bereits bestehenden nationalen Rechtsformen erfolgen, sondern durch Verordnung eine supranationale Rechtsform mit grenzüberschreitendem Bezug geschaffen werden. Eine eindeutige Haftungsverfassung ist für die Akzeptanz als Konzernbaustein notwendig, weshalb Ausnahmen vom Trennungsprinzip ausdrücklich gefasst und beschrieben werden sollen. Zur Lösung des konzernimmanenten Interessenkonfliktes decken eine Haftung wegen existenzvernichtenden Eingriffs, wegen Vermögensvermischung und wegen *wrongful trading* die Schutzinteressen der Beteiligten ab, ohne die Gesellschafter zu großen Haftungsrisiken auszusetzen.[1540] Die Haftung wegen existenzvernichtenden Eingriffs deckt die Schutzinteressen der Tochtergesellschaft selbst und die insolvenzrechtliche *wrongful trading*-Haftung die Interessen der Gläubiger der Tochtergesellschaft ab. Der Fall der Vermischung des Gesellschafts- und Gesellschaftervermögens soll eine Haftung statuieren, weil in diesem Zustand eine Haftungsbeschränkung im Sinne des Trennungsprinzips als nicht mehr gerechtfertigt erscheint. Der Vorschlag dieser haftungsbegründenden Ausnahmen ist Ausfluss des trinationalen Rechtsvergleichs und das Ergebnis der Abwägungen der unterschiedlichen Haftungsansätze.

Um die *Societas Unius Personae Europaea* als Konzernbaustein zu etablieren, ist die Möglichkeit, ein Weisungsrecht in die Satzung der Tochtergesellschaft aufzunehmen, geboten. Insofern ist ein optionales Weisungsrecht ein Kompromiss zwischen den Mitgliedsstaaten, deren Gesellschaftsrecht ein Weisungsrecht völlig fremd ist und den Mitgliedsstaaten, deren Gesellschaftsrecht ein solches vorsieht. Zusätzlich sollte im Sinne einer rechtssicheren Konzernleitung eine Formel für ein Handeln der Geschäftsführung der Tochtergesellschaft im Sinne

---

1539 Siehe oben Kap.VI.B.III.3.

1540 Siehe oben Kap.VI.B.III.3.a.cc.

des Konzerninteresses auf Kosten der eigenen Gesellschaftsinteressen festgeschrieben werden. In Anlehnung an die *Rozenblum*-Entscheidung, erscheint der Vorschlag des EMCA, ein solches Handeln der Geschäftsführung der Tochtergesellschaft unter bestimmten Voraussetzungen nicht als Pflichtverletzung zu qualifizieren, als gelungen.[1541]

Unter diesen Voraussetzungen könnte mit der Einführung einer supranationalen *Societas Unius Personae Europaea* europaweit eine taugliche Rechtsform als Konzernbaustein geschaffen werden, der das grenzüberschreitende Tätigwerden nicht nur einfacher und kostengünstiger macht, sondern auch hierzu animiert und den europäischen Binnenmarkt enger miteinander vernetzt. Eine Rechtsvereinheitlichung ist geboten, um die Effizienz und Flexibilität des Konzerns nicht nur im nationalen Rechtsraum,[1542] sondern auch grenzüberschreitend zu effektuieren. Rechtsvereinheitlichung leistet sowohl einen rechtlichen als auch einen wirtschaftlichen Beitrag.

1541 Vgl. oben Kap.VI.B.IV.3.a.dd.β.
1542 Zur Bedeutung der Kapitalgesellschaft siehe *Wimmer-Leonhardt*, Konzernhaftungsrecht, S. 1.

Literaturverzeichnis

Altmeppen, Holger, Die Haftung des Managers im Konzern, München 1998.

-, Grundlegend Neues zum „qualifiziert faktischen" Konzern und zum Gläubigerschutz in der Ein-mann-GmbH, ZIP 2001, S. 1837–1847.

-, Zur Entwicklung eines neuen Gläubigerschutzkonzeptes in der GmbH, ZIP 2002, S. 1553–1563.

-, Schutz vor „europäischen" Kapitalgesellschaften, NJW 2004, S. 94–104.

-, Kommentar zum GmbH-Gesetz, 10. Aufl., München 2021.

Ancel, Marc, From the unification of law to its harmonization, (51) Tulane Law Review 108 (1976– 1977), S. 104.

Arbeitskreis Europäisches Unternehmensrecht, Thesen zum Vorschlag einer Europäischen Privatge-sellschaft, NZG 2008, S. 897–901.

Arnim, v. Christoph, U.S. Corporation und Aktiengesellschaft im Rechtsvergleich – Haftungsdurch-griff im deutschen Kapitalgesellschaftsrecht und Piercing the Corporate Veil im Recht der U.S.- amerikanischen Corporation, NZA 2000, S. 1001–1008.

Assmann, Heinz-Dieter, Der faktische GmbH-Konzern, in: Lutter, Marcus/Ulmen, Peter/Zöllner, Wolfgang (Hrsg.), Festschrift 100 Jahre GmbH-Gesetz, Köln 1992, S. 657–736 [zitiert als *Bearbeiter*, in: FS 100 Jahre GmbH-Gesetz, Jahr, Seite].

Association Henri Capitant, Der europäische Aufbau im Wirtschaftsrecht: Besitzstand und Perspek-tiven, Issy-les-Moulineaux 2016.

Bache, Wolfgang, Der internationale Unternehmensvertrag nach deutschem Kollisionsrecht, Bad Homburg v.d.H., Berlin, Zürich 1969.

Bachner, Thomas, Gläubigerschutz durch Insolvenzrecht in England, in: *Lutter, Marcus* (Hrsg.), Das Kapital der Aktiengesellschaft in Europa, ZGR-Sonderheft 17, 2006, S.527–571.

Ballerstedt, Kurt, Kapital, Gewinn und Ausschüttung bei Kapitalgesellschaften, Tübingen 1949.

Bälz, Einheit und Vielheit im Konzern, in: Baur, Fritz/Esser, Josef/Kübler, Friedrich/Steindorff, Ernst (Hrsg.), Funktionswandel der Privatrechtsinstitutionen - Festschrift für Ludwig Raiser zum 70. Geburtstag, Tübingen 1974, S. 287–338 [zitiert als *Bearbeiter*, in: FS Raiser, Jahr, Seite].

Bär, Rolf, Kartellrecht und internationales Privatrecht, Bern 1965.

Barbiéri, Jean-François, Confusion des patrimoines et fictivité des sociétés, Les Petites affiches 25.10.1996, S. 9–15.

Bärwaldt, Roman/Schabacker, Joachim, Wirksamkeitserfordernisse grenzüberschreitender Unter-nehmensverträge i.S.d. § 291 AktG, AG 1998, S. 182–189.

Baumbach, Adolf/Hueck, Alfred, Beck´sche Kurz-Kommentare zum GmbH-Gesetz, 22. Auflage München 2019.

Baums, Theodor/Teichmann, Christoph, Der European Model Company Act (EMCA), AG 2018, S. 562–571.

Bauschke, Hans-Joachim, Grenzen der Rechtspersönlichkeit juristischer Personen im englischen Ge-sellschaftsrecht, Heidelberg 1975.

Bauvert, Paulette/Siret, Nicole, Droit des sociétés et autres groupements, 2. édition, Paris 1999.

Bayer, Walter, Der grenzüberschreitende Beherrschungsvertrag, Heidelberg 1988.

Beck, Lukas, Leitung und Haftung im Recht der Unternehmensgruppe im Vereinigten Königreich, in: Hommelhoff, Peter/Lutter, Marcus/Teichmann, Christoph (Hrsg.), Corporate Governance im grenzüberschreitenden Konzern, ZGR-Sonderheft, Berlin, Boston 2017, S. 19–65.

Beurskens, Michael, „Societas Unius Personae" - der Wolf im Schafspelz?, GmbHR 2014, 738–747.

Bicker, Eike Thomas, Gläubigerschutz in der grenzüberschreitenden Konzerngesellschaft, Berlin 2007.

Birds, John, Annotated Companies Legislation, 3. Edition, Oxford 2013.

Bitter, Georg, Konzernrechtliche Durchgriffshaftung bei Personengesellschaften, Köln 2000.

-, Haftung von Gesellschaften und Geschäftsführern in der Insolvenz ihrer GmbH, ZInsO 2010, S. 1561–1582.

Bloß, Henning, Die Unternehmensgruppe im englischen und deutschen Recht der Kapitalgesellschaften, Frankfurt/Berlin/Brüssel/New York/Wien 1999.

Bork, Reinhard/Schäfer, Carsten, Kommentar zum GmbH-Gesetz, 4. Auflage, Köln 2019.

Boujong, Karlheinz, Das Trennungsprinzip des § 13 Abs. 2 GmbHG und seine Grenzen in der neueren Judikatur des Bundesgerichtshofes, in: Böttcher, Reinhard/Hueck, Götz/Jähnke, Burkhard (Hrsg.), Festschrift für Walter Odersky zum 65. Geburstag am 17. Juli 1996, Berlin/New York 1996, S. 739–752 [zitiert als *Bearbeiter*, in: FS Odersky, Seite].

Brauer, Joachim, Kollisionsrechtliche Probleme der Konzerne und Unternehmensverträge, Göttingen 1969.

Bruhns, Eva, Das Verfahrensrecht der internationalen Konzernhaftung, Berlin 2006.

Bürgers, Tobias/Körber, Torsten, Kommentar zum Aktiengesetz, 4. Auflage, Heidelberg 2017.

Cahn, Andreas, Die Holding als abhängiges Unternehmen?, AG 2002, S. 30–35.

Cavers, David Farquhar, The choice-of-law process, Ann Arbor 1966.

-, A Critique of the Choice-of-Law Problem, Havard Law Rev (1933), S. 173–208.

Champaud, Claude, Les méthodes de groupements des sociétés, RTD com. 1967, S. 1003–1042.

Charvériat, Anne/Couret, Alain/Sébire, Marc-Étienne/Zabala, Bruno/Mercadal, Barthélemy, Sociétés commerciales, 49. édition, Levallois 2017.

Christ, Caroline, Englische Private Limited und französische Société à Responsabilité Limitée, Baden-Baden 2008.

Christian, Hilpert, Englische Ltd. und deutsche GmbH, Baden-Baden 2007.

Company law review steering group, Modern company law for a competitive economy: Final Report, London 2001.

Conac, Pierre-Henri, Das französische Recht zur Anerkennung des Gruppeninteresses seit der Rozenblum-Entscheidung, in: Hommelhoff, Peter/Lutter, Marcus/Teichmann, Christoph (Hrsg.), Corporate Governance im grenzüberschreitenden Konzern, ZGR-Sonderheft, Berlin, Boston 2017, S. 89–102.

Cork Committee, Insolvency Law and Practice, London 1982.

Couret, Alain/Le Nabasque, Hervé, Quel avenir pour le capital social?, Paris 2004.

Cozian, Maurice/Viandier, Alain/Deboissy, Florence, Droit des Sociétés, 31. édition, Paris 2018.

Culmann, Johannes Jakob, Die Societas Privata Europaea in der Krise, Frankfurt am Main 2012.

Currie, Brainerd, Selected essays on the conflict of laws, Durham 1963.

-, Comments on Babcock v. Jackson, Columbia Law Rev. 1963, S. 1233–1243.

Dauses, Manfred A./Ludwigs, Markus, Handbuch des EU-Wirtschaftsrechts, Bd. I, 48. Ergänzungslieferung, München 2019.

Davies, Paul L./Worthington, Sarah, Gower's Principles of Modern Company Law, 10. Edition, London 2016.

Delpech, Xavier, Société à responsabilité limitée SARL, 27. édition, Paris 2012.

Dicey, Albert Venn/Morris, John C. M., The Conflict of Laws, Vol. 2, 12. Edition, London 1993.

Didier, Paul/Didier, Philippe, Droit commercial, Tome 2, Paris 2011.

Dreher, Ferdinand, Der Richtlinienvorschlag über die Societas Unius Personae und seine Regelungen zur faktischen Geschäftsführung, NZG 2014, S. 967–972.

Drüke, Heiner, Die Haftung der Muttergesellschaft für Schulden der Tochtergesellschaft, Köln, Berlin, Bonn, München 1990.

Drygala, Tim, What's SUP? Der Vorschlag der EU-Kommission zur Einführung einer europäischen Einpersonengesellschaft (Societas Unius Personae, SUP), EuZW 2014, S. 491–497.

Drygala, Tim/Staake, Marco/Szalai, Stephan, Kapitalgesellschaftsrecht, Berlin, Heidelberg 2012.

Dupichot, Philippe, Vom Brexit zum Europäischen Wirtschaftsgesetzbuch, ZEuP 2017, S. 245–250.

Ebenroth, Carsten-Thomas, Die verdeckten Vermögenszuwendungen im transnationalen Unternehmen, Bielefeld 1979.

-, Konzernbildungs- und Konzernleitungskontrolle, Konstanz 1987.

Ebke, Werner F., Die „ausländische Kapitalgesellschaft & Co. KG" und das europäische Gemeinschaftsrecht, ZGR 16 (1987), S. 245–270.

Ehricke, Ulrich, Zur Begründbarkeit der Durchgriffshaftung in der GmbH, insbesondere aus methodischer Sicht, AcP 199 (1999), S. 257–304.

Eidenmüller, Horst, Ausländische Kapitalgesellschaften im deutschen Recht, München 2004 [zitiert als *Bearbeiter*, in: Eidenmüller, Ausländische Kapitalgesellschaften, Paragraph Randnummer].

Eidenmüller, Horst/Grunewald, Barbara/Noack, Ulrich, Das Mindestkapital im System des festen Kapitals, in: Lutter, Marcus (Hrsg.), Das Kapital der Aktiengesellschaft in Europa, ZGR-Sonderheft 17, Berlin 2006, S. 17–41.

Einsele, Dorothee, Kollisionsrechtliche Behandlung des Rechts verbundener Unternehmen, ZGR 1996, S. 40–54.

Emmerich, Volker/Habersack, Mathias, Konzernrecht, 11. Auflage, München 2020.

Emmerich, Volker/Habersack, Mathias/Schürnbrand, Jan, Kommentar zum Aktien- und GmbH-Konzernrecht, 8. Auflage, München 2016, 9. Auflage, München 2019.

Eschenbruch, Klaus, Konzernhaftung: Haftung der Unternehmen und Manager, Düsseldorf 1996. *Farrar, John H.*, Company Law, 4. Edition, London 1998.

Feuerbach, Jean-Louis/ Victor-Granzer, Brigitte, Kapitalgesellschaften im Französischen Recht, in: Ars Legis (Hrsg.), Das Recht der Kapitalgesellschaften in Europa, Heidelberg 2007, S. 69–94.

Fleckner, Andreas M./Hopt, Klaus J., Comparative Corporate Governance, Cambridge 2013.

Fleischer, Holger, Gläubigerschutz in der kleinen Kapitalgesellschaft: Deutsche GmbH versus englische private limited company, DStR 2000, S. 1015–2021.

-, „Neue Entwicklungen im englischen Konzernrecht", AG 1999, S. 350–362.

Fletcher, Ian F., The Law of Insolvency, London 2002.

Flume, Werner, Die Organschaft im Gewerbesteuerrecht - Unter besonderer Berücksichtigung der Organschaft zu mehreren Unternehmungen, DB 1955, S. 485–505.

-, Die Organschaft im Körperschaftssteuerrecht - Zivilrechtlich-handelsrechtliche und steuerrechtliche Betrachtungen zur Rechtsprechung des Bundesfinanzhofs, DB 1956, S. 455–465.

-, Nochmals zur Organschaft im Körperschaftssteuerrecht, DB 1956, S. 672–674.

-, Die abhängige Aktiengesellschaft und die Aktienrechtsreform, DB 1959, S. 190–196.

-, Allgemeiner Teil des bürgerlichen Rechts, Bd. I/2: Die juristische Person, Berlin, Heidelberg 1983. *French, Derek/Mayson, Stephen/Ryan, Christopher*, Company Law, 30. Edition, Oxford 2013, 36. Edition, Oxford 2019.

Gallagher, Lynn/Ziegler, Peter, Lifiting the corporate veil in the pursuit of justice, J.B.L. 1990, S. 292–313.

Gehrlein, Markus, Die Existenzvernichtungshaftung im Wandel der Rechtsprechung, WM 2008, S. 761–768.

Gehrlein, Markus/Born, Manfred/Simon, Stefan, Kommentar zum GmbH-Gesetz, 3. Auflage, Köln 2017, 4. Auflage, Köln 2019.

Geßler, Ernst, Faktische Konzerne?, in: Ballerstedt, Kurt/Friesenhahn, Ernst/Nell-Breuning, v. Oswald (Hrsg.), Recht und Rechtsleben in der sozialen Demokratie - Festgabe für Otto Kunze zum 65. Geburtstag, Berlin 1969, S. 159–176 [zitiert als *Bearbeiter*, in: FS Kunze, 1969, Seite].

-, Leitungsmacht und Verantwortlichkeit im faktischen Konzern, in: Hefermehl, Wolfgang/Brox, Hans/Gmür, Rudolf (Hrsg.), Festschrift für Harry Westermann zum 65. Geburtstag, Karlsruhe 1974, S. 145–166 [zitiert als *Bearbeiter*, in: FS Westermann, 1974, Seite].

Gierke, v. Otto, Deutsches Privatrecht, Allgemeiner Teil und Personenrecht, Bd. I, Leipzig 1895.

Götz, Heinrich, Leitungssorgfalt und Leitungskontrolle der Aktiengesellschaft hinsichtlich abhängiger Unternehmen, ZGR 1998, S. 524–546.

Grasmann, Günter, Rezensent zu Klocke, Deutsches Konzernkollisionsrecht und seine Substitutions-probleme, ZHR 1976, S. 139–142.

Griffin, Stephen, Personal Liability and Disqualification of Company Directors, Oxford/Portland 1999.

Grigoleit, Christoph, Kommentar zum Aktiengesetz, 2. Auflage, München 2020.

Grimm, Michael, Die Finanzverfassung der kleinen Kapitalgesellschaft, Berlin 2013.

Großkommentar zum Aktiengesetz, Hopt, Klaus J./Wiedemann, Herbert (Hrsg.), Bd. I (§§ 1–53), 4. Auflage, Berlin, New York 2004 [zitiert als *Bearbeiter*, in: Großkommentar AktG, Band, Auflage, Paragraph Randnummer].

Grundmann, Stefan, Der Treuhandvertrag, München 1997.

Guyon, Yves, Das Recht der Gesellschaftsgruppe in Frankreich, ZGR 1991, 218–234.

Haar, Brigitte, Die Personengesellschaft im Konzern, Tübingen 2006.

Habersack, Mathias/Casper, Matthias/Löbbe, Marc, GmbHG Großkommentar, Bd. I (Einl, §§ 1-28), 3. Auflage, Tübingen 2019.

Habersack, Mathias/Verse, Dirk A., Wrongful Trading - Grundlage einer europäischen Insolvenzverschleppungshaftung?, ZHR 2004, 174–215.

Hachenburg, Max/Ulmer, Peter (Hrsg.), Großkommentar zum GmbH-Gesetz, Bd. I (Allgemeine Einleitung; §§ 1-34), 8. Auflage, Bd. III (§§ 53-85, Register), 8. Auflage, Berlin, New York 1997.

Hannigan, Brenda, Company Law, 5. Edition, Oxford 2018.

Hansmann, Henry/Kraakman, Reiner, The Essential Role of Organizational Law, Yale Law Journal 2000, S. 387–440.

Happ, Wilhelm/Holler, Lorenz, „Limited" statt GmbH? Risiken und Kosten werden gern verschwiegen, DStR 2004, S. 730–736.

Harbarth, Stephan, SPE 2.0 - Die rechtspolitische Perspektive, GmbHR 2018, S. 657–662.

Heinz, Volker G./Hartung, Wilhelm, Die englische Limited, 3. Auflage, Baden-Baden 2011.

Henssler, Martin/Strohn, Lutz, Beck´sche Kurz-Kommentare Gesellschaftsrecht, 4. Auflage, München 2019, 5. Auflage München 2021.

Hirt, Hans C., The Wrongful Trading Remedy in UK Law: Classification, Application and Practical Significance, ECFR 2004, S. 71–120.

Hölters, Wolfgang, Kommentar zum Aktiengesetz, 3. Auflage, München 2017.

Hommelhoff, Peter, Die Konzernleitungspflicht, Köln, Berlin, Bonn, München 1982.

-, Die Europäische Privatgesellschaft (SPE): Auswirkungen auf die nationale GmbH, Der Gesellschafter 2008, S. 337–345.

-, Die Societas Unius Personae: als Konzernbaustein momentan noch unbrauchbar, GmbHR 2014, S. 1065–1074.

Hönn, Günther, Roma locuta? - Trihotel, Rechtsfortbildung und die gesetzliche Wertung, WM 2008, S. 769–778.

Hüffer, Uwe/Koch, Jens, Kommentar zum Aktiengesetz, 14. Auflage, München 2020.

Immenga, Ulrich, Die personalistische Kapitalgesellschaft, Königstein im Taunus 1970.

-, Möglichkeiten der Konzernrechtsvergleichung, in: Lutter, Marcus/Stimpel, Walter/Wiedemann, Herbert (Hrsg.), Festschrift für Robert Fischer, Berlin/New York 1979, S. 297–306 [zitiert als *Bearbeiter*, in: FS Fischer, 1979, Seite].

Jeantin, Michel/Le Cannu, Paul, Droit commercial: entreprises en difficulté, 7. édition, Paris 2007.

Jung, Stefanie/Krebs, Peter/Stiegler, Sascha, Gesellschaftsrecht in Europa, Baden-Baden 2019.

Jung, Stefan, Societas Unius Personae (SUP) - Der neue Konzernbaustein, GmbHR 2014, 579–591.

Just, Clemens, Englisches Gesellschaftsrecht, München 2008.

-, Die englische Limited in der Praxis, 4. Auflage, München 2012.

Kahn-Freund, Otto, Corporate entity (Smith, Stone and Knight Ltd. v. Birmingham Corp. (1939) 4 All ER 116, MLR 3 (1940), S. 226–228.

Karst, Thomas, „Die GmbH französischen Rechts“, NotBZ 4/2006, 119–126.

Kegel, Gerhard/Schurig, Klaus, Internationales Privatrecht, 9. Auflage, München 2004.

Kellmann, Christof, Schadensersatz und Ausgleich im Faktischen Konzern, BB 1969, S. 1509–1518.

Kershaw, David, Company Law in Context, 2. Edition, Oxford 2012.

Kindler, Peter, Die „Aschenputtel“-Limited und andere Fälle der Mehrfachqualifikation im Schnittfeld des internationalen Gesellschafts-, Delikts- und Insolvenzrechts, in: Mansel, Heinz-Peter/Pfeiffer, Thomas/Kronke, Herbert/Kohler, Christian/Hausmann, Rainer (Hrsg.), Festschrift für Erik Jayme, Bd. I, München 2004 [zitiert als *Bearbeiter*, in: FS Jayme, 2004, Band, Seite].

-, The Single-Member Limited Liability Company (SUP), München 2016.

Kindler, Peter/Nachmann, Josef, Handbuch Insolvenzrecht in Europa, 4. Ergänzungslieferung, München 2014.

Kischel, Uwe, Rechtsvergleichung, München 2015.

Klocke, Detlef, Deutsches Konzernkollisionsrecht und seine Substitutionsprobleme, Baden-Baden 1974.

Klose-Morero, Philipp/Löb, Michael, Länderreport Brasilien, RIW 3/2016, S. 131–135.

Kneisel, Katharina, Die Europäische Privatgesellschaft (SPE) im Konzern, Frankfurt am Main 2012.

Knof, Béla, Die neue Insolvenzverursachungshaftung nach § 64 Satz 3 RegR-GmbHG (Teil I), DStR 2007, S. 1536–1542.

Koberg, Peter, Die Entstehung der GmbH in Deutschland und Frankreich, Köln 1992.

Kölner Kommentar zum Aktiengesetz, Zöllner, Wolfgang (Hrsg.), Bd. I (§§ 22-53), 2. Auflage, Köln, Berlin, Bonn, München 1986, Zöllner, Wolfgang/Noack, Ulrich (Hrsg.), Bd. VI (§§ 15-22, §§ 291-328), 3. Auflage, Köln 2004, Bd. I (§§ 1-75), 3. Auflage, Köln 2011.

Konzen, Horst, Geschäftsführung, Weisungsrecht und Verantwortlichkeit in der GmbH und GmbH & Co KG, NJW 1989, S. 2977–2987.

Koppensteiner, Hans-Georg, Internationale Unternehmen im deutschen Gesellschaftsrecht, Frankfurt am Main 1971.

Kort, Michael, Der Abschluss von Beherrschungs- und Gewinnabführungsverträgen im GmbH Recht, Köln 1986.

-, Der „private" Großaktionär als Unternehmen?, DB 1986, S. 1909–1914.

Kraakman, Reiner/Ringe, Wolf-Georg/Rock, Edward/Armour, John/Davies, Paul J./Enriques, Luca/Hansmann, Henry/Hertig, Gerard/Hopt, Klaus J./Kanda, Hideki/Pargendler, Mariana, The Anatomy of Corporate Law, 3. Edition, Oxford 2017 [zitiert als *Bearbeiter*, in: Kraakman et al, The Anatmomy of Corporate Law, Edition, page].

Kreuzer, Karl F., Ausländisches Wirtschaftsrecht vor deutschen Gerichten, Heidelberg 1986.

Kroh, Johanna, Der existenzvernichtende Eingriff, S., Tübingen 2013.

-, Die französische société à responsabilité limitée - (k)eine Alternative zur GmbH?, KSzW 2014, S. 94–100.

Kropff, Bruno, Aktiengesetz von 1965, Textausgabe mit Begründung des Regierungsentwurfs, AktG BegrRegE, Düsseldorf 1965.

-, Benachteiligungsverbot und Nachteilsausgleich im faktischen Konzern, in: Doralt, Peter/Nowotny, Christian (Hrsg.), Kontinuität und Wandel - Beiträge zum Unternehmensrecht, Festschrift für Walther Kastner zum 90. Geburtstag, Wien 1992, S. 279–300 [zitiert als *Bearbeiter*, in: FS Kaster, 1992, Seite].

-, Der konzernrechtliche Ersatzanspruch - ein zahnloser Tiger?, in: Westermann, Harm Peter/Mock, Klaus (Hrsg.), Festschrift für Gerold Bezzenberger zum 70. Geburtstag am 13. März 2000, Berlin 2000, S. 233-252 [zitiert als Bearbeiter, in: FS Bezzenberger, 2000, Seite].

Kuckertz, Wera, Der Haftungsdurchgriff auf ausländische Unternehmen und Geschäftsleiter nach französischem Recht, Heidelberg 2002.

Kuhlmann, Jens/Ahnis, Erik, Konzern- und Umwandlungsrecht, 4. Auflage, Heidelberg 2016.

Kumpan, Christoph/Pauschinger, Philipp, Entwicklung des europäischen Gesellschaftsrechts 2018 EuZW 2019, S. 357–364.

Kunzmann, Michael, Gläubigerschutz im englischen Limited- und im deutschen GmbH-Recht nach dem MoMiG, Hamburg 2013.

Lacorne, Michael, Haftungssituationen in der französischen S A R L, GmbHR 1996, S. 594–596.

Ladiges, Manuel/Pegel, Christian, Neue Pflichten für directors einer limited durch den Companies Act 2006, DStR 2007, S. 2069–2075.

Lange, Werner Knut, Der grenzüberschreitende Vertragskonzern im Recht der Personenhandelsgesellschaften, IPRax 1998, S. 438–444.

Le Cannu, Paul/Dondero, Bruno, Droit des Sociétés, 7. édition, Issy-les-Moulineaux 2018.

Le Corre, Pierre-Michel, Droit et pratique des procédures collectives, 5. édition, Paris 2008.

Lehmann, Matthias, Braucht Europa ein Handelsgesetzbuch, ZHR 2017, S. 9–42.

Lehmann, Matthias/Schmidt, Jessica/Schulze, Reiner, Das Projekt eines Europäischen Wirtschaftsgesetzbuchs, ZRP 2017, S. 225–229.

Leinekugel, Rolf/Winstel, Marc, Sicherheitsleistung nach § 303 AktG (analog) bei der Beendigung von Unternehmensverträgen im mehrstufigen Konzern, AG 2012, S. 389–399.

Lieder, Jan, Die neue Existenzvernichtungshaftung, DZWir 2008, S. 145–150.

Limmer, Peter, Die Haftungsverfassung des faktischen GmbH-Konzerns, Köln 1992.

Lübking, Johannes, Ein einheitliches Konzernrecht für Europa, Baden-Baden 2000.

Luchterhandt, Hans-Friedrich, Leitungsmacht und Verantwortlichkeit im faktischen Konzern, ZHR 133 (1970), S. 1–60.

-, Deutsches Konzernrecht bei grenzüberschreitenden Konzernverbindungen, Stuttgart 1971.

Lutter, Marcus, Theorie der Mitgliedschaft, AcP 1980, S. 84–159.

-, Zur inhaltlichen Begründung von Mehrheitsentscheidungen - Besprechung der Entscheidung BGH WM 1980, 368, ZGR 1981, S. 171–178.

-, Die zivilrechtliche Haftung in der Unternehmensgruppe, ZGR 1982, S. 244–275.

-, Die Haftung des herrschenden Unternehmens im GmbH-Konzern, AG 1985, S. 1425–1435.

-, Stand und Entwicklung des Konzernrechts in Europa, ZGR 1987, S. 324–369.

-, Die Treupflicht des Aktionärs, ZHR 1989, S. 446–471.

-, Gedächtnisschrift für Brigitte Knobbe-Keuk, Köln 1997.

-, Treupflichten und ihre Anwendungsprobleme, ZHR 1998, S. 164 –185.

Lutter, Marcus/Koch, Jens, Societas Unius Personae (SUP), Berlin/Boston 2015.

Lutter, Marcus/Bayer, Walter/Schmidt, Jessica, Europäisches Unternehmens- und Kapitalmarktrecht, 6. Auflage, Berlin 2018.

Lutter, Marcus/Hommelhoff, Peter, Kommentar zum GmbH-Gesetz, 19. Auflage, Köln 2016, 20. Auflage, Köln 2020.

Lutter, Marcus/Overrath, Hans-Peter, Das portugiesische Konzernrecht von 1986, ZGR 1991, S. 394–411.

Lwowski, Hans-Jürgen/Groeschke, Peer, Die Konzernhaftung der §§ 302, 303 AktG als atypische Sicherheit?, WM 1994, S. 613– 621.

Mann, Frederick Alexander, Bemerkungen zum Internationalen Privatrecht der Aktiengesellschaft und des Konzerns, in: Fischer, Robert/Möhring, Philipp/ Westermann, Harry (Hrsg.), Wirtschaftsfragen der Gegenwart: Festschrift für Carl Hans Barz zum 65. Geburtstag am 06. Dezember 1974, Berlin, New York 1974, S. 219–238 [zitiert als *Bearbeiter*, in: FS Barz, 1974, Seite].

Martens, Klaus-Peter, Die GmbH und der Minderheitsschutz, GmbHR 1984, S. 265–272.

Maul, Silja, Haftungsprobleme im Rahmen von deutsch-französischen Unternehmensverbindungen, NZG 1998, S. 965–973.

Merkt, Hanno, Das Europäische Gesellschaftsrecht und die Idee des „Wettbewerbs der Gesetzgeber“, RabelsZ 59 (1995), S. 545–568.

Merkt, Hanno/Spindler, Gerald, Durchgriffshaftung und verwandte Rechtsfiguren, in: Lutter, Marcus (Hrsg.), Das Kapital der Aktiengesellschaft in Europa, ZGR-Sonderheft 17, 2006, Berlin 2006, S. 241–253.

Mertens, Hans-Joachim, Die gesetzlichen Einschränkungen der Disposition über Ersatzansprüche der Gesellschaft durch Verzicht und Vergleich in der aktien- und konzernrechtlichen Organhaftung, in: Goerdeler, Reinhard/ Hommelhoff, Peter/Lutter, Marcus/Wiedemann, Herbert (Hrsg.), Festschriftfür Hans-Joachim Fleck zum 70. Geburtstag am 30. Januar 1988, Berlin, New York 1988 [zitiert als *Bearbeiter*, in: FS Fleck, 1988, Seite].

Mestmäcker, Ernst-Joachim, Zur Systematik des Rechts der verbundenen Unternehmen im neuen Aktiengesetz, in: Biedenkopf, Kurt H./Coing, Helmut/Mestmäcker, Ernst-Joachim (Hrsg.), Das Unternehmen in der Rechtsordnung: Festgabe für Heinrich Kronstein aus Anlass seines 70. Geburtstages am 12. September 1967, Karlsruhe 1967, S. 129–150 [zitiert als *Bearbeiter*, in: FS Kronstein, 1967, Seite].

Mestmäcker, Ernst-Joachim/Behrens, Peter, Das Gesellschaftsrecht der Konzerne im internationalen Vergleich, Baden-Baden 1991.

-, Verwaltung, Konzerngewalt und Rechte der Aktionäre, Karlsruhe 1958.

Mestre, Jacques/Velardocchio, Dominique, Lamy Sociétés Commerciales, Paris 2010.

Meyer, Justus, Haftungsbeschränkung im Recht der Handelsgesellschaften, Berlin, Heidelberg 2000. *Meyer, Justus/Gros, Sebastian*, Die französische Geschäftsleiterhaftung nach der Insolvenzrechtsreform 2005 (I), GmbHR 2006, S. 1032–1038.

-, Die französische Geschäftsleiterhaftung nach der Insolvenzrechtsreform 2005 (II), GmbHR, S. 1091–1096.

Meyer, Justus/Ludwig, Sören, Französische GmbH-Reform 2003/2004: Hintergründe und „Ein-Euro- GmbH", GmbHR 2005, S. 346–351.

Michalski, Lutz/Heidinger, Andreas/Leible, Stefan/Schmidt, Jessica, Kommentar zum Gesetz betreffend die Gesellschaft mit beschränkter Haftung (GmbHG), Bd. I, 3. Auflage, München 2017.

Michalski, Udo, Vergleichender Überblick über das Recht der Kapitalgesellschaften in Frankreich, DStR 1991, S. 1563–1568.

Milman, David, The „phoenix syndrome", Insolvency Lawyer, 2001, S. 199–200.

Mock, Sebastian, Gläubigerschutz bei der Europäischen Privatgesellschaft, Der Konzern 2008, S. 539–548.

-, Gesellschaftsrecht, München 2015.

Moench, Nikolaus, Die Societas Unius Personae (SUP), Frankfurt am Main 2016.

Mülhens, Jörg, Der sogenannte Haftungsdurchgriff im deutschen und englischen Recht, Tübingen 2006.

Mülbert, Peter O., Unternehmensbegriff und Konzernorganisationsrecht, ZHR 1999, S. 1–53.

Müller-Freienfels, Wolfram, Die Lehre vom sogenannten „Durchgriff" bei juristischen Personen im Privatrecht, AcP 156 (1957), S. 522–543.

Münchener Handbuch zum Gesellschaftsrecht, Priester, Hans-Joachim/Mayer, Dieter/Wicke, Hartmut (Hrsg.), Bd. III (Gesellschaft mit beschränkter Haftung), 5. Auflage, München 2018.

Münchener Handbuch zum Gesellschaftsrecht, Hoffmann-Becking, Michael (Hrsg.), Bd. IV (Aktiengesellschaft), 5. Auflage, München 2020.

Münchener Handbuch zum Gesellschaftsrecht, Leible, Stefan/Reichert, Jochem (Hrsg.), Bd. VI (Internationales Gesellschaftsrecht, Grenzüberschreitende Umwandlungen), München 2013.

Münchener Kommentar zum Aktiengesetz, Goette, Wulf/Habersack, Mathias/ Kalss, Susanne (Hrsg.), Bd. I (§§ 1-75), 5. Auflage, München 2019, Bd. II (§§ 76-117), 5. Auflage, München 2019, Bd. V (§§ 278-328 AktG, SpruchG, Österreich), 5. Auflage, München 2020 [zitiert als *Bearbeiter*, in: MüKo zum AktG, Band, Auflage, Paragraph Randnummer].

Münchener Kommentar zum Bürgerlichen Gesetzbuch, Säcker, Jürgen/Rixecker, Roland/Oetker, Hartmut/Limperg, Bettina (Hrsg.), Bd. VII (§§ 705-853 BGB, PartGG, ProdHaftG), 8. Auflage, München 2020, Bd. XII (IPR I, Europäisches Kollisionsrecht, Art. 1-26 EGBGB), 8. Auflage, München 2020, Bd. XIII (IPR II, Internationales Wirtschaftsrecht, Art. 50-253 EGBGB), 8. Auflage, München 2021 [zitiert als *Bearbeiter*, in: MüKo BGB, Band, Auflage, Paragraph Rand nummer].

Münchener Kommentar zum GmbHG, Fleischer, Holger/Goette, Wulf (Hrsg.), Bd. I (§§ 1-34), 3. Auflage, München 2018, Bd. II (§§ 35-52), 3. Auflage, München 2019, Bd. III (§§ 53-88), München 2018 [zitiert als *Bearbeiter*, in: MüKo zum GmbHG, Band, Auflage, Paragraph Randnummer].

Muscat, Andrew, The Liability of the Holding Company for the Debts of its Insolvent Subsidiaries, Aldershot 1996.

Nakajima, Chizu, „Lifting the veil", Comp. Law. 1996, S. 187–188.

Neumayer, Karl H., Forderungsabtretung und Devisenrecht, RabelsZ 1960, S. 649–657.

-, Zur positiven Funktion der kollisionsrechtlichen Vorbehaltsklausel, in: Caemmerer, v. Ernst/Nickisch, Arthur/Zweigert, Konrad (Hrsg.), Vom deutschen zum europäischen Recht: Bd. II, Tübingen 1963 [zitiert als *Bearbeiter*, in: FS Dölle, 1963, Band, Seite].

-, Betrachtungen zum internationalen Konzernrecht, ZVglRWiss 83 (1984), S. 129–177.

Nirk, Rudolf, Zur Rechtsfolgenseite der Durchgriffshaftung, in: Lutter, Marcus/ Mertens, HansJoachim/Ulmer, Peter (Hrsg.), Festschrift für Walter Stimpel zum 68. Geburtstag am 29. November 1985, Berlin, New York 1985, S. 443–462 [zitiert als *Bearbeiter*, in: FS Stimpel, Seite].

Noack, Ulrich, Online-Gründung von Kapitalgesellschaften in Europa - Der neue Richtlinienvorschlag im Company Law Package, DB 2018, S. 1324–1328.

Nodoushani, Manuel, Abschlagszahlungen unter einem BGAV, NZG 2017, S. 728–730.

Omlor, Sebastian, Die Societas Unius Personae - eine supranationale Erweiterung der deutschen GmbH-Familie, NZG 2014, S. 1137–1142.

Orth, Bernhard, Haftung des herrschenden Gesellschafters im einfachen faktischen GmbH-Konzern, DStR 1994, S. 250–257.

Otte, Sabine, Das Kapitalschutzsystem der englischen private limited company im Vergleich zur deutschen GmbH, Hamburg 2006.

Özfirat, Şirin, Großer Wurf statt schleichender Optimierung im Detail - Für ein europäisches Wirtschaftsgesetzbuch, NJOZ 2019, S. 689–697.

Paschke, Marian, Rechtsfragen der Durchgriffsproblematik im mehrstufigen Unternehmensverbund, AG 1988, S. 196–206.

Paul, Jens Philippe, Informelle und formelle Einflussnahme des faktisch herrschenden Unternehmens auf die faktisch abhängige AG, Baden-Baden 2013.

Pehle, Rudolf/Stimpel, Walter, Richterlichte Rechtsfortbildung: unter besonderer Berücksichtigung des gewerblichen Rechtsschutzes und des Personalgesellschaftsrechts, Karlsruhe 1969.

Pennington, Robert R., Company Law, 8. Edition, London, Dublin, Edinburgh 2001.

Pfeifer, Markus, Finanz- und Haftungsverfassung der SARL Alternative Rechtsform zu GmbH und Limited?, GmbHR 2007, S. 1208–1213.

-, Gründung und Führung einer Einpersonen-S.A.R.L. französischen Rechts, GmbHR 2009, S. 1145–1149.

Picot, Gerhard/Land, Volker, Der internationale Unternehmenskauf, DB 1998, S. 1601–1607.

Pillet, Antoine, Principes de droit international privé, Paris 1903.

Prentice, Daniel D., Group of Companies: The English Experience, in: Hopt, Klaus J. (Hrsg.), Group of Companies in European Laws, Bd. II, Berlin, New York 1982, S. 99–130.

-, Insolvency and the Group – Some Aspects of current British Law, in: Goode, R. M. (Hrsg.), Group Trading and the Lending Banker, S. 75 ff.

-, A Survey of the Law Relating to Corporate Groups in the United Kingdom, in: Wymeersch, Eddy (Hrsg.) Groups of Companies in the EEC, Berlin, New York 1993, S. 279–327.

-, Das Recht der Geselschaftsgruppe in Großbritannien, in: Lutter, Marcus (Hrsg.) Konzernrecht im Ausland, ZGR Sonderheft 11, Berlin, New York 1994, S. 93–114.

-, Veil Piercing and Successor Liability in the United Kingdom, Florida Journal of International Law 1995, S. 469–485.

Prinz, Ulrich/Winkeljohann, Norbert, Beck'sches Handbuch der GmbH, 5. Auflage, München 2014.

Raiser, Thomas/Veil, Rüdiger, Recht der Kapitalgesellschaften, 6. Auflage, München 2015.

Rehbinder, Eckard, Konzernaußenrecht und allgemeines Privatrecht, Bad Homburg v.d.H., Berlin, Zürich 1969.

-, Minderheiten- und Gläubigerschutz im faktischen GmbH-Konzern, AG 1986, S. 85–99.

Reisberg, Arad/Donovan, Anna, Pettet, Lowry & Reisberg's Company Law, 5. Edition, London 2018.

Renner, Moritz, Kollisionsrecht und Konzernwirklichkeit in der transnationalen Unternehmensgruppe, ZGR 2014, S. 452–486.

Ries, Peter, Societas Unius Personae - cui bono?, NZG 2014, S. 569–570.

Riesenhuber, Karl, Und jetzt ein Europäisches Wirtschaftsgesetzbuch, GPR 2017, S. 270–274.

Rohr, Andreas, Der Konzern im IPR unter besonderer Berücksichtigung des Schutzes der Minderheitsaktionäre und der Gläubiger, Zürich 1983.

Röhricht, Volker, Die GmbH im Spannungsfeld zwischen wirtschaftlicher Dispositionsfreiheit ihrer Gesellschafter und Gläubigerschutz, in: Geiß, Karlmann/Nehm, Kay/Brandner, Hans Erich/Hagen, Horst (Hrsg.), Festschrift aus Anlaß des fünfzigjährigen Bestehens von Bundesgerichtshof, Bundesanwaltschaft und Rechtsanwaltschaft beim Bundesgerichtshof, Köln, Berlin, Bonn, München, 2000, S. 83–122 [zitiert als *Bearbeiter*, in FS 50 Jahre BGH, Seite].

Rowedder, Heinz, Bestandschutz im faktischen GmbH-Konzern, in: Hommelhoff, Peter/Semler, Johannes/Doralt, Peter/Roth, Günter H. (Hrsg.), Entwicklungen im GmbH-Konzernrecht, ZGR Sonderheft 6, Berlin, New York, 1986, S. 20–38 [zitiert als *Bearbeiter*, in: Hommelhoff, Entwicklungen im GmbH-Konzernrecht, Seite].

Rowedder, Heinz/Schmidt-Leithoff, Christian, Kommentar zum GmbH-Gesetz, 6. Auflage, München 2017.

Sacco, Rodolfo/Rossi, Piercarlo, Einführung in die Rechtsvergleichung, 3. Auflage, Baden-Baden 2017.

Saely, Len/Worthington, Sarah, Cases and Materials in Company Law, 11. Edition, Oxford 2016.

Saenger, Ingo, Gesellschaftsrecht, 5. Auflage, München 2020.

Saenger, Ingo/Inhester, Michael, Handkommentar zum GmbHG, 3. Auflage, Baden-Baden 2016, 4. Auflage Baden-Baden 2020.

Salger, Hanns-Christian, Herausforderungen internationaler Rechtsvereinheitlichung, IWRZ 2018, S. 99–107.

Sarfatti, Mario, Introduzione allo studio del diritto comparato, Turin 1933.

Savigny, v. Friedrich Carl, System des heutigen Römischen Rechts (1849), Bd. VIII, München 1849.

Schall, Alexander, Englischer Gläubigerschutz bei der Limited in Deutschland, ZIP 2005, S. 965–975.

-, Kommentar zum Companies Act, München 2014.

Schilling, Wolfgang, Grundlagen eines GmbH-Konzernrechts, in: Fischer, Robert/Gessler, Ernst/Schilling, Wolfgang/Serick, Rolf/Ulmer, Peter (Hrsg.), Strukturen und Entwicklungen im Handels-, Gesellschafts- und Wirtschaftsrecht. Festschrift für Wolfgang Hefermehl zum 70. Geburtstag am 18. September 1976, München 1976, S. 383–404 [zitiert als *Bearbeiter*, in: FS Hefermehl, 1976, Seite]

Schmidt, Jessica, Die EuGH-Entscheidung „Impacto Azul“ - Der Impakt der Niederlassungsfreiheit auf das nationale Konzernrecht, GPR 1/2014, S. 40-42.

-, Der European Model Company Act (EMCA), ZHR 2017, S. 43–86.

Schmidt, Karsten, Die konzernrechtliche Verlustübernahmepflicht als gesetzliches Dauerschuldverhältnis, ZGR 1983, S. 513–534.

-, Die Eigenkapitalausstattung der Unternehmen als rechtspolitisches Problem, JZ 1984, S. 771–786.

-, Konkursverschleppungshaftung und Konkursverursachungshaftung, ZIP 1988, S. 1497–1508.

-, Gesellschaftsrecht, 4. Auflage, Köln 2002.

Schmidt, Karsten/Lutter, Marcus, Kommentar zum Aktiengesetz, Bd. I, 4. Auflage, Köln 2020, Bd. II., 4. Auflage, Köln 2020 [*Bearbeiter*, in: Schmidt/Lutter, AktG, Band, Auflage, Paragraph Randnummer].

Schmiedel, Burkhard, Besprechung des Buches von Herbert Wohlmann, Die Treuepflicht des Aktionärs, 1968, ZHR 1970, S. 173–183.

Schmittmann, Jens M./Bischoff, Ariane, De facto director, shadow director und dissolved companies: Aktuelle Rechtsfragen der scheinausländischen Limited, ZInsO 2009, S. 1561–1571.

Schneider, Uwe H., Konzernbildung, Konzernleitung und Verlustausgleich im Konzernrecht der Personengesellschaften, ZGR 1980, S. 511–547.

-, Beherrschungs- und Gewinnabführungsverträge in der Praxis der GmbH, Frankfurt am Main 1989.

Scholz, Franz, Kommentar zum GmbH-Gesetz, Bd. I (§§ 1-34 mit Anhang Konzernrecht), 12. Auflage, Köln 2018.

Schubert, Ernst-Markus, Konzernrelevante Regelungen im britischen Recht, München 1997.

Schürnbrand, Jan, Organschaft im Recht der privaten Verbände, Tübingen 2007.

Selzner, Harald/Sustmann, Marco, Der grenzüberschreitende Beherrschungsvertrag, Der Konzern 2003, S. 85–98.

Serick, Rolf, Rechtsform und Realitaet juristischer Personen, Berlin 1955.

Servatius, Wolfgang, Gläubigereinfluss durch Covenants, Tübingen 2008.

Seseke, Christoph/Fangmann, Dirk, Reform des französischen Gesellschaftsrechts, IStR 2002, S. 851–860.

Siebert, Oliver, Die Durchgriffshaftung im englischen und deutschen Recht, Frankfurt am Main, Berlin, Brüssel, New York, Oxford, Wien 2004.

Soinne, Bernard, Traité des procédures collectives: commentaires des textes, formules, 2. édition, Paris 1995.

Sonnenberger, Hans Jürgen/Dammann, Reinhard, Französisches Handels- und Wirtschaftsrecht, 3. Auflage, Frankfurt am Main 2008.

Spindler, Gerald/Stilz, Eberhard, Kommentar zum Aktiengesetz, Bd. I (§§ 1-149 AktG), 4. Auflage, München 2019, Bd. II (§§ 150-410 AktG, SpruchG, SE-VO), 4. Auflage, München 2019.

Staudinger, Kommentar zum Bürgerlichen Gesetzbuch mit Einführungsgesetz und Nebengesetzen EGBGB / IPR, internationales Gesellschaftsrecht, Berlin 1998 [zitiert als *Bearbeiter*, in: Staudinger, Internationales Gesellschaftsrecht, Randnummer].

Steffek, Felix, Der subjektive Tatbestand der Gesellschafterhaftung im Recht der GmbH - zugleich ein Beitrag zum Haftungsdurchgriff, JZ 2009, S. 77–85.

Stein, Ursula, Das faktische Organ, Köln, Berlin, Bonn, München 1984.

Stöcklhuber, Gregor, Dogmatik der Haftung im faktischen AG-Konzern, Der Konzern 2001, S. 253–258.

Strnad, Oliver, Neue Konzernhaftung in Italien, RIW 2004, S. 255–258.

Strohn, Lutz, Existenzvernichtungshaftung - Vermögensvermischungshaftung - Durchgriffshaftung, ZInsO 2008, S. 706–713.

Süß, Rembert/Wachter, Thomas, Handbuch des internationalen GmbH-Rechts, 3. Auflage, Bonn 2016.

Teichmann, Christoph, Europäische Harmonisierung des GmbH-Rechts, NJW 2014, S. 3561–3565.

-, Die grenzüberschreitende Unternehmensgruppe im Compliance-Zeitalter, ZGR 2017, S. 485–508.

-, SPE 2.0 - Die inhaltliche Konzeption, GmbHR 2018, S. 713–722.

Teichmann, Christoph/Götz, Andrea, Metamorphosen des Europäischen Gesellschaftsrechts: SUP, Company Law Package und SPE 2.0, ZEuP 2019, S. 260–286.

Thole, Christoph, "Die binnengesellschaftlichen Pflichten des Direktors einer englischen Gesellschaft nach dem neuen Companies Act 2006, RIW 2008, S. 606–612.

Tholen, Laurenz, Europäisches Konzernrecht, Berlin 2014.

Tolstov, Leonid, Personal liability of a director in the insolvency of a company, IILR 2013, S. 268–284.

Trautrims, Christoph, Das Kollisionsrecht der Personengesellschaften, München 2009.

Triebel, Volker/Illmer, Martin/Ringe, Wolf-Georg/Vogenauer, Stefan/Ziegler, Katja, Englisches Handels- und Wirtschaftsrecht, 3. Auflage, Frankfurt am Main 2012.

Ulmer, Peter, Verlustübernahmepflicht des herrschenden Unternehmens als konzernspezifischer Kapitalerhaltungsschutz, AG 1986, S. 123–130.

Ulmer, Peter/Habersack, Mathias/Löbbe, Marc, GmbHG Großkommentar, Bd. I (Einleitung, §§ 1-28), 2. Auflage, Tübingen 2013, Bd. III (§§ 53-88 (sowie EGGmbHG)), 2. Auflage, Tübingen 2013 [zitiert als *Bearbeiter*, in: Ulmer/Habersack/Löbbe, GmbHG Großkomm, Band, Auflage, Paragraph Randnummer].

Veil, Rüdiger, Unternehmensverträge, Tübingen 2003.

Venrooy, van Gerd J., Probleme der Gläubigersicherung nach § 303 AktG, BB 1981, S. 1003–1006.

Voigt, Hans-Christoph, Haftung aus Einfluss auf die Aktiengesellschaft (§§ 117, 309, 317 AktG), München 2004.

Wagner, Gerhard, Existenzvernichtung als Deliktstatbestand – Einordnung, Ausgestaltung und Anknüpfung der Haftung wegen „existenzvernichtenden Eingriffs“, in: Heidrich, Andreas/Prölss, Jürgen/Koller, Ingo/Langenbucher, Katja/Hager, Johannes/Hey, Christopher/Neuner, Jörg/Petersen, Jens/Singer, Reinhard (Hrsg.), Festschrift für Claus-Wilhelm Canaris zum 70. Geburtstag, in: FS Canaris, Bd. II, S. 473 (487 f.), München 2007, S. 473–508 [zitiert als *Bearbeiter*, in: FS Canaris, 2007, Band, Seite].

Wazlawik, Thomas, Existenzvernichtung und kein Ende – Ein Nachruf auf die Konzernhaftung und andere offengebliebene Fragen, NZI 2009, S. 291–297.

Wedderburn, K. W., Notes of Cases - a Corporations Ombudsman?, M.L.R. 1960, S. 663–670.

Wegen, Gerhard/Spahlinger, Andreas/Barth, Marcel, Gesellschaftsrecht des Auslands, 3. Ergänzungslieferung, München 2020.

Werner, Winfried, in: Havermann, Hans (Hrsg.), Bilanz- und Konzernrecht: Festschrift zum 65. Geburtstag von Reinhard Goerdeler, Düsseldorf 1987, S. 677–696 [zitiert als *Bearbeiter*, in: FS Goerdeler, 1987, Seite].

Wiedemann, Herbert, Juristische Person und Gesamthand als Sondervermögen, Eine Bestandsaufnahme aus bürgerlich-rechtlicher, handels- und steuerrechtlicher Sicht, WM-Sonderbeilage 4/1975, S. 1–43 [zitiert *Bearbeiter*, in: WM-Sonderbeilage 4/1975, Seite].

-, Internationales Gesellschaftsrecht, in: Lüderitz, Alexander/Schröder, Jochen (Hrsg.), Internationales Privatrecht und Rechtsvergleichung im Ausgang des 20. Jahrhunderts: Bewahrung oder Wende? - Festschrift für Gerhard Kegel, Frankfurt am Main 1977, S. 187–212 [zitiert als *Bearbeiter*, in: FS Wiedemann, 1977, Seite].

-, Die Unternehmensgruppe im Privatrecht, Tübingen 1988.

-, Gesellschaftsrecht, Bd. I, München 2018.

Wilhelm, Hermann, Die Beendigung des Beherrschungs- und Gewinnabführungsvertrags, Köln, Berlin, Bonn, München 1976.

Wilhelm, Jan, Rechtsform und Haftung bei der juristischen Person, Köln, Berlin, Bonn, München 1981.

-, Konzernrecht und allgemeines Haftungsrecht, DB 1986, S. 2113–2120.

Wilkinson, Andrew, Piercing the corporate veil and the Insolvency Act 1986, Comp. Law. 1987, S. 124–128.

Wimmer-Leonhardt, Susanne, Konzernhaftungsrecht, Tübingen 2004.

Windbichler, Christine, Gesellschaftsrecht, 24. Auflage, München 2017.

Winter, Martin, Mitgliedschaftliche Treubindungen im GmbH-Recht, München 1996.

Witt, Carl-Heinz, Modernisierung der Gesellschaftsrechte in Europa, ZGR 2009, S. 872–930.

Wolf, Martin, Konzernhaftung in Frankreich und England, Köln, Berlin, Bonn, München 1995.

Würdinger, Hans, Betrachtungen zur Regelung der Konzernverfassung im Entwurf eines Aktiengesetzes, DB 1958, S. 1447–1452.

Zimmer, Daniel, Internationales Gesellschaftsrecht, Heidelberg 1996.

-, Ende der Konzernhaftung in internationalen Fällen?, IPRax 1998, S. 187–192.

Zöllner, Wolfgang, Die Schranken mitgliedschaftlicher Stimmrechtsmacht bei den privatrechtlichen Personenverbänden, München 1963.

-, Treupflichtgesteuertes Aktienkonzernrecht, ZHR 1998, S. 235–248.

Zweigert, Konrad/Kötz, Hein, Einführung in die Rechtsvergleichung, 3. Auflage, Tübingen 1996.

Table of Cases

Adams v Cape Industries plc [1990] Ch 433.

Andrews v Gas Meter Co [1897] 1 Ch 361.

Atlas Maritime Co SA v Avalon Maritime Ltd, The Coral Rose [1991] 4 All ER 769.

Birch v Cropper (1889) 14 App Cas 525.

Borland's Trustee v Steel Brothers and Co Ltd [1901] 1 Ch 279.

Brady v Brady [1988] BCLC 20.

British Thomson-Houston Co Ltd v Sterling Accessories Ltd [1924] 2 Ch 33.

Charterbridge Corp v Lloyds Bank [1970] Ch 62.

Commissioners of HM Revenue and Customs v Holland [2010] UKSC 5.

Commissioners of Inland Revenue v Crossman [1937] AC 26.

DHN Food Distributors Ltd v Tower Hamlets LBC [1976) 1 WLR 852 CA.

Dimbleby & Sons Ltd v National Union of Journalists [1984] 1 WLR 425.

Ebbw Vale Urban District Council v South Wales Traffic Area Licensing Authority [1951] 2 KB 366.

Ernest v Nicholls [1857] 6 HL Cas 401.

Extrasure Travel Insurance Ltd v Scattergood [2003] 1 BCLC 59.

Ferguson v Wilson [1866] LR 2 Ch App 77.

Firestone Tyre & Rubber Co v Lewellin (1957) 37 TLR 111.

Foss v Harbottle [1843] 2 Hare 461.

Garnac Grain Co Inc v H M F Faure and Fairclough Ltd [1968] AC 1130.

Gas Lighting Improvement Co Ltd v Commissioners of Inland Revenue [1923] AC 723.

Gilford Motor Co v Horne (1933) Ch 935.

Gramophone and Typewriter Ltd v Stanley [1908] 2 BCLC 2 KB 89.

Harman v Energy Research Group Australia Ltd [1986] WAR 123.

Hill v Permanent Trustee Co of New South Wales Ltd [1930] AC 720.

Holdsworth & Co v Caddies [1955] 1 WLR 352.

Howard Smith Ltd v Ampol Petroleum Ltd [1974] AC 821.

Instituto Chemioterapic Italiano Spa and Commercial Solvents Corporation v Commission of the European Communities (Cases 6 and 7/73) [1974] ECR 223.

It's a Wrap (UK) Ltd v Gula [2006] EWCA Civ 544

JH Rayner (Mining Lane) Ltd v. Department of Trade and Industry [1989] Ch 72.

JJ Harrison (Properties) Ltd v Harrison [2001] EWCA Civ 1467.

Jones v Lipman (1962) 1 WLR 832.

Kuwait Asia Bank EC v National Mutual Life Nominees Ltd [1991]1 AC 187.

Link Agricultural Pty Ltd. v Shanahan [1998] 28 ACSR 498.

Littlewoods Mail Order Stores Ltd v Commissioners of Inland Revenue [1969] 1 WLR 1241.

Liquidator of Marini Ltd v Dickenson [2004] BCC 172.

London Tramways v London City Council [1898] AC 375.

Lonrho Ltd v Shell Petroleum Co Ltd [1980] QB 358.

Lord v Sinai Securities Ltd [2004] EWHC 1764.

Macura v Northern Insurance [1925] AC 619.

McKillen v Misland (Cyprus) Investments Ltd [2012] EWHC 521.

Morphitis v Bernasconi [2003] EWCA Civ 289.

Nicholas v Soundcraft Electronics Ltd & Anor [1993] WL 963545.

Petrodel Resources Ltd v Prest [2013] 2 WLR 557.

Progress Property Co Ltd v Moorgarth Group Ltd [2011] 1 WLR 1.

Prudential Assurance Co Ltd v Newman Industries Ltd (No 2) [1982] Ch 204.

R v Kemp [1988] QB 645.

R v Miles [1992] Crim LR 657.

Re a Company [1985] BCLC 333.

Re Brian D Pierson (Contractors) Ltd [1999] BCC 26.

Re British Empire Match Co Ltd [1888] 59 LT 291.

RE DKG Contractors Ltd [1990] BCC 903.

Re H (Restraint Order Realisable Property) [1996] 2 All ER 391.

Re Hydrodam (Corby) Ltd [1994] 2 BCLC 180.

Re Kaytech International Plc [1999] BCC 390.

Re Marseilles Extension Railway Co, ex parte Crédit Foncier and Mobilier of England (1871) LR 7 Ch App 161.

Re MC Bacon Ltd [1990] BCLC 324.

Re MDA Investment Management Ltd [2004] BCLC 217.

Re Polly Peck International plc (in administration) [1996] 2 All ER 433.

Re Purpoint Ltd (1991) BCLC 491.

Re Securitibank Ltd (No 2) [1978] 2 NZLR 136.

Re Unisoft Group Ltd (No 3) [1994] 1 BCLC 609.

Re White and Osmand (Parkstone) Ltd (ChD 30 June 1960).

Re William C Leitch Brothers Ltd (1932) 2 Ch 71.

Revlon Inc v Cripp & Lee Ltd [1980] FSR 85.

Salomon v A Salomon & Co Ltd [1897] AC 22.

Scottish Co-operative Wholesale Society Ltd v Meyer [1959] AC 324.

Scottish Insurance Corp Ltd v Wilsons and Clyte Coal Ltd (1949) AC 462.

Secretary of State for Trade and Industry v Becker [2003] 1 BCLC 565.

Secretary of State for Trade and Industry v Deverell [2000] 2 BCLC 133 CA.

Secretary of State for Trade and Industry v Taylor [1997] 1 WLR 407.

Secretary of Stade for Trade and Industry v Tjolle [1998] BCC 282.

Short v Treasury Commissioners [1948] 1 KB 116.

Smith, Stone & Knight Ltd v Birmingham Corporation [1939] 4 All ER 116.

Smith v Fawcett [1942] Ch. 304.

Smithton Ltd v Naggar [2014] EWCA Civ 939.

Solomon Woolfson and Solfred Holdings Ltd v Glasgow Corp (1975) 30 P & CR 505.

The Roberta (1937) 58 LRR 159.

Trevor v Whitworth (1887) 12 App Cas 409.

Trustor AB v Smallbone (No 2) [2001] 1 WLR 1177.

Ultraframe (UK) Ltd v Fielding [2005] EWHC 1638.

VTB Capital plc v Nutritek International Corp and others [2013] UKSC 5.

Wallersteiner v Moir (1974) 1 WLR 991.

West Mercia Safetywear Ltd v Dodd [1988] BCLC 250.

Williams v Natural Life Foods (1998) 1 WLR 830.

Wolfson v Strathclyde Regional Council 1978 SC (HL) 90.
Woolf v East Nigel Gold Mining Co Ltd [1905] 21 TLR 660.
Worcester Corsetry Ltd v Witting [1936] Ch 640.

Yukong Line Ltd of Korea v Rendsburg Investments Corporation of Liberia [1998] 1 WLR 294.

www.ingramcontent.com/pod-product-compliance
Ingram Content Group UK Ltd.
Pitfield, Milton Keynes, MK11 3LW, UK
UKHW022103051026
15623UKWH00003B/659

9 783631 850466